谨以此书

献给故乡大地
献给乡村教育
献给乡村建设

扎根与生长

乡村学校课程本土化研究

张全民 著

浙江大学出版社
ZHEJIANG UNIVERSITY PRESS

图书在版编目（CIP）数据

扎根与生长：乡村学校课程本土化研究 / 张全民著
. —杭州：浙江大学出版社，2023.7
　　ISBN 978-7-308-23997-4

　　Ⅰ.①扎… Ⅱ.①张… Ⅲ.①农村学校—课程建设—研究 Ⅳ.①G622.3

中国国家版本馆 CIP 数据核字(2023)第 120180 号

扎根与生长：乡村学校课程本土化研究
ZHAGEN YU SHENGZHANG: XIANGCUN XUEXIAO KECHENG
BENTUHUA YANJIU

张全民　著

策划编辑	吴伟伟	
责任编辑	陈　翩	
文字编辑	刘婧雯	
责任校对	丁沛岚	
封面设计	黄晓意	
出版发行	浙江大学出版社	
	（杭州市天目山路 148 号　邮政编码 310007）	
	（网址：http://www.zjupress.com）	
排　　版	杭州青翊图文设计有限公司	
印　　刷	广东虎彩云印刷有限公司绍兴分公司	
开　　本	787mm×1092mm　1/16	
印　　张	20.25	
字　　数	408 千	
版 印 次	2023 年 7 月第 1 版　2023 年 7 月第 1 次印刷	
书　　号	ISBN 978-7-308-23997-4	
定　　价	88.00 元	

前　言

在全球化语境下,在城市大规模扩张的中国当代社会转型时期,乡村社会正在经历着一场渐趋瓦解的现代性危机,而乡村学校也同样遭遇着日渐衰败、脱嵌于乡土的孤岛困境。然而,近年来,部分乡村学校开始借助乡村振兴与课程建设的时代机遇,试图通过课程本土化实践来重建自己的现代性命运。本书所研究的问题正是基于对乡村学校的文化核心——课程——的聚焦而提出:乡村学校课程及其本土化在历史上是如何演变的? 乡村学校课程本土化的意义及其实践机制是什么?

本书借助于教育社会学的视域观照,运用质性研究的方式,通过对深嵌于中国现代性进程的课程演变的历史梳理,通过对当代乡村学校课程本土化实践的实地考察,对乡村学校课程本土化的演变、意义及其实践机制进行研究。研究过程中,选取龙镇为研究单位,通过访谈法、观察法和实物收集法等研究方法收集研究资料,采用情境分析等方式对研究资料进行分析、解释和理论建构。在乡村学校课程本土化理论的建构过程中,尤其对于横亘在课程场域的权力、资本、惯习以及文化霸权进行了深入审视,对地方性知识与普遍性知识、权力与正义的关系进行了创造性探讨。

研究发现:其一,在课程跨越世纪的命运故事中,有一条线索在历史的回望和追溯中变得越来越清晰,在现代性及其城市化、工业化、市场化、全球化等无论是被动还是主动的拥抱中,课程的反思与课程本土化的诉求自始至终没有停止过。其二,课程在其历史演变中所呈现出来的双重性在中国 20 世纪后期重启的现代性进程中又演绎出新的意义,它造成了文化的拔根,加剧了乡村学校的衰败命运和催化了乡村社会离乡离土的空心现象,却在 21 世纪初再次启蒙了中国教育重新丰富自身的内涵,尤其启蒙了乡村学校借由课程突围自己的衰败困境,重构自己的未来愿景;乡村学校课程本土化的实践机制,在于通过文化的扎根和知识谱系的再造,让学生、教师和学校重获历史、传统、本土以及身份的认同感,重建与生活世界的联系;乡村社会课程共同体的初步形成,正预示着乡村学校课程本土化不会是一条虚无之路。其三,在实践与理论的印证之间,乡村学校课程本土化正彰显着它的深远意义,课程建设的相关者如学校、教师、学生以及社会人士等,正在共同体价值的正义召唤中,以课程本土化为纽带而联合起来,将国家赋予的课程权力凝聚成乡村社会复兴的力量;而课程权力也正由此实现着自身从管理向领导的转型,走向课程权力的善治,重绘充满生机的课程愿景。其四,"小课程,大世界",小小龙镇乡村学校怀着课程的憧憬正在开展的课程本土化的创造性实践,也和国家、民族和全球的命运一起,描绘着中国式现代化重建现代性的美好前景,谱写着费孝通先生所言"让我们东西两大文化共同来擘画一个完整的世界社会"之壮丽的时代交响。

本书的篇章安排及其研究逻辑如下:第一章"导论"遵循学术规范,从提出问题到概念界定和文献综述,再到方法和思路的阐释,为研究提供合理性支撑;第二章"植入、退隐与回归:乡村学校课程本土化的历史寻踪"属于纵向研究或历史研究,对乡村学校课程的历史演变作系统的考察,为之后的课程本土化实践的聚焦提供历史事实的铺垫;第三章"拔根:乡村学校课程本土化的困境审视"是对乡村学校课程演变结果的历史性和总体性描摹,并从社会变迁、文化冲突、政策正当性以及知识谱系等角度分析了乡村学校课程场域的拔根命运;第四章"扎根:乡村学校课程本土化的当下实践"属于实地研究,综合运用访谈、观察和实物收集等方法,呈现龙镇乡村学校课程实践的不同样态,深入考察其课程本土化实践的理路;第五章"理想与现实:乡村学校课程本土化的合法性建构"运用理论对乡村学校课程本土化实践进行社会学检视和合法性考量,分析其所面临挑战的根由及命运突围的可能性;第六章"并不是乌托邦:乡村学校课程本土化的社会学想象"回到更广阔的时空中,聚焦地方、国家及世界现代性进程的反思与转向,基于事实和理论,来想象乡村学校课程本土化与中国式现代化即现代性重建之间的联系和未来可能性;第七章"结论与讨论"则是对整个研究的总结和反思。

按学术惯例与规范,本书研究个案中的"龙镇"及其下辖"龙村"经过化名处理,并非真实的乡镇与村庄的名字,但基于研究意义需要,提取保留了地名中具有典型隐喻性的文化意象;其余与龙镇个案直接相关的乡镇村名、单位名称与人名均以英文大写字母代替。龙镇所在的鄞县于 2002 年经国务院批准"撤县设区"而设立为宁波市鄞州区,后又经过行政区划调整,本书从历史沿承与文化认同出发,在历史资料的引述中同步保留使用原县名。

由于研究者(笔者)个人学术视野与研究能力的局限,本书难免存在不少疏漏之处,恳请方家不吝赐教。

目　录

第一章 导 论

如果其他的世界不是在我之中并从我本身之中获得意义和有效性，我就无法生活到这个世界中去，我无法经验到、思维到、评价到和行动到这个世界中去。①

——[德]埃德蒙德·胡塞尔

---

① 胡塞尔.笛卡尔沉思与巴黎讲演[M].张宪,译.北京:人民出版社,2008:7.

第一节 研究缘起、目的与意义

一个人的学术经历时常关联着他自身的生活史,一个人学术问题的发现和形成往往取决于他自身学术素养累积,也离不开他的日常生活世界和经验,大至时代变迁,小如童年经历,都会经过生命的体验和学术的历练,深嵌于具有个人风格的学术论证和表达之中。

一、研究缘起

(一)龙镇变迁:个人生活史的故土际遇

作为一个自小在乡村长大的"70后",研究者这代人恰好经历和见证了历史演进、社会转型的乡土剧变。这中间,交织着新奇与陌生、喜悦与焦虑、憧憬与迷惘、接纳与抗拒、离乡与返乡。所有这些,随着岁月的流逝,随着在现代性的裹挟下乡土的逐渐退隐和未来社会不确定性的增强而慢慢沉淀成为生命深处的怀念和隐忧。英国社会理论家鲍曼曾在《怀旧的乌托邦》的结语中说出了我们内心的这种说不清的隐忧:"我们的现状就是,我们进入了一种分裂与矛盾的时代,这是一个几乎任何事情都可能发生,任何事物都不能保证其自己具有一以贯之的确定性的时代。"①

作为本书研究问题的最初线索,这里的讲述,就从研究者的故乡一座叫"龙镇"的小镇说起。

龙镇因所在地"龙村"而命名。龙村是一座典型的江南村庄,依山傍水。村庄东南面青山连绵,其中有龟山、琴山和蛇山,象形酷肖。在时光的长河里,它们的形象渐渐成了村民口头世代流传的传说。还有茂屿山,明朝南京兵部尚书张时彻流连此处山水,尝于山上构筑山庄,茂屿山由此成为当时江南文化版图上的一个精神据点,不少官

---

① 鲍曼.怀旧的乌托邦[M].姚伟,等译.北京:中国人民大学出版社,2018:213.

员和知名文人时常造访此地,与张时彻雅集酬唱,留下很多佳话。还有一座山叫作神树岗,山上有庙,庙里供奉着地方神祇,长年香火不绝,是龙镇方圆几十里众多村落共同的信仰空间;庙旁长着两棵大松树,高耸云天,成为龙镇游子望乡的地标。

从南面神树岗山麓下蜿蜒而来的前塘河就从村庄前静静地流过,而东面源自淡水湖泊的长山江流过龟山脚下又与前塘河交汇,在村庄前形成阔远的水面。天晴时,烟波浩渺,白帆点点;起风下雨时,云压水面,浪涛拍岸。先人在这江河交汇处建造了一座石碶,每逢开闸放水,更是波涛汹涌,喧响宛如龙吟。"龙村"以及"龙镇"的地名便可从那时壮观的乡土图景中追溯到先人对于江河的敬畏和对文化图腾的理解。

每一个村庄的故事其实大都扎根于一个个家族的古老历史中。龙村是张姓的集聚地,先祖因北方战乱频仍自河北迁移至此地,子嗣绵延。龙村在民国前期也就是在20世纪20年代迎来了它历史上的一次复兴,那就是从村里出去到上海谋生打拼的几位乡贤致富后怀着对故乡的深厚情感回报故里,开启了20世纪初期古老村庄的现代乡村建设事业。他们捐资在村里修建了跨越前塘河两岸的大跨度钢筋水泥单拱桥,宛如一道飞越的长虹,取名"虹桥"。在旅沪以及当地乡贤们的号召和捐助下,村庄还集资修建了张氏宗祠和水龙会,重修了泄洪和阻隔咸水内涌的大型水利工程——龙碶。

对于龙村而言,现代新式学校的兴建是那个年代开启的乡村建设中影响最大的地方事件。其中一位在上海开办船厂的乡贤全资在村庄北面龙碶旁也就是前塘河和长山江汇合的江口边捐建了一座新式学校(以下称 L 小学),建校所用材料大都是其从上海采购用轮船渡海运至城里,最后经由前塘河运至龙村。学校于1924年建成,建筑风格中西合璧,一道巴洛克装饰的门楼,两幢红砖镶嵌、带有铁艺阳台的二层砖混结构教学楼,一幢单层大礼堂和一个运动场,是当时龙镇区域内最华美的公共建筑。当时村民感激乡贤的恩德,提议以乡贤的名字来命名学校,被乡贤婉言谢绝了,他坚持用乡名来命名学校,而且又出资在当地城里一家电力公司购入股票 4 万元,作为学校基金,其中年息和红利用来支持学校日常开支,凭学校印章和乡贤私章支取。学校延聘地方名师担任校长和教师。与传统私塾教学内容不同,L 小学开设现代课程,面向区域开放,族里子弟免费入学。其实,在世界现代性进程中嵌入中国乡村的教育发展事业不仅在龙村进行,也同时在龙镇的其他村庄进行,在更广阔的中国乡土社会里进行。20世纪初同一时期,龙镇还有另外几个村庄也在当地乡贤的捐建下,建成了现代新式学校。

小小的龙村以及龙镇内其他村庄的社会结构及风俗人情也是当时中国乡土社会的一个缩影,如费孝通在《乡土中国》里所言,以家族血缘为纽带,差序格局,聚村而居,是一个"熟悉"的没有陌生人的社会:小农经营,靠种地谋生,黏着在土地上,"土"是村民的命根;生活中交往不是靠契约,而是对礼俗规矩的习得和熟悉。[①] "在一切价值是以'己'作为中心"[②]的乡土中国,公共道德的维系主要依赖传统伦理、宗教神明和民间禁忌,同时起作用的还有一个叫"水龙会"的民间消防互助组织。无论何时,无论多远,只要一接到其他某个村庄的火情,龙村的青壮年们就会自觉奔向水龙会库房,齐力抬起笨重的机械水龙,沿着乡间小路或是河道纤路,前去救火。

龙村以及龙镇秀丽的青山、清澈的河流、无边的田野,还有历史风情空间以及村庄的伦理习俗成了不少曾经生于斯长于斯的人们心中的美好印象,尤其是 L 小学,成了龙村以及龙镇部分村庄一代又一代的孩子生命成长中共同的文化生活记忆。然而,龙镇在经历了近百年的变迁尤其是 40 年的城市化历程之后,无论是空间形态还是社会结构都可以说是发生了天翻地覆的变化。茂屿山、龟山、琴山、蛇山等因开山取石被炸毁了,它们成了日益扩张的城市及其不断蔓延的高楼和马路的地基;长山江因填江修建厂房江面变窄了;民国修建的虹桥因河道拓宽被全部拆除了;龙村旁边的一条小河因为污染索性被填成了一条水泥路;石碶因失去了它的水利价值而变得残损不堪;L 小学 20 世纪 90 年代因易地另建,其旧址如今变成了一所民工子弟学校,而它曾经宽广的操场也因被周边部分村民侵占违建而渐渐消失殆尽;神树岗上的两棵古松最后也枯死了,有村民说是雷击的缘故。

龙村也开始进入旧村改造拆迁的程序,曾经的故园走向传统空间格局的消亡以及传统社会结构及风俗的消解,只剩下 L 小学旧址孤零零地伫立在江口。

(二)故园不再:乡村社会的现代性危机

全球化语境下城市大规模扩张的中国社会转型时期,乡村社会正在经历着一场深重的现代性困境,龙镇也许就是一个缩影。

山被摧毁,河被填埋,地被征用,乡村社会首先在地理形态上遭遇了前所未有的冲击。山清水秀与田园风情,乡村社会延续千年的地域风貌正被不断消解。

同时,现代工业没有节制以及持续带来的污染也对乡土社会的生态造成了长远的伤害,甚至已经使部分地区的生态濒于崩溃。龙镇在经济发展走向工业化道路的同时,也面临着这种早期粗放型工业带来的一边发展和一边污染,一边建设家园和一边毁坏家园的生存悖论的窘境。尤其是 20 世纪末逐步发展起来的作为龙镇支柱产业的铸造业,其污染排放给水乡的生态环境以及居民的生活空间带来了很大伤害。尽管地方政府近年来一直在下大力气进行铸造业污染治理,督促企业进行技术转型升级,同

---

① 费孝通.乡土中国[M].北京:北京大学出版社,2012:10-48.
② 费孝通.乡土中国[M].北京:北京大学出版社,2012:45.

时关停一批,搬迁一批,但这个问题如今似乎依然困扰着地方居民,在地方民生网络服务平台以及其他网络平台上经常能看到龙镇居民的投诉(见表1-1)。

表1-1 网络平台上龙镇居民关于地方工业污染的部分投诉帖

序号	帖子主题	投诉时间
1	龙镇工厂偷排毒气	2017-12-14 10:09
2	龙镇夜间偷排毒气几次三番	2017-12-13 15:44
3	夜间及早上遭受龙镇工厂乱排毒气的困扰	2017-12-11 16:19
4	龙镇工厂毒气满血复活,请关注	2017-09-13 11:53
5	龙镇铸造厂污染	2017-08-28 15:08
6	龙镇的毒友们,晚上一起在睡梦中吸毒吧	2017-05-22 18:39
7	龙镇夜晚空气刺鼻	2017-05-02 10:59
8	龙镇晚上毒气废气,白天粉尘污染	2017-02-28 11:55
9	龙镇夜里空气有问题	2017-01-04 15:02
10	还是龙镇深夜排毒,该问谁之责	2016-12-17 08:14

城市快速扩张进程中,许多村庄要么空心化,要么被连根拔起,以村庄作为重要人文空间形态的乡村正面临颠覆性的消亡风险。龙镇的不少村庄也以城市为模板改造着自己的传统空间格局,龙村的大部分旧院落及传统民居在旧村改造中已经被拆除,数幢十几层高的村民安置房正拔地而起。文化学者冯骥才2015年在接受采访时曾提供了一组数据:自2000年至2010年,也就是短短的10年时间,我国原有363万个自然村锐减了90多万个;他认为村落尤其是传统古村落的消失不仅是中国历史文化丰富的物质见证遭到摧毁,而且大量从属于村落的非物质文化遗产也随之灰飞烟灭。①

现代性尽管孕育于西方近现代启蒙思潮和工业文明,推动了社会经济与文化的进步,但是在工业文明技术主义和功利主义的裹挟下,现代性不断地异化成一种工具理性,并随着全球化的进程,解构着世界各地区文化独有的民族性和乡土性。文化消亡,伦理解构,人心涣散,也许才是作为乡土性的中国社会以及以乡村文明为内质的中华民族文化正在面临的最深刻的危机。

半个多世纪前,费孝通在其《中国士绅》中所指出的中国社会发展问题如都市兴起不仅没有促进乡村繁荣反而引发了乡村衰落也正成为当今越来越严峻的现实。② 他

---

① 蒋健.冯骥才:村落村落! 立档调查! [N].中国青年报,2015-06-12.
② 费孝通.中国士绅[M].赵旭东,秦志杰,译.北京:生活·读书·新知三联书店,2009:10.

当时曾忧心忡忡地指出,中国社会正处在一个十字路口,而那些将决定中国未来工业模式的人的手里恰恰掌握着无辜中国农民的命运。①

如果说中国乡村社会所面临的最大问题在 20 世纪初主要是经济贫困,那么 21 世纪初则是乡土文化式微甚至消亡。失去了自身独特文化的维系,乡村社会的广阔存在就容易走向意义虚无,并接近于一盘散沙,随时有崩坏的可能。学者严海蓉指出"城市目的论"所建立起来的以城市为中心的意义表述体系,正不断蚕食着农村从经济到文化到意识形态上所有的价值,意义丢失的农村最终沦为城市的牺牲品,沦为空洞的"传统"和"落后"的代名词,走向虚空化,以致农业生产没落,农村生活萧条,文化的脊梁最终垮塌。② 当代有人文学者不无忧伤地感叹我们每个人的故乡都在沦陷,这竟似乎成了 20 世纪中国人的宿命。③

(三)沦为孤岛:乡村学校的边缘化命运

面对现代性挤迫下破碎的故园,当人们开始在一种失去家园的漂泊宿命中寻找生命的自我安顿时,现代乡愁则成了许多人内心从一个世纪进入另一个世纪的普遍咏叹。正如博伊姆在其《怀旧的未来》中所言,它既是对灵魂无法返乡的感伤,也是对意义世界祛魅的哀叹,也可能是对于某种绝对物的怀恋,也就是那种既是躯体的又是精神的家园,或是那种进入历史之前的时间和空间的伊甸园式统一,只是在如今都已不复存在。④

作为一个离乡已久的游子,研究者怀着乡愁重返龙镇,内心充满愧疚。但现代性进程中真实的龙镇,并不只是怀旧的乌托邦,而是研究者带着爱和痛思考乡村问题的最真实的场所。

从拆迁的废墟中走过。弯弯的巷弄和宁静的院落连同我们熟悉的生活场景刹那间灰飞烟灭,千百年历史中慢慢形成的村落,它的崩坏和消失竟然可以在一夜之间发生。我们并不是说一味怀旧,而是人生在瞬间的时空虚幻中其意义一时无处附着。研究者最后来到龙村江畔那座孤零零的 L 小学旧址。旧址上现在坐落着一所民工子弟学校,其也因难以为继,不久就要撤并和搬迁了。作为乡村社会曾经的文化中心,中国乡村学校不仅逐渐褪去当年的文化光芒,而且生源流失,师资匮乏,连存在本身都面临空前的挑战,L 小学只是其中一所。

---

① 费孝通.江村经济(修订本)[M].上海:上海人民出版社,2013:522.
② 严海蓉.虚空的农村和空虚的主体[J].读书,2005(7):74-83.
③ 江弱水.诗的八堂课[M].北京:商务印书馆,2017:160.
④ 博伊姆.怀旧的未来[M].杨德友,译.南京:译林出版社,2010:9.

这种挑战，首先来自外部社会环境变迁的影响，比如城市大规模扩张下不均衡的城乡发展和不平等的城乡关系，导致城乡之间的教育差距越来越大。城市教育资源垄断和办学优势凸显，形成了一种虹吸效应，使得乡村学校办学资源越来越枯竭。其次来自内部文化机制的弱化和僵化，尤其是多年来乡村学校对于办学的核心内容——课程，要么没有建构起自己的体系，要么缺失自己独特的文化品质，因而始终没有形成自己立足本土的教育文化主体性。这既有历史的原因，比如课程，从权力视角来看，它长久处于国家统一化的权力格局控制之中，学校缺少课程建构的自主权；也有现实自身的原因，比如乡村学校缺少课程意识，在传统的办学思路下，形成课程路径依赖，长期忽视对契合自身办学历史、在地场域文化的课程价值的思考，导致最后无法也无力建构起凸显自身本土文化主体性的课程体系，更遑论长远的课程评价规划。乡村学校的课程日益离土化，无关乡村社会的价值意义，学校生活与乡村社会的关系日益疏离，乡村学校越来越成为大地上的孤岛。主体性的逐渐丧失，以及随之带来的办学自信的丧失，一旦遇上社会转型尤其是城乡区域发展的极度不均衡，已经沦为孤岛的乡村学校的衰败甚至解体，也就成了必然的事情。中华人民共和国教育部官方网站教育统计数据显示：自 2000 年至 2015 年，义务教育阶段乡村学校数量逐年锐减，呈现出断崖式下跌，其中初中学校数从 2000 年的 39313 所跌至 2015 年的 16991 所，小学学校数从 2000 年的 440284 所跌至 2015 年的 118381 所。①

而且，乡村学校的衰败，乡村教育的滑坡，乡村文化的断裂，乡村社会的没落，几者之间常常会构成一个互为因果、互为连锁的恶化效应。除了伦理的消解及习俗的失传等，乡土社会文化消亡危机中最显性的表现是乡村教育的衰败和乡村学校课程本土化的主体缺失。离开了教育的传承和熔铸，文化也就失魂落魄，以文化为依托、以血缘为纽带的熟人社会也慢慢趋于溃散，以村庄为单位的乡土社会不再具有一种联结的力量，乡村慢慢走向衰败。多年来，一代又一代在如 L 小学一样的乡村学校学习成长并享受乡贤恩泽的村庄后裔，却对故乡的沉沦无动于衷；一批又一批考上大学或去城里打工站稳脚跟的年轻人从此不再返乡，在城市化营造的繁华图景中淡忘了故乡的意义存在，传统仿佛由此深深断裂。尤其是从乡村走出去的知识分子在当代乡村社会问题研究话语中的长期缺席，更会令人反思乡村教育及其课程的意义究竟是什么。梁鸿在《中国在梁庄》里不无悲怆地追问：是什么时候发生，又是如何发生的，乡村竟成了"民族的累赘"，成了"改革、发展与现代化追求的负担"，成了"底层、边缘、病症的代名词"？

---

① 中华人民共和国教育部. 教育统计数据［EB/OL］. (2016-10-11)［2017-09-01］. http://www.moe.gov.cn/s78/A03/moe_560/.

其中包含着"多少历史的矛盾与错误"以及"多少生命的痛苦与呼喊"?① 这些乡村现代性危机中的种种问题都亟待着在追问中去审视、辨析和梳理。

研究者凝望着空寂的 L 小学旧址,想梳理,也想探究,一所百年乡村学校究竟提供了怎样的课程,让在这里学习成长的孩子长大后依然缺少对乡土意义的真正认知。然而,研究者也渐渐关注到,近年来,龙镇的一些乡村学校开始借助课程建设的时代机遇并通过课程的本土化实践来重建自己的当代命运。因此,还有更多的追问在研究者的心中变得越来越强烈:一所乡村学校和乡村社会的关系究竟应该是什么? 它的课程价值究竟应该是什么? 龙镇一些乡村学校正在开展的课程本土化实践究竟有怎样的意义,是如何开展的? ……

研究问题的发现是一个不断交集、碰撞、寻思、聚焦与建构的过程。乡村社会、乡村文化以及乡村教育、乡村学校彼此不是孤立的存在,而是交织在一起的文化经济共同体,往往一荣俱荣,一败俱败。中国乡村教育家傅葆琛在 90 多年前说过:"乡村教育的问题,虽然复杂,最根本的,是乡村小学的课程。"②在历史的回顾、现实的追问和理论的寻思中,研究者逐渐清晰地看到问题的源流。

本书研究问题正是基于对乡村社会的逐渐瓦解、乡村学校的存在危机的现实观察和研究,通过对乡村学校的文化核心——课程的不断聚焦而提出:乡村学校课程及其本土化在历史上是如何演变的? 乡村学校课程本土化的意义及其实践机制是什么?

二、研究目的与意义

(一)研究目的

研究目的在于通过对乡村学校课程本土化历史与现实实践的考察,梳理乡村学校课程体系的内在逻辑和实践机制,厘清乡村教育的价值意义。本研究实际应用目的在于既为研究者自己回到乡村办学也为有志于乡村教育事业的同道者提供适切的乡村学校课程本土化的理论依据和实践方向。

(二)研究意义

1.理论意义

课程作为一个现代性教育话语,它的理论发展是从西方开始的。尤其是进入 20

---

① 梁鸿.中国在梁庄[M].南京:江苏人民出版社,2010:1-2.

② 傅葆琛.乡村生活与乡村教育[M].无锡:江苏省立教育学院研究试验部,1930:116.

世纪以后,随着西方尤其是美国课程实践的丰富,从美国泰勒的课程原理、布鲁纳的学科结构理论到奥苏贝尔的有意义的接受学习理论,课程理论的建构也开始走向多元,课程研究的空间和视角不断拓展,课程研究的路径和方法也不断增加。但是,课程领域的理论研究在发展的同时也遭遇了它自身的瓶颈,美国课程论学者施瓦布指出课程领域由于"习惯性地、不假思索地、错误地依赖理论"而到了"穷途末路之时",面对课程领域中"问题的特点和多样性",现有的理论和方法已经不能维持其研究而需要更新,从而形成"一种新的观点"。① 尤其对于我国来讲,课程研究在 20 世纪起步较晚,中华人民共和国成立以后,又由于受凯洛夫教育学的影响,课程的意义长期被"教学"或"学科"置换,以致课程研究几乎停滞。改革开放后,课程研究逐步兴起,但大都局限在西方课程理论的框架内。当下,我国课程研究成果日益丰硕,但同样还是缺少与本土文化、本土实践的有机联结,没有建构起自身的学术主体性。

本研究就试图以课程与本土文化、本土实践为聚焦点,通过对课程本土化的考察,进一步探究课程、乡村教育和乡村社会的关系,从而丰富课程研究的本土化理论。在放眼世界的同时,课程研究的真正生命力恰恰在于能够解决自己的问题,再高深的理论最终都需历经本土化的淬炼,更何况源远流长的中华文化深蕴着智慧的力量,一如加拿大学者史密斯所言,当西方教育在技术主义的泥淖中越陷越深并被作为自封身份一部分的痼疾所困扰时,也开始自觉地到中国文化中寻找智慧的指导,"对中国的'智慧传统'的浓厚兴趣,一直持续到今天"②。

2.实践意义

由于历史曾经的断裂,中国课程实践缺失它在教育大地上的深耕,尤其是乡村学校,更因为其没有足够的教育场域文化自信,以致课程本土化实践主体意识不足,使得乡村学校课程实践要么体系残缺,要么结构松散,要么价值迷失,无力支撑起学校的办学构想。

中国的课程该如何找到自己的合理的生长点? 也许,从那生命和文化原初的地方——我们的大地、我们的乡村和我们的乡村学校出发,从脚下的土地和文化出发,再放眼广阔的世界,可能会为中国课程价值意义的追溯和重建获得启示。

从实践意义来讲,本研究通过乡村学校课程本土化实践的历史梳理以及当代寻访,试图发现乡村学校课程本土化实践的内在合理逻辑,以有助于乡村学校课程契合自身目的性的合理设计与体系建构,有助于建立学校课程与乡村社会的意义关联,让

---

① 韦斯特伯里,威尔科夫.科学、课程与通识教育:施瓦布选集[M].郭元祥,乔翠兰,主译.北京:中国轻工业出版社,2008:237.

② 史密斯.全球化与后现代教育学[M].郭洋生,译.北京:教育科学出版社,2000:4.

乡村学校课程焕发出生命活力。

只是有时,就像龙镇,社会变迁之快,犹如沧海桑田,转瞬间天翻地覆的变化所带来的那种无处追寻的怅惘,会如马林诺夫斯基在《西太平洋的航海者》的前言中谈及民族学研究处境所言,萦绕在研究者的心头:"民族学目前所处的尴尬境地,即使不说是悲剧性的,也可说是悲哀的了。正当她整理好工作坊、锻造了合适的工具、对其指定任务准备就绪之际,她的研究材料却在以无可挽回的速度逐渐消失。此刻,科学的田野民族学(field ethnology)方法和目标刚刚成形,训练有素的民族学工作者刚刚踏上去蛮荒之地的旅程,去研究那里的居民——这些却在我们的眼前慢慢消失了。"[1]

这是学术研究的忧思,也是其时不我待的责任和意义所在。

---

① 马林诺夫斯基.西太平洋上的航海者[M].弓秀英,译.北京:商务印书馆,2016:7.

第二节 概念界定与文献综述

在现代性进程中,乡土社会的凋敝与瓦解,乡村学校的衰败和撤并,也越来越引起社会以及众多研究者的关注。从百年历史进程来看,对中国乡村学校的关注和研究主要集中在两个时期,一个是 20 世纪 20 年代至 40 年代,一个是从 20 世纪 90 年代伴随着城市化的急剧扩张和社会转型开始至今。在关注当代国内外乡村学校以及课程本土化研究的同时,20 世纪 20 年代至 40 年代那段闪耀着中国本土思想光辉并且充满实践性的研究历史依然值得深深回望。本研究的概念界定、文献综述以及之后展开的论述都将会以学术的方式向这段中国乡村学校与乡村教育的研究史致敬。

一、概念界定

(一)乡村学校

在进入"乡村学校"领域的文献综述和理论聚焦之时,首先会遇到概念上的一个交集与冲突,即"乡村学校"与"农村学校"这两个概念在不同语境的表述中经常会交替出现。要界定和确认本研究所使用的核心概念,关键在于要厘清这组概念修饰语中另外两个概念——"乡村"与"农村"的内涵区别。在百年历史的社会演进中,"乡村"和"农村"逐渐成为一个相伴相生的概念,因此首先需要以历史为维对这两个概念在文献的使用中做一定的辨析,这样才可以在绵长历史的词语生成以及现当代概念混合使用和表达中,对本研究最终使用的核心概念拥有清晰的内涵和理论上的认识。

《现代汉语词典》把"农村"解释为"以从事农业生产为主的人聚居的地方",把"乡村"解释为"主要从事农业、人口分布较城镇分散的地方"。[①] 在这里,两个概念的意思

---

① 中国社会科学院语言研究所词典编辑室.现代汉语词典[Z].6 版.北京:商务印书馆,2014:955,1418.

非常相近,但在文化沿承的语境中,两个概念所具有的意义有着一定的区别,可以沿着历史之流进行追溯。

"乡"在《尔雅》"释宫"篇里的解释为"两阶间谓之乡"[①],两阶指殿堂的东西阶,它最早的意义指向空间。《周礼·地官·大司徒》中说道:"令五家为比,使之相保;五比为闾,使之相受;四闾为族,使之相葬;五族为党,使之相救;五党为州,使之相赒;五州为乡,使之相宾。"[②]这里的"乡"在指向空间地域的同时,还包含着组织的意义。

"村"在《说文解字注》的释义为"地名。从邑。屯声",被认为是"邨"的变字,有屯聚之意。[③] 在中国历代古诗文中,村常被表述为乡野人口聚集的屯落。东晋陶渊明《桃花源记》中有云:"村中闻有此人,咸来问讯。"唐代孟浩然《过故人庄》中有云:"故人具鸡黍,邀我至田家。绿树村边合,青山郭外斜。"宋代陆游《十一月四日风雨大作》中有云:"僵卧孤村不自哀,尚思为国戍轮台。"清末民初徐珂《清稗类钞·战事类》中有云:"环村居者皆猎户。"

在古代文献里,"乡"和"村"或者"乡"和"土"也常常联袂出现。如南北朝时期谢灵运《石室山诗》中有云"乡村绝闻见,樵苏限风霄",唐代韩愈《论变盐法事宜状》中有云"臣以为乡村远处,或三家五家,山谷居住",以及宋代翁卷《乡村四月》中有云"乡村四月闲人少,才了蚕桑又插田",其中"乡村"则多指乡野和村庄,接近现代使用的词义。《列子·天瑞》中有云:"有人去乡土、离六亲、废家业,游于四方而不归者,何人哉?"[④]这是"乡土"二字最早出现的文献,"乡土"在文中指向的是一个地域,也就是自己最初生活的故土。

"乡村"和"乡土"两个词语到了近现代使用的活跃度便高了起来,更多的是在教育学和社会学的语境中。在现代性进程中,20世纪初原本薄弱的中国乡村在国内政治秩序动荡以及国外资本入侵和经济危机波及的内外夹击下,渐趋衰败和破产。以乡村教育、经济和文化为主要领域的救济乡村、改造乡村和建设乡村的诉求便成了民族复兴的呼声,尤其是"乡村",成为20世纪二三十年代的一个时代主题词。喻谟烈在其《乡村教育》中认为,"乡村"二字之联用为以别于城市者。[⑤] 赵质宸也持相近的观点,认为"乡村"二字联用为近代有别于"城市"的名词,之于中国而言,就是"全国之最大多数民众所居住之场所"[⑥]。也有现代学者对"乡土"作了概念界定,认为"乡土"即"在幼

① 尔雅注疏[M].郭璞,注.邢昺,疏.上海:上海古籍出版社,2010:235.
② 周礼注疏[M].郑玄,注.贾公彦,疏.上海:上海古籍出版社,1990:158.
③ 段玉裁.说文解字注[M].北京:中华书局,2013:302.
④ 列子[M].张湛,注.卢重玄,解.上海:上海古籍出版社,2014:21.
⑤ 喻谟烈.乡村教育[M].北京:商务印书馆,1927:4.
⑥ 赵质宸.乡村教育概论[M].北京:京城印书局,1933:1.

年或少年时代,对于个人之生长个性之形成,发生密切的关系之地方,是自然和文化综合的生活环境,可以体验此地方之自然的及文化的价值,给吾人以强烈的情感,强烈的印象,自我的谋其历史的、社会的建设和发展"①。"乡土"于"乡村"而言,更富一种基于个体生命与民族传统的情感和文化上的色彩。

"农"在《说文解字》里的解释为"耕也",指的是一种劳作方式。② 相对于"乡村""乡土"而言,"农村"成词较晚,在古诗文中出现次数也有限,如宋代陈淳《和丁祖舜二月阴寒之作》中云"东皇泼事已告半,农村恰恰脂田车",元代范梈《度泽过关山》中云"朝临昌邑浦,夕指番阳湾。冲泥赴农村,老屋夜不关",清代长篇小说《平山冷燕》第八回中云"贱妾因思家居农村,能识几人,不睹崤函之大,安知天子之尊"。

与"乡村"和"乡土"一样,对"农村"一词的活跃使用也发生在近现代,但更倾向于政治和经济的话语视野。民国学者王世颖、冯静远主张以生产方法为标准来区别农村和都市,都市的生产方法是以工商业为主体,农村则以农业为主体,那么以农业为居民主要生产方法的便是农村,虽则农村中也间有家庭手工业和商业。③ 王怡柯认为"农村"就是"类指多数以农为业之人类,所聚处之自然区划而言",同时对"乡村"和"农村"两个概念作了辨析,认为"乡村对待城市而言,原乡村不必尽农村也。滨海之地有渔村,近山之民,有专事林或猎者,不必尽依农为业,即乡村不必尽为农村。特我国以农立国,大野巨流,无在而非田畴。故农村大可代表乡村,即两词未尝不可混用也",指出两词似同而实不同,但涵义也有交集的地方,故有时也可混用。④ 自新中国成立开始,"农村"一词在政治化语境中的表达和运用渐渐成为主流。

20 世纪 80 年代,学界开始关注"乡村"与"农村"的概念和意义之辨。1986 年,陈月如指出农村是一个"历史的、动态的、发展的"概念,随着社会生产力的发展而发展,因此认为从思想上突破农业乡村的传统观念进而确立农村新概念,对于建设现代型新农村具有很重要的意义。⑤ 1988 年,郭焕成则认为"乡村"比"农村"更合适,因为我国农村产业结构和人口就业结构已经发生变化,既有从事农业的也有从事非农业的。⑥ 1998 年,张小林鉴于乡村"整体发展的动态性演变""各组成要素的不整合性""与城市之间的相对性"以及上述三大特性形成的"城乡连续体"等复杂内涵,从人文地理学视

① 祁伯文.乡土教材研究[J].陕西教育月刊,1935(1):11.
② 许慎.说文解字[M].南京:江苏古籍出版社,2001:60.
③ 王世颖,冯静远.农村经济及合作[M].上海:黎明书局,1934:2.
④ 王怡柯.农村自卫研究[Z].开封:河南省治学院同学会,1932:31-32.
⑤ 陈月如.试论农村新概念[J].经济研究,1986(2):76-78.
⑥ 郭焕成.乡村地理学的性质和任务[J].经济地理,1988(2):125-129.

角提出需要用新的思维来重构"乡村"的定义。[①] 2001 年,王洁钢从社会学的视角分析,自 1978 年农村改革以来,农村产业结构已经发生了深刻的变化,仍然使用"农村"这一概念显然已经不合时宜,能够囊括地域上所有产业变迁的"乡村"概念必然要取代"农村"概念。[②] 2004 年,肖唐镖撰文指出要深入研究乡村建设与发展,必先厘清相关的基本概念,认为比起带有较重产业特色的"农村"概念而言,"乡村"概念更具兼容性。[③]

"乡村"与"农村",在 21 世纪国家政策语境中,也经历了一个话语表达的变化。2005 年中国共产党十六届五中全会提出"建设社会主义新农村";2012 年中共中央、国务院《关于加快发展现代农业、进一步增强农村发展活力的若干意见》提出"建设美丽乡村";2017 年党的十九大提出"实施乡村振兴战略",预示着"乡村"概念在内涵上正不断走向一个更广阔的建构。

基于对历史变迁多语境下"乡村"与"农村"概念内涵演变的综合考察,本研究采用"乡村学校"这个更具时代与文化兼容性的概念,其为在乡村地区的义务段学校;在本研究具体操作中,即指在龙镇的义务段(小学、初中)公立学校。

(二)课程

《辞海》对教育意义范畴的"课程"如此解释:"①功课的进程。……②广义指为实现各级各类学校的培养目标而确定的教育内容的范围、结构和进程安排。狭义指教学计划中设置的一门学科。"[④]《中国大百科全书》解释"课程"为"课业及进程",并列出三种当前较为普遍的课程定义:"课程即教学科目""课程即预期的学习结果或目标"和"课程即学习经验或体验"。[⑤]《牛津英语大词典》(Oxford English Dictionary)解释"课程"(curriculum)为:"学校或大学里学习的进程,其由不同学科组成。"[⑥]

对于"课程"概念的理解,同样需要放到历史的语境中去。这样,既有助于对概念的完整理解,又能同步梳理课程理论研究的一种理路变迁。

"以教护课程,必君子监之,乃得依法制也",唐代孔颖达在《五经正义》中对《诗经·小雅》中"奕奕寝庙,君子作之。秩秩大猷,圣人莫之"诗句的疏解,是"课程"一词

① 张小林.乡村概念辨析[J].地理学报,1998(4):365-371.
② 王洁钢.农村、乡村概念比较的社会学意义[J].学术论坛,2001(2):126-129.
③ 肖唐镖.乡村建设:概念分析与新近研究[J].求实,2004(1):88-91.
④ 《辞海》编辑委员会.辞海[M].上海:上海辞书出版社,2002:929.
⑤ 《中国大百科全书》总编委会.中国大百科全书(13)[M].北京:中国大百科全书出版社,2009:80.
⑥ 特朗博,史蒂文森.牛津英语大词典(简编本)[Z].上海:上海外语教育出版社,2004:581.

在中国文献里的最早记载。"宽着期限，紧着课程""读书，小作课程，大施功力"，①"课程"一词在中国教育语境中的出现，则始于南宋朱熹《朱子全书·朱子语类·读书法》中的表述。元代程端礼继承了朱熹的思想，对"宽着期限，紧着课程"进行了更为详细的阐释，制定了《读书分年日程》，形成古代书院学习的规章和程式。

明代，王阳明的几篇公文如《牌行灵山县延师设教》等中多次出现"课程"一词。王阳明在广西为官时，看到"理学不明，人心陷溺，是以士习日偷，风教不振"，除亲自讲学外，还训告地方官员"率领师生，朝夕考德问业，务去旧染卑污之习，以求圣贤身心之功。该县诸生应该赴试者，临期起送；不该赴试者，如常朝夕听讲。或时出与经书策论题目，量作课程，不得玩易怠忽，虚应故事"。②

到了清代后期，无论在官学还是在私学领域，"课程"一词的使用渐渐频繁起来。清代官方最高学府——国子监在道光年间修纂和实行的规章制度《钦定国子监则例》中也多有"课程"出现，如《钦定国子监则例·六堂训课》中提到了"经义课程""制义课程""书体课程"等课程类别，并有明确的课程内容说明；③又如《钦定国子监则例·八旗官学课程》，其中对官学课程学习、考核和评价均有完备规定。④

在私学方面，典型的有龙启瑞的《家塾课程》，其对十五六岁童子以下的学生一天的学习内容作了明确的规定。⑤又如清代唐彪在其《父师善诱法·教法要务》中多次提到"课程"，提出一个称职的先生不仅学问要优，还必以严为先务，不然教法过于宽恕，就会使弟子"课程"有缺，提出先生教童子之法要从其根基入手，在适宜的教育时期，宜屏绝外务，专心致志开导督责，令学生读书字句分明，"课程"悉循法度，这样以后训诲工夫就容易起到作用。⑥这里的"课程"接近于现代意义上的"学程"。

"课程"一词真正接近现代的内涵还是始于世界现代性进程中中国近现代教育的兴起和发展。以下是对于国内自现代教育萌生起一些具有代表性的"课程"概念的历史考察。

---

① 朱熹.朱子全书（第14册）[M].上海：上海古籍出版社；合肥：安徽教育出版社，2002：318.

② 王阳明.王阳明集（上）[M].王晓昕，赵平略，点校.北京：中华书局，2016：564.

③ 璩鑫圭.中国近代教育史资料汇编·鸦片战争时期教育[M].上海：上海教育出版社，2007：133-134.

④ 璩鑫圭.中国近代教育史资料汇编·鸦片战争时期教育[M].上海：上海教育出版社，2007：140-143.

⑤ 璩鑫圭.中国近代教育史资料汇编·鸦片战争时期教育[M].上海：上海教育出版社，2007：371-372.

⑥ 璩鑫圭.中国近代教育史资料汇编·鸦片战争时期教育[M].上海：上海教育出版社，2007：404.

1925 年,余家菊在《中华教育界》第 14 卷第 9 期发表《课程论》一文,标志着中国现代教育"课程论"研究的自觉和开始。余家菊提出"课程"即"学生在校时之生活活动",也就是"吾人所期责于学生之活动",其中"期责"包含着一种教育价值期待;他还从学生的视角进行了课程的生命意义诠释,并又提出"所谓课程者,即学生之种种业务也。至平常所谓教材者,则不过活动之凭藉者"。① 同时代的严元章认为:"根据教育目的、理想目的和活动目的,来选择和组织的人类经验的全部,能够满足社会的需要和适应学生的发展的,便是课程或学校课程。"②严元章还对课程、学科、学程和学材作了辨析区分,比如对于"课程"和"学科",他说:"课程和学科的分别,正像整个有机体和它的体系的分别——课程是整个有机体,学科只是那有机体里面的体系。"③

当代学者吕达在《中国近代课程史论》中对中国近代课程演变进行了系统考察,他认为通常所说的课程是指"学习者在学校的指导下所获得的全部经验""为实现各级各类学校的培养目标而规定的教育内容及其目的、范围和进程的总和",而狭义的课程概念也指"一门学科及其进程"。④

自 20 世纪 80 年代起,在当代教育学及课程研究的进展中,"课程"概念的内涵也在不断生成。上海师范大学《教育学》编写组认为课程是"学生学习的全部学科"⑤。王策三认为课程是"人类长期创造和积累起来的经验的精华"⑥。廖哲勋认为课程是"由一定育人目标、基本文化成果及学习活动方式组成的用以指导学校育人规划和引导学生认识世界、了解自己、提高自己的媒体"⑦。郝德永认为课程是指"促进学生全面发展的、具有教育意义的经验的计划或方案"⑧。吴康宁认为课程是"作为教师与学生教学活动之基本依据的课程计划、课程标准及教材"⑨。

在西方,"课程"一词最早在英国斯宾塞 1859 年发表的《什么知识最有价值》一文中提出,此文还谈到了课程的价值意义。⑩ 1902 年,美国杜威在《儿童与课程》中谈及课程与儿童的成长关联时指出教师需要明确而彻底地了解课程中包含着的种族经验,

①　余家菊.课程论[J].中华教育界,1925(9):1-16.

②　严元章.课程论[J].金陵大学文学院季刊,1931(1):107-120.

③　严元章.课程论[J].金陵大学文学院季刊,1931(1):107-120.

④　吕达.中国近代课程史论[M].北京:人民教育出版社,1994:1-2.

⑤　上海师范大学《教育学》编写组.教育学[M].北京:人民教育出版社,1979:97.

⑥　王策三.教学论稿[M].北京:人民教育出版社,1985:168.

⑦　廖哲勋.课程学[M].武汉:华中师范大学出版社,1991:28.

⑧　郝德永.课程与文化:一个后现代的检视[M].北京:教育科学出版社,2002:374.

⑨　吴康宁.课程社会学研究[M].南京:江苏教育出版社,2004:14.

⑩　斯宾塞.斯宾塞教育论著选[M].胡毅,王承绪,译.北京:人民教育出版社,2005:6-46.

才有可能了解儿童现有的能力、才能和态度并使他们表现出来、发挥作用并得到实现。① 1918年，美国芝加哥大学教育管理学教授博比特出版了可谓现代课程理论起点的《课程》一书，书中对"课程"概念如此解释："课程就是这样一套孩子们和年轻人必须通过完成目标而具备的经验"，"学校课程所瞩目的对象，是那些通过普遍的、无指导的经验无法充分达成的目标"。② 1949年，被称为"现代课程理论之父"的美国课程理论家泰勒在其出版的《课程与教学的基本原理》中尽管没有对课程概念做正面的回应，但提出了课程编制的基本结构：①确定教育目标；②根据目标选择学习经验；③组织学习经验；④评估学习经验的有效性。③

在其后的课程研究进展中，西方学者尤其是美国课程理论家不断地进行着课程理论反思，并寻求对"课程"概念及内涵的建构，美国施瓦布看到了泰勒的课程理论的局限性，指出课程领域长期过于习惯性地、不假思索地、错误地依赖理论，忽视了课程实践的特征，已经到了穷途末路之时，而课程是实践的艺术，需要转向实践之路。④ 美国古德莱德认为课程研究要从基础出发，需要厘清课程的概念及内涵，从而提出了五种不同层次的课程：①理想的课程；②正式的课程；③领悟的课程；④实施的课程；⑤体验的课程。⑤

20世纪90年代起，国内外不少学者开始密集地关注、辨析及探讨课程研究领域不断生成的"课程"概念。施良方考察了国内外课程几种代表性的定义如"课程即教学科目""课程即有计划的教学活动""课程即预期的教学结果""课程即学习经验""课程即文化再生产""课程即社会改造的过程"等，认为每一种课程定义都隐含着作者的一些基本假设和价值取向，对于教育工作者来讲，在具体的理论语境中，重要的不是定义的选择，而是要意识到各种课程定义所提出的问题并由此根据课程实践的要求而作出有效的决策。⑥ 钟启泉在考察了课程概念的历史流变以及中外比较之后提出"课程"概念至少包含了"国家、学校、教师三个层面的多层构造的概念"，"课程"指"国家的基准以及地方层面和学校层面的制度化的'公共教育课程'"。⑦

① 杜威.杜威全集·中期著作(1899—1924)第二卷(1902—1903)[M].张留华,译.上海:华东师范大学出版社,2012:223.
② 博比特.课程[M].刘幸,译.北京:教育科学出版社,2017:36,37.
③ 泰勒.课程与教学的基本原理[M].罗康,张阆,译.北京:中国轻工业出版社,2014:3-133.
④ 韦斯特伯里,威尔科夫.科学、课程与通识教育:施瓦布选集[M].郭元祥,乔翠兰,主译.北京:中国轻工业出版社,2008:237-314.
⑤ John I. Goodlad and Associates (eds.). Curriculum Inquiry: The Study of Curriculum Practice[M]. NewYork: McGraw-Hill,1979:344-350.
⑥ 施良方.课程定义辨析[J].教育评论,1994(3):44-47.
⑦ 钟启泉.现代课程论[M].上海:上海教育出版社,2006:231.

美国奥恩斯坦等对五种课程定义进行了考察,认为比较普遍的为以下两种:第一种认为课程可以定义为"一种行动计划,或一种书面文献,包括达到设定目标或目的的策略";第二种人文课程可以从广泛的意义上定义为"对学习者的经验所作的处理"。虽然有人认为定义众多会造成混乱,但奥恩斯坦则理性看待,认为定义众多反而充满活力,因为其包含着"各自的像方式、特定的意识形态、多样的教育学、独特的政治经验和不同的文化体验"①。美国埃利斯在其《课程理论及其实践范例》中考察历史不同阶段学者们界定的课程概念后,把其主要分为"处方性""描述性"两类。关于课程的处方性定义有"一种事先规定好的只是体系以及传播这一知识体系的方法""由教育专家和社区、州或国家的其他成年人为了满足他们自己的需要及他们所认为的孩子的需要而制订的总体性计划""在学校的指导下设计的,关于学习者需要的所有经验的计划和方案"等,处方性定义往往把课程看作是一个计划、一幅地图,或一张处方。关于课程的描述性定义有"在教师的指导下孩子获得的所有经验""每个学习者从自己的受教育过程中获得的所有实际经验和对经验的理解""每个儿童选择、接受并融合到他们未来的经验中的学习内容,这些学习内容在学生的行动中得以表现并指导他们的行动"等,描述性课程定义中的关键性术语主要是"经验";也有一部分定义将两者结合了起来,如"在学校的指导下学生完成的一套相互关联的计划和经验"。②

澳大利亚马什在其《理解课程的关键概念》中对课程概念进行了考察和辨析后认为,每一种定义都存在着局限和问题,他引用其他学者的观点说,课程作为一个研究领域,在概念上也许还不成熟。③ 美国派纳等学者则认为课程研究正在经历着概念重建,从主要为课程开发制定原理和计划的制度努力走向旨在理解课程的努力,因为,在不同国家和地区,课程的理解是迥异的,于是他们从历史话语的角度考察了课程领域概念重建的历史,同时又从当代课程话语出发,从"政治文本""种族文本""性别文本""现象学文本"等维度对课程概念进行了阐释并指出,"课程是一个高度象征性的概念。它是老一代人选择性地告诉年轻一代的内容""课程成为一代人努力界定自我与世界的场所""课程是非常复杂的会话"。④ 派纳等学者热情洋溢地借由课程概念重建而为人们描绘了一幅课程研究发展的未来图景。他们说,课程理论的新的概念重建领域中探索的前沿随处都是,"因为课程领域还很年轻,有些不稳定,具有开放性,这样的开拓

---

① 奥恩斯坦,汉金斯.课程:基础、原理和问题[M].柯森,主译.南京:江苏教育出版社,2002:12-13.

② 埃利斯.课程理论及其实践范例[M].张文军,译.北京:教育科学出版社,2005:11-14.

③ 马什.理解课程的关键概念[M].徐佳,吴刚平,译.北京:教育科学出版社,2009:4-10.

④ 派纳,等.理解课程[M].张华,等译.北京:教育科学出版社,2003:868.

工作可能会受到比更为保守和定型的领域更为热烈的欢迎"①。他们说："下一个时刻是你们的。"②

总体而言，当代的课程概念在重建中都突破了对传统课程概念的狭义认识，尽管各自的理解会有差异，但在结构上倾向于认为课程是一个计划、系统或序列，在意义上倾向于认为课程是具有教育意义的人类文化经验或成果。课程作为一个意义不断重建的概念，尽管是源自西方的现代性在近代的嵌入使其意义凸显，但从历史的考察来看，研究者更愿意把其看成是一场相逢，既有中国的原生意义，又有西方的情境赋予。

基于课程概念内涵演变和课程实践观察研究的总体考量，本研究界定"课程"概念为：为传承文化精华、承载教育目的、促进生命成长而有计划地制定的教学活动序列及进程。体现文化目的性的课程概念更契合于课程社会学的理解。在本研究具体操作中，"课程"指的是在龙镇义务段公立学校开设的国家课程、地方课程与学校课程。

(三)课程本土化

理解"本土化"是界定本研究核心概念"课程本土化"的重要前提。"本土化"的思想内涵在中国源远流长的思想史上早已有类似论述，如古代《晏子春秋·内篇杂下》中讲道："橘生淮南则为橘，生于淮北则为枳，叶徒相似，其实味不同。所以然者何？水土异也。"③而"本土化"，作为一个现代概念，首先不是作为一个对立甚至狭隘的地域概念而出现的，而是在现代性进程中日益凸显出来的。随着全球化带来的世界一体化，"本土化"作为对社会文化多元化的一种维护，是对历史进程的一种反思。尤其是从20世纪90年代起，随着现代性进程中全球化、城市化、工业化对本土文化的冲击日益加剧，"本土化"概念在文献中使用频率逐年递增，领域也日渐扩大。但对于其概念和内涵进行辨析的非常少，在"现代性""全球化""城市化"等概念被广泛进行理论探讨的同时，"本土化"更多地停留在一个被使用的概念，而缺少理论辨析和争鸣。

越来越多的领域都在寻求自身理论及实践本土化的企图，那么本研究首先需要探寻的是：本土化的内涵究竟是什么？

"本土化"作为一个概念，最初是在社会学领域被相对深入地讨论。郑杭生、王万俊从社会学变迁史来考察，提出"本土化"作为"一种自觉的群体性的学术活动取向"，最早出现于20世纪二三十年代的拉丁美洲（尤其是墨西哥）社会学界和中国社会学

---

① 派纳,等.理解课程[M].张华,等译.北京:教育科学出版社,2003:886.
② 派纳,等.理解课程[M].张华,等译.北京:教育科学出版社,2003:886.
③ 晏子春秋[M].陈涛,译注.北京:中华书局,2007:299.

界,"特别是中国,在世界的社会学本土化的历史上占有重要地位"。① 确实,20 世纪二三十年代的中国,涌现出一批致力于社会学中国化、本土化的学者,如孙本文、吴文藻、费孝通等。1931 年 2 月,孙本文在中国社会学社第一次年会上作题为"中国社会学之过去、现在及将来"的演讲时提出,要"建设一种中国化的社会学"②。1928 年底,吴文藻在美国哥伦比亚大学获博士学位后谢绝朋友挽留,毅然启程回国,而后到燕京大学任教,也开始提出社会学"中国化"的主张,在后来其主编的《社会学丛刊》的总序中阐释到:"理论符合事实,事实启发理论,必须理论与事实糅合在一起,获得一种新综合,而后现实的社会学才能植根于中国土壤之上,又必须有了本此眼光训练出来的独立的科学人才,来进行独立的科学研究,社会学才算彻底的中国化。"③同时期,在拉丁美洲社会学界,墨西哥人类学家加米奥和教育家卡尔德龙发起了一场影响深远的"本土主义"(indigenismo)运动。④ 此后,"本土化(indigenization)"一词也逐渐在英语学术界出现并被普遍使用起来。郑杭生、王万俊认为社会学本土化开始逐步成为一场世界性的学术运动,以及"本土化"作为一个社会学学术概念被正式引入社会学领域,都是在第二次世界大战以后。⑤

对于"本土化"概念的诠释,曹锦清在为李宗克《社会学本土化:历史与逻辑》一书撰写的序言中说道:"本土化一语在中国人文社会科学领域有极为复杂的面向。对于'何为本土化'的诠释,以及对于'如何本土化'的期待,学界也有很大的差异。"⑥李宗克则认为:"本土化的概念更应该被视为多重内涵的一个模糊集合。一个有价值的研究进路是梳理学术史上关于'本土化'的代表性论述,辨识出主要的类型,揭示不同类型主张在知识论和方法论层面表现出来的真正差异,从而为有关讨论奠定一个基础性框架。"⑦

从学术史上关于"本土化"的代表性论述总体考察来看,本土化理论视角在运用的同时渐渐形成这样一种基础性的内涵认同:本土化是一个过程,是现代性进程中不同主体在适应在地环境和文化从而获得价值认同和合理发展的一种调适过程。

再来审视本研究的核心概念"课程本土化"。这个概念本身包含着一场课程思想

① 郑杭生,王万俊.二十世纪中国的社会学本土化[M].北京:党建读物出版社,2000:11.
② 孙本文.孙本文文集(第八卷)[M].北京:社会科学文献出版社,2012:247.
③ 吴文藻.论社会学中国化[M].北京:商务印书馆,2010:4.
④ Martin S. Stabb. Indigenism and Racismin Mexican Thought:1857—1911[J]. Journal of Inter-American Studies,1959(4):405-423.
⑤ 郑杭生,王万俊.二十世纪中国的社会学本土化[M].北京:党建读物出版社,2000:13.
⑥ 李宗克.社会学本土化:历史与逻辑[M].上海:上海人民出版社,2015:1.
⑦ 李宗克.社会学本土化:历史与逻辑[M].上海:上海人民出版社,2015:14.

的演变,从最初的"校本课程开发"到"校本课程",到"国家课程校本化",再到"课程校本化",再到"课程本土化",每个概念的变化,都呈现着不同阶段的政策语境和思想寓意。

"校本课程开发"一词最早是1973年在爱尔兰阿尔斯特大学举行的国际课程研讨会上提出来的,学者富鲁马克(A. M. Furumark)和麦克米伦(I. McMullen)首次对校本课程开发的意义进行了界定。校本课程开发,在富鲁马克看来,是学校教育管理者、教师、学生和家长等为改善学校教育品质所计划、指导的各种活动;在麦克米伦看来,则是以学校为基地的,主体依靠学校教职员工及现有资源的课程开发工作。"校本课程开发"概念随着研究的开展渐渐推广开来,而且含义的变化也趋于丰富多样化。例如,张嘉育认为校本课程开发是学校基于教育目的达成或教育问题解决联合成员所进行的课程开发过程与结果;①崔允漷认为其是学校基于自己的教育理念并借助外部力量,采用选择、改编、新编教学材料或设计学习活动的方式在校内实施以及建立内部评价机制的各种专业活动;②徐玉珍认为其是在国家及地方课程纲要的框架下,基于学校自身禀赋,由学校成员志愿、自主、独立或与社会力量合作在学校现场发生并开展的旨在满足本校所有学生学习需求的一切形式的课程开发活动,而且它是一个持续和动态的课程改进过程。③

如果说"校本课程开发"是一个动态的概念,那么"校本课程"则是一个静态的概念,也可以说是校本课程开发的成果,体现为构成序列的课程内容。2001年6月,在前期国家基础教育课程教材改革工作的基础上,教育部出台了《基础教育课程改革纲要(试行)》,提出"大力推进基础教育课程改革,调整和改革基础教育的课程体系、结构、内容,构建符合素质教育要求的新的基础教育课程体系",其中一项就是要"改变课程管理过于集中的状况,实行国家、地方、学校三级课程管理,增强课程对地方、学校及学生的适应性"。④ 然而学校在实践中普遍把三级课程管理理解成一个课程形态上的划分,同时把其中的"学校课程"更多地表述为"校本课程",于是就形成了"国家课程""地方课程"与"校本课程"概念的普遍使用。

"课程校本化"最初在研究中的使用大都跟"国家课程校本化"联系在一起。这也是基础教育课程理念不断走向成熟的一种诉求,他们不只满足于校本课程的构建,还提出国家课程在执行的过程中也应融入学校在地的办学目标和地域文化场景,以体现

① 张嘉育.学校本位课程发展[M].台北:师大书苑有限公司,2000:4.
② 崔允漷.校本课程开发:理论与实践[M].北京:教育科学出版社,2000:56.
③ 徐玉珍.校本课程开发:概念解读[J].课程·教材·教法,2001(4):12-17.
④ 中华人民共和国教育部.基础教育课程改革纲要(试行)[EB/OL].(2001-06-08)[2019-08-04].http://www.gov.cn/gongbao/content/2002/content_61386.htm.

学校办学自主权以及特色化的追求。比较早提出"国家课程校本化"概念的领域是在人文学科——语文学科领域。2005年,首都师范大学姬升果在其硕士学位论文中提出要让语文成为课程改革的主体并参与到语文课程建设中去,在国家课程标准的框架下,依据学校具体情况和学生个体言语发展多元需求,自觉对语文国家课程进行创造性实施,实现"二度开发",从而构建符合学校发展需要和学生言语发展需求的语文国家课程具体形态。① 2008年,徐玉珍提出校本课程开发不仅指向学校在国家课程与地方课程框架内预留空间的完全自主的课程开发,也包括学校对国家课程"因地(学校)制宜""因人(学生)制宜"的创造性改编和再开发,亦即"国家课程的校本化实施"。②

在这之后的几年内,课程研究领域和实践领域对于课程自主权的关注谈得多的除了校本课程的建设外,就是"国家课程校本化"。但是,这个概念尽管体现了学校课程自主权的积极诉求,但是从整体而言它还是不完整的,因为理想的课程形态往往是整体化的,不应割裂,国家课程与校本课程并非彼此孤立。校本化应该是整体的课程取向,也是弥合三级课程的重要实践形态。

最早提出"课程校本化"这个独立概念的是黄春梅、司晓宏,在2013年,他们认为,"与校本课程相比,课程校本化更具专业性质,学校自主权的空间也更大。在此专业空间内,学校中有关教育主体与学校外教育主体各司其职,形成尽可能大的教育合力,是课程校本化的关键,也是我国学校课程开发自主权在现实中得到落实的根本保证"。他们把"课程校本化"理解成"在本质上是国家课程或地方课程重构的过程"。③ 他们通过"概念"的辨析和演变努力想突破传统概念内涵的狭窄,只是最后还是把校本化定位于国家课程或地方课程的重构,没有往前再跨一步,没有在整体上统帅和贯通三级课程。但"课程校本化"概念的提出,是中国课程理论研究向前迈进的重要一步,对基础教育课程实践的推进和发展具有重要的指导意义。

"课程本土化"的概念出现比较晚,但是它所涉及的内涵已在20世纪二三十年代乡村学校课程研究领域中被研究者讨论。例如,李道祥在《乡村学校的课程》中认为课程的编制原则最要紧的是适合地方的特殊环境,要契合本土特点,其内容要不同于一般学校的课程,其标准当根据乡村地方之需要与乡村儿童之特殊心理;④傅葆琛在《乡村生活与乡村教育》中列举了乡村学校课程没有实现本土化的缺点:"科目多仿袭城市,不合乡村需要""教材太宽泛,不切生活实用""上课日期与时间太板滞,不顾社会情

---

① 姬升果.语文国家课程校本化实施研究[D].北京:首都师范大学,2005.
② 徐玉珍.论国家课程的校本化实施[J].教育研究,2008(2):53-59.
③ 黄春梅,司晓宏.从校本课程到课程校本化——我国学校课程开发自主权探寻[J].中国教育学刊,2013(3):28-30.
④ 李道祥.乡村学校的课程(附表)[J].河南教育,1930(14):33-57.

形"，等等。①

"课程本土化"概念的逐渐形成和讨论始于 20 世纪 90 年代末期。在同个年代，更广阔视域上的"教育本土化"理论与实践反思的开启相对要早些。1997 年，郑金洲在《教育现代化与教育本土化》一文中探讨了教育现代化的特征、历史进程、发展动力，分析了教育本土化的途径、实施过程，考察了教育现代化与本土化之间的关系，认为离开了教育本土化，教育现代化就成了空洞之物，但须把握好教育本土化扬弃与创新的原则。② 1998 年，宋恩荣在《晏阳初对中国教育现代化与本土化的思考》一文追溯了近现代中国教育家晏阳初对中国教育现代化与本土化的探索实践，梳理了中国教育本土化与教育现代化进程复线进行的历史轨迹。③ 此后，不少学者都持续对"教育本土化"问题进行了不同角度的审视，如 2000 年，郑新蓉在《用不同的视角看教育的国际化和本土化》一文中从生存、身份、权力以及文化资本对教育国际化和本土化进行了审视；④ 2001 年，石中英在《本土知识与教育改革》一文中基于本土知识视角提出任何社会建立学校的目的都在于本土社会的延续，因而学校的基本职能也在于传递所处本土社会长年累积的知识，以便年轻一代熟练掌握和运用这种本土知识，从而成为本土社会的建设者。⑤

随着"教育本土化"理论语境的延展，"课程本土化"概念也随之生成。它最初出现在少数民族教育多元文化理论情境中，源起于外来文化与传统文化的撞击中所产生的一种理性反思。1999 年，王鉴在《我国少数民族教育课程本土化研究》一文中探讨了我国少数民族教育课程本土化问题，进而提出建构适合中华民族不同文化、不同族群的教育课程体系。⑥

总体而言，如果说，从"校本课程开发""校本课程"到"课程校本化"蕴含着教育学意义上对课程契合并实现学校办学目标的期盼和努力，那么，"课程本土化"走向的则是更广阔社会学意义上的现代性进程中学校扎根自身独特社会文化土壤的办学设计和追求。尤其对于乡村学校而言，"课程本土化"常以现代性进程中全球化、城市化为背景进行理论检视，包含着对近现代教育场域里中国课程从西方移植、乡村课程从城市移植的一种检讨。

① 傅葆琛.乡村生活与乡村教育[M].无锡:江苏省立教育学院研究试验部,1930:115-126.
② 郑金洲.教育现代化与教育本土化[J].华东师范大学学报(教育科学版),1997(3):1-11.
③ 宋恩荣.晏阳初对中国教育现代化与本土化的思考[J].河北师范大学学报(教育科学版),1998(2):47-54,69.
④ 郑新蓉.用不同的视角看教育的国际化和本土化[J].教育理论与实践,20000(12):8,21.
⑤ 石中英.本土知识与教育改革[J].教育研究,2001(8):16.
⑥ 王鉴.我国少数民族教育课程本土化研究[J].广西民族研究,1999(3):85-90.

经以上陈述和分析,本研究拟采用"课程本土化"这个动态化广义概念,即:在国家课程标准框架下基于学校办学自主权和在地文化的课程动态化的整合和建构。在本研究具体操作中,"课程本土化"指的是龙镇乡村学校在国家课程标准框架下,基于国家、地方课程赋权和自身课程愿景,在课程实践中对业已开设的国家课程、地方课程与学校课程进行整合和建构的过程。

本概念区分于原来的静态的"校本课程"狭义概念,不仅仅指国家课程、地方课程的校本化,而是包含着一种课程的整合,弥合三级课程的割裂,意味着在国家课程标准框架下扎根本校本土的原国家课程、地方课程与学校课程之间的有机联系和融通,是学校课程体现自身特色的整体化构建,更包含着对社会的深刻联系,包含着对现代性进程及其城市化、全球化的深刻回应,包含着对乡村学校课程扎根本土的社会学想象。

二、文献综述

(一)乡村学校相关研究综述

国内学界对乡村学校的研究其实关联着中国近代以来的乡村变迁史,尤其是中国本土近现代开启的乡村建设运动。从 100 多年历史来看,中国乡村社会引起较大关注主要集中在两个时期:一是 20 世纪二三十年代,中国乡村文化经济极其凋敝的现状激发了一场社会各界参与的轰轰烈烈的乡村建设运动;二是 20 世纪 80 年代起至今,现代化进程尤其是城市大扩张对乡村文化、地理等造成的剧烈的结构性冲击,日益引起国家的重视及社会各界的关注。因此,对于乡村学校的研究也主要集中在这两个时期。围绕两个不同历史时期乡村学校研究的文献综述,宛如一场隔着时空的对话,尽管时移世易,但依然会让研究者在历史联系的重建中看到并未逝去、一脉相承的学术传统和理想。从现有研究文献来看,以研究内容或指向为维度,可作以下梳理和分析。

1. 存在境况方面

20 世纪二三十年代,作为现代教育刚刚嵌入传统乡土社会的产物的乡村学校,其培育和发展面临着观念以及师资、经费上的很大挑战。余家菊指出乡村教育只是城市教育的附庸,甚至乡村没有真正的教育,"教育是都市的出卖品,也是特别阶级的专利物……乡村教育已经破了产……乡村的教育事业大家都不愿干"[①]。张宗麟则指出,中国乡村教育面临着巨大危机,这危机在于乡村土豪和劣绅阶层的阻滞;传统的财产观念,错误的金融制度,如高利贷,贫农愈贫,富农愈富,社会畸形发展;增加生产、识字

---

① 余家菊. 乡村教育的危机[J]. 中华教育界,1920(1):83-86.

运动等存在依样画葫芦的情况,背离了自身的教育目的;乡村条件艰苦,大家不愿从事乡村教育。① 当时,不少来自乡村学校一线的教师及校长参与到乡村学校办学观察和研究中来。竺清旦在指出乡村学校办学经费短缺以及社会不信任等客观原因的同时,也对乡村学校自身进行了反思,认为学校内部存在教师阶层的分化、迎合旧社会而裁减现代课程以及教师敷衍教学现象严重等问题。② 苏鸿志认为乡村风气蔽塞,以致社会拥护私塾而阻挠学校,即使私塾关闭,学生也不入校学习,以致学校艰于招生。③ 汪家达分析了当时乡村学校办学困难的几个情形:第一,社会的信仰不深,无论是学生家庭还是一般社会人士,对学校开设的现代课程如美术、工艺、体育等不理解,以为能识字和打算盘就可以了;第二,学生缺席太多,主要由于乡村交通不便或者遇上农忙季节;第三,学生到校参差不齐,以致教程不能如期进行。④

20世纪80年代起,乡村学校的存在境况因社会发展背景的迥异在研究者们的理论观照中自然也呈现出不同的结论。邬志辉指出现代乡村学校面临着消亡危机,这种危机根源于现代性进程中工业化和城镇化带来的要素资源向城镇空间的集聚,人口由乡村向城镇流动,特别是大量学龄人口由乡村流向城镇给乡村学校办学带来非常严峻的挑战,以致乡村学校大量撤并。⑤ 杨东平认为中国乡村教育薄弱问题被低估,在基本公共服务和教育保障问题还没有完全解决的情况下,把关注点放在了城市化、学校进城、农民进城、优质教育上,忽视了大规模人口流动、学龄人口大幅度减少以及乡村大规模"撤点并校"等实际问题。⑥ 秦玉友、曾文婧针对乡村学校因撤并而加剧的困境进行了反思,认为学校撤并在追求教育资源的使用效率时也付出了相应的社会代价,社区层面导致"农村社区与学校疏离感增加""农村社区居民交流频率降低""农村社区文化正向引导功能受阻";家庭层面导致"家庭的现实完整性受到影响""晚辈主导文化的反哺影响式微""家长关爱孩子的需要得不到满足";学生层面导致"家庭认知不良化""新学校适应融入困难""学校社会活动参与机会减少"。⑦ 周兴国认为现代性存在着自身缺陷,在推动乡村教育历史发展的同时,也在当代引发了一系列的问题,如其"弱化了家庭教育职能,乡村学校失去家庭支撑""引发'意义过剩';乡村学校失去社会

---

① 张宗麟.中国乡村教育的危机[J].中华教育界,1933(2):1-9.
② 竺清旦.谈谈乡村学校主观的病根[J].小学教育界,1921(1):102-104.
③ 苏鸿志.乡村学校不发展之原因[J].小学教育月刊,1926(2):8-10.
④ 汪家达.乡村学校的困难及其补救法[J].小学教育月刊,1927(9):27-30.
⑤ 邬志辉.乡村教育现代化三问[J].教育发展研究,2015(1):53-56.
⑥ 杨东平.快速城镇化进程中农村教育的新问题[J].基础教育,2015(3):28-29.
⑦ 秦玉友,曾文婧.农村学校撤并的社会代价反思[J].教育发展研究,2014(10):39-44.

支撑""引发乡村教育的功能性冲突,乡村学校失去乡村支撑"。①

2.战略意义方面

20世纪20年代兴起的乡村建设运动的倡导者和开拓者晏阳初、梁漱溟、陶行知、卢作孚等在进行乡村建设实践的同时,都同步致力于乡村学校以及乡村教育的改造与建设,认为其意义重大。例如,陶行知认为乡村学校是"今日中国改造乡村生活之唯一可能的中心",认为乡村教育"关系三万万四千万人民之幸福",它的好坏关系着中国农民的命运。只有通过教育造就乡村的新生命,才有可能造就国家的新生命。② 曾担任过校长的喻谟烈1929年在《乡村教育》中指出乡村教育对造就现代中国的重大意义,"现代中国之需要乡村教育,异常急切"③。

时隔80年后,历史上因日本侵华战争而被迫中断的乡村建设运动复又进入国家战略日程,当代研究者们在战略意义上对乡村学校以及乡村教育的时代价值进行了深入的思考和讨论。纪德奎围绕人的现代化指出乡村振兴的实质是"深入推进并实现乡村的现代化",而人的现代化是实现乡村现代化的根本,它体现在"价值观念、思想道德、知识结构、行为方式等由传统性向现代性的转变",而要促成这转变,教育就举足轻重。④ 李森则从宏观的视野提出乡村教育是"乡村社会的有机组成部分",对乡村儿童健康发展、乡村文化传承与创新、乡土社会建设意义重大。⑤ 也有部分研究者对乡村学校以及乡村教育的时代价值及其作用提出了商榷。葛新斌从现代性进程的历史考察入手,指出乡村教育对于乡村振兴的作用较为有限,但他同时肯定其在发展进程中并不是毫无用武之地,可以从教育体系外部和内部,通过"农科教结合"等途径推进农业农村的现代化进程,通过基础教育、职业技术教育和成人教育"三教统筹"为农民、农业和农村服务。同时,他也指出,"无论开展何种形式的教育,农村教育都应始终坚守其'为农而教'的价值本性"⑥。

3.发展策略方面

不同时代的研究者们都鉴于本时代的乡村学校存在境况提出了适切自身问题的发展策略。

① 周兴国.乡村教育的现代化困境与出路[J].教育研究与实验,2018(4):1-6.
② 陶行知.中国教育改造[M].上海:亚东图书馆,1928:133-134.
③ 喻谟烈.乡村教育[M].北京:商务印书馆,1929:40.
④ 纪德奎.乡村振兴战略与城乡义务教育一体化发展[J].教育研究,2018(7):79-82.
⑤ 李森.新型城镇化进程中我国乡村教育可持续发展的现实困境与战略选择[J].西南大学学报(社会科学版),2015(4):98-105.
⑥ 葛新斌.乡村振兴战略:农村教育究竟能做些什么[J].华南师范大学学报(社会科学版),2018(2):82-87.

20 世纪 20 年代，当乡村教育刚刚起步的时候，乡村学校所面临的问题首先是它办学的基本条件。柏良鉴于乡村学校简陋狭小、教学方法落后等状况提出，其一，通过修筑道路改善乡村的交通环境，增进乡村民众的联系交流，凝聚对乡村教育的共同兴趣，便利学生上学而减少缺席率；其二，借鉴美国联合学校制度，"为求经济效率起见，规模狭小的乡村学校实在当联合"，这样有利于聘用优良教师，增加设备，新添对于乡村生活极有关系的农业工艺等知识科目。① 盛朗西建议应通过统计办法建立合于科学的乡村学校的办学标准，然后建立乡村标准学校，乡村标准学校试验所得的结果可以用来指导一般乡村学校。②

进入 21 世纪，中国乡村学校所面临的问题与 20 世纪初有了很大的时代情境差别，在研究者们的理论视野中，尽管依然有相似的困难，如乡村学校办学条件差等，但更有不同的特征，因此需要在厘清基础之上提出相应的策略。容中逵在指出需要厘清当代中国乡村教育发展的支撑理念以及落实相关保障条件的同时，在操作践行层面提出，在目标与内容上需要重点解决"乡村教育发展是按城乡二元分离模式还是城乡一体的模式进行、乡村教育发展中如何处理传统与现代内容的关系"；在过程与方法上需要重点解决"如何在教育实施中确保对受教育者施加终身教育影响和同质同构的问题"；在形式与结构上需要重点解决"如何通过各种不同形式的密切关联以确保受教育者切实掌握教育内容和达成教育目标"。③ 安晓敏、邬志辉则建议同一区域内的多所农村薄弱学校联合起来，结成农村小规模学校联盟，抱团取暖，相互支援和彼此共享，寻求协同发展。④ 李跃雪、邬志辉从比较教育的视角，借鉴国际经验，提出要"增加教育投入，完善乡村学校办学条件""共享教育资源，实现乡村学校协同发展""开展非正规教育，提供灵活化的乡村教育""健全激励机制，提高乡村教师队伍质量""重视学生资助，让乡村学生获得充足发展"。⑤ 赵鑫、黄继玲则认为乡村学校只有走基于自觉的深度变革之路，如"自觉探寻乡村道路""自觉化解乡村问题""自觉守护乡村利益"以及"恰当彰显乡村特色"等，依托乡村独特教育资源，完善课程知识，融合科学文化知识等普遍性知识和乡村文化、农业生产等地方性知识，才有可能走出目前的困境。⑥

① 柏良.改进乡村学校的步骤（未完）[J].教育与人生，1924(17):3-5.
② 盛朗西.乡村学校的标准化[J].上海县教育月刊，1928(15):73-74.
③ 容中逵.当代中国乡村教育发展的根柢问题及其解决思路[J].教育研究与实验，2010(6):36-39.
④ 安晓敏，邬志辉.农村小规模学校联盟发展模式探究[J].中国教育学刊，2017(9):50-54.
⑤ 李跃雪，邬志辉.城镇化背景下乡村教育发展策略：国际经验与启示[J].比较教育研究，2016(3):15-19.
⑥ 赵鑫，黄继玲.乡村学校深度变革的特征与路径[J].现代教育论丛，2018(4):56-60.

在发展策略方面,两个时代的研究者们还在文化选择、师资力量和布局调整三个层次进行了理论聚焦。

（1）文化选择

隔着近百年的时光,不同时代的研究者们在乡村学校以及乡村教育的文化使命及策略上依然有着一样的共识。面对 20 世纪初乡村社会文化水平低、文化生活贫乏、文化观念守旧的状况,梁漱溟认为乡村建设及乡村教育的使命在于改造旧文化,创造新文化,"以乡村为根,以中国的老道理为根""从中国旧文化里转变出一个新文化来"。[①]而面对 21 世纪初城乡教育一体化进程中乡村学校文化结构转型与发展的长期而又艰巨的过程,纪德奎从学校文化结构观念层、制度层和符号层及其发展机理对乡村学校文化结构进行了现状透视,认为乡村学校文化要实现更新与进步,则需要由内而外"以观念更新为先导冲破旧文化的束缚""以制度层建设横向推进变革文化组织和制度体系""以符号层的重塑为表征从外部实践入手转变文化的外在形态"的动态整合。[②]

在当代研究者们的理论关切中,乡村学校及乡村教育尤其需要实现价值的自我认识并建立自信。王勇认为教育是"文化的生命机制",乡村教育及乡村学校对于文化的传承与发展具有非常重要的作用,但是在现代性进程中,乡村学校迷失了自己的文化使命,自觉或不自觉地放弃了应有的文化担当,以致陷入了尴尬的文化困境,因此在"继承主流文化,以培养合格公民为目标"的同时,要"弘扬乡村文化,培养文化自觉意识""加强城乡文化教育交流,实现城乡文化教育资源共享""建立以乡土文化为参考指标的基本质量标准和考核机制"。[③] 李振峰对城镇化进程中的乡村学校的发展现状与境遇进行考察后,从乡村学校和乡村文化协同发展的战略层面重又作了乡村学校发展的价值审视,指出乡村学校需要重建自己的时代境遇并提出了几个路径选择,如"转变教育决策机制,积极推进城乡教育均衡化""提升乡村学校地位作用的认识,加大其财政投入""改革乡村学校,强化乡村文化传承机制"等。[④]

（2）师资力量

在 20 世纪初期乡村教育刚刚进入现代叙事之际,乡村教师首先作为一个中心话题成为当时研究者们共同讨论乡村学校以及乡村教育时集中关注的理论焦点。研究者们对乡村教师的角色意义进行了实际分析和理论设想,陈守谦在《乡村学校的教师问题》中从训练、使命、待遇、进修等层面谈了乡村教师的发展问题,同时从社会学的高

① 梁漱溟.梁漱溟全集(第一卷)[M].济南:山东人民出版社,1991:614.
② 纪德奎.乡村学校文化发展研究[J].天津师范大学学报(社会科学版),2014(3):71-75.
③ 王勇.城乡文化一体化与乡村学校的文化选择[J].中国教育学刊,2012(3):46-48.
④ 李振峰.城镇化背景下乡村学校复兴的文化学思考[J].基础教育,2018(2):16-24.

度提出"乡村教师是乡村学校的灵魂，是乡村社会的领袖"，他负有"联络家庭的使命""改良社会的使命""指导农民的使命""教育的使命"等。①② 董显贵在《怎样才配做一个乡村学校教师》中也呼应道，乡村教师"不但是只指导儿童，谋乡村学校教育之发展，同时又是乡村人民的领袖，以谋乡村社会之发展"，担负有"教育方面的使命""指导乡村方面的使命""乡村社会改造方面的使命""国家方面的使命"，需要具备"牺牲的精神""持久的精神""科学的精神""合作的精神""愉快活泼的精神"和"专业的精神"。③原颂周在《理想中之乡村学校教员》中则对乡村教师的专业能力提出了更为具体的分析，认为理想中的乡村学校教师除担任课务外，还应熟习乡村农业及事务，比如"搜罗栽培方法""考察土质情况""研究农家性情""物色优良种子""熟识农村组织""视察地理及交通状况""考察有关农业之他项实业"等。④

　　尽管在研究者们的理论关切中，乡村教师对于乡村学校、乡村教育以及乡村建设的角色价值十分重大，而且还需具备课务之外的指导乡土社会的综合能力，然而现实的困境是城乡差异巨大的背景下教师不愿下乡，对贫困的乡村也难以真正建立起自己的认知和感情。近一个世纪后，乡村学校师资队伍的建设依然存在着类似的问题。周兴平、陈姝、程含蓉指出，乡村学校一边师资"招不进"，一边优质师资"留不住"，其教师结构日益失衡，最终导致教师学科分布失衡。⑤ 宋维玉、秦玉友也对乡村学校优质教师缺乏进行了归因分析并指出，其一，"农村学校对优质教师吸引力低"；其二，"农村教师专业发展条件不利与动力不足"；其三，"农村学校优质教师持续外流"。⑥

　　同时，研究者们也从政策制定、地方实践经验等角度提出了相应的应对策略。石连海、田晓苗在关于乡村教师队伍建设的政策建议中，特别提出了政策目标要"更加关注本土性，寻找适合乡村教师专业化成长之路"，认为乡村教师应融入乡村，要在乡村未来可持续发展过程中发挥自己的作用，要在乡村振兴的伟大事业中去寻找自身的专业化发展之路。⑦ 宋维玉、秦玉友认为乡村学校优质教师队伍的建设需要"加大补偿力度吸引优质师资到农村任教""完善城乡教师区域内交流学习制度""建立优质教师

　① 陈守谦.乡村学校的教师问题[J].教育月刊,1929(4):7-8.
　② 陈守谦.乡村学校的教师问题(续)[J].教育月刊,1929(6):2-10.
　③ 董显贵.怎样才配做一个乡村学校教师[J].青岛教育,1934(5):13-15.
　④ 原颂周.理想中之乡村学校教员[J].教育与职业,1922(38):10-11.
　⑤ 周兴平,陈姝,程含蓉.乡村学校教师结构性缺编的困境与对策[J].教育评论,2018(5):114-117.
　⑥ 宋维玉,秦玉友.农村学校优质教师缺乏:表现、归因与应对[J].生活教育,2015(21):5-9.
　⑦ 石连海,田晓苗.我国乡村教师队伍建设政策的发展与创新[J].教育研究,2018(9):149-153.

培养与支持机制"。① 周兴平、陈姝、程含蓉基于 C 县地方实践观察和研究,提出以域内师资流动的方式且保障流动补充的长效性、稳定性,可以比较有效地解决乡村教师结构性缺编问题。②

(3)布局调整

如果说,20 世纪初由于现代教育的初步发展,乡村学校的布局经历的是一个扩充延展的过程,那么 21 世纪初由于城市化规模的急剧扩张,乡村学校的布局走向的却是一个以撤并为主要方式的调整过程。容中逵指出这种布局调整,就"生方"而言增加了学生及其所在家庭的诸多困难,对"校方"来说在增加合并校的管理难度与教师工作量的同时加速恶化了被撤并学校的变迁状况,因此,学校布局调整要考虑确保学生在入学起点上的公平性,不能简单撤并和压缩,以确保乡民对教育的渴望得到满足,以避免乡村学生失学和乡村现有教育资源浪费。③ 叶庆娜以经济学的规模经济和范围经济理论,从"效率"的角度来解释乡村学校布局调整中部分中小学校规模扩张及大规模学校的成因,发现具有良好的解释性,但其认为不能以此作为农村中小学布局调整的唯一指导思想,因为,"学校作为育人的最主要场所,育人是其最突出的功能。因此,农村中小学布局调整在追求效率提高的同时更应回归育人本位"④。刘善槐认为构建完备的农村学校布局调整的决策模型,需要"科学化、民主化和道义化三重价值观照互相协调与融合"⑤。白亮、张竞文从制度变迁的角度对新一轮乡村学校布局调整进行了考察,指出"各级地方政府出于缓解教育财政压力的考虑,对规模效益的过度追求走向了以创建寄宿制学校为突破口的'四个集中',使得本来以促进农村基础教育发展,实现教育公平,城乡教育均衡发展为目的的公共教育政策偏离了'以人为本、以社会为本,科学发展'的价值向度",认为"以后研究学校布局调整这一公共教育政策变化的一个重要视野就是考察政策制定过程中的制度诱因,只有这样,才能全面而准确地理解我国公共教育政策变化的实质"。⑥

① 宋维玉,秦玉友.农村学校优质教师缺乏:表现、归因与应对[J].生活教育,2015(21):5-9.
② 周兴平,陈姝,程含蓉.乡村学校教师结构性缺编的困境与对策[J].教育评论,2018(5):114-117.
③ 容中逵.当前我国乡村学校布局调整问题研究[J].中国教育学刊,2009(8):16-18.
④ 叶庆娜.农村学校布局调整中大规模学校成因的经济学分析——基于规模经济和范围经济的视角[J].教育与经济,2013(2):33-37.
⑤ 刘善槐.科学化·民主化·道义化——论农村学校布局调整决策模型的三重向度[J].教育研究,2012(9):91-98.
⑥ 白亮,张竞文.农村学校布局变化三十年的制度原因分析——基于农村基础教育投入管理体制的观察[J].教育发展研究,2014(10):45-49.

4.比较研究方面

百年乡村学校以及乡村教育的研究史,可以从中看到在历史的对望中那种跨越时空的理论对话。只有时间,赋予了这种可能。

近百年前,不少乡村教育的研究者在展望着乡村教育的未来,在描绘着自己心中理想的乡村学校的图景,如知非在《我之模范乡村学校观》中认为未来乡村学校建设不应只博普及之名,而应分级建设"第一模范乡村学校""第二模范乡村学校""第三模范乡村学校",各级模范乡村学校均有其创建目标,如"第一模范乡村学校当为乡村学校树正当之标准""第二模范乡村学校当为研究试验乡村教育之中心""第三模范乡村学校当充分发挥其功能以为直接改造社会之具"。[①] 胡伟元基于自己的乡村社会的问题观察,在《我理想中的农村学校》中认为应把乡村学校做成"一个社会的中心机关",并从"设备""学科"几个角度提出了建设意见,如学科教学不能局限于职业和谋生,还要帮助儿童如何去生活,熟悉历史社会,领会艺术乐趣,养成爱善、爱美的习惯。[②] 刘逵在《我所想像的负起乡村建设责任的乡村学校》中提出要落实"我国乡村学校足以作为一切乡村建设工作的中心,同时我国的乡村有急需建设之必要"的教育及社会共识,首要的是创造条件和制订彻底的计划,如"学校组织""师资训练"等,并从组织层面提出了比较周全的"乡村教育建设活动组织系统"的建构设想。[③]

时光荏苒,近百年前实践以及探寻中的乡村学校及乡村教育在成为历史的时候,往事并不如烟,而是成了当代深入研究的宝贵经验。田正平、叶哲铭《微观视野下的中国近代乡村教育——相关人类学著作的若干启发》,曲铁华、袁媛《近代中国乡村教育实验理论标本价值探析》,渠桂萍、王先明《乡村民众视野中的私塾与学堂——20 世纪前期乡村教育现代化的历史阙失》,吴洪成《20 世纪二三十年代中国的乡村教育实验》,慎月梅《近代变革中的乡村学校与教师——以嘉兴地区为例》等学术文章,聚焦于晚清至 20 世纪二三十年代的中国乡村教育实验,从微观、民众以及城乡一体化等不同视域,对当时乡村教育的理论与实践进行了纵向历史的比较研究。对于新中国成立后至 20 世纪 80 年代的乡村学校与乡村教育的历史研究文献不多,主要有张乐天等研究者从教育政策角度来对新中国乡村教育发展进行了经验和价值梳理,如张乐天《新中国农村教育发展的政策经验》,魏峰、张乐天《中华人民共和国成立以来农村教育政策价值取向的嬗变》等。也有研究者以世纪百年作为历史背景,用历史人类学的方法对一个村庄进行研究,如容中逵《百年中国乡村学校教学变迁的历史轨迹——基于颐村

---

① 知非.我之模范乡村学校观[J].教育与人生周刊,1924(50):662.
② 胡伟元.我理想中的农村学校[J].金山县教育月刊,1928(9):1-8.
③ 刘逵.我所想像的负起乡村建设责任的乡村学校[J].教育学报(北平),1939(4):57-60.

学校教育变迁的历史人类学考察》。

无论是 20 世纪还是 21 世纪,研究者们在致力于本国乡村学校的实践观察和理论研究的同时,都还持更广的视角,对国外乡村学校的建设经验进行了横向空间的比较研究。20 世纪初的比较研究主要以译介美国的乡村教育经验为主,如 1913 年经宇的《美国之乡村学校》、1916 年葆稣的《美国乡村学校之再造》、1921 年金海观翻译的美国盖茨(Frederick T. Gates)的《未来之乡村学校》等。21 世纪初随着国际视野的拓展和学术交流的深入,该领域的比较研究更加层次丰富和视野广阔,既有个体和总体的经验、策略以及模式的探究,如李少元的《发展中国家的农村教育经验》《发达国家农村教育的历史经验》,赵丹、范先佐的《促进教育机会均等:澳大利亚农村小规模学校发展策略及启示》,袁利平《国外乡村学校发展模式研究》,也有国外该领域理论研究的梳理和评析,如赵丹、范先佐《国外农村小规模学校研究综述》等。

从国外研究文献来看,世界上乡村教育以及乡村学校在现代性进程中所遭遇的困境也都具有相似性,如学校脱嵌于社区、学校合并以及师资流失等。美国西奥博尔德(Paul Theobald)等学者指出,曾经在传统上与社区紧密相连,在教育过程中能够体现当地价值观、风俗习惯与生活方式的乡村学校,在工业化和城市化的裹挟下也逐渐迷失了自己的方向,扭曲了自身的教育目的性;他们认为城市与乡村彼此依赖,城市社区和乡村社区休戚相关,应该共同和谐发展,而乡村学校办学不应一味模仿城区学校,而应立足当地,为创建可持续发展的乡村社区做出贡献。[①] 德扬(Alan J. DeYoung)等学者指出美国乡村学校合并潮出现的原因主要是政治和意识形态动机,而不是教育动机;而这种政治和意识形态动机则植根于现代性进程带来的工业化思维;在现代社会经济发展以及国家公民塑造等总目标的形塑下,现代教育制度剥离了人对社区、亲属或部落的认同。乡村学校合并尽管满足了现代社会经济效益追求等目标,但也挑战了当地社区的生存能力。[②] 德扬还通过文献梳理指出美国的教育研究带有鲜明的城市偏向,美国的教育史其实是一部城市史;在高歌猛进的现代性进程中,人们坚信工业化和城市化是美国的未来,在义务教育早期学校改革的每一个专业描述中,乡村的课程教学以及学校政策决策等都被描述为过时的,对于城市新兴、工业进步的美国来说几乎没有用处;反而,一些关于乡村教育问题的高质量教育研究都是由教育人类学家进行的,但这些研究大多是在理解不同文

---

①　Paul Theobald,Paul Nachtigal. Culture,Community and the Promise of Rural Education[J]. Phi Delta Kappan,1995(2):132-135.

②　Alan J. DeYoung,Craig B. Howley. The Political Economy of Rural School Consolidation [J]. Peabody Journal of Education,1990(4):63-89.

化群体的框架内完成的，而不是在乡村性本身的各个方面；被忽视的乡村教育依附于职业和技能培训，沦为一个被动、温顺、低愿望、低自尊阶层和社区的再生产机构。[①] 马汉（Camilla A. Mahan）认为现代教育制度的假设来自工业化和城市化的发展逻辑，因此在创建规模更大、标准化程度更高、效率更高学校的教育改革理念驱动下，乡村学校不仅在合并中数量锐减，而且逐渐脱嵌于社区，在地理和文化上走向孤立，陷入困境。[②] 莱森（Thomas A. Lyson）在对美国纽约村庄和学校的研究中，指出乡村学校是乡村社区的文化中心，乡村学校的存在之于社区自治、活力、团结与发展，之于个人社区传统认同、社区身份塑造而言，具有重要的象征意义，而过去 50 年来乡村学校的合并对乡村社区的未来发展造成了巨大损害。[③] 比斯利（Andrea D. Beesley）等学者研究指出，招聘和留住教师是各地乡村学校的一个普遍性难题，尤其是规模较小的学校比规模较大的学校更难招收学生；研究发现在招聘和留住教师方面具有成功经验的校长所采取的策略在于注重"自己成长"的策略，从普通地区招聘有家乡情结的毕业生或其他适合乡村环境的人，注重通过培养把乡村居民变成教师，而不是把教师变成乡村居民。[④] 加拿大学者科比特（Michael J. Corbett）通过对加拿大大西洋沿岸一个乡村社区的考察，发现现代教育及其课程在乡村地区扮演了一种脱域的角色，不断将年轻人从所在的地方送往城市。[⑤] 澳大利亚学者奎尔沃（Hernán Cuervo）认为现代性功利主义的教育叙事鼓励学生走出家门寻找远离家乡的美好生活，在学校教育和教育政策双重作用下，现代社会出现了无家可归以及乡村社区生活衰退的现象；他认为乡村小规模学校是乡村社区的中心，学校空间的存在使得乡村社会、经济和政治关系的多样性得以维持，并增强社区的活力；乡村小规模学校与社区之间需建立共同的知识和价值观，以维持公共生活和地方生产。奎尔沃还进一

① Alan J. DeYoung. The Status of American Rural Education Research：An Integrated Review and Commentary[J]. Review of Educational Reseach，1987(2)：123-148.

② Camilla A. Mahan. Home-Grown Teachers：Will Their Rural Roots Keep Them in Virginia's Rural Schools? [D]. Virginia：Virginia Commonwealth University，2010.

③ Thomas A. Lyson. What Does a School Mean to a Community? Assessing the Social and Economic Benefits of Schools to Rural Villages in New York[J]. Journal of Rural Research in Education，2002(3)：131-137.

④ Andrea D. Beesley，Kim Atwill，Pamela Blair，Zoe A. Barley. Strategies for Recruitment and Retention of Secondary Teachers in Central U. S. Rural Schools[J]. The Rural Educator，2010(2)：1-9.

⑤ Michael J. Corbett. Standardized individuality：cosmopolitanism and educational decision-making in an Atlantic Canadian rural community[J]. Compare：A Journal of Comparative and International Education，2010(2)：223-237.

步认为乡村小规模学校可以成为多元社会正义建设的核心组成部分。[①]

通过以上对"乡村学校"相关文献的比较阅读、梳理和分析,研究者发现20世纪二三十年代的研究文献尽管以实践观察和经验总结为主,缺少系统而深入的研究,但其为后来者的研究保留了乡村教育及乡村学校在现代性进程中刚刚兴起时所经历的问题思考,为当代乡村教育及乡村学校的理论研究提供了珍贵的时代参照,尤其研究中所呈现的理论情怀和使命感依然隔着绵长的时光深深影响着后来者。

国内当代的乡村教育及乡村学校研究在理论上逐渐走向深入。但从作者分布情况来看,研究者更多地集中在几所师范院校,学术关注的广度还不够。从研究内容来看,一是多聚焦于乡村学校及乡村教育的现实困境,以唤起社会的关注;二是从历史变迁中去考察乡村学校的发展轨迹,以探索问题的根源;三是从文化选择来审视乡村学校的存在场域,以厘清发展的合理路径;四是进行比较教育研究,为我国乡村学校的研究和建设提供了有益借鉴。从研究的视角和方法来看,有总体论述、构建体系的,也有哲学沉思的。但其中一些研究开始在方法论上突围,如李锐等合著的《农村教育的社会学研究》,从社会学的视角对农村教育进行研究,把教育场域和社会场域进行了有机联系;如李芳的学位论文《乡村学校的衰落与乡村教育的发展:一个华北村学校的民族志研究》,司洪昌的学位论文《嵌入村庄的学校:仁村教育的历史人类学探究》,翁乃群主编的《村落视野下的农村教育:以西南四村为例》等通过民族志等方式扎根具体的村落来探究乡村教育问题背后真实的状况,在方法上很值得后来研究者借鉴。

总体而言,国内当代乡村教育及乡村学校研究还是偏重于哲学思考、历史经验分析以及文化意义的探讨。社会人类学的研究呈现出方法论的意义,但多偏重于乡村社会生活的观察,还缺少对学校内部课程机制的深入研究。在博士学位论文领域,该课题的研究论述还偏少。尽管近几年,乡村社会以及乡村学校衰败的现状也渐渐成为社会关注的热点,但观察性的描述居多,还缺少深层次的研究,缺少和教育以及学校课程的问题进行深刻的关联。国外当代乡村教育研究在方法和选题上都值得借鉴,但是同样是现代性进程中乡村教育所遭遇的问题,不同国家和地区都有自己的特殊性,需要基于本土问题去深入现场展开研究。

顾建军曾对早期兴起的乡村教育研究提出了特性分析以及方法选择方面的建议,乡村教育研究首先要关注真实的乡村教育问题的研究,要在"科学主义、人文主义的研究理想中寻找契合点",追求"科学化与人文化的统一";方法上在遵循教育研究的一般方法时要借鉴和转化社会学、人类学以及其他学科研究方法,但贵在"得法",即"研究

---

① Hernán Cuervo. Problematizing the Relationship between Rural Small Schools and Communities: Implications for Youth Lives[J]. Alberta Journal of Educational Research,2014(4):643-655.

的范式、研究的具体方法与研究的理想、目标、对象的特性相吻合"。① 纵观中国乡村教育或乡村学校的发展路向,李涛认为历来的相关研究中存在理论难题,也就是说在中国乡村百年变迁的复杂情境中,乡村教育发展理念、方向、目标、路径等一系列根本性的内生命题从未被真正厘清,"农村教育城镇化"还是"守护乡土教育本真"、"离农性"还是"为农性"、"文字下乡"还是"文字上移"等系列乡村教育发展的二元治理悖论一直困扰着研究者和决策者。为何促成乡村教育发展最终选择城镇化这一实践逻辑以致乡村学校逐渐走向衰败甚至消亡,他提出研究者需要重归中国百年来村落社会变迁与转型的背景之中来展开思考,一是中国村落文化如何在社会变迁与结构性转型因素中沦为城市附属而缺乏独立公共性精神,二是现代新式学堂如何拔根以致中国村落社会公共文化走向解体并进而导致村落社区中知识权力制衡支点崩溃,三是传统村落社区中的农民群体在被并轨于城市生产体制之后如何出现阶层分化以及底层诉求如何被隐匿,四是村落社会中消费主义的兴起如何导致选择性的教育致贫与底层群体选择的无力,五是行政部门相关公共政策设计为何注定要予以城镇化疏导以避免农村教师因职业吸引力欠缺而向城性潜在流动率过高等问题。②

(二)乡村学校课程相关研究综述

20世纪二三十年代,乡村学校课程研究也随着乡村建设运动及乡村教育的兴起发展而愈益成为当时教育理论与实践的聚焦点。作为乡村学校以及乡村教育研究的一个内容或是一个支点,那个年代的乡村学校课程研究的领域并不宏阔,基本遵循的是从问题反思到策略解决的研究思路。

1927年,欧元怀在《改造乡村学校课程问题》一文中从人口学的角度提出乡村学校课程的重要性,并以此为前提,进行了课程的追问:"乡村儿童与城市儿童兴趣及需要,有何区别?乡村学校与城市学校教材及教法,应否相同?沿海渔村与平原农村,教学目标,是否一致?适用于江苏小学之课本,是否适用于云南?乡村男子所醉心之学问,应否使乡村女子学之?"他认为乡村学校课程应该适切自己的地域甚至是个体性别特点,提出课程编订应遵循以下原理,如课程要"以供给儿童应付现实生活之效能为本,以预备将来生活之效能为辅",课程要"采择实际生活之材料,并须促进环境生活",课程要"适应儿童个别",课程要"养成工作及休闲之习惯",课程组织要"使各科在一时期内,易于联络"等,并结合乡村实际生活逐条简要阐述了乡村学校课程具体编订的

---

① 顾建军.农村教育研究的特性、方法及其选择[J].教育评论,1999(5):25-27.
② 李涛.中国乡村教育发展路向的理论难题[J].探索与争鸣,2016(5):100-103.

方法。①

1930年，傅葆琛、李道祥等学者在指出乡村学校课程存在仿袭城市、不合乡村需要等问题后提出了与欧元怀相同的看法，认为乡村学校课程应根据乡村地方之需要来编制。在乡村学校课程研究上，傅葆琛高屋建瓴，看到了课程对于解决乡村教育问题的战略意义。他在《乡村生活与乡村教育》中提出，急需改良的乡村教育看上去虽然复杂，千头万绪，无从着手，但最根本的还是要从乡村学校的课程入手。他说："我国的乡村小学课程，在各种乡村教育问题中，实居首要。课程为求达教育目的之工具，欲有良好的乡村小学教育，必须有最完善最适用的课程。"②在这本学术著作中，傅葆琛从当时课程的一般定义出发，对"乡村小学课程"作了一个概念界定：乡村小学课程，即是使乡村儿童，在乡村小学里，在规定的年限内，得着各种应得的知识和训练的一个精密的计划。③ 他经由乡村社会与乡村人民之生活跟城市社会与城市人民之生活的比较，提出了以下课程实践策略："①如何能利用乡村特殊的环境，选取有用的教。②如何在课程的各科目中，如农业、园艺、手工等，供给农业上需要的知识和技能，使农家经济充实，农民生活进步。③如何在课程的各科目中，如自然研究、地理、理化、音乐等，使乡村儿童能欣赏天然的美景和自然的环境。④如何在课程的各科目中，如音乐、体育、美术、工艺、自然研究等，使乡村儿童能利用他们的闲暇时间，作正当的娱乐。⑤如何在课程的各科目中，如历史、地理、修身、公民等，选集相当的教材，尽量保存乡村固有的文化和美德，及预防乡村未有的靡风和陋习。"④当时的学者还基于乡村学校课程的现实问题从不同角度提出了解决策略，如张宗麟、赵质宸从课程大纲或课程内容大纲，卢绍稷从教材编写等，试图解决乡村学校课程与乡村儿童生活、乡民实际生活不符的问题，以造就良好的乡村学校教育。

从20世纪末开始，由于历史上曾经中断的课程叙事重新进入基础教育的场域比较迟缓，再加上现代性进程中全球化和城市化如火如荼，经济发展意识一时占据主导地位，在文化以及理论反思上尚未进入深层领域，因此对于乡村学校课程的研究在较长的一段时间内，呈零星和个体状态，不像20世纪二三十年代那么关切和集中。

渐渐复苏的乡村学校课程理论研究基本上也是依照"问题"和"策略"这个常见的理论思路和框架进行阐述的。思考的层次既有对乡村学校课程的整体观照，也有在三级课程视角下对乡村学校地方课程以及校本课程的聚焦、分析和讨论。

---

① 欧元怀.改造乡村学校课程问题[J].教育季刊(上海),1927(1):1-21.

② 傅葆琛.乡村生活与乡村教育[M].无锡:江苏省立教育学院研究试验部,1930:9-10.

③ 傅葆琛.乡村生活与乡村教育[M].无锡:江苏省立教育学院研究试验部,1930:10-11.

④ 傅葆琛.乡村生活与乡村教育[M].无锡:江苏省立教育学院研究试验部,1930:20-21.

当乡村学校课程重又进入当代教育理论研究的视域,研究者发现其面临着重重的困局。毕延威指出乡村学校课程在世俗功利的教学评价下变得固定和有限,很难实现多元,很难满足不同层次学生的需要,以致乡下教育成了驯服的教育。[①] 向守万指出乡村学校课程改革存在如下几个问题:第一,课程意识淡薄;第二,课堂教学质量不高;第三,教师实施课程改革自觉性不强;第四,校本教研难以适应课程改革需要。[②]

同样是乡村学校课程问题,也会因地区以及经济发展水平差别而呈现出不同趋向。洪俊、齐阿娜尔基于多元文化的教育视角,对民族地区部分乡村学校课程文化失衡现象进行了考察和分析,指出其存在"课程文化民族性与乡土性的缺失"与"课程文化中学习者因素的缺失"两大问题;在对其原因进行剖析后,还提出了增强课程文化适切性的对策,如:树立多元文化教育的观念,建立多层次的课程目标体系,采取多样化的课程模式,建立适合民族地区文化特点的课程发展体制,加强教师的多元文化素养培训。[③]

在整体观照乡村学校课程问题的同时,也有学者从三级课程视角对乡村学校课程进行了问题分析与策略探讨。刘星指出地方课程对于乡村学校传承和发展乡土文化,带动校园文化发展和丰富学校课程内容,培育学生乡土情怀和人格熏陶,具有重要的现实意义,但是乡村学校地方课程实践的"应然"和"实然"之间依然存在着很大的差距,需要"加大地方课程资源投入,建立地方课程有效开展保障机制""建立监管制度""加强开展地方课程的领导意识和能力,统筹课程实施活动""立足乡土文化,提高教师专业发展水平""实现地方课程开展的多元化合作"。[④] 祝巧、李森从外部环境和内部管理两个角度对乡村学校校本课程管理存在的问题进行了归因分析,认为单一的管理体制、静态的文化传统、模糊的学校组织文化是造成乡村学校校本课程开发困境的主要原因,因此需要在课程管理上实现转向,走向课程治理,"通过配置各利益相关群体参与课程决策的权力,协调这些群体运作的机制,提高课程开发的科学性"[⑤]。

在乡村学校课程研究方法的运用上,杨聚鹏的《西部农村贫困地区学校课程开发模式研究》是为数不多运用量化研究方法的学术文章,通过确定研究对象、抽样、发放

① 毕延威.乡村学校的课程困局[N].中国教育报,2014-02-19.
② 向守万.农村学校课程改革存在的主要问题及对策研究[J].教育视界,2018(1):10-12.
③ 洪俊,齐阿娜尔.课程失衡:民族地区农村学校课程的多元文化解析[J].东北师大学报(哲学社会科学版),2008(1):34-39.
④ 刘星.乡村振兴战略背景下乡村学校实施地方课程的困境及出路[J].遵义师范学院学报,2018(4):126-129.
⑤ 祝巧,李森.从管理到治理:乡村学校校本课程管理转向[J].教育与教学研究,2016(3):33-38.

问卷、数据统计分析的方式对西部农村贫困地区在校中学生的课程需求进行了分析，发现学生对目前的课程内容不满意，对学校开发课程存在需求，尤其是对当地风土人情及历史地理等地方特色课程表现出浓厚兴趣，并且行为积极，愿意参与到学校课程开发中来；在上述分析基础上，进行了以学生需求为主导的"主题课程开发"模式的理论建构。[①]

在国内乡村学校课程研究进程中，还值得关注的是《现代教育》杂志在 2017 年第 18 期特别策划的一个关于乡村学校课程建设的理论研究专题。专题收录了徐继存《乡村学校课程建设的理性自觉》、孙宽宁《乡村学校课程的内源性建设》、郝志军《学校课程建设：城市和乡村一个都不能少》等文。这种学术关切和聚焦难能可贵。而且近年来，在学位论文领域，也出现了一定数量的研究乡村学校课程的硕士学位论文，比如学者徐继存指导的孟璨《乡村学校课程建设的调查研究——以济南市西营镇为例》、高嵩《农村小学课程建设研究》等，推动了该领域研究队伍的成长。国外聚焦课程的研究非常丰富，但对乡村学校课程的研究在当代才逐步发展起来，例如，西奥博尔德（Paul Theobald）等认为乡村学校课程应以社区为视角，从对学生和社区居民都很重要的现实问题中发展出来，融入地方性知识，培植充满意义的认同感，如此，在重新创造社区的同时也实现了学校自身的更新，才能让学习建立与现实问题、自身经验、他人的联系更具体验性和影响力，让年轻人更加认识自己与世界；而且当年轻人越了解自己脚下的土地，就越增进对社区的情感并乐意为其做出贡献，乡村社区可持续发展的未来之路便越充满希冀，乡村教育复兴的前景才不会遥远。[②] 奎尔沃（Hernán Cuervo）认为要使乡村年轻人获得更好的发展机会，则需要构建与年轻人人生与所在地域有关并对其有用的课程，重建被现代教育体系的普遍信仰所取代的乡村年轻人对于本土的身份认同，重建其被割断的地方文化根基以及扎根于本土的责任感和归属感。[③]

如果说，乡村学校及乡村教育研究对历史的追溯和理论的回应比较紧密，那么在乡村学校课程研究领域，仿佛出现了一个断层，国内当代乡村学校课程研究领域，缺少面向历史的文献检阅和理论回应。在国内当代课程研究领域中，由于课程总体性理论在国内一段历史时期的话语缺失，其自身在 21 世纪初回归以后，在具体的讨论与实践中尚处于摇摆的状态，理论上一时难以形成有力的聚焦，因此对于相对活跃的课程理

① 杨聚鹏.西部农村贫困地区学校课程开发模式研究[J].教学与管理，2013(5)：3-7.

② Paul Theobald，Paul Nachtigal. Culture，Community and the Promise of Rural Education[J]. Phi Delta Kappan，1995(2)：132-135.

③ Hernán Cuervo. Problematizing the Relationship between Rural Small Schools and Communities：Implications for Youth Lives[J]. Alberta Journal of Educational Research，2014(4)：643-655.

论与实践的城市学校话语而言,乡村学校课程研究的声音就更加微弱了,而且,目前研究者中多来自基层的教育工作者,缺少高校及相关研究机构的深入关切;研究方法还比较单一,实证研究偏少。

但是在上述研究中,无论是当下还是过去,无论是国内还是国外,关于乡村学校课程研究的一些共识正在慢慢达成,那就是乡土文化优秀传统的传承之于乡村学校课程建设、学生成长以及学校发展具有重要的意义,乡村学校课程建设应该走适合自己的道路。

(三)乡村学校课程本土化相关研究综述

沿着乡村学校至乡村学校课程再至乡村学校课程本土化的研究文献综述路径,在进一步聚焦乡村学校课程本土化的相关研究文献之时,还需要同步对课程本土化领域的相关研究文献系统地梳理和审视,这样才能对本研究的主题、问题以及研究的展望有更清晰、更准确的理解、把握和定位。

从现有文献检索来看,课程本土化的研究关注度逐年提高,来自基础教育的研究者比例上升,也可侧面判断出学校对办学课程自主权的诉求越来越大。然而由于课程本土化的概念尚未在课程研究与实践领域形成一致,"课程本土化"与"校本课程开发""课程校本化"等概念之间还存在着很多差异和多义理解,因此围绕这几个概念所衍生的文献也呈现出繁复的交集与分野。

以"校本课程开发"为主题的文献占该领域研究文献的主体部分。从研究内容来看,一是整体论述校本课程开发与实施的,如曾辉、王海芳主编的《中学校本课程开发与实施》基于学校校本课程实践,结合课程理论思考而形成的经验提炼,从教师申报、学校审核、学生选课、课程实施、课程监督和评价提供了校本课程开发的完整参照;[1]王纬、王妍莉编著的《中学校本课程开发与实施》则以教科书的方式呈现了中学校本课程开发与实施的完整理论内容。[2] 李臣之主编的《校本课程开发》区别于以上两本著作,在增加了对欧美校本课程开发发展趋势的研究之外,进一步提出了"课程校本化"的观点,认为校本课程开发可走向更高层次的以学校为本的课程整体规划,立足学校教育实际,对国家、地方、学校课程以及其他潜在课程进行统整,形成"既体现国家地方教育要求,又符合学校实际课程发展需求的整体的个性化课程体系",生成"本校课程"。[3] 该著作在强调校本课程开发之于师生发展、课程

---

① 曾辉,王海芳.中学校本课程开发与实施[M].北京:高等教育出版社,2014.
② 王纬,王妍莉.中学校本课程开发与实施[M].兰州:甘肃人民出版社,2016.
③ 李臣之.校本课程开发[M].北京:北京师范大学出版社,2015:64.

发展、学校发展的意义时,还指出校本课程开发是传承地方文化的重要途径,而"地方文化和国家文化互动生成,传承地方文化,无论是对国家还是地方的发展,都具有十分重要的价值"①。二是基于区域的校本课程开发研究,如李定仁主编的著作《西北民族地区校本课程开发研究》,提出了西北民族地区校本课程开发的模式架构以及地方课程资源开发利用的空间与意义,书中着重强调了地方性知识以及本土化的意义,认为学生只有通过融入地方性知识的课程学习并真正掌握地方性知识,才会形成对地方的归属感及认同感,才会关注和关心地方的发展进步,才会产生保护地方家园的意识及愿望,才会培育爱乡爱国的情感及品德,也才会有能力为地方乃至为国家的经济建设和社会发展做出贡献,因此尊重地方性的本土知识应该成为校本课程的出发点和显著特征。② 三是校本课程发展与课程领导力以及决策之间的关系研究,如黄显华、朱嘉颖等的著作《课程领导与校本课程发展》,对校长与中层教师课程领导角色等进行了反思;③丁念金《校本课程决策的文化学分析》一文从课程管理战略高度提出校本课程建构过程中要自觉地树立积极的文化取向,如承载人类文化理想,促进中华民族文化的传承和更新以及促进学校文化建设等。④ 从研究的视角和方法来看,校本课程研究中案例和叙事研究的方法值得关注,如徐玉珍的著作《校本课程开发的理论与案例》,崔允漷、林荣凑主编的《校本课程开发:课程故事》等。崔允漷、林荣凑认为案例和叙事研究的意义在于恢复教育理论中失落已久的人类经验价值,言说和追寻个人在教育改革中的真实故事和意义前景,预示着一种深刻的转向,即"教师从探寻外在的教育事实转向不断反思个人在教育时空中的生存境况"⑤。当课程随着重启的现代性进程嵌入到中国教育的大地上,当基础教育界对于"课程"一词尚且感到陌生时,这些学者作为先觉者,走在时代的前列,已经在沉思课程如何契合本校、本土,如何通过课程开发来发现自然、社会、人文等方面那些具有地方性、区域性的课程资源,构建学校教育的共同体,以促进地方、学校和学生的发展。滕星主编的学术论文集《乡土知识与文化传承:中国乡土知识传承与校本课程开发研讨会论文集》,则是教育学、人类学领域学者合作产生的研究成果,确认了现代性进程及全球化背景下乡土知识或本土知识或地方性知识传承的丰富价值意义,探讨了其传承

---

① 李臣之.校本课程开发[M].北京:北京师范大学出版社,2015:58.

② 李定仁.西北民族地区校本课程开发研究[M].北京:民族出版社,2006:41.

③ 黄显华,朱嘉颖.课程领导与校本课程发展[M].北京:教育科学出版社,2005.

④ 丁念金.校本课程决策的文化学分析[J].河北师范大学学报(教育科学版),2011(2):52-55.

⑤ 崔允漷,林荣凑.校本课程开发:课程故事[M].上海:华东师范大学出版社,2007:383.

的内涵与特色。①

在中国知网博士学位论文文献检索中，2000年至2019年，以"校本课程"或"校本课程开发"为主题的博士学位论文只有13篇，主要聚焦于学科校本课程研究，如华东师范大学郑桂华的《基于网络的语文校本课程研究与实践》等。其他如华东师范大学杨子秋的《以校本课程领导促进学校改进之研究》、中央民族大学赵淑岩的《以校本课程建构透视牧区教育的自由与多元——肃南二中（甘肃省肃南县皇城镇）教育人类学田野调查与民族志撰述》、陕西师范大学马志颖的《民族中小学校本课程资源开发中的文化选择研究——以宁夏回族自治区为例》，在研究内容和研究视角及方法上，也可归入上述相应类别中。

在上述研究中，有一类研究值得关注，那就是对校本课程开发的知识选择或取向问题作出的思考，如滕星主编的《乡土知识与文化传承：中国乡土知识传承与校本课程开发研讨会论文集》所探讨的那样。较早从知识选择角度对校本课程开发进行探讨的是余进利的《关于校本课程开发的新思考》，文中指出了现代性进程中本土知识即地方性知识长期受现代知识即普遍性知识排挤的境遇，但随着本土知识的意义被发现，其合法性地位在课程知识观中被逐渐确立起来；文中同时也提及了外来课程本土化的概念。② 李广超《校本课程开发中知识选择的思考：缄默知识的视角》一文则借助迈克尔·波兰尼的缄默知识理论视角对校本课程开发中的知识选择问题进行了观照，指出了缄默知识的地方性和情境性等，校本课程开发要打破传统的学科中心，要重视缄默知识的作用，实现显性知识与缄默知识之间的融通，等等。③ 西南大学肖庆顺的博士学位论文《校本课程开发的知识选择研究》则对校本课程开发的知识选择问题从内涵、主体、影响因素、程序策略等方面进行了比较系统的研究。④ 校本课程开发的理论研究中关于知识类型与知识选择的思考也为"课程本土化"的讨论奠定了合理的理论基础。

以"课程校本化"为主题的文献多集中于国家课程校本化的问题上，一类是从整体上来讨论国家课程校本化的依据及路径等。例如，徐玉珍《论国家课程的校本化实施》一文从"何为""为何""如何"等三个角度全面审视了国家课程校本化的内涵、依据及实施路径；⑤又如，宋林飞《国家课程校本化实施的系统理解与整合行动》一文在讨论国

① 滕星.乡土知识与文化传承：中国乡土知识传承与校本课程开发研讨会论文集[C].北京：民族出版社，2013.

② 余进利.关于校本课程开发的新思考[J].教育发展研究，2004（1）：34-37.

③ 李广超.校本课程开发中知识选择的思考：缄默知识的视角[J].当代教育科学，2016（13）：25-28.

④ 肖庆顺.校本课程开发的知识选择研究[D].重庆：西南大学，2015.

⑤ 徐玉珍.论国家课程的校本化实施[J].教育研究，2008（2）：53-60.

家课程校本化实施的系统理解时提出了要从社会本位、学生本位和课程本位来开展国家课程校本化,即强调"书本世界与生活世界的融通""与学生学习需求与能力的适切""尊重课程形态的转换规律与学习规律",并把其整合落实到教师课程行为的改进上。① 另一类是以学科为例来讨论国家课程的校本化。例如,戴文斌、朱翔、胡茂永《高中地理课程校本化开发策略》一文以高中地理课程为例探讨课程校本化的依据和策略,文中对于"课程校本化"的讨论已经超越了国家课程校本化的范畴,还指出"课程校本化"也包括校本课程的建构。② 尽管在学校课程经验介绍中对"课程校本化"的内涵理解向前迈出了一步,明确地提出"课程校本化"不仅仅指国家课程的校本化,更指向三级课程的整体校本化和学校课程体系的系统建构,如山东省诸城市实验小学,倡导教师开放性地对三级课程进行统整,构建了以"学科""特色""走班""社团"为主题的四大类"必修+选修"的课程体系③,但真正深入讨论的文献还近乎空白。与"校本课程开发"相比,"课程校本化"为主题的博士学位论文数明显偏少。截至2019年,研究者在中国知网学位论文库中只检索到一篇文献,为东北师范大学肖尔盾的《基于满族文化传承的体育课程校本化实施研究——以W满族中学为个案》,该文从学科角度探讨了以课程校本化来实现民族文化传承的使命,探索民族特色体育课程开发与实施的基本路径。④

同样,从目前的检索结果来看,以"课程本土化"为主题的文献数量也不多。一是就基础教育改革的国际化或国际课程引进来讨论本土化抉择的问题,本土化命题的提出是置放在国际化、全球化背景之下。例如,张绍军、张传燧的《基础教育课程改革的国际化与本土化》一文认为,我国基础教育课程教学实践层面存在的问题并不能依赖单一向度的国际化参照谱系来根本解决,而是要走基于国际视域的基础教育课程改革本土化之路,基础教育课程的国际化应是"在坚守本民族优秀的课程与教学传统及其文化基础之上的变革与创新"⑤。杨明全的《基础教育国际课程的认识误区与本土化抉择》一文对基础教育国际课程引进的认识误区进行了反思,中国教育改革和发展若不想在全球化浪潮中迷失自我,则需对国际课程进行本土化的合理改造,让民族意识

---

① 宋林飞.国家课程校本化实施的系统理解与整合行动[J].上海教育科研,2009(4):63-67.

② 戴文斌,朱翔,胡茂永.高中地理课程校本化开发策略[J].基础教育课程,2019(12):59-63.

③ 刘青松,谢建伟.自主整合,让课程焕发生命力——山东省诸城市实验小学课程校本化实施之路[J].中国教师,2014(19):2.

④ 肖尔盾.基于满族文化传承的体育课程校本化实施研究——以W满族中学为个案[D].长春:东北师范大学,2018.

⑤ 张绍军,张传燧.基础教育课程改革的国际化与本土化[J].教育科学研究,2014(3):17-23.

和全球意识之间保持一个合理张力。① 二是对课程本土化的内涵、意义及策略等进行辨析和审视。例如,冯加渔《课程与教学本土化的辨识与澄明》一文对当前课程本土化认识偏差如"技术化""非逻辑化""非学理化"倾向进行了反思,认为本土化不能陷入狭义理解,要超越文化民族主义思维,走向中西课程与教学文化互动融合的更广阔视野,推动中国传统文化发生变革、突破桎梏和永葆活力,促进中国课程与教学理论与实践的全球参与。② 杨启亮《守护家园:课程与教学变革的本土化》一文认为我国课程与教学变革本土化的解构和虚无源于自身课程实践忽视历史的经验,理不清继承与借鉴的关系以及混淆国际化与"与国际教育接轨"等问题,要守护课程与教学变革的本土化,就要立足文化传承,既要在国际化视域中生成,又要守护中国文化传统,激扬并培育课程与教学变革中的文化自信。③ 三是从课程内容及资源的角度来讨论课程本土化。例如娄元元《文化学视野中课程内容的本土化》一文对以"科学型知识"或普遍性知识为主导的现代知识观进行了批判,从本土知识或地方性知识的意义入手,提出课程内容的本土化是指"在课程内容选择和编排中,赋予本土知识合法地位,构建旨在促进本土人民内在发展的具有本土特色的知识体系,使青少年一代掌握和应用本土知识,成为本土社会的建设者"④。何云峰《历史课程资源开发的本土化策略与实践探讨》一文认为现代性进程及其工业化、城市化及全球化对优秀传统文化造成了冲击,本土社会文化构建既需要全球意识更需要以本土意识为根,因此要重视历史课程资源的开发,"让我们的教育留下本土历史文化的烙印,即要注重培养其作为本土社会成员所应该具有的对本土社会的认同、接纳和归属感"⑤。李睿《四川藏区小学社会科课程资源本土化初探》一文提出课程本土化呈现出多向度,既指向课程目标、课程内容、课程教学方式、课程评价等课程本体构成,也指向课程资源、课程文化、课程发展等广义层面的课程,并参考其他学者的研究将课程本土化理解为"课程基于本土基础、优势和资源,以儿童掌握本土为核心,认识本土事物、接受本土价值为主旨,这是国家课程的本土化实施"⑥。四是对课程研究理论本土化的讨论。程福蒙《全球化与本土化之间——课程改革论述的转变与文化认同问题》一文将新课程改革放在经济全球化与政治本土化交互辩证的文化认同视框中,来考察有关课程改革论述的轨迹,认为近年的课程改革

① 杨明全.基础教育国际课程的认识误区与本土化抉择[J].中国教育学刊,2018 (1):67-71.
② 冯加渔.课程与教学本土化的辨识与澄明[J].中国教育学刊,2013 (11):58-62.
③ 杨启亮.守护家园:课程与教学变革的本土化[J].教育研究,2007 (9):23-28.
④ 娄元元.文化学视野中课程内容的本土化[J].教育科学论坛,2009 (7):12-14.
⑤ 何云峰.历史课程资源开发的本土化策略与实践探讨[J].教学与管理,2012 (24):82-83.
⑥ 李睿.四川藏区小学社会科课程资源本土化初探[C]//滕星.乡土知识与文化传承:中国乡土知识传承与校本课程开发研讨会论文集.北京:民族出版社,2013:512-516.

论述还没有形成一套强而有力的体系,没有呈现出教育自身的主体性。[①] 张传燧、石雷《论课程与教学论的本土化》一文分析了课程与教学论本土化的内涵、意义与策略,认为课程与教学论本土化"既指外来课程与教学论思想理论体系中国化,也指中国传统课程与教学论的现代适切性改造与转化",包括"传统的现代化、外来的中国化、实践的理论化和范式的本土化"。[②]

《课程教学的本土化与全球化》是比较早系统论述"课程本土化"且在该领域为数不多的著作之一,但总体上也是论文的结集,也是在全球化的语境中来探讨课程与教学本土化的问题,探讨在推动教育改革的同时,作为教育核心的课程与教学,如何在全球化与本土化下取得平衡。其中,黄政杰对本土化与全球化之间的关系作了分析,他认为,"本土处于世界之中,受到世界影响,也影响世界。本土与世界不是对立的,它是世界的一部分,与世界其他部分产生互动","本土与世界互动时,需要进行必要的过滤,才能展现本土特性,符合本土要求,这是将世界化为本土的过程,简言之,也是本土化之真意","本土化要反映国际状况,而国际化也要具有本土基础,其中重要的是把本土当成主轴线的定位"。[③]

从以上关于"课程本土化"的相关论述中可以看出,"课程本土化"的提出和讨论更多的是随着现代性进程及全球化的深入而展开的。

但在20世纪30年代初,在乡村学校领域,学者们在聚焦中国现代性进程早期乡村凋敝现象时,已经关注到了乡村学校课程存在的问题并提出了适合自己的本土化道路,尽管当时还没有提出明确的概念。

李道祥认为乡村学校课程的编制原则最要紧的是适合地方的特殊环境,其内容要不同于一般学校的课程,其标准当根据乡村地方之需要与乡村儿童之特殊心理,并对乡村学校各课程的目标进行了列举。[④] 傅葆琛指出,急需改良的乡村教育看上去虽然复杂,千头万绪,无从着手,但最根本的还是要从乡村学校的课程入手。他列举了乡村学校课程的缺点"科目多仿袭城市,不合乡村需要""教材太宽泛,不切生活实用""上课日期与时间太板滞,不顾社会情形""只重知识的灌输,忽略精神与身体的训练",[⑤]但他同时认为乡村学校课程在考虑乡村社会的发展时更要考虑儿童的成长,"课程的功

① 程福蒙.全球化与本土化之间——课程改革论述的转变与文化认同问题[J].教育学报,2006(3):27-31.

② 张传燧,石雷.论课程与教学论的本土化[J].教育研究,2012(3):82-86,91.

③ 黄政杰.教育本土化之新思维[M]//课程与教学学会,主编.课程教学的本土化与全球化.高雄:复文图书出版社,2006:8.

④ 李道祥.乡村学校的课程(附表)[J].河南教育,1930(14):33-57.

⑤ 傅葆琛.乡村生活与乡村教育[M].无锡:江苏省立教育学院研究试验部,1930:115-126.

用,就是要使儿童得到圆满的生活"①。张宗麟也指出当时乡村学校课程与乡村生活、乡村儿童生活有很多不符合的地方,需要进行本土化改造。② 卢绍稷指出与城市学校课程没有区别的乡村学校课程无法适用于乡民之实际生活,"欲有良好之乡村学校教育,必须有最完善最适用之课程"③。赵质宸指出了中国早期乡村教育的问题根源,"自中国仿效外洋教育,将中国数千年来之经验所得,关于乡村教育课程教材者,一笔勾销,另起炉灶。因为急于求效,遂不问彼之所有于吾人口胃相合与否,整个移植中国,结果不惟无效,而且生出不少反感"④。

　　20 世纪 80 年代起,中国乡村及乡村教育在重启的现代性进程中复又遇到困境,乡村学校课程本土化的问题也开始重又被关注。研究乡村学校课程本土化的文献如前所言,也是乡村学校"校本课程""校本课程开发""课程校本化""本土课程""课程本土化"等为主题的文献彼此交集在一起,尽管随着当代"三农"问题日益被关注以及国家之于乡村建设的政策力度日益加大,涉及中国乡村及乡村教育问题研究的文献逐年增多,但聚焦乡村学校课程本土化领域的文献总体还是偏少。从研究内容来看,一是对乡村学校课程改革或校本课程开发或课程本土化进行总体审视和对策思考。例如,张新海《农村课程改革十年:问题、成因与对策》一文指出农村学校课程改革的实际情况不容乐观,需要从教育公平的战略目标出发,通过"营造有利于农村课程改革的社会文化氛围""构建开放、合作、民主、创生的农村教师文化""提供必要的经费支持""进行评价考试制度改革"等措施的落实,来推进农村学校课程改革的顺利进行。⑤ 王丽燕、吴惠青《失落与回归:农村学校校本课程开发的现实困境及应然走向》一文检视了农村学校校本课程开发的现实困境如目标迷失、价值游离、专业失范与评价缺位等,通过农村学校校本课程开发困境的追问,提出了相关策略,尤其从文化角度关注了具有乡土意蕴和教育价值的课程的开发,强调了以乡土环境以及文化的独特资源为课程载体,实现教师专业发展和学生个性成长,并初步提出了课程共同体的建设构想。⑥ 张春兰等学者的《农村中小学课程改革本土化探析》一文则鲜明地认为本土化是农村中小学课程改革成功的必由之路,农村中小学在清醒地认识到自身不利处境的同时更应发现农村乡土自然与文化的宝贵资源,这是农村中小学的优势所在,课程改革应基于自身

　　① 傅葆琛.乡村生活与乡村教育[M].无锡:江苏省立教育学院研究试验部,1930:20-21.
　　② 张宗麟.乡村教育[M].上海:世界书局,1932:100-102.
　　③ 卢绍稷.乡村教育概论[M].上海:大东书局,1932:63.
　　④ 赵质宸.乡村教育概论[M].北京:京城印书局,1933:169.
　　⑤ 张新海.农村课程改革十年:问题、成因与对策[J].教育发展研究,2012(12):75-79.
　　⑥ 王丽燕,吴惠青.失落与回归:农村学校校本课程开发的现实困境及应然走向[J].教育科学研究,2012(2):55-59.

的场域来设计和推进。① 刘莉萍的《农村基础教育课程改革本土化的影响因素分析——基于山西省 L 县的实证研究》通过区域问卷调查,对课程改革中农村学校教师、学生普遍感到"水土不服"的教育症状进行了影响因素分析,认为影响农村课程改革本土化进程的主要因素有四个方面:资源配置——"城乡分治"的经费分配;人才标准——"鱼跃龙门"的固有观念;课程内容——"普遍性知识"的文化惯性;考试制度——"注重选拔"的地域排斥。② 二是乡村学校校本课程的管理策略研究,例如,祝巧、李森《从管理到治理:乡村学校校本课程管理转向》等,分析了传统课程管理和课程治理的基本内涵和价值意蕴,分析了当前乡村学校校本课程开发的困境及成因,提出了课程治理这条乡村学校课程突围必由之路的原则和模式。③ 三是乡村学校学科类课程校本化或本土化的具体研究,探索不同学科类型的课程校本化或本土化建设。四是乡村学校课程资源本土化开发的研究,如李同胜等学者的学术著作《乡村学校本土课程资源的开发与利用研究:以沂蒙山区为例》,立足沂蒙山区丰富的本土资源,以乡村学校新课程的实施与创新为载体,以乡村学校开发利用本土课程资源的价值意义、理论基础为切入点,深入探讨了乡村学校本土课程资源的开发维度、利用途径及运行模式。④ 从研究方法来看,部分研究如刘莉萍的《农村基础教育课程改革本土化的影响因素分析——基于山西省 L 县的实证研究》、李同胜等的《乡村学校本土课程资源的开发与利用研究:以沂蒙山区为例》突破一般意义上的梳理总结,开始走向实证研究。对国内博士学位论文文献的检索,乡村学校课程本土化的研究目前尚是空白。

国外聚焦乡村学校课程本土化的研究尚不丰富,但是在相关研究中,一些研究文献呈现出有关乡村学校课程本土化的宝贵思想,涉及乡村学校课程本土化的重要理论问题如地方性知识、身份认同、学校与社区关系、现代性重建等。美国奥尔指出现代社会中不仅某些领域的知识在消亡,消亡的还包括地方性知识,也就是不被现代教育体系接纳的关于人们生存领地的本土知识;他认为真正的知识是有责任感的,要造福世界,面对现代社会的重重危机,现代教育体系需要彻底重塑。⑤ 巴恩哈特(Ray Barnhardt)等学者指出现代教育体系及课程注重知识的条分缕析,忽视学科之

---

① 张春兰,等.农村中小学课程改革本土化探析[J].江西教育科研,2006(3):65-67.

② 刘莉萍.农村基础教育课程改革本土化的影响因素分析——基于山西省 L 县的实证研究[J].教育理论与实践,2010(10):55-57.

③ 祝巧,李森.从管理到治理:乡村学校校本课程管理转向[J].教育与教学研究,2016(3):33-38.

④ 李同胜,等.乡村学校本土课程资源的开发与利用研究:以沂蒙山区为例[M].北京:教育科学出版社,2015.

⑤ 奥尔.大地在心:教育、环境、人类前景[M].君健,叶阳,译.北京:商务印书馆,2013:5-9.

间的联系及与周围世界的关联,这种教育,对于一个接受了本土知识的、根植于经验的、形成了整体世界观的本土学生来说,可能会对其学习造成阻碍,造成其之于文化的不适应性和不连续性。因此,本土社会的多样性和动态性,正感召着人们寻求一种将本土知识体系与称之为学校教育的教育体系结合起来的途径。[①] 格吕内瓦尔德(David A. Gruenewald)指出美国现代教育体系至今依然无视当地的文化和自然环境,割裂与社区的关系;它使教师和学生专注于课堂常规,而与当地社区隔绝;注重课程本土化的地方教育如要获得发展,需要社区协作的广泛支持,同时需要建构一种系统有效的方法和路径;他追问道:"如果教育不是人们为了地方的福祉而一起工作,那么教育是为了什么?"他认为地方教育要推进,还取决于在学校内外建立不同人群的地方合作关系,他们不仅关心自己的地方,并能帮助他人学会关注、理解和关心自己居住的地方。[②] 贝里(Wendell Berry)是美国建构以地方为中心的乡村教育思想先驱,他指出乡村学校脱嵌于当地社区,沦为一种职业准备,乡村孩子接受教育就是为了离乡谋生,这种教育正在付出心理上、文化上、生态上的代价。教育如果不培植起对于地方和社区的热爱,乡村社会的向心力就会丧失,人们就会陷入对外部经济组织的依赖。[③] 加拿大学者安东(Eileen M. Antone)指出现代教育体系及其课程没有回应学生对本土知识和价值观的需求,如果能够将本土传统知识和价值观纳入到学校课程,就会增强原住民的声音,促进学生的正面身份认同。[④] 还有部分学者通过一些教育实践项目的考察,指出了课程本土化的积极意义。英国学者哈格里夫斯(Linda M. Hargreaves)在其一项研究中回顾了25年来英国中小学和农村学校的研究状况,提到一项由英格兰乡村社区行动发起的旨在改善学校与社区关系的研究项目。项目提出的措施包括在地方一级增加社区成员参与学校活动的具体方式,如更多地利用学校设施,开展联合活动和其他相关的课程活动。[⑤] 澳大利亚迈克尔(Corbett Michael)等学者通过对澳大利亚塔斯马尼亚州学校农场的考察指出学校农场是一种良好的综合性课程实践活动载体,其可将地方性知识和当地物质文化实践与更广泛的课程期望结合起来。这

① Ray Barnhardt, Angayuqaq Oscar Kawagley. Indigenous Knowledge Systems and Alaska Native Ways of Knowing[J]. Authropology and Education Quarterly,2005(1):8-23.

② David A. Gruenewald. Accountability and Collaboration:Institutional Barriers and Strategic Pathways for Place-based Education[J]. Ethics,Place and Environment,2005(3):261-283.

③ Wendell Berry. What are People for?:Essays[M]. Berkeley:Counterpoint,2010:164.

④ Eileen M. Antone. Empowering Aboriginal Voice in Aboriginal Education[J]. Canadian Journal of Native Education,2000(2):92-101.

⑤ Linda M. Hargreaves. Respect and Responsibility:Review of Research on Small Rural Schools in England[J]. International Journal of Educational Research,2009(2):158-169.

种本土化的课程实践,呈现出联系起乡村学校教育与"我们在这里做什么"的教育潜力,而且实践中所培育起来的关怀伦理观对公民权、民主、社会凝聚力,甚至对全球可持续性发展都至关重要。[1] 印度尼西亚西安图里(Murni Sianturi)等学者基于印度尼西亚一所偏远小学的实地研究,发现融入地方性知识的课程更贴近学生的生活,激发他们的学习信心,也有利于教师的教学。研究建议政府课程设置要以地方为基础,在推进地方课程应用时,政府可以考虑编写地方教材,教材应包含许多地方特色,如风俗习惯、地方智慧与知识、特定环境地理等。[2]

乡村学校课程本土化研究深嵌在课程回归与乡村变迁的时代命运中,也经历着自身的发展过程。从"校本课程开发"到"课程校本化"再到"课程本土化",不断地超越原来三级课程的有限框架,走向课程的系统建构;不断地超越课程的教育学范畴,走向社会学、人类学的融合;不断地超越学校课程的单一诉求,走向对现代性及全球化的深刻反思,甚至还包含着现代性结构重建的宏大课程愿景。但是总体上对于"校本课程开发""课程校本化"以及"课程本土化"等概念还缺少清晰的辨析,导致相关的文献混合在一起,难以形成有力的聚焦,尤其是与"校本课程开发"有关的大量文献,局限在原来国家三级课程管理的框架内,把校本课程作为与国家课程和地方课程相对的一种课程类型来静态论述,缺少学校课程建构的系统考量,缺少课程内部、外部及二者之间逻辑关系的联系分析。综合来看,乡村学校课程领域的研究在方法上还没有建立起系统的方法论体系,在理论上还没有进入乡村学校课程本土化的主体建构。

然而可贵的是,相关研究文献尽管尚缺少整合,但它们都共同关注到了乡村学校课程开发的起点即知识观的问题,讨论了乡土知识或本土知识等地方性知识的价值意义,反思了现代性进程中科学知识或学科知识等普遍性知识的话语霸权;它们还从更广阔的现代性历史进程及工业化、城市化和全球化的背景来审视乡村、乡村学校及乡村学校课程之间的命运关系,为今后乡村学校课程本土化研究的深入奠定了理论基础。

(四)研究展望

基于以上文献综述,本研究展望如下。

1.研究层次方面。无论是乡村教育及乡村学校还是乡村学校课程等领域的研究,在

---

[1] Michael Corbett, Peter Brett, Cherie-Lynn Hawkins. What We're about out Here: The Resilience and Relevance of School Farms in Rural Tasmania[J]. Journal of Research in Rural Education, 2017(4):1-12.

[2] Murni Sianturi, Chia-Ling Chiang, Andreas Au Hurit. Impact of a Place-Based Education Curriculum on Indigenous Teacher and Students[J]. International Journal of Instruction, 2018(1): 311-328.

关注其存在困境的同时，在策略寻求上多关注其外在办学条件及教育公平政策等，而对乡村学校变革与发展的核心内容课程的聚焦还不够。不少研究还停留在"校本课程开发"等课程发展的原初阶段，缺少对乡村学校"课程本土化"的价值意义体认。本研究力图从孤立的乡村学校校本课程静态研究中走出来，走向田野，进一步寻找发现乡村学校课程本土化的实践，观察"课程本土化"的动态机制是如何重塑乡村学校的整体课程观，并生成为乡村学校变革与发展的自身力量。

2.研究思路方面。不少关于乡村教育或乡村学校以及乡村学校课程等领域的研究在纵向开展上，大多局限于当下进程，在困境关注和策略寻求上缺少对中国20世纪二三十年代本土丰富历史实践和研究的积极回应。在研究的深入开展上，尽管都涉及了课程本土化的重要问题即知识观、文化观和共同体建设等的探讨，但尚需要合法性以及价值意义的深入追问。本研究将立足当代，回望历史，通过对历史重要文献的梳理，用跨越时空的对话，试图恢复和呈现出那条曾经隐没的研究线索，重建研究的思路和意义；同时还将在当代理论资源的依托下，更加深入地探讨乡村学校课程本土化背后的知识观、文化观、共同体建设以及合法性等问题。

3.研究视域方面。西方当代的课程研究，其视域已经超越了教育学本身，更多地进入了跨学科领域，例如从社会学更广阔的视域来审视课程自身变革与建构的问题。课程文化资源的配置，国家、社会与学校的教育需求博弈，权力的运作与诉求，社会权力结构对课程知识取向和课程架构设计的影响等，往往能获得对课程意义的更深理解。课程领域已经积淀了丰富的理论资源，阿普尔认为课程改革实质上是一种权力和文化利益的分配活动；哈贝马斯倡导通过教育与课程来完善交往理性，重建人与世界的交往关系，恢复人与自然、村庄及社会之间的和谐关系；布尔迪厄认为教育场域并不是一个孤立的场域，而是与其他场域之间存在着关系；施瓦布认为课程不仅仅是作为事实的课程，还是作为关系的课程，超越了传统科学主义课程观的局限性。本研究将利用当代丰富的理论资源，拓展研究视域，在教育学的基础上，依托社会学的广阔视域，去探寻乡村学校课程本土化实践如何实现国家课程、地方课程与学校课程的有机融合，如何建立乡村学校课程与教育场域、权力场域、社会场域等的联系。

4.研究方法方面。国内乡村学校课程本土化研究尚缺少严格意义上的实证研究，本研究基于实证的学术姿态，采用质性研究的方式，更深入地走向学术真实的田野，规范运用观察法、访谈法和实物收集法，然后通过合理的资料分析，以期发现和建构起乡村学校课程本土化实践背后的内在逻辑联系与理论体系。

第三节　研究视域、方法与思路

教育问题的研究如果在自家理论园地里深耕的同时还能够突破它自身的局限,走向更广阔的研究视域,那么它的研究方法才有可能不墨守成规,它的研究思路才有可能得到拓展,它的理论框架也才有可能终获改进与创新。

一、研究视域

(一)本研究的理论立场

本研究的理论基础主要为教育社会学。教育既是社会组成的重要内容,也是凝聚和整合社会的重要力量。19世纪以来,在社会学研究中,教育始终是其中的一个重要变量。西方现代社会学三大奠基人韦伯、迪尔凯姆和马克思在社会学的创建中,都对教育与社会的关系有过重要的论述。社会学的理论发展推进了教育学原有单一学科研究范式的突围。如果说教育学主要研究教育本质、教育目的、教育制度、教育内容、教育方法、教育管理以及教育评价等,那么社会学影响下的教育社会学则注重于将教育作为一种社会现象和社会系统,从更广阔的社会视角来研究它与其他社会系统的关系,并以此来分析教育与社会彼此作用的内在机制。

尤其是迪尔凯姆,他在西方被认为教育社会学的真正奠基人,在其主要著作《教育与社会学》《道德教育论》和《法国教育的演变》中从不同研究视角构建起了教育社会学的独立研究领地。迪尔凯姆提出:"教育是年长的几代人对社会生活方面尚未成熟的几代人所施加的影响。其目的在于使儿童的身体、智力和道德状况都得到某些激励与发展,以适应整个社会在总体上对儿童的要求,并适应儿童将来所处的特定环境的要求。"[①]他还

---

① 张人杰.国外教育社会学:基本文选[M].上海:华东师范大学出版社,2009:8.

认为：“教育在于使年轻一代系统地社会化。”①

同时期的美国杜威也是早期教育社会学的代表人物，他认为如果教育割裂跟社会的联系，就会失去自身的生命活力。他说：“不通过各种生活形式或不通过那些本身就值得生活的形式来实现的教育，对于真正的现实总是贫乏的代替物，结果就形成呆板，死气沉沉。”②

西方教育社会学研究自迪尔凯姆和杜威之后不断获得发展。一是西方著名高校开始开设教育社会学课以及成立教育社会学系等，比如在美国，1907 年，苏则罗在哥伦比亚大学师范学院最早开设了教育社会学课；1916 年，斯奈登在哥伦比亚大学设立教育社会学系；1923 年，美国教育社会学研究会正式成立并出版了《教育社会学年鉴》；到 1926 年全美有 194 所高校开设了教育社会学课程，理论传播迅速扩展。二是教育社会学理论也随着教育学、社会学的发展，不断衍化和集成，形成了很多重要理论，如美国帕森斯的结构功能主义理论，英国伯恩斯坦社会化理论，法国布尔迪厄的社会实践理论，法国阿尔都塞意识形态再生产理论，巴西弗莱雷与美国阿普尔等的批判教育理论等，为研究教育的深层次问题提供了重要的理论武器。

中国教育社会学的发展经历了两个主要阶段。一个是 20 世纪 20—30 年代。这一阶段产生了一批教育社会学著作，如陶孟和《社会与教育》、沈冠群和吴同福《教育社会学通论》、雷通群《教育社会学》、卢绍稷《教育社会学》等，尽管出版物以教科书为主，缺少专题性研究成果，但推动了教育社会学学科向前发展；同时在乡村教育领域，涌现的很多著作如喻谟烈《乡村教育》、傅葆琛《乡村生活与乡村教育》、卢绍稷《乡村教育概论》、雷通群《中国新乡村教育》、余家菊《乡村教育通论》、廖泰初《动变中的中国农村教育：山东省汶上县教育研究》、古梅《乡村教育》等，都蕴含着朴素而又深刻的教育社会学思考，促进教育社会学走向本土化的探索。另一个是 20 世纪 80 年代至 21 世纪初。随着改革开放以及国际视野的打开，除了一系列教材如裴时英《教育社会学概论》、鲁洁和吴康宁《教育社会学》、谢维和《教育活动的社会学分析：一种教育社会学的研究》等的进一步编著，中国学者还借鉴西方社会学理论，进一步开展本土化的理论与实践研究，如吴康宁主编的“现代教育社会学研究丛书”等。

一直强调学科知识结构的美国教育心理学家布鲁纳后来曾自我反思道：“不顾教育过程的政治、经济和社会环境来论述教育理论的心理学家和教育家，是自甘浅薄，势

---

① 张人杰.国外教育社会学：基本文选[M].上海：华东师范大学出版社，2009：8.

② 杜威.学校与社会·明日之学校[M].赵祥麟，任钟印，吴志宏，译.北京：人民教育出版社，1994：6.

必在社会上和教室里受到蔑视。"①中国学者吴刚在回顾中外教育社会学发展历程之后总结指出教育问题一直都是社会问题的折射,几乎所有教育过程中的问题都可以从教育社会学视角进行分析和解读,甚至,"最好的课程理论研究,往往不是由课程学者做出的,而是由教育社会学家带来的,像阿普尔的《意识形态与课程》、杰克逊在《课堂生活》中提出的'隐性课程'概念、伯恩斯坦的课程语码分析等"②。胡定荣在考察了世界课程演进史后提出:"对现实的文化冲突的多样性和复杂性的认识必须更新知识基础,用全球意识,在'全球化—民族化'视角下,从文化与政治、经济间的关系来揭示中国课程发展的真正动力和自主发展方式。"③

对本研究来讲,以教育社会学来分析理解乡村学校、乡村教育以及乡村社会关系,具有它独特的适切性,并可由此进一步聚焦和透视课程本土化于其中的作用与意义。陶孟和在20世纪20年代已提出社会与教育之间有着不可分割的关系,社会的问题常可以从教育中找到解决的路径,比如他认为乡村问题的解决需要从乡村教育中寻找智慧,建立联系,他说:"乡村的问题不只是经济的,并且是社会的、智育的问题。要想叫乡下人可以安居乡村,不只是他的事业要有相当的收入,维持他的生活,他田里所出的农产物,足充他们生活的需要,并且要使他们有社会交际、社会娱乐的机会,还要使他们有发展知识的机会。人大概都有求知的本能,在乡村的环境,求知的本能不如在都会上容易满足,因为都会上有各种的设备,又有复杂的接触,都是便于发达知识的。乡村里这些机会自然是没有的。但是学校里正可担负这个责任,使乡下人对于农村问题发生趣味,尊崇乡村生活高贵的价值,认科学的农业为高贵的职业,并不低于政客、军人、富商、大贾的职业。等到人民不鄙弃农业,也不为都会生活或都会上的职业所炫诱,并且农业再需用高等科学的知识,那么,乡村生活也就可兴旺起来了。"④

教育社会学为审视当下乡村社会、乡村教育及乡村学校的困境提供了一个广阔而适切的视域,它使问题的研究从孤立走向联系,从表层看到根源。"学校所面临的问题反映出社会中的问题。他们(教育社会学家)认为社会学的理论和方法将有益于理解学校问题背后的各种社会力量和学校动力机制。这些知识对解决21世纪的问题来说是至关重要的。"⑤

① 布鲁纳.布鲁纳教育论著选[M].邵瑞珍,张渭城,等译.北京:人民教育出版社,1989:367.
② 吴刚.教育社会学的前沿议题[M].上海:上海教育出版社,2011:3.
③ 胡定荣.课程改革的文化研究[M].北京:教育科学出版社,2005:14.
④ 陶孟和.社会与教育[M].福州:福建教育出版社,2008:124.
⑤ 巴兰坦,海默克.教育社会学——系统的分析[M].熊耕,王春玲,王乃磊,译.北京:中国人民大学出版社,2011:4.

(二)教育社会学理论在本研究中的具体运用

本研究立足社会学理论基础,以中国和西方教育社会学领域的代表性理论,作为观照乡村学校课程本土化的主要理论视域。在代表性理论的选取上,既尊重西方教育社会学的原创传统并以其作为重要理论参照,又传承中国教育社会学在乡村建设与教育问题上的本土化探索,在研究过程中,不断回到历史现场,走进真实大地,探寻中国命题。以下举例简要说明。

1. 以法国布尔迪厄社会实践理论为例

布尔迪厄(1930—2002)作为当代国际影响深远的思想家,传承西方近现代哲学,并以跨学科的方式建构了宏阔的理论世界,涵盖哲学、人类学、社会学、教育学、文学、艺术、语言学等领域,提出了一系列独到的理论分析概念或工具。

在方法论上,布尔迪厄一直想弥合传统二元对立的思维分裂,认为唯有在系统和关系中才能真正界定概念和理解事物,诸如惯习、场域和资本这些概念,都需要从这些概念所构成的理论系统中去界定,而绝不能孤立地去理解。[1] 布尔迪厄提醒人们不要局限于从狭小的视角来研究问题,割裂了场域之间的联系,尽管精确,却会遮蔽事物真实的本质。他指出:"事实上我们依然处在一个荒诞的教育社会学同文化社会学相分割的阶段,那么你又如何能从事文学社会学或科学社会学的研究,而又不涉及教育制度的社会学呢?"[2]布尔迪厄在方法论上的见解给本研究以很大启示,唯有走出封闭与割裂,才能深刻地观照到本研究中课程及其本土化与学校、乡村学校与乡土社会之间的真实关系。此外,布尔迪厄由场域、惯习与资本等概念以及它们之间的关系所建构而成的社会实践理论为进一步分析教育场域中教师、学生、课程与学校之间的内部活动以及与其他场域之间的社会变迁、社会结构、区域社会、学校组织、社会关系、权力分配、文化生产等外部活动提供了有力的帮助。布尔迪厄说:"教育场一直处于被外部力量奴役的状态。……然而在现实中,要理解形态学上变化的效应,你就必须思考这个场的整体逻辑,思考职业体系内部的斗争,思考教职员工之间的斗争(康德所谓的'教职工的冲突'),思考每个教职工内心的斗争,还必须思考不同学术位置之间的斗争,教学等级制中的不同层次之间的斗争,以及不同学科之间的斗争。当这些斗争碰到某些外部作用过程时,它们就会发挥更大的、起改造作用的效应。"[3]布尔迪厄社会实践理

---

① 布尔迪厄,华康德.反思社会学导引[M].李猛,李康,译.北京:商务印书馆,2015:121.

② 布尔迪厄.文化资本与社会炼金术——布尔迪厄访谈录[M].包亚明,译.上海:上海人民出版社,1997:117.

③ 布尔迪厄.文化资本与社会炼金术——布尔迪厄访谈录[M].包亚明,译.上海:上海人民出版社,1997:122.

论应用至乡村学校课程本土化研究的分析框架,如图 1-1 所示。

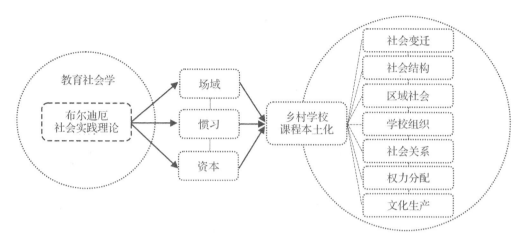

图 1-1 布尔迪厄社会实践理论分析应用框架

2. 以廖泰初的"乡村社区的教育研究"理论为例

从文献综述来看,20 世纪二三十年代中国教育社会学学术研究发展迅速,尤其是围绕着乡村建设与乡村教育展开的教育社会学本土化探索取得了丰硕的理论成果,如崔载阳通过融汇中国传统文化资源和西方教育社会学理论方法而提出的"民族中心教育"理论,邰爽秋借鉴西方教育社会学理论并结合中国社会实际情况而提出的"民生本位教育"思想,廖泰初借鉴西方社区研究方法在中国乡村建设活动中应用经验上总结出来的"乡村社区的教育研究"理论,以及喻谟烈、傅葆琛、卢绍稷、雷通群、余家菊等学者的教育与课程社会学理论等。时隔近百年,这些本土化探索而来的理论依然在闪耀着它们的价值,值得研究者们在当下研究教育及其课程等问题时回顾、对话、借鉴和应用,下面以廖泰初的"乡村社区的教育研究"理论为例作简要说明。

廖泰初(1910—2000),中国教育学家,1935 年燕京大学毕业获硕士学位后留校任教于教育系。在燕京大学研究生院攻读硕士学位期间,他曾经赴河北省定县、山东省汶上县等地进行社会调查,并由此撰写了学位论文,发表和出版了相关学术文章和著作,如《动变中的中国农村教育:山东省汶上县教育研究》等。基于社会调查和研究,廖泰初随后又发表了两篇文章:《中国教育学研究的新途径——乡村社区的教育研究》与《中国教育研究的回顾与前瞻提要初稿》,集中论述了他对于当时中国教育及其研究的理论主张。

廖泰初在《中国教育学研究的新途径——乡村社区的教育研究》一文中反思和批评了当时的中国教育研究,例如,"研究教育的人,只注意到学校教育,而不知更有广大势力老早在民间站稳了脚的非形式教育(informal education)。办教育者对广大原野的认识过于浅薄,只在学校教育园地里绕圈子,打算盘,拿城市几个留学生从外国抄来的把戏,硬要培植到乡间,认为是复兴民族的唯一法门""中西文化的大纷扰中,教育本身无法决定其方向,拿不定主意,亦找不着一个中西文化的互让点,无目的地随大家乱走乱闯,接受西洋文化后,有许多地方是有外表而没有精神""忽略了自身的力量,忘却了自身的文化背景"。[①] 在《中国教育研究的回顾与前瞻提要初稿》一文中,廖泰初也指出,"中国教育的研究是外烁居多,内发占少,被动居多,自主占少,抄袭搬运居多,自身检讨占少""抄袭当中,忘记了自身的社会准备,文化背景,演变需要的历程,没有认清中国内在的教育问题,是整个社会的演变""许多研究者忽略了乡间和都市的不同,内地和沿海及铁路线一带的不同"。[②] 只是,80多年过去了,教育时弊依旧;80多年前的声音,如今依然振聋发聩。

廖泰初在对教育研究的历史进行回顾后,指出教育研究是一件伟大的事业,呼吁在中国建立以乡村为社区研究的基本单位,要建构自己新的教育研究系统,如要联系中国文化背景和其他社会生活,要实地研究、综合看法和扩大教育范围,要把历史研究、记录、口传和实地研究并重;要走出自己的新途径,如通过纵(演变研究)、横(综合研究)两种研究方式的结合来成就每位研究者对于教育研究的新观点。研究者整理的廖泰初乡村社区教育研究方法理论分析框架,如图1-2所示。

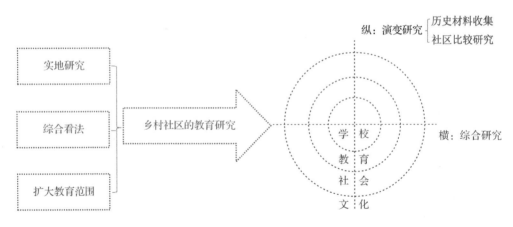

图 1-2　廖泰初乡村社区教育研究方法理论分析应用框架[③]

廖泰初的理论主张很好地回应了孙本文1924年在其《研究社会问题的基础》一文中提出的研究建议,即"要研究社会问题希望得到圆满的解决方法,必先从纵的方面得

---

① 廖泰初.中国教育学研究的新途径——乡村社区的教育研究[J].教育学报(北平),1938 (3):33-51.

② 廖泰初.中国教育研究的回顾与前瞻提要初稿[J].教育学报(北平),1940 (5):23-47.

③ 廖泰初.中国教育学研究的新途径——乡村社区的教育研究[J].教育学报(北平),1938 (3):33-51.

到历史的事实；从横的方面得到现状的事实；由此等事实，方可理会社会的特性与社会问题的性质、来源、现状；假使没有此等详细的事实根据，无论何种问题，可说是'隔靴搔痒'，完全没有正当解决的希望"①，也给本研究提供了很有价值的参考：研究乡村学校课程本土化，就要以实地研究为基础，既要进行纵向的演变研究，考察乡村学校课程及其本土化的演变历程；又要进行综合研究，突破传统狭窄的学校或教育视域，扩大教育范围，综合联系课程嵌于其中的中国文化背景和其他社会生活。

二、研究方法

(一)实证与建构：方法论辩护

在真正走向自己的研究之前，每一位研究者都需要从研究问题着手，在自己的灵魂里，完成一场方法论的自我追问与辩护。因为，这不仅呈现着一个人学术研究的态度，也决定着他的学术研究最终可能抵达的高度。

法国社会学家迪尔凯姆在《社会学方法的准则》中屡屡谈到学术研究的一种方法取向，他说："一种社会事实的决定性原因，应该到先于它存在的社会事实中寻找，而不应到个人意识的状态中寻找。……一种社会事实的功能应该永远到与某一社会目的的关系之中去寻找。"②他还说道："一切比较重要的社会过程的最初起源，应该到社会内部环境的构成中去寻找。"③尤其是"寻找"那个词，闪耀着方法论的一种光辉，重新弥合理论研究和经验研究之间长期以来的一种割裂。而教育场域，作为以实践性为主的空间，更需要研究者以一种实证的姿态在场，从而深入历史与当下的现场，通过真实而诚挚的访谈、倾听、观察以及问卷的调查、文献的梳理、实物的收集来发现普遍事实背后更多的细节以及建构它们之间可能会有的联系。

其实，人类学和社会学领域很多先行者已经为当代研究者走出了这样一条清晰的"寻找"之路，例如美国博厄斯一生足迹遍及美洲和太平洋的很多地区，写出了《原始人的心智》《种族、语言和文化》等著作；英国马林诺夫斯基在 1914—1918 年数次前往太平洋上的新几内亚岛及特罗布里恩群岛考察，写出了《西太平洋上的航海者》；美国米德 23 岁时孤身前往南太平洋小岛萨摩亚进行田野调查，写出了《萨摩亚人的成年》；美国怀特 1936—1940 年用了将近四年的时间对波士顿市的意大利

---

① 孙本文.孙本文文集(第八卷)[M].北京：社会科学文献出版社，2012：29.

② 迪尔凯姆.社会学方法的准则[M].狄玉明，译.北京：商务印书馆，1995：122.

③ 迪尔凯姆.社会学方法的准则[M].狄玉明，译.北京：商务印书馆，1995：124.

人贫民区进行了实地研究,写出了《街角社会》;费孝通1936年对江苏省吴江县开弦弓村进行了实地调查,写出了《江村经济》。每一部学术经典都启示着学术研究的方法之路。

如果再聚焦到中国乡村以及乡村教育近百年的研究历史,也分明能看到那种亲历的实证精神已经深深地镌刻在学术的传统之中,如20世纪30—40年代,廖泰初《动变中的中国农村教育:山东省汶上县教育研究》、杨懋春《一个中国村庄:山东台头》、林耀华《金翼:中国家族制度的社会学研究》等;20世纪50—80年代,海外学者周荣德的《中国社会的阶层与流动:一个社区中士绅身份的研究》、黄宗智的《华北的小农经济与社会变迁》和杜赞奇的《文化、权力与国家:1900—1942年的华北农村》等;20世纪80年代以来,王铭铭的《溪村家族——社区史、仪式与地方政治》、吴毅的《村治变迁中的权威与秩序:20世纪川东双村的表达》等;21世纪初,司洪昌的《嵌入村庄的学校:仁村教育的历史人类学探究》等,都用脚踏实地的实证研究不断丰富着每一个时代的学术主张与叙事。

之于本研究而言,在问题的召唤之下,唯有走向实地,走向教育现场,走进校园和课堂,走进田野和村庄,走进真实的历史和当下,访谈、观察、收集实物资料,在与研究对象的互动中,才有可能逐步建构起自己的理论思考。

(二)作为一项质性研究

本研究作为一项质性研究,不仅仅因为质性研究是对学术实证取向的一种积极回应,还因为,它从方法论的意义上,赋予我们观察世界的新视角。同时,质性研究还是生活本身,作为一种"以研究者本人作为研究工具,在自然情境下采用多种资料收集方法对社会现象进行整体性探究,使用归纳法分析资料和形成理论,通过与研究对象互动对其行为和意义建构获得解释性理解"[①]的活动,让每位研究者在一路的寻访、敞开的对话、静静地聆听、无声的观察、实物的收集以及事后资料的分析回味中重新探索和发现社会生活及其现象背后的潜在意义,感知和把握社会文化结构深层的内在联系。同时,还有它的研究过程中可能会有的比如寻访的艰辛、访谈的碰壁、漫长的梳理等与众里寻他千百度之后的蓦然相遇的欣喜相交织的情感体验,也会让每位研究者领悟到学术之于生命的深刻意义。陈向明认为,作为研究人员,在质性研究中,应不惮于向关心自己的人们暴露缺点,要真诚地和他们一起袒露自身的困惑甚至困境,通过彼此分享和激励,自身所学到的东西往往会远超自己所可能想象的

---

① 陈向明.质的研究方法与社会科学研究[M].北京:教育科学出版社,2000:12.

范围。①

反观自身,那么多年来,人生路上,走马观花,匆匆而过,几成过客。之于教育生涯而言,亦是如此。在校园中,忙于琐碎的事务和碎片化的教学,而疏于追寻、对话、倾听和关切,疏于分析和思考教育现实问题背后真实的细节和缘由,疏于追问课程的意义究竟在哪里,课程与生命个体的成长,与学校及学校所在的村庄、社区还有它们共同存在的文化与大地之间的关系究竟是什么。教育这个实践性场域存在的很多问题,等待和召唤着质性研究的介入和深究。质性研究正以它的方法论不断敞亮和指引着研究的意义;研究"不应该仅仅局限于追求逻辑上的真,而更应该关怀道德实践的善与生活取向的美,理性必须返回生活世界才能获得源头活水,研究是为了指导人们立身处世的生活实践"②,而且研究也只有在深入现场的过程中,才有可能发现、理解和尊重文化多元,从而"把更多的注意力放到处于一定文化和历史情况下的个人,特别是这些个人与他们所处的独特的社会情境之间的互动"③。

"文化机会的公平,与经济机会的公平一样,可以在一个全球化的世界中具有深远意义。这是经济世界和文化世界所共同面临的挑战。"④在一个乡村学校连同它的课程趋于衰败的年代,作为一名研究者,秉持实证精神,重新回到乡土,遵循质性研究的规范,走进村庄,走进乡村学校,聚焦课程,来探寻课程本土化的意义,也许就是对这种"文化机会公平"的最好回应。

(三)研究单位的选取与进入

1.研究单位的选取

基于研究问题,经过综合权衡与考量,研究者选取龙镇作为自己的研究现场。龙镇位于浙江省宁波市鄞州区(原为鄞县,2002年撤县设区),是典型的江南水乡小镇,河网纵横,东南方有一脉丘陵绵延,周边平原广阔,土地肥沃。全镇常住人口2.6万,外来人口4.8万,辖17个行政村、1个居民会、2个渔业社,镇域面积近40平方公里。全镇共有5所乡村学校,分别坐落于不同的村庄中,构成一个乡镇完整的义务段教育系统,见表1-2。

---

① 陈向明.旅居者和"外国人"——留美中国学生跨文化人际交往研究[M].北京:教育科学出版社,2004:86.

② 陈向明.质的研究方法与社会科学研究[M].北京:教育科学出版社,2000:453.

③ 陈向明.质的研究方法与社会科学研究[M].北京:教育科学出版社,2000:460.

④ 阿马蒂亚·森.以自由看待发展[M].任赜,于真,译.北京:中国人民大学出版社,2013:243.

表 1-2　龙镇乡村学校简介

序号	学校代称	类型	建校时间	规模
1	L 中学	初级中学	1958 年	学校占地面积为 3.9 万平方米,现有 24 个班级,在校学生 1200 多名,教职员工 86 名
2	L 小学	完全小学	建于 1922 年,1992 年择址迁建	学校占地面积为 20123 平方米,现有 22 个教学班,学生 1015 名,教职工 61 名
3	J 小学	完全小学	1908 年	学校占地面积 2.7 万平方米,现有 21 个教学班,学生 880 余名,教职工 53 名
4	S 小学	完全小学	1913 年	学校占地面积为 9468 平方米,建筑面积 3571 平方米,在校学生 450 名,教职员工 34 名
5	Q 小学	完全小学	1919 年	学校占地面积为 6500 多平方米,学校拥有 11 个教学班,学生 446 名,教职工 31 名

　　研究者之所以选择龙镇(如图 1-3 所示)作为研究现场,是基于如下几点考虑:首先,龙镇位于中国长三角地区,中国百年的现代性进程尤其是近 30 年的当代中国快速城市化,它深嵌和卷入其中,乡土社会演变及文化变迁的历史形态比较深入、典型和完整;研究者作为在龙镇长大的"70 后",不仅熟悉本土的乡土社会结构和文化习俗,而且正好完整地经历了城市化背景下中国社会当代转型历程,尽管后来离乡读书和工作,但在经常性的返乡过程中,从小小的龙镇目睹和见证了中国乡土社会的剧变,因此便于从历史的角度纵向考察层层嵌套于其中的乡村教育、乡村学校及其乡村学校课程本土化内在结构联系和变化。其次,龙镇义务教育阶段乡村学校组织结构完整,一所初中,四所小学,小学中有两所中心小学和两所村小,它们大部分建于 20 世纪初,它们的历史其实就是中国现代教育兴起、发展及演变历史的一个缩影,既便于横向观察一个乡土社会与文化区域内不同类型、不同学段乡村学校课程现状及其问题背后的共同联系与不同因素,又便于纵向考察在不同时代背景下学校课程的演变过程。最后,尽管城市化背景下龙镇的乡土社会结构正在经历着深刻而又复杂的变化,但它总体上依然保持着熟人社会的古老特征,研究者在深入其中访谈、观察和收集资料的过程中,拥有着语言和关系的优势。

图 1-3 当代城市化背景下龙镇镇区远景与近景

当然,面对熟悉的故土,如何遵循价值无涉的客观性原则,对研究者而言,是一种考验,重要的是要恪守科学研究的方法与精神,拒绝因自己的熟悉而轻易承担价值判断的任务,对非常明显的偏见保持警惕,从而持守研究的客观性和中立性,以保证在研究的过程中排除价值偏见的干扰。但价值无涉的客观性原则并不妨碍研究者"个人因素"即内在志向、情感和价值理念的指引,韦伯曾经在《社会科学方法论》中提出社会科学研究"价值无涉"的原则时也指出科学工作中的"个人因素"同样具有真正的价值,因为研究者自身的"个性""价值理念"或是对某些文化内容之意义的"信念",决定了他对于材料选择的原则和对个体性现实的有意义认识,研究者的个人观念倾向是他灵魂之镜中的价值反射,规定着他科学工作的方向。①

从这个层面上来说,故乡、故园及故土总是以其独特的意义深嵌于中国现当代学术史以及学者的生命中,如山东台头村之于杨懋春。1945 年,美国哥伦比亚大学教授林顿为杨懋春学术代表作《一个中国村庄:山东台头》而写的序言中说道:"杨博士对他的村庄的熟悉程度不亚于当地村民,又能用科学的无偏颇的态度进行研究。他的描述既准确又充满感情,社会科学家和一般读者都会感兴趣。人们读完这本书会有这样的感觉:这是一些真实的人,一些和我们非常相似的人。"②如江苏吴江县开弦弓村之于费孝通。费孝通在其学术代表作《江村经济》中说明了他选择吴江县开弦弓村作为学术调查区域的理由,因为他作为吴江人在本土语言和同乡感情上拥有有利条件,便于深入人们的生活中去开展调查,还可以充分利用熟人社会的

① 韦伯.社会科学方法论[M].李秋零,田薇,译.北京:中国人民大学出版社,1999:22.
② 杨懋春.一个中国村庄:山东台头[M].张雄,沈炜,秦美珠,译.南京:江苏人民出版社,2012:3.

关系。① 如福建岭尾村(黄村)之于林耀华。林耀华在其学术代表作《金翼:中国家族制度的社会学研究》的自序中也提到该书包含着他自己的亲身经验以及自己家族及家乡的历史,它既是"东方乡村社会与家族体系"的真实缩影,又是"社会人类学调查研究方法"的运用结果,直接社会观察与科学方法运用相结合,"透过大大小小的事件叙述,从微观到宏观,超越一个家族、一个地区的范畴,赋予其社会学上的普遍意义"。②

2.研究单位的进入

当研究者最终确认龙镇作为正式研究现场之后不久,因为地方教育人事变动,研究者的朋友 H 刚刚从西部地区完成两年支教任务回来就被地方教育局委派到龙镇,担任龙镇教育辅导研究室主任。H 主任在地方教育局和镇政府的双重领导下,负责全镇的教育管理工作,管理对象为龙镇辖区内义务教育阶段所有中小学及外来务工子弟学校,还包括所有幼儿园和一所乡镇成人文化技术学校。H 主任就是研究者进入龙镇乡村学校首要接触的"守门员"。

尽管研究者面对的是熟悉的故乡,尽管研究者曾多次去龙镇的几所学校如 L 中学参观过且听过课还上过课,尽管在龙镇中小学教书的老师中有好几位是研究者的朋友、同学和学生,但研究者还是决定以一种正式的方式进入研究现场。在回到龙镇之前,研究者先跟 H 主任取得了电话联系,简要地告诉他研究设想和计划并征得了他的同意和支持,而后还把研究计划简案发到了他的微信上。尽管 H 主任是研究者的好朋友,但是对于一个管理者来讲,研究者在他管理的区域内进行个人研究,也许会给他造成一些不必要的顾虑。因此,出发前,研究者在所在学部教务部门的许可和支持下,打印了一份博士研究生因课题研究需要开展田野工作的单位介绍信,然后就坐南下的高铁前往研究者的故乡——龙镇。在新的研究视域中,那片熟悉而又陌生的土地终于离研究者越来越近了。

2018 年 9 月 29 日下午,研究者来到龙镇,先去看望了父母,然后约在 14 点 30 分,来到设在 L 中学校园内的龙镇教育辅导研究办公室,见到了 H 主任并郑重地把盖了公章的课题研究介绍信交给了他。H 主任热情地说,他已经把研究者的研究计划及访谈、观察等安排都发到了他们校长工作群里,已跟校长们打好招呼,并把他们的联系方式都告诉了研究者。

---

① 费孝通.江村经济[M].上海:上海人民出版社,2007:30-32.

② 林耀华.金翼:中国家族制度的社会学研究[M].庄孔韶,林宗成,译.北京:商务印书馆,2015:2-3.

龙镇,故乡,就这样成为研究者乡村学校课程本土化研究田野工作的起点。乡村学校作为一个地方的文化中心,会和它的课程一起,在场域里起着怎样的作用,它本身作为一个场域,是如何借由课程与所在的场域发生着内在的关系,都需要研究者走进它,发现它,理解它。尽管研究者生于斯长于斯,但从龙镇到龙镇的乡村学校,有时候就是漫长的一段路。就在不断地往返之间,慢慢感知到潜于其中的研究意义。即使重新进入龙镇的乡村学校,在研究视域中,研究者也重新经历着一场从相识到相知的过程,每一次进入,都会在场域中收获新的发现。

(四)从研究资料收集、整理分析到理论建构

1.研究资料的收集

作为一项质性研究,在龙镇乡村学校围绕问题收集研究资料主要运用了如下三种方法:访谈法、观察法与实物收集法。

(1)访谈法。反复琢磨访谈时间和地点。对方什么时候有空?访谈安排在清明节前好还是清明节后好?节前节后去会有什么风俗忌讳?上午去好还是下午去好?是到学校里访谈好还是约到学校外的休闲空间里访谈好?就这些平时貌似不会考虑太多的问题,在今天都成了自己不断权衡的一个重要判断,甚至有时候变成了一种困扰。出于对访谈对象即研究合作者的尊重,研究者一般会把访谈提纲与访谈说明发给研究合作者,以让他们更明晰此次访谈的目的和内容,消除顾虑。因为,正式的学术访谈对于偏远的乡村来讲,实在是一个太陌生的事情。

和每位研究合作者访谈,除按访谈预定的时间进行,还按照学术伦理的要求,礼貌地征询他们关于现场录音的意见,以便访谈过程的顺利开展以及事后整理的便捷得到有效支撑。因为,如果现场不允许录音,为了纸笔能够充分记录对方的观点,经常容易忽视对研究对象言谈的专注倾听,容易从访谈的情境中游离出来,甚至会因个人记录速度的快慢导致访谈的暂时中断。尽管事先给予了研究合作者访谈提纲,而且通过 H 主任以及几位校长的安排,无论是和管理者,还是和教师,访谈的约定和进行都很正式,但是整个访谈的过程还是趋向于半结构型,提纲作为一种参考,只是有利于访谈的话题不要游离研究问题。出于沟通和信任的需要,彼此见面可能会就地方以及龙镇熟悉的事物和关系进行拉家常似的交流,以增加相互之间的熟悉度和亲近感。有很多熟悉和感兴趣的交谈使得彼此之间一下子消除了距离感,也为后面访谈话题的进行创造了非常亲切的氛围。此外,在访谈中,研究对象谈至兴趣处,可能会转移到其他的话题上去,这时候,研究者会耐心倾听,等到合适的时候再引入到访谈提纲中的正式话题,因为,"行动胜于言语。民族志学者在田野中

的行为通常是最有效的巩固关系和建立信任的方法。人们喜欢说话,而民族志学者喜欢倾听。当人们知道民族志学者会尊重和保护他们的谈话时,他们会一天比一天开放一点,因为他们相信研究者不会失信"。[1] 倾听,也是体现对受访者"文化主位"的一种尊重。

与半结构型、半开放型访谈结构相呼应,访谈问题的设计类型也大都倾向于开放型。比如"您心目中理想的课程应该是什么样子的"等。这样的设计,以期能够让研究合作者更自由地言说。有时也会视具体的情境如对方身份、性格等放弃事先准备的访谈提纲,转而为开放型访谈。

在访谈进行的时候,能够在倾听中注意把握一些关键信息进行追问和比较,也许对于研究的开展能得到访谈提纲设计之外的收获。与研究合作者之间的互动除了适时穿插原先访谈提纲上准备的问题,也需要对研究合作者在讲述中讲到一些动人的细节予以真诚的回应。本研究访谈具体信息,见表 1-3。

表 1-3　访谈信息登记

访谈群体	具体研究合作者	性别	访谈日期	访谈地点	是否录音
学校管理者	龙镇教辅室 H 主任	男	2018-09-29	教辅室主任室	否
	龙镇 L 中学 Y 副校长	男	2018-09-29	L 中学校长接待室	是
	龙镇 L 小学 W 校长	男	2018-09-29	L 小学校长室	是
	龙镇 J 小学 C 校长	男	2018-10-09 2019-05-23	J 小学校长室	是
	龙镇 S 小学 Q 校长	男	2018-10-09	S 小学校长室	是
	龙镇 Q 小学 W 校长	男	2018-10-10	Q 小学校长室	是
	龙镇 L 中学 Z 校长	男	2018-11-06	L 中学校长室	是
	龙镇 Q 小学 R 教务主任	男	2019-05-24	Q 小学校长接待室	是

---

[1]　费特曼.民族志:步步深入[M].龚建华,译.重庆:重庆大学出版社,2013:158.

续表

访谈群体	具体研究合作者	性别	访谈日期	访谈地点	是否录音
教师	龙镇 L 中学 Q 老师	女	2018-11-06	L 中学运动场边	是
	龙镇 L 中学 Z 老师	女	2018-11-06	L 中学运动场边	是
	龙镇 L 中学 L 老师	男	2018-11-06	L 中学教师办公室	是
	龙镇 L 中学 H 老师	女	2018-11-06	L 中学教师办公室	是
	龙镇 L 中学 Q 代课老师	女	2018-12-06	L 中学教师办公室	是
	龙镇 L 中学 C 老师	女	2018-12-06	L 中学教师办公室	是
	龙镇 L 中学 W 老师	男	2019-05-22	教师家里	是
	龙镇 J 小学 C 老师	女	2019-05-23	J 小学校长接待室	是
	龙镇 J 小学 M 老师	女	2019-05-23	J 小学校长接待室	是
	龙镇 J 小学 Y 支教老师	女	2019-05-23	J 小学校长接待室	是
	龙镇 Q 小学 X 老师	女	2019-05-24	Q 小学校长接待室	是
	龙镇 L 中学 C 退休教师	男	2019-05-24	敬老院书画室	是
学生	龙镇 G 村学生们（中小学生 11 名）	男、女	2019-05-25	G 村农庄晒谷场	是
村民	龙镇 L 村村民 X 大妈	女	2018-04-20 2018-11-05	村民家里	是
	龙镇 L 村村民 Z 大伯	男	2018-04-20 2018-11-05	村民家里	是
	龙镇 W 村 W 学生家长	女	2018-04-22	学校教师办公室	否
	龙镇 G 村 D 退休妇女主任	女	2019-05-25	G 村农庄晒谷场	是

续表

访谈群体	具体研究合作者	性别	访谈日期	访谈地点	是否录音
乡镇管理者	龙镇 L 村党支部 L 书记	男	2019-03-29	L 村村委办公室	否
	龙镇镇政府分管文教卫 Z 副镇长	男	2019-05-20	副镇长办公室	是
地方教育管理者	原区教研室分管课程建设 F 副主任	男	2018-11-05	区教科室主任办公室	是
地方文化人士	区作家协会 X 副主席	男	2018-10-16	区文联办公室	是
	区委党校 Z 副教授	女	2018-11-05	区委党校教师办公室	是
	区日报社新闻中心 Y 主任	女	2019-04-18	区日报社会议室	是
地方政府管理者	区美丽乡村建设研究会 M 主任	男	2019-03-28	区乡建研究会办公室	是
	区美丽乡村建设研究会 L 副主任	男	2019-03-28	区乡建研究会办公室	是
	区农业农村局 W 副局长	男	2019-09-20	区农业农村局会议室	否
	区农业农村局 Q 科长	男	2019-09-20	区农业农村局会议室	否

研究者对通过访谈法获取的资料进行了编号，如"I-20180929-1514-ylzx-ydd"，"I"为"访谈"英文单词的首字母，表示资料类型；"20180929"为访谈日期，"1514"为访谈开始录音的具体时间，即 15 点 14 分；"ylzx"为访谈地点的中文拼音缩写；"ydd"为接受访谈的研究合作者姓名中文拼音的缩写。编号保留了充分的信息，以便研究者日后清晰地追溯和索引。

（2）观察法。观察是质性研究的一个重要方法，可以帮助研究者掌握有关研究对象的第一手资料并由此展开分析和构建相关理论。质性研究的观察往往是一个持续的田野作业过程。比较长期的观察，可以对研究对象的社会文化情境及其变迁有一个更为整体、深入和动态的了解。龙镇作为研究者的故乡，为研究者的长期参与型观察提供了便利。研究者回到故乡，住在父母家，就是龙镇生活中的一员，公开或隐蔽的、有结构和无结构的、静态或动态的观察方式,都可以相对自然地展开。即使是那么多年来生活在故乡或回故乡时的非正式进入和观察所提供的体验,也为研究者确立研究问题后的正式进入和观察,提供了相关事情的前后关联与脉络。

在正式进入研究现场进行观察前,研究者确定了观察的问题、制订观察计划和设计了观察提纲(见表1-4),对于想要观察的内容、对象、范围、地点、时间、方式以及伦理等作了考量,尤其是进入龙镇乡村学校课程活动的现场时,无论是拍照和录音等记录都会事先征得教师的同意。

表 1-4 观察提纲

观察区域	观察内容	观察事件	观察地点	是否摄录
学校内部	课程活动	1.教师课程活动组织; 2.学生课程活动参与; 3.课程本土化实践开展; 4.师生精神风貌呈现	普通教室、专用教室、体育馆、运动场、校内课程基地等	是
	课程空间	1.学校周边空间场景; 2.学校文化环境布置; 3.学校课程空间营造; 4.校内课程基地建设; 5.学校历史建筑风貌演变	学校大门外、学校大门内、教学楼外、教学楼走廊及大厅、普通教室、专用教室、校内课程基地、图书馆、艺术楼、实验楼、体育馆、运动场等	是
学校外部	村落社区社会文化活动与空间演变	1.村落重要事件发生; 2.村落日常社会文化活动进行如市集、民俗活动等 3.村落与学校空间关联; 4.村落历史文化空间演变	村落老街、宗祠、市场、田野以及学校合作课程基地等	是
	乡镇场域社会文化活动与空间演变	1.镇域重要文化活动举办; 2.镇域人文地理及山水空间格局演变; 3.城市化进程中镇域样态呈现	龙镇大桥、龙镇镇政府、龙镇商业街、龙镇历史文化遗迹、龙镇神树岗等	是

尽管事先做了准备,但在真正进入学校、进入村庄之前都不知道会观察到什么,除了课堂观察适用结构性的观察方式,其他的观察往往都会经历一个从开放再到聚焦的过程。走进龙镇 Q 小学,发现小小的校园里竟建起了一座"小小农庄",于是才会将观察慢慢聚焦到与"小小农庄"有关的课程活动中去。在龙镇 J 小学,如果按照事先的观

察提纲，是无从发现校园南墙上打开的一道通向田园的门的，而是在与 J 小学校长的访谈中不经意听到相关信息时，才临时前往观察并记录。

当推开 J 小学那道通向田园之门，当在 Q 小学教学楼二楼进行课堂观察时不经意间向窗外望去，看到秋天的田野上金黄的稻穗在风中摇曳着灿烂的阳光，只有通过观察，才有可能真正感受到龙镇的乡村学校在场域上是如何深嵌于村庄和田野之中的，感知到一所乡村学校的课程之路究竟应通向哪里。当毁弃的青山开始停止取石并得到保护，当高污染的企业开始搬离，当中断已久的端午龙舟民俗活动重又恢复，当龙镇的江畔矗立起了以龙镇出土的战国羽人竞渡纹铜钺为原型的文化雕塑，只有通过观察，才有可能感受到在现代性进程中失魂落魄的龙镇如何慢慢地重建着自己的文化家园，感知到乡村重建现代性的路径所在。

在龙镇进行观察，除了拍摄、录音和录像，还会通过描述性以及反思性的观察记录来保留当时观察的生动细节和观察体会，并通过反思来提高观察的效度和信度，如减低观察的期待和防止自身的文化偏见。观察所记录的资料也同样进行了编号和分类，如"O-20180929-ylzx-01"，"O"为"观察"英文单词的首字母，表示资料类型；"20180929"为观察日期，"ylzx"为观察地点的中文拼音缩写；"01"为当日观察并拍摄记录到的系列资料的编号。

（3）实物收集法。此次研究所收集的事物资料可分为两类（见表1-5），一为正式官方类资料，属于公开的印刷品，比如学校的课程教材和课程建设介绍资料、地方教育文献以及地方档案馆的历史档案等；二为非正式个人类资料，如学生的学习日志或感言、课程活动图片等。也可以从实物类型的角度分为文档类、媒介类两种主要类型。

表 1-5　实物收集信息登记

类型	类别	数量（册、份）
正式官方类资料	国家必修课程教材（义务段）	65
	学校自编课程书册（教材、活动宣传册）	21
	学校编印纪念文本（校史校庆宣传册等）	1
	学校其他课程文件（课表、课题、论文等）	5
	地方教育文献（报道集、政策文件等）	12
	地方乡村建设文献（刊物等）	1
	档案馆校史资料（中小学校史等）	6

续表

类型	类别	数量(册、份)
非正式 个人类资料	学生书面感言	22
	学校课程活动图片	27

　　研究者对所收集到的实物资料也进行了编号,如"M-P-S-20181010-wjp-01","M"为"实物"英文单词的首字母,表示资料类型;"P"为"印刷品"英文单词的首字母,表示所收集到资料的具体类别;"S"为"现场"英文单词的首字母,表示资料收集的路径为现场收集;"20181010"为资料收集日期,"wjp"为资料提供者姓名中文拼音缩写;"01"为该资料提供者该次提供资料的份数编号。这些实物资料都从属于研究者的研究对象,因此具有直接的理解对象、映射现场、回应问题的价值意义,成为研究问题的有力证据。但收集到的实物资料与通过观察与访谈收集到的资料除了形式上的差别外,可能还存在价值的差异,比如实物资料尤其是正式官方类的资料,有可能存在美化的可能,会遮蔽甚至误导研究的判断。

　　实物收集的过程更是一种方法体验的过程,对于方法实践的不断反思恐怕和实物收集的结果同样重要。在每一次寻访之后,质性研究那些重要的方法如访谈法、观察法和实物收集法会在研究者心中越来越清晰起来。相同的是它们都是那么富有意义,它们都会帮助研究者奔向所研究的问题,意义会于其中渐次敞开,让那些寻常的生活开始在学术观照中走向澄明。不同的是,观察法和访谈法都是时间中发生的方法,也就是说它们的展开和进行更多地受制于时间的流动性,会因时间的流动性而显得不确定,比如观察的视角受限,比如访谈时语言稍纵即逝而难以把握。但实物收集如果一旦成功,它允许研究者可以一个人在时光里从容地分析实物内容,可以突破时间和空间的限制,有利于完成研究的整体思考。当然,每一种方法都有自己的优点,如果说实物收集法是一种无声的洞察,那么观察法与访谈法则是一种生动的观照。

　　其实,任何实物不仅仅是真实的证据,也可以提供与其他方式收集资料的相关检验,而且它本身还镌刻着文化深深的印迹。它会以一种更直观的方式,让一名研究者凭借理论的指引和社会学的想象力不断进入所研究的文化场域,从而获得更加深刻的体验和理解。

　　(4)方法反思

　　质性研究的过程,是一个不断反思的过程。当不断深入到研究现场,当开始能够省思每一种收集资料的方法之于研究的意义和差异的时候,研究者突然想到了宋人卢梅坡的诗句"梅须逊雪三分白,雪却输梅一段香",对于质的研究而言,每一种收集资料的方法都有它存在的独特意义。研究者发现，每一次深入研究现场，访谈法、观察法、实物收集法的合理运用，都恰如其分地为研究提供了合理的证据，并使证据之间获得了互补和丰富，同时还拥有了一种相互检验的可能；而每一次离开现场后的反思，也同样为方法的合理和研究的完善创造了一种意义。

无论是访谈法、观察法，还是实物收集法，它们都面临着一个征询和许可的伦理要求，而且，每一种方法都还存在着视角的局限性，这个视角的局限性不仅可能来自研究现场客观情况和个体活动能力的制约，还来自个体自身学术理解能力的局限。就像研究者所研究的问题，如果事先对于乡村学校及其课程的历史演变，对于乡村文化之于民族文明的内在关联的理解不够充分，那么，对访谈法的运用可能会不得要领，或者说在访谈的时候，无法进行深入有效的言谈和倾听；对观察法而言，也会因为个体研究问题的不清晰或文献梳理得不够充分，导致观察的视角产生偏差；对实物收集法而言，则会对研究现场的实物缺乏敏感性，看不到有些实物背后隐藏的价值。

不同收集资料方法过程的反思所存在的差异也带有方法本身的烙印。比如访谈法的反思更多依赖于笔录或录音的反复倾听，在声音的线性流动中辨识研究的得与失；观察法的反思更多依赖于现场场景的回放以及所能拍摄的图片记录；实物收集法的反思则更多依赖于长时间对实物的静默的先后观照。但是，不同收集资料方法过程的反思也依赖于相互之间互为参照。

有时候，事后的整理不见得比现场的访谈、观察以及实物收集来得轻松。访谈录音的转录是一场漫长的煎熬，观察的照片和笔录整理也同样需要细心地归类，而所收集的各种形式的实物越来越占据空间时，编号归类和收藏都将会是一个问题。但是，当这种煎熬和烦琐慢慢过去之后，无论是访谈法、观察法还是实物收集法，它们互为补充地对研究者所研究的问题构成了一个完整的支撑。而且，随着这些方法运用从陌生走向熟悉，研究者发现，这三种方法已经比较好地回应了自己的研究问题，访谈法让研究者在言谈和倾听中走进研究对象的内心，观察法让研究者看见研究现场的真实场景，实物收集法让研究者看见记录中的证据。而且，这三种方法，也会让历史在时间中敞开，让镜像在空间中呈现。

2.研究资料整理分析与理论建构

（1）在原始资料中寻找"本土概念"

面对已经收集的众多原始资料，登录以及寻找有意义的码号的过程是一个漫长而又艰辛的工作，"将收集资料打散，赋予概念和意义，然后再以新的方式重新组合在一起"，这一切还考验着一个研究者的"判断力、洞察力和想象力"。① 很多时候，

---

① 陈向明.质的研究方法与社会科学研究[M].北京：教育科学出版社，2000：279.

原始资料中有意义的码号以及它们之间关系的发现犹如辛弃疾在《青玉案·元夕》中所言"众里寻他千百度,蓦然回首,那人却在灯火阑珊处",恰恰是在历尽千山万水之后。

尤其是那些最能表达研究对象自己看世界方式的"本土概念",无论是之前在访谈过程中已经强烈意识到的,还是之后在登录过程中逐渐发现的,都会让研究者从研究对象的眼里看见另一个真实的世界。例如,龙镇 J 小学的 C 校长和 M 老师、Q 小学的 W 校长、L 中学的退休教师 C 老师、地方文化人士 Y 主任记者等谈到对乡村的认识时,都不约而同而且带有强烈感情色彩地提到了"我们乡村有自己的优势""乡村有乡村的优点""乡村要保持自己的特色",研究者就感觉到其中"优势""优点""特色"这几个语境意义相近的词是那么多原始资料中很重要的码号——本土概念。这些本土概念,成了编码系统中重要的节点,引导研究者在进一步分析中发现:在跨越世纪的现代性进程中,渐趋凋敝的中国乡村逐渐丢失了自己的文化自信,当代乡村学校课程、乡村教育以及乡土社会的重建首先面临的问题是如何认识自己,如何通过发现自己的优势而建立文化自信。又如,研究者在和教师、学生访谈时已经关注到并追问的"扎根"一词,在登录已经转录好的访谈资料再次看见时,就会觉得这个词仿佛就在寂静的纸面上闪耀着迷人的光芒,吸引着研究者沿循着其智慧的启示,不断去沉思,并由此想起法国思想家薇依说过的那句话"一种由劳动的灵性所构成的文明,应是人在宇宙中最高程度的扎根"[①],从而逐渐建立起理论的联系。

这一个个本土概念,当渐渐地连在一起时,宛如一条越来越清晰的线索,指引着研究者走出有关乡村学校课程研究的单一理论视角,借助来自民间的生动经验和智慧启示去洞察乡村学校课程本土化的意义和运行机制,去把握课程本土化与乡村学校、乡土社会发展的内在关系。

(2)情境分析、类属分析与理论建构

情境分析是本研究资料分析的一个主要方式,即"将收集得到的资料置于研究现象所处的自然情境之中,按照故事发生的时序对有关事件和人物进行描述性的分析",它会经历将整体的资料先打散再整合成"一个完整的、坐落在一个真实情境中的故事"的过程;在这个过程中,"强调对事物作整体的和动态的呈现,注意寻找将资料连接成一个叙事结构的关键线索"。[②] 情境分析的长处在于更加贴近研究对象的生活真实,其叙事结构本身接近他们的日常生活;更加符合研究对象的意义建构方式,尊重他们

---

① 薇依.扎根:人类责任宣言绪论[M].徐卫翔,译.北京:生活·读书·新知三联书店,2003:79.

② 陈向明.质的研究方法与社会科学研究[M].北京:教育科学出版社,2000:292.

的表达习惯。①

在原始资料登录设码基础之上，研究者通过系统认真通读和仔细斟酌资料，发现其中"核心叙事、故事的发展线索以及组成故事的主要内容"；通过功能性的设码，"寻找故事中的叙事结构，如引子、时间、地点、事件、冲突、高潮、问题的解决、结尾等"；凭借情境分析的具体手段如历史勾勒、片段呈现、事件观察等最终呈现出龙镇及其乡村学校课程本土化的变迁故事。②

当这个故事在本研究中被描述出来之后，就可以看到龙镇的乡村学校是如何凭借着现代性进程在自己的土地上建立起现代乡村教育及其课程体系的，又是如何脱嵌于自己的乡村，在 20 世纪 80 年代重启的现代性进程中慢慢走向凋敝，然后又凭借着现代性时代反思的机遇和力量，通过课程本土化的创造性实践，复又扎根乡土，渐渐重建起自己未来的课程愿景，而课程本土化的理论也由此逐步得到建构。

类属分析是本研究资料分析的一个辅助方式，指的是"在资料中寻找反复出现的现象以及可以解释这些现象的重要概念的一个过程""在这个过程中，具有相同属性的资料被归入同一类别，并且以一定的概念命名"。③ 类属分析作为资料分析的另一个方式，可以"达到共时性和历时性的统一"④，有助于研究者避免情境分析时有可能因深陷故事情境之中而忽视故事意义层次和结构所造成的不足。例如，研究者在对龙镇J 小学课程本土化实践的观察和访谈中，发现了不少有意义的码号以及他们使用的重要概念，如"乡村孩子的天性吸引我、乡土气息、特别幸福、很接地气、农村家长更信任老师、归属感、喝着河水长大、从小在地里奔跑、乡村特色、农村学校的资源、不应该把学校围在围墙里、真实的土地和村庄、学生程度相对比城区要弱、田园教育、亲近土地、了解世界上先进农业技术、让学生自己去采摘和观察、资源优势互补、参观种植基地、请种植基地家长来指导、国家课程、拓展课程、田园意识、对自然的体验会更强烈、老祖宗传下来的东西、弘扬优秀传统文化、传授知识、激发学生学习兴趣、塑造校园文化、提升学校、劣势、师资流失、优势、自豪感、城乡融合、推动教师本身的教学、扎根、土生土长、建设美丽乡村"等，而后通过识别码号、概念之间的关系，从而建立新的类属将它们联系起来，为情境分析提供了一个清晰的意义层次和结构的参照，如图 1-4 所示。

① 陈向明.质的研究方法与社会科学研究[M].北京：教育科学出版社,2000:296.
② 陈向明.质的研究方法与社会科学研究[M].北京：教育科学出版社,2000:293-295.
③ 陈向明.质的研究方法与社会科学研究[M].北京：教育科学出版社,2000:290.
④ 陈向明.质的研究方法与社会科学研究[M].北京：教育科学出版社,2000:290.

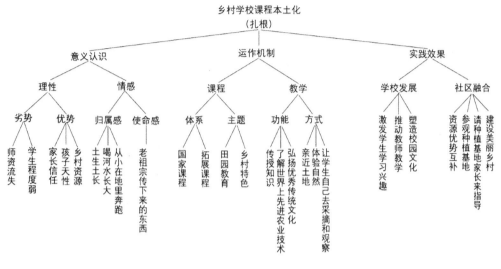

图 1-4 类属分析举例

在资料分析基础之上,质性研究试图建构的理论是一种"实质理论",即"在原始资料的基础上建立起来的,适于在特定情境中解释特定社会现象的理论"[①];质性研究理论建构遵循的是自下而上的路径,即"从原始资料出发,通过归纳分析逐步产生理论"[②]。

(五)研究效度与伦理

质性研究是在一定文化环境中主体间不断互动、意义不断建构的一个过程,它的效度有别于量化研究所谓可以识别并验证的绝对"客观真实性",它无法按照某种严格的、预定的程序被生产出来,只可能依赖研究中存在的各种关系因素,也就是更多地体现在研究结果的表述上,再现了研究过程中所有部分、方面、层次和环节之间的协调性、一致性和契合性,并因此显得"真实可靠"。[③] 为了最大程度上保证本研究的真实可靠性,研究者采取了以下几个策略。

首先,努力做到原始资料收集的丰富性和准确性。原始资料的丰富为研究结论的得出提供了充分的证据,研究者在正式进入研究现场前,已经完成了原始资料收集的相关计划准备,例如,围绕问题,除了重要的访谈外,还需要观察什么,需要收集什么样

---

① 陈向明.质的研究方法与社会科学研究[M].北京:教育科学出版社,2000:319.
② 陈向明.质的研究方法与社会科学研究[M].北京:教育科学出版社,2000:325.
③ 陈向明.质的研究方法与社会科学研究[M].北京:教育科学出版社,2000:390-391.

的实物资料，这些资料是否能够彼此关联从而为相关检验提供铺垫。这就使得研究者进入研究现场之后，能够有条不紊地通过访谈法、观察法和实物收集法收集到丰富的原始资料。其中通过访谈法收集并转录的文字资料近 10 万字，通过实物收集法在龙镇乡村学校收集到的仅学校自编的课程印刷品就有 21 册，而且在收集过程中，研究者还通过备忘录等方式对研究过程中的方法运用进行反思，以最大程度保证资料的准确性。

其次，运用"相关检验法"。"相关检验法"又称"三角检验法"，研究者在研究过程中聚焦某一研究现象时，会交互用访谈法、观察法和实物收集法对其检验。例如，在龙镇 J 小学访谈 C 校长时，C 校长在谈到田园教育的理想时不经意间说道学校已经在密实的围墙上开了一道门，从村民那里转包了几亩土地作为学校田园课程的实践基地；研究者在访谈结束后便前往观察了学校围墙上打开的那道门，观察了庄稼茂盛的课程基地，还遇到了在邻近土地上劳动的村民，通过临时访谈从村民那里证实了学校田园课程实践基地的活动开展情况；同时研究者在访谈 J 小学教师时，也会围绕同一研究现象来证实学校管理者与教师之间讲述的一致性；还会适时收集实物资料进行检验，保证通过各种方法所收集到的原始资料的真实可靠性。

最后，运用"反馈法"。研究者在龙镇乡村学校开展的课程本土化研究初步得出结论后，广泛与自己的老师、同行和朋友等交换看法，征询他们的意见。其中，有对研究者所研究现象比较熟悉的人，如龙镇分管文教卫的 Z 副镇长，他原来就在学校任教，后曾调到地方教育局工作，现又调到乡镇工作，对于课程、学校、教育与社会之间的联系有更深刻的见解；也有对研究者所研究现象不太熟悉的人，如地方日报社新闻中心 Y 主任，但她作为一名资深记者，多年来累积的对社会与文化变迁的宏观思考，对地方时政的全面观察等经验，使得她审视现代性进程中乡村教育、乡村学校及其课程的视角较为独特。所有这些角度不同的反馈，为研究者从不同层面检验研究效度提供了有力的支持。

研究者为了让自己的研究工作更加严谨合乎规范，在研究过程中时刻遵循学术研究所应秉持的伦理要求。阅读布尔迪厄在晚年与 20 多位合作者耗时三年访谈数百位当代法国社会普通人而写作的田野调查作品《世界的苦难：布尔迪厄的社会调查》，常为浸润于文字间的那种细腻的情感、专注的观察和倾听以及作为一位学者内心的那种悲悯与使命所深深感动。真正的学术研究，一定有着它自身基于文化和合乎人性的伦理。在《世界的苦难：布尔迪厄的社会调查》中，布尔迪厄提醒研究者们说："我们首先要尽力保护信任我们的人（所以我们才经常改动可能被核实的名称,例如地名和人名);而且更重要的是,我们必须非常注意不使他们的本意被曲解。"①他还引用斯宾诺莎的格言说:"勿惋惜,勿嘲笑,勿憎恶,唯求理解。"这是学术研究最基本的伦理态度。要做到这样,他提出:"这就需要提供必要的工具,以便找到他们之所以必然如此的完整原因,以及能够说明这种必然性的理由。"②还有,美国布里克曼的《教育史学:传统、理论和方法》一书,在谈治学方法的同时,字里行间如"探究和呈现真理的热诚,正确判断的能力,客观的态度,非比寻常的耐性和毅力""理智上的警觉""追求完美、精确和透彻的热情"等,都折射着学术动人的伦理光辉。布里克曼还在书的最后郑重指出"谦虚和谦卑"是一个学者最真实的品质。③布里克曼的儿子在回忆父亲时说他父亲就是这么一个谦虚和谦卑的学者,"当别人站着跟他说话的时候,他就会站起来;当有女士经过的时候,他就会脱帽致意;他还会为妇女和老人开门;当老人或学者进入房间时,他也会站起来。他尊重所有人,即使是反对者;他丝毫不能容忍种族主义和对其他宗教与国家的不尊重"④。所有这些,时刻启示着研究者始终记得学术为何而出发的初心,以实证的姿态走向大地,亲历和融入日常生活世界,持守自愿、尊重、中立和守护原则,尊重他者的文化,摈弃自身的傲慢与偏见,专注地观察和倾听,才有可能在敞开的世界中发现事实并建构理论。在研究过程中,研究者常感动于研究对象百忙之中参与研究合作的真诚付出,有时回到学校后,也会特意寄送一些小小糕点特产给研究对象们一起分享,那时候的内心总是充满了欢喜。所谓学术,不止于研究方法的训练和高深学问的钻研,更是生命感恩的一场深刻修行。

(六)预研究

1.走向远方:寻访与实践

鲁迅在《且介亭杂文末编》中说过:"无穷的远方,无数的人们,都和我有关。"⑤其实社会科学研究也一样,研究者在聚焦眼前问题的同时,也需要眺望远方;有了远方的观照,才有可能更深刻地理解当下。在正式进入研究现场之前,围绕研究问题,研究者在梳理哲学、教育学、社会学、人类学、乡村建设等领域相关文献时,还奔赴各地

① 布尔迪厄.世界的苦难:布尔迪厄的社会调查[M].张祖建,译.北京:中国人民大学出版社,2017:1.
② 布尔迪厄.世界的苦难:布尔迪厄的社会调查[M].张祖建,译.北京:中国人民大学出版社,2017:1-2.
③ 布里克曼.教育史学:传统、理论和方法[M].许建美,译.济南:山东教育出版社,2013:248.
④ 布里克曼.教育史学:传统、理论和方法[M].许建美,译.济南:山东教育出版社,2013:2.
⑤ 鲁迅.鲁迅全集(第六卷)[M].北京:人民文学出版社,1981:601.

同步寻访了几处中国现代史上乡村建设与乡村教育运动历史现场(见表1-6)。行途的艰辛,现场的抵达,旧址上的凝望和沉思,让曾经陌生的历史文献在回想以及再次梳理中又变得真切和鲜活起来,让跨越时空的学术对话在历史场景的还原中走向更深刻的共鸣。中国现代性进程的初期阶段,中国现代教育的兴起之初,课程与乡村学校、乡村教育、乡村社会、民族文化及时代形势之间的关系及其意义,在一路的寻访和对话中,仿佛大地上先辈曾经艰辛走过的那条路,在研究者心中慢慢变得清晰起来。

表 1-6 中国乡村建设及乡村教育运动历史现场寻访记录

访问目的地	所在省市	访问日期
晏阳初故居 翟城村 晏阳初乡村建设学院	河北省定州市	2017-05-06
山东邹平一中梁漱溟纪念馆 梁漱溟墓	山东省邹平市	2017-05-19
湘湖乡村师范学校遗址	浙江省杭州市	2017-05-20
北碚乡村建设实验旧址 卢作孚墓地	重庆市北碚区	2017-07-21
卢作孚故居 育才学校	重庆市合川区	2018-07-28
晓庄试验乡村师范学校 陶行知墓地	江苏省南京市	2018-09-21

2017 年 7 月 11 日至 7 月 25 日与 2018 年 7 月 13 日至 7 月 27 日,作为学校农民之子社团的成员,研究者和其他成员一起连续两年暑假前往四川省的一座村庄,参与乡村教育实践,陪伴留守村庄的孩子一起短期学习和生活。东西部地区的乡村,在乡土社会以及文化结构上有着很多相似性,但在现代性进程中,东西部也就是沿海与内地之间由于卷入程度不同,在当代的经济、文化与教育的发展上存在着明显差异。因此,在西部地区参与乡村教育实践,对这种差异性的现场理解有助于为研究者在不同区域开展的乡村学校课程本土化研究提供更广阔的参照,调适甚而校正研究者在场的研究方式、导向和判断,以趋向合理。后来在龙镇乡村学校的正式研究中,研究

者还发现其中就读的不少学生来自内地,他们随外出务工的父母来到龙镇,慢慢居住下来而后上学,从收集到的他们的作文资料中,看到他们心里深深藏着一个远方的故乡。这时候,西部地区陪伴留守孩子的经历更能帮助研究者理解他们的内心世界并更好地倾听。

2. 回到故土:高镇与龙镇

研究者博士研究生在读期间在学校修习了系列教育研究方法课程,其中一门是"质性研究方法",接受了严格的学术训练。在质性研究方法学术训练后期,研究者集中一段时间返乡进行了预研究,以便检验研究方法的运用、资料整理与分析的能力等。

预研究的研究现场,我选取的是与龙镇邻近的高镇(化名),而不是直接进入龙镇,是基于这样的考虑:一是由于研究者所受的学术训练没有经过系统的运用和检验,担心因不成熟导致进入现场失败而影响后续正式研究。二是高镇与龙镇在整体上有着结构相似性,都处于同一县域,不仅地理形态相似,都是河网密布、平原与丘陵交会的江南水乡小镇,而且社会与文化结构相近,经济发展水平相当,乡村学校教育样态、制度都相近,便于预研究中得到检验的研究经验可以横向迁移到正式研究中。三是高镇中学的管理者中也有研究者的熟人,可以成为合适的"守门员"。

在高镇中学展开的预研究中,如何遵循质性研究的规范和伦理,如何进入现场,如何开展访谈、观察和实物收集,如何分析收集来的资料,比如在原始资料中寻找本土概念,比如情境分析和类属分析,都得到了实践和检验,收获了经验,也暴露了问题,为进入龙镇的正式研究提供了经验。以下是研究者在预研究期间写的一段备忘录:

> 可能我所访谈的研究对象是学校推荐的,具有课程本土化实践的代表性,因此在我访谈、观察、实物收集的原始资料中没有发现与我的故事线、陈述或假设不相吻合的地方。但我不能沾沾自喜,我的质性研究的开展才刚刚开始,我对于现场的进入和了解还极其有限,我的结论还没有足够的说服力。我知道,自己需要进一步地深入现场,不仅是高镇中学课程中心的校长和教师,还有课程边缘的教师,还有村庄里的家长;不仅是高镇中学,还有其他乡镇的中学等;不仅是当地,还有更广阔大地上的乡村学校,等待着我一步一步去寻访,去不断地揭示。还有质性研究的方法运用本身,还有待进一步熟练。这一切,还仅仅是个开始。
>
> 尽管是一个开始,但我却变得有点兴奋起来,因为我已经慢慢品尝到了其间

的意义。每当我的故事线、陈述或假设以及和现场的访谈、观察或实物收集还有各级编码交织在一起的时候，我发现我的研究连向更宽广的大地，那就是课程本土化不仅仅有关学生、教师和学校的发展，它还关联着村庄，关联着乡村，关联着整个中华文明，关联着民族复兴。

我想，我如果将继续进行这项研究，除了走向现实的大地，还会在时光里逆流而上，从现实回到历史，无论是纷繁的历史文献，还是遥远的历史现场，从源头开始。总之，用脚步丈量，用眼睛观察，用耳朵倾听，用证据说话，用灵魂思考。

当在质性研究的道路上渐行渐远的时候，研究者会想起以前很多次寻访村庄的时光。每当遥望着地平线上的那座美丽的村庄并在日落时分赶到那座村庄时，研究者发现村庄的背后重又呈现出辽阔的大地，那条神秘的地平线重又出现在田野尽头，而在那条地平线上，在绚烂的黄昏光影中，又有一座古老而又美丽的村庄静静地等待着研究者去寻访。其实，质性研究就是一场永不停歇的学术寻访。

三、研究技术路线与思路

(一)研究技术路线

本研究的学术构想为从对社会转型时期乡村世界的凋敝图景的观照入手，基于研究问题，通过聚焦乡村学校课程本土化来探寻乡村世界与乡村教育及乡村学校的内在文化的关联与意义。通过历史研究，追溯乡村学校课程本土化在历史上的演变过程，借以观照乡村建设及乡村教育运动的价值意义；通过个案研究，实地进入乡村学校场域，综合运用访谈法、观察法以及实物收集法等获得资料，在分析的基础上试图理解当代课程本土化实践的运行机制以及其在乡村社会场域之中及场域之间起着怎样的作用。本研究的技术路线，如图 1-5 所示。

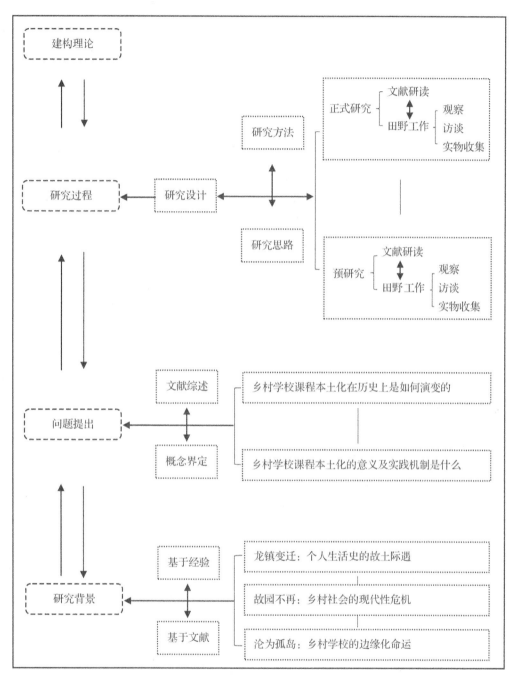

图 1-5 研究技术路线

(二)研究思路

乡村学校课程及其本土化在历史上是如何演变的？乡村学校课程本土化的意义及其实践机制是什么？基于对乡村社会及乡村学校存在危机的现实观察和研究，通过对乡村学校的文化核心——课程，以及对龙镇一些乡村学校课程本土化实践不确定未来的关注而提出的这两个问题，其内在逻辑事实上决定了本研究的整体思路。以龙镇为例，第一，借助检索得到的大量历史文献以及借助访谈、实物收集得到的部分历史资料，通过梳理和研究，对乡村学校课程及其本土化的历史演变及现状作纵向的考察；同时，这个考察还离不开对中国现代性进程的追溯，离不开对乡村学校所处的乡村社会变迁的观照，离不开工业化、城市化、市场化及全球化趋势下的文化及知识价值观演变和冲突的审视。第二，深入实地，进一步运用访谈法、观察法和实物收集法，聚焦研究龙镇一些乡村学校正在开展的课程本土化实践的意义与机制。乡村学校课程本土化是本研究的核心，其在整个中国现代性进程及课程演变中讲述着怎样的故事，在中国现代性进程所面临的转向可能性中描绘着怎样的意义，将会随着研究的深入而渐渐清晰起来。本研究思路是对孙本文、廖泰初等学术前辈研究社会问题，建构自己新的教育研究系统主张的积极回应，中国文化背景与其他社会生活兼顾，历史研究和实地研究并重，多种方法综合运用，通过纵向研究得到历史事实，通过横向研究得到现状事实，才可理会社会的特性与社会问题的性质、来源和现状，才可凭借详细的事实根据来正当回应或解决问题。乡村学校课程本土化深嵌于整个中国社会的历史进程和当代实践，因此，本研究将中国和西方教育社会学领域的代表性理论作为观照乡村学校课程本土化的主要理论视域，在理论运用上，既尊重西方教育社会学的原创传统又传承中国教育社会学在乡村建设与教育问题上的本土化探索；在理论取向上，通过理论对话、沉思、演绎和创新，努力去回应中国的时代命题。

(三)研究重难点与创新点

1.研究重难点

本研究的重点是乡村学校课程本土化的意义及其实践机制；难点是作为一项质性研究，它的方法运用在主体间的互动中存在很多不确定性。如何做到合理规范，是本研究所面临的一个挑战。

2.研究创新点

选题创新点在于不再孤立地审视乡村学校的存在问题，而是借助教育社会学的理论视角，从更宽广的场域及其联系来理解乡村学校的发展困境。通过历史研究，厘清现代性进程中课程本土化如何嵌入或脱嵌于乡村学校的历史线索；通过个案研究，实地深入乡村社会和乡村学校场域，探寻课程本土化的意义及其运行机制。

第二章　植入、退隐与回归：
乡村学校课程本土化的历史寻踪

从历史中我们可以看见自己，就好像站在时间中的一点，惊奇地注视着过去和未来，对过去我们看得愈清晰，未来发展的可能性就愈多。①

——[德]卡尔·雅斯贝尔斯

①　雅斯贝尔斯.什么是教育[M].邹进，译.北京:生活·读书·新知三联书店,1991:58.

第一节　龙镇往事:乡村学校兴起与课程记忆

　　沿着时光的河流追溯而上,从龙镇已经被遗忘的往事中渐渐梳理出当地乡村学校兴起、发展的线索以及嵌于其中的课程记忆,这些从历史绵亘中所获得的基本事实,为问题源流的疏浚,也为之后走向龙镇的田野调查或实地考察,提供了完整构建意义之链的可能性。

一、当现代性遇见乡土伦理

(一)从宁波到上海:龙镇通往现代性之路

　　龙镇位于东海之滨,向东即是大海。从地图上看,龙镇及其所在的宁波位于杭州湾的南岸,仅一湾之隔,海湾的对岸,便是上海。龙镇因其所处的独特地理位置在中国近代开启的现代性进程中恰巧被卷入和拥向了前沿。

　　1840 年,中英鸦片战争爆发。两年后,清政府因战争失利被迫与英国签订了不平等的《南京条约》。《南京条约》具体内容共十三款,其中一款把广州、上海等五地开放为通商口岸,允许英人居住并设派领事,实行自由贸易。1843 年 11 月 17 日,上海正式开埠;1844 年 1 月 1 日,宁波正式开埠。

　　从那个时期起,中国自明清实行的海禁及闭关政策宣告终结,紧锁的国门向世界徐徐打开,中国开始被动卷入西方国家主导的世界现代性进程。宁波、上海等作为中国早期开埠通商的口岸城市,成为当时连接中国和西方国家的桥梁,西方现代文明由此输入中国,中西文化的碰撞和交流在通商口岸城市显现得尤为剧烈和密切,通商口岸城市原有经济结构和社会结构逐渐松动和变化,例如,通商口岸以及周边地区,以工业技术和机器生产为基础的社会化商品经济开始发展,传统手工业者开始破产,小农经济走向解体;新的阶层如买办阶层出现,他们即帮助西方与中国进行双边贸易的中国商人,通过经营外商贸易获得巨额利润,他们中的不少人思想开明、视野开阔,同时凭借积累的资本创办民族实业，捐建新式学校；地方建筑样式与民众生活方式也开始发生变化，尤其是租界地带，欧式建筑成片兴建，马路宽敞，街面整洁，电灯、自鸣钟、自来火、煤油、玻璃、脚踏车、轮船、教堂、医院、银行、教会学校等现代性舶来的器物与各类公共建筑密集出现，西装、西餐以及西式婚礼开始进入官宦人家以及知识阶层的日常生活。如今，走在宁波外滩或是上海外滩，依然可以看到两座城市现代性进程中的近代化历史风云仿佛没有远去。

尽管宁波和上海都是同期开埠的通商口岸，但可能由于历史原因，比如学者谢俊美认为，上海作为长江的出海口，为江海交汇之地，地理位置比宁波优越，中外贸易相对集中；海盗活动猖獗和走私活动严重，影响了宁波地区的贸易；太平天国起义波及浙东地区，威胁到宁波贸易安全，以致宁波商贸日益萎缩，而上海的中外贸易蒸蒸日上，城市建设也愈益繁华，因此，至 19 世纪 60 年代，上海已在五口通商口岸中一枝独秀，超越了其他口岸城市，成为中外贸易中心。[①] 在中国近现代史上，上海凭借其与西方世界的紧密联系，充当了中国现代性进程先驱的角色，由近及远，不断将其影响扩展到中国其他城市，与上海一湾之隔的宁波，尽管起初是与其并列的通商口岸，但后来也就成了上海现代性辐射商业文化经济圈的一部分。学者钱宗灏认为："一直到当代，上海城市精神中有一种力量就是追求现代性。现代性与现代化不一样，现代化是变革的过程，是那些表面上能够看到的东西，比如说高楼大厦、高科技产品，而现代性是现代化成果所唤起的精神状态和思想面貌，它反过来可以促进和创造现代化。"[②]

现代性源起于工业以及贸易，但其面貌更多地呈现于文化与教育的变革之中。上海作为中国现代性进程的前沿地区，其文化与教育尤其是受西方教育影响下发展起来的新式教育也同样走在中国近现代教育前列。如，1878 年在上海创办的正蒙书院是中国人自己创办的第一所新式小学。又如，中外合办的科技学校"格致书院"、师范学校"南洋公学师范院"、女子学堂"经正女学"、艺术学校"国立音乐专科学校"等，都创造了中国近现代教育史上的多个第一。再如，著名文化教育出版机构商务印书馆和中华书局都创办于上海，谱写了中国文化教育产品尤其是教科书出版的华章；著名教育期刊《教育世界》《教育杂志》《中华教育界》等都创刊于上海，在中国近现代教育史上影响巨大；著名教育家马相伯、蔡元培、黄炎培、陶行知、陈鹤琴、杨贤江等都曾在上海留下了教育实践与理论探索的深深足迹。

在中西碰撞、时代新旧变革之际，走南闯北、见多识广的商人往往是最能感知到现

---

① 谢俊美.西方开埠宁波的历史回顾和宁波帮的形成[J].华东师范大学学报(哲学社会科学版),2005(1):7-13.

② 钱宗灏.上海有一种精神,就是始终追求现代性[N].解放日报,2016-01-15.

代性力量的群体，他们常常能够勇立潮头，把握时代的机遇，马克思曾说过："商人对于从前一切停滞不变，可以说由于世袭而停滞不变的社会来说，是一个革命的要素……现在商人来到了这个世界，他应当是这个世界发生变革的起点。"①上海开埠前，宁波旅沪商人已经在上海立足，并于1797年成立地方公所；上海开埠后日益成为中外贸易中心，宁波商帮开始通过沪甬轮船航线跨越杭州湾转向上海，将新兴的上海作为自己开展贸易的主阵地，获得资本后，逐渐扩展到实业、金融业等领域，成为当时上海重要的建设力量。上海乃至全国的第一家银行、第一家证券交易所、第一家机器轧花厂、第一家榨油厂、第一家机器制造厂、第一家火柴厂、第一家染织厂、第一家化学制品厂、第一家印刷厂、第一家五金店、第一家绸布店、第一家国药店等，都是宁波旅沪商人创建的；1911年正式成立的宁波旅沪同乡会也是近代上海第一个具有规范性和民主化特征的现代社会团体。

（二）反哺乡土：龙镇乡村学校的兴办

以"敦睦乡谊，图谋公益"为宗旨的宁波旅沪同乡会既是一个现代组织，又深深扎根于乡土伦理之中。一方面，他们积极参与上海地方建设和公共事务，遇到国难，他们也是奋力吁请，如1931年"九一八"事变爆发，宁波旅沪同乡会联合旅沪其他同乡组织，结成"旅沪各地同乡团体抗日救国会"，致电政府及各界强烈要求抗日，并积极组织救助和开展赈济；另一方面，他们情系故乡，不仅为同乡赴上海学习与就业等提供各种帮助，同时还时刻关心故乡的现代化建设和发展，捐资捐物并积极参与故乡的公益事业。研究者在龙镇村民的走访中，依然可以从老人那里听到源于乡土伦理的教诲，那就是一个人如若发迹或有了自己的功业，应不忘桑梓，要回报故乡，传统的反哺方式一般都是"修桥、铺路、造凉亭"等公共建筑的捐建。从古老的乡土走向繁华的现代性大都市，宁波商帮凭借诚实守信、勤劳好学、团结友爱在上海施展身手的同时，他们并没有忘却身后的故乡，没有忘却源自乡土伦理传统的深刻教诲。作为宁波旅沪同乡会主要力量的宁波商帮出钱出力参与了宁波桥梁、公路、医院等方面市政重要工程的建设以及疏浚江河湖泊、扶贫救灾等。宁波旅沪同乡会的重要成员应斐章说道："而原爱，伦理之极则也，因以知吾宁波旅沪同乡会之构成，实即以此互爱精神为基点，换言之，吾宁波旅沪同乡会，实建筑于伦理基础之上者也。"②

在上海这个中西文化交汇的繁华之地，作为时代弄潮儿的宁波商帮深刻认识到教

---

① 马克思.资本论（第三卷）[M].中共中央马克思恩格斯列宁斯大林著作编译局，译.北京：人民出版社，2004：1019.

② 应斐章.本会会务发展路线之理论的探讨[J].宁波旅沪同乡会会刊（复刊），1946(1)：2-3.

育对民智启迪、事业拓展、风气开化和社会进步的作用。他们不仅在上海积极办学，还捐资在故乡创办了许多新式学校。民国时期中国地理学家、历史学家及教育家张其昀曾为《宁波旅沪同乡会月刊》（如图 2-1 所示）写序期望有"海滨邹鲁"之称的宁波在现代能够继续发扬光大数百年来的优良学风，保存固有文献之学之特长，复讲求海外之学而广大之，从而成为中国之一教育中心；他在期望中满怀着对故乡的深情，想象着宁波基于海滨地域的美好的现代性教育场景，"吾人希望在海滨优越之地，创造学府。诸君试想象之，碧天一色，淡泊宁静，笑傲烟云，卧听波涛，海舶渔艇，远近放逸，此种校景，异乎寻常，足以使青年学子，壮怀淋漓，而生超然远举，群向海外发展之雄心；而且各种科学，有关于航海、造船、渔业、海军以及国际贸易之部分，若使学生亲临海岸，与海水日常接触，尤足以振起精神，激发思虑，庶几情随景生，乐与道俱矣"；因此他最后呼吁道："余敬以至诚，告我旅沪数十万之甬人，我宁波处于与海为邻之环境，当成就与海洋有关系之事业。世界潮流，与日俱新，当及此时，因地施教，为国储才，有志者事竟成，昔吾乡贤，尝从事于此矣。"[①]应斐章还进一步指出教育的意义不仅仅在于办学，还在于每个人自身的发展都需仰仗于教育，他说："德性之养成，由教育而来，故仍须从教育入手。此处所谓教育，绝非办几所小学，……乃含有'做到老，学到老'的'学'字意义。即吾全体旅沪同乡，包括本会理事委员在内，如欲做到老，便须'受教育'到老。"[②]

图 2-1　宁波旅沪同乡会不同时期的会刊

旅沪经商并开创诸多实业的叶澄衷认为"兴天下之利，莫大于兴学"。1871 年，叶澄

---

①　张其昀.宁波旅沪同乡会月刊·序[J].宁波旅沪同乡会月刊,1929(73):1-9.
②　应斐章.本会会务发展路线之理论的探讨[J].宁波旅沪同乡会会刊(复刊),1946(1):2-3.

衷在故乡宁波筹资创办叶氏义庄(后更名为中兴学堂,向外族孩童免费开放);1900年,在上海捐地捐资创办澄衷蒙学堂(现为上海市澄衷高级中学)。从那个时期起,旅沪宁波商帮以及在国内其他城市或在国外经营工商业等的宁波籍人士事业有成后不忘桑梓,不断返乡捐办新式学校,本乡的开明乡绅也纷纷参与办学兴教。从城区到乡村,众多学校兴办了起来。在地方报纸上,经常可以看到相关报道,如《时事公报》1925年5月27日曾以"巨商兴学之可嘉"为题报道:"鄞南陈鉴桥地方,村落狭小,风气闭塞,其地并无小学校,一般就学子弟常有向隅之叹。兹悉该地旅沪巨商陈君磐裁有鉴于此,拟于该村办小学校一所,情愿独出巨资六千元,建造校舍三栋,并乐助学田三百亩,为常年经费,聘定教员三人,分级教授。"[1]又如旅沪商人蔡筠在鄞县老家潘火桥村庄里创办蔡氏树德堂义庄,还设立敦本义塾,民国后改名为敦本小学,其校歌为:"欧风美雨输文明,学校及时新;花雨春风须培植,青云直上腾,栋梁之才是基础。"[2]"欧风美雨输文明,学校及时新",从校歌中可以看出近代兴起的地方乡村学校的现代性源头在哪里。

与这些学校一样,龙镇的乡村学校也是在这样的背景下逐步兴建起来的,在每一所学校的创办历史中,都不难发现中国现代性进程与教育发展的内在关系,发现现代性遇见乡土伦理而孕育的教育图景,发现现代性繁华都市与传统乡土村庄之间的文化流动,见表2-1。

表2-1 龙镇乡村学校创办情况简介

学校	创办年份	创办情况
L小学	1922	1922年由旅沪乡贤张延钟捐资创办。张延钟在上海开办恒昌祥机器造船厂,事业有成后不忘桑梓,捐银置田创办学校,购入某电力公司股票4万元作为学校基金
J小学	1908	最初由村庄南北两私塾归并改设而成,借王氏宗族报本堂为校舍,主持者为乡贤王廷赓、王彭寿及应家珍。1910年,王廷赓父亲王文通旅沪归乡,捐地并独资建筑校舍,还年出400元以资学校津贴。后学校扩建为完全小学,除王廷赓、王廷琛兄弟捐资外,又得到本村旅沪乡贤朱继良、郑叔平、王智荣、王云龙等的赞助
S小学	1913	1913年,乡贤黄槐庭、黄宝琮倡办国民学校,起先租平屋为校舍,校具简陋,仅课桌椅22张,黑板1块。后经黄志楚等乡贤倡募,旅沪乡贤时任公胜棉毛织染厂及乐华烟草公司总经理黄永清及黄可铭慷慨助巨款,兴建校舍,1933年4月12日校舍落成,村内霞山私塾亦并入本校

① 巨商兴学之可嘉[N].时事公报,1925-05-27.
② 孙善根.近代宁波帮与宁波教育事业[J].浙江工商职业技术学院学报,2015(3):1-7.

续表

学校	创办年份	创办情况
Q 小学	1911	1911 年由乡贤李明钜等创办,经费由县政府税收补助及乡村自治公所自筹,初借村庄米店楼上作为教室。因经费缺乏,后数易其址,校名也几经更改。后与该村 1919 年创办的另一所小学合并,旧址在新祠堂内,该建筑为旅沪经商的乡贤徐玉生捐建
L 中学	1969	1969 年创办,原设于 L 小学内。1976 年春,镇公社集资在镇南山坡上始建校舍。1990 年夏由旅港乡贤陈廷骅在镇北捐资建造了新校园

当时,龙镇旅沪乡贤回乡捐建的校舍大都具有上海石库门建筑风格,即融合了中国江南传统建筑营造特征和西方建筑装饰文化元素,例如,龙镇 L 小学建筑宏阔规整,门楼、教学楼与礼堂围合成院,青砖墙上用红砖勾勒出来的一道道装饰线呈现出一种简约而又华美的建筑韵律,尤其是那座中西合璧的门楼(如图 2-2 所示),古老的石匾、红砖砌成的宏大拱券门洞和门楼顶端繁复的花饰,相映生辉,烘托出不同于传统乡村粉墙黛瓦空间视觉的独特海派风韵。

图 2-2　龙镇 L 小学

二、文化冲突与课程本土化

（一）"识时务者为俊杰"与"乡民捣毁学堂"

小小的龙镇因其独特的历史空间恰好踩在了中国近代开启的现代性进程的节奏上，新式学校作为现代性进程的产物，也自然嵌入到龙镇教育发展的历史中。龙镇学校的兴办历史其实就是中国近现代教育发展的一个缩影。如果再聚焦到课程上来，我们也可以看到现代课程随着新式教育的拓展嵌入乡村时所普遍经历的从冲突到融合的过程，龙镇及其所在的地域，也同样是一个见证。

相比城市而言，现代课程嵌入乡村所造成的文化冲突会更剧烈，它被乡土社会所接纳的过程会更漫长。在当时宁波城区，作为早期开埠地带，随着与国外交流日多，视野日益开阔，宁波商帮创办的城区学校对现代课程的开设持更加开放的姿态。特别是象征现代性视野的英语课程，在走在时代潮流前列的宁波商帮的心目中具有非常重要的学习意义。1922 年 2 月，顾静斋在宁波工商友谊会英文夜校开校典礼上致辞曾云："英国商业，号称最盛，五大洲内，几无一处无英人之足迹。吾人不求商业则已，欲求商业，非熟识英文不可。语云，识时务者为俊杰，诚哉是言。"①因此，城区不少学校如储才学堂（创办于 1897 年）等都将英语列为必修课程，而且效实中学（创办于 1912 年）还增设了第二外语选修课程如德语、法语、日语等。然而对于传统封闭的乡土社会而言，最初现代课程的嵌入过程就是一个冲突的过程，如与传统私塾的冲突，与民众固有观念的冲突等。龙镇 J 小学刚刚借祠堂创办的时候，开设有与传统私塾授课内容不同的现代课程国文、珠算、地理与历史，但乡村风气未开，关于课程修习的流言很多。学校几名教师课余多方劝导，来校学习的学生才慢慢增多。但新式学校及其现代课程最初在村庄里并没有赢得民众信任，后来因村民以"学校将永占祠宇，充作校舍"为借口造谣生事，导致学校办学一度陷入困境。②

这种现代性进程中刚刚兴起的新式教育及课程与乡土社会传统文化观念与信仰之间的冲突在龙镇以及在龙镇周边的村庄还有很多，当时"乡民捣毁学堂"的新闻常见诸报端，例如：

"鄞县周家埭南津学堂日前忽被姜山行会众人拥入，捣毁门窗什物，禀经鄞县高令饬差拘拿为首肇事之人。闻此次因姜山举行礼拜会，仙岩寺内向有发给济米之例，现

---

①　英文夜校行开校礼[N].时事公报，1922-02-26.

②　鄞县教育局.鄞县中小学校史[M].出版社不详，1934：69.

为学堂阻止,因之共抱不平,遂与学堂为难云。"①

"甬江东米业公立新小学堂,前因各柱首集款项禀准当道设立,暂借朱桑都神殿为校舍。现因该处乡民欲举行朱桑都神会,将学堂器具搬运他处。堂董不允,致激公愤,有乡民多人挤进殿内,将学堂器具捣毁。现由堂董面禀鄞县高子勋大令,请为核示矣。"②

"鄞县东乡宝幢地方,向无学校,自民国五年春,该地旅沪巨商乐君振葆出资数万创建西式校舍,聘镇海高君啸岳为校长,办学四年,成绩颇佳。不意本月三号该校正办暑假补习科,适该处迷信家设坛建醮,循例通告,茹素三天。该校未予照办,一帮流氓鸣锣纠众,蜂拥入校,大肆捣乱,并将教员汪宝书扭住,藤鞭拳脚同时交加,高君在事务室同时被群众包围,声言非杀人毁校不止。自上午十时至下午二三时,啸众不散,幸经就地士绅陆君、张君等婉劝良久,始渐解散。事后高君即将校务结束,辞职归去,各绅慰留无效,闻已电沪,促乐君返里矣。"③

(二)"引起儿童农事之兴趣"

从收集到的民国时期地方文献资料来看,在现代课程逐渐融入乡土社会的过程中,地方教育部门在政策的制定中,除了兼容源自西方知识谱系的课程结构和内容外,并没有忽视课程对乡土社会的本土实践功能,例如,民国时期鄞县教育局制定的《二十年度鄞县教育实施计划》提出在乡村学校任教的教师需要研究乡村及乡村教育,他的课程与教学能力才能适应乡村环境,才能应付裕如,"欲谋乡村教育之进展与推广,亟应培养师资,且乡村环境不同,所施教育自宜有别,现任一般教师,对于乡村教育或少研究,未能应付裕如"④。

为培养乡村学校师资,1931年,鄞县教育局在茅山脚下创办了县立乡村简易师范学校,提倡教学做合一,以期培养能够懂乡村、爱乡村和服务乡村教育的教师,"养成学生健全之身体、高尚之思想、完美之人格,充分获得乡村社会应有之一切服务知能,对于国家社会有爱护之热忱并能尽量表现有理性之同情心,以期领导农家子弟改进中国农村"⑤。80多年前地方提出的乡村教师培养目标,直到今天来回望,依然能够站在乡村教育时代思想的制高点上。当研究者从众多的地方历史文献中收集到鄞县县立乡村简易师范学校1936年出版的第17期校刊《犁影》,那期封面

---

① 捣毁学堂[N].申报,1906-04-02.
② 乡民捣毁学堂[N].申报,1907-03-18.
③ 乡民建醮闹学[N].申报,1919-08-10.
④ 鄞县教育局.二十年度鄞县教育实施计划[N].鄞县教育周刊(第十三期),1932-02-14.
⑤ 鄞县教育局.鄞县中小学校史[M].出版社不详,1934:14.

（如图 2-3 所示）上，旭日在茅山之麓喷薄而出，农夫在水田里辛勤地犁耕，沉甸甸的稻穗象征着乡村充满希望的未来。这写意的画面，生动呈现着自近现代兴起的乡村教育扎根本土的美好希冀。

图 2-3　鄞县县立乡村简易师范学校校刊《犁影》封面

又如，鄞县教育局制定的《鄞县教育事业之五年计划（1932 年度—1936 年度）》提到乡村小学需要建立适切自己的提倡农业教育的课程基地如农场，以引起儿童农事之兴趣和养成切实之农业智识及技能，"督饬乡村各小学尽量设立农场。应提倡农业教育以增生产效率，然无农场设施，断不能引起儿童农事之兴趣，并不能养成切实之农业智识及技能"[①]。

现代性教育图景在乡村徐徐展开的同时，乡村学校也在努力开展着契合乡土的课程本土化实践。1931 年第 3 卷第 5 期《浙江教育行政周刊》刊登了鄞县石碶小学农事课程活动照片。

民国时期，距龙镇不远的邻县一所乡村学校的一位名叫"周建中"的小学生保留下

---

① 张传保，赵家荪，陈训正，等.鄞县通志[M].出版社不详，1951：773.

来的日记中也记载了当时乡村学校现代课程的活动场景,如与其他小学的学生进行足球比赛等,同时也有课程本土化实践的相关记录和认识:

> (1931 年 9 月 16 日,星期三,雨)我们的学校,因地处乡下,将来一般同学出校后,多半是务农的,所以对于农业,特别注意。课程中除讲授农业知识外,并在校园旁设了一个农场。我们每在下午课后,轮流地在农场上工作。园里除种果树、竹笋、蔬菜、瓜豆外,更养了几箱蜜蜂,每年有许多蜜蜡可采。……近几天,梨子将熟了,黄豆、落花生等,也可吃了。我们设了这个农场,好处真不少,一方面可以实习农业,一方面可从中取利。①
>
> (1932 年 1 月 18 日,星期一,晴)举行休业式时,由诸先生训话,叫我们要利用寒假时光:(一)用功读书;(二)努力反日;(三)勤作家事;(四)研究农业。②

尽管在中国近现当代社会剧烈变迁的背景下,要从小小龙镇及其所在地域漫漶的历史中检索出一条乡村教育及其课程演进的线索并不容易,而且,课程本身也会因社会变迁以及政治变革发生存在形态或演进方向的改变,甚至在 20 世纪中叶以后面临隐退以致中断的危机,但研究者从通过访谈和实物收集而获得的资料中依稀可见乡村学校课程本土化的传统始终绵亘于大地之上。龙镇 L 中学退休教师 C 老师回忆自己小时候在龙镇一所新式小学读书时的课程活动比私塾要丰富得多,比如有正规的语文、数学、珠算、音乐和体育课,而且学校还考虑到乡村学生的实际情况,让学生参与到村庄的农耕生活中去,农忙时还放农忙假,让学生到田里参加劳动。1976 年,C 老师被分配到龙镇 L 中学任教。同年,L 中学开始在龙镇南面山坡上建造校舍,并与镇农牧场合并,确立办学理念为“学工学农”,学生上午学习,下午和老师一起共同参与农牧场的生产劳动。C 老师认为乡村学校的学生如果能够适度地参加田野劳动对学生的成长是有利的:

> 现在的孩子,我认为一周比如说在班会课时间让孩子劳动一次,这是很有必要的,可以增强学生的劳动观念,可以适当增加点劳动技巧,对学生成长是有帮助的。否则有的学生可能五谷不分,韭菜和草、麦都分不清。
>
> (I-20190524-1043-ylzjly-cfh)

---

① 吴佩瑛,等.民国乡村小学生的日记[M].北京:华文出版社,2012:15.
② 吴佩瑛,等.民国乡村小学生的日记[M].北京:华文出版社,2012:48.

C老师后来还担任过L中学的校长,他基于自己长年在乡村学校从事教学和教育管理的经验,认为除了劳动实践,乡村学校课程还应该要有自己的本土化思路,融入地方文化和环境资源,要体现自己的特色:

> 乡村有乡村的特色。近一百年来,乡村学校有很大的变化,一是生源慢慢地流失,二是师资也流失,乡村学校有一定的自卑感,觉得自己比不上城区学校。而我们告诉学生农村的一些优势,让学生了解自己所在地方的特色,这对学生的成长是有帮助的,这些东西恰恰是城区学校所没有的。
>
> (I-20190524-1043-ylzjly-cfh)

在龙镇村民的访谈中,村民们尽管对于课程概念感到陌生,但谈起他们小时候在龙镇乡村学校学习的往事,都有比如饲养兔子、到农地参加劳动以及进行植物观察的印象。龙镇J小学校史资料里的一张老照片也记录了20世纪后期本校教师在学校旁的农田里指导学生进行科学实验的情形。

在历史的寻踪中,由于时光久远,而且课程观念随着社会变迁也经历了自身的沉浮,但近现代乡村学校建立起来的课程本土化实践传统在课程隐退的时代,依然没有中断,在大地上默默产生着它的影响。

第二节 命运沉浮：课程、本土化与中国现代性进程

在匈牙利政治经济学家波兰尼的经济社会学理论视域中，任何市场经济行为并不独立存在而是嵌入于社会结构关系之中并受政治、经济和文化的影响。其实，课程亦是如此，无法脱嵌于社会结构关系，也无不受社会变迁的深刻影响。龙镇乡村学校课程本土化传统演进的那些依稀往事，其实只是中国现代性历史进程中课程演变的一个小小缩影。

一、植入：现代性叙事与课程本土化

（一）演进之路：西方想象与课程本土化

尽管中国也有自己课程演进的历史和传统，但是现代意义上的课程源于西方影响下的现代性进程，来自现代教育的兴起。在世界现代性进程中，古老中国在近代的卷入是一个对峙与抗争、屈辱与苏醒、痛苦与自省、挑战与希冀相交织的变革历程。

现代性源自西方近代工业化，工业化让人类生产降低了对地理环境和文化的依赖，驱动商贸发展和利润追逐，带来物质财富、理性规则和文化平等，也带来各种危机，如乡村衰败以及民族性消亡等。工业化驱动下的现代性进程是一场壮阔的政治、经济、社会、文化的现代化变迁过程，呈现为全球化、城市化、科层化、世俗化、资本主义、殖民主义、民族主义等特征和趋向。英国吉登斯认为现代性是"后封建的欧洲所建立而在 20 世纪日益成为具有世界历史性影响的行为制度与模式"[①]。他在另一本著作中又提到现代性为约 17 世纪在欧洲出现而后不同程度在世界范围内产生着影响的

---

① 吉登斯.现代性与自我认同[M].赵旭东,方文,译.北京:生活·读书·新知三联书店,1998:16.

"社会生活或组织模式"①。他指出现代性的根本性后果之一就是全球化。

古老中国被卷入现代性掀起的全球化进程，尽管在历史事件上常常表现为军事上血与火的交锋，但实质上却是背后文化的碰撞。美国卡洪指出在全球化进程中，"通过殖民主义、贸易往来以及输出意识形态，现代西方把它自己文明的组成要素注入非西方社会固有的文化之中"②。这种外来异质文化的输入，对长期处于东亚大陆相对封闭的地理环境中，以农耕自然经济为基础，以宗法血缘为主要关系的中国封建社会文化结构造成了巨大冲击。一向以"天朝上国"自居的中国，当文化的迷信遭到西方武力致命的打击而破碎后，在屈辱被动地走向它充满苦难的近代史的同时，也从此开启了它自身的文化反省和启蒙。

魏源是中国近代思想启蒙的领路人，开启了以世界眼光寻求经世济民、变革图强之良方的先河。面对鸦片战争失利的奇耻大辱，魏源开始发愤著书，于 1842 年编写成了当时介绍西方国家科学技术和历史地理最翔实的一部著作《海国图志》，提出"师夷长技以制夷"③的著名观点。面对深重的民族危机，郑观应在其 1894 年出版的《盛世危言》中对中西政治制度、经济模式进行深层次比较和思考的同时，把目光转向了文化与教育，认为中西文化的差距在于"彼崇新而强，我泥古而弱""中国之病，其根在学非所用"，④从而提出"学校者，人才所由出；人才者，国势所由强。故泰西之强强于学，非强于人也。然则欲与之争强，非徒在枪炮战舰也，强在学中国之学，而又学其所学也"⑤。清末洋务运动主将张之洞则把教育作为新政实验的中心内容，在改革军政、振兴实业的同时，力主改革科举、振兴书院、广开新学和培育人才。他在《劝学篇》中提出学校所学要中西兼学，要以"四书"、"五经"、中国史事、政书和地图等旧学为体，以西政、西艺和西史等新学为用，不致偏废。⑥ 在现代性观照下，中国近代有识之士最终都把困境中国家、民族突围之路聚焦到了教育、课程以及教材之上。

1904 年，张百熙、张之洞等参照日本学制修订奏拟的《奏定学堂章程》，即"癸卯学制"获清政府允准颁行，它是中国历史上第一个以教育法令公布并在全国实行的学制，奠定了中国现代教育的基础。现代课程也在近代西学东渐的背景下随着新式教育的兴起开始嵌入中国，如《奏定学堂章程》规定，小学课程设修身、读经讲经、中国文学、算

①　吉登斯.现代性的后果[M].田禾,译.南京:译林出版社,2000:1.
②　卡洪.现代性的困境——哲学、文化和反文化[M].王志宏,译.北京:商务印书馆,2008:1.
③　魏源.海国图志[M].李巨澜,评注.郑州:中州古籍出版社,1999:67.
④　郑观应.盛世危言[M].辛俊玲,评注.北京:华夏出版社,2002:592.
⑤　郑观应.盛世危言[M].辛俊玲,评注.北京:华夏出版社,2002:112.
⑥　张之洞.劝学篇[M].程方平,编校.北京:北京师范大学出版社,2014:59.

术、历史、地理、格致、图画和体操,其中初等小学堂和高等小学堂课时比重有所不同。[①]

尽管当时课程的设置未尽合理,以初等小学堂为例,经学课程所占比例过高,在每周 30 课时中占 12 课时,有些实用课程形同虚设,历史、地理和格致每周仅各占 1 课时,而且"课程的规定,对人生应有的知识,国民应具的知识,及女子必须之知识技能等殊为忽略"[②],以致在教育实践中成效不高,但现代中小学课程及其体系的制度化叙事,毕竟从彼时起开始了。

自"癸卯学制"颁布至 1949 年,中国中小学课程随着社会的演进又经历了几次重大变化。

例如,1912 年至 1913 年期间,民国成立初年,政府颁布了《普通教育暂行办法》《普通教育暂行课程标准》及《小学校令》《中学校令》等系列教育政策,史称为"壬子癸丑学制"。在"壬子癸丑学制"的课程设计中,"留意儿童身心之发育、培养国民道德之基础及授以生活所必需之知识技能"为小学课程宗旨。小学课程分初等小学和高等小学而设,初等小学设修身、国文、算术、手工、图画、唱歌、体操等,高等小学则又增设了本国历史、地理、理科,其中男子加设农业,女子加设缝纫,并视地方情形加设英语或其他外国语。中学课程以"完成普通教育、造成健全国民"为宗旨,取消了清末的文实分科制度,设修身、国文、外国语、历史、地理、数学、博物、物理、化学、法制经济、图画、手工、乐歌、体操,女子中学加课家事、园艺、缝纫;外国语以英语为主,因地方条件可任择法语、德语、俄语之一种。"壬子癸丑学制"课程与"癸卯学制"课程相比,课程门类增加,读经讲经课程取消,实用类文化知识课程增加,女子课程权得到体现,"道德教育、实利教育、军国民教育、世界观教育、美感教育"即"五育并举"的指导思想代替了"中体西用"的指导思想,进一步融入世界课程变革的潮流中。

又如,1922 年 11 月 1 日,在新文化运动背景下,针对"壬子癸丑学制"及其课程体系在时代发展中逐渐显现出来的弊端,民国北洋政府公布了全国教育会联合会提出的《学校系统改革案》,史称"壬戌学制",即新学制。因其主要参照了当时美国不少州实行的"六三三制",故又称"六三三"学制。新学制规定了七条教育标准作为新的教育宗旨,具体为"适应社会进化之需要""发挥平民教育精神""谋个性发展""注意国民经济力""注意生活教育""使教育易于普及"及"多留各地方伸缩余地"。[③] 随后,全国教育会联合会组织的新学制课程标准起草委员会,于 1923 年 4 月和 6 月,在上海先后召开

①　陈侠.近代中国小学课程演变史[M].福州:福建教育出版社,2007:13-14.
②　陈侠.近代中国小学课程演变史[M].福州:福建教育出版社,2007:22.
③　学制会议议决案:学校系统改革案(附图表)[J].新教育,1922(4):146-150.

两次会议，分别讨论通过《小学、初中和高中课程标准总纲》，而后发布了《新学制课程标准纲要》。与旧学制相比，由军国民教育转向平民教育；将国文课程改成国语课程，推行白话文与国语教学；将修身课程改为公民课程，都是教育新思潮的重要体现。而且，课程编制受美国杜威"儿童中心论"思想影响，顾及儿童成长、兴趣、能力等各方面特点，趋向儿童本位。新学制中学课程与旧学制相比，比较突出的特点还在于采用了选科制、学科制和学分制。吕达认为 1923 年制定的新学制课程标准纲要是中国第一次以现代教育科学为理论依据的、体系较为严整的中小学各科课程标准。①

在被动卷入世界现代性进程的路途上，中国教育走向现代课程建构的步子从一开始就走得小心翼翼，在西方课程想象的语境中，中国并没有轻易放弃自己的本土化诉求。

尽管当初《奏定学堂章程》是参照国外学制设计的，但其始终秉持"中学为体，西学为用"的原则，在其纲领性的《学务纲要》里，开宗明义，把读中国经书放在了很高的地位，认为中国经书乃是中国文化的根本，"外国学堂有宗教一门。中国之经书，即是中国之宗教。若学堂不读经书，则是尧舜禹汤文武周公孔子之道，所谓三纲五常者，尽行废绝，中国必不能立国矣。学失其本则无学，政失其本则无政。其本既失，则爱国爱类之心亦随之改易矣，安有富强之望乎""经学课程简要，并不妨碍西学"，②因此在课程设计中，让"读经讲经"课程占了很大课时比重。

而且，从其他课程设置建议中，如《奏定学堂章程·初等小学堂章程》关于历史、地理、格致课程开设的要义描述，可以鲜明地看出其本土化诉求，如历史课程提出"尤当先讲乡土历史"，讲本境内乡贤名人事迹，激发学生敬仰叹慕之情；地理课程提出"尤当先讲乡土有关系之地理"，先关注学校周边环境，次及附近先贤祠墓和山水古迹等，"以养成其爱乡土之心"；格致课程提出要"由近及远，当先以乡土格致"，从教室、学校、庭院至附近山林川泽之动植物等，以激励学生"博识多闻"之志。③ 从以上课程要义的描述中可以看出，课程在培养学生博识多闻、深广理解世界时空方面，注重本土文化联系；在瞻望世界的同时，注重以地方性知识为起点。

在"壬子癸丑学制"修订前后，当时学制改革的实际推动者蔡元培在向国外教育借鉴的同时，也一直保持着自己的本土化实践反思。1912 年 7 月 10 日，蔡元培在北京召开的全国临时教育会议开幕式上演讲，反思了国人在文化与教育上"自大"和"自弃"两种极端态度，指出我国教育规程取法日本者甚多，而日本学制本取法欧洲各国，但我

①　吕达.中国近代课程史论[M].北京：人民教育出版社，1994：302.

②　舒新城.中国近代教育史资料（上册）[M].北京：人民教育出版社，1981：200-201.

③　舒新城.中国近代教育史资料（中册）[M].北京：人民教育出版社，1981：416.

们在学习的同时不必亦步亦趋，如果自己有好的本土教育主张，亦可采而行之。①
1916 年，蔡元培在其《文明之消化》一文中指出，对于西方文明也应有自己本土化的理
解和改造，"今之于欧洲文明，何独不然。向使吾侪见彼此习俗之殊别，而不能推见其
共通之公理，震新旧思想之冲突，而不能预为根本之调和，则臭味差池，即使强饮强食，
其亦将出而哇之耳"②。

在"壬戌学制"修订期间，1922 年 1 月，陶行知在当年《新教育》杂志"学制研究"专
号上发表《我们对于新学制草案应持之态度》一文，对近现代中国教育效仿西方的发展
之路进行了反思，以建筑图案抄袭为喻，指明了我国自兴学以来，一会儿效仿日本，一
会儿效仿德国或美国的非健全趋向。③ 他指出："今当改革之时，我们对于国外学制的
经验，应该明辨择善，决不可舍己从人，轻于吸收。"④

(二)从冲突到回应：城市语境与乡村学校课程本土化

1. 文化的冲突：乡村"洋学"与私塾

在古老中国民族危机的现代性情境中，效仿西方教育制度的新式教育及新式学校
借由国家及社会变革的意志从中国城市到乡村，不断扩展开来。然而中国乡村作为中
国传统文化深耕以及传统社会结构固化的地域，新式教育在这里遭遇了更大的阻力和
冲突。

冲突首先表现在新式学校与私塾这两种不同文化及制度形态的教育组织之间。
近代新式学校兴起初期，乡村百姓更直接地称呼这舶来的教育组织为"洋学"。1936
年，廖泰初在其《动变中的中国农村教育：山东省汶上县教育研究》中指出："洋学和私
塾根本是两种不同的东西，一是西洋文化的产物，从外抄袭而来，再用人工方法栽树到
乡间的，一种是根据乡间社会需要演变而成的。"⑤他通过对山东省汶上县私塾与洋学
之间冲突的田野调查，揭示了冲突背后的文化成因："动变中的中国教育，彷徨于十字
街头，不知往'东'，还是往'西'；外来文化使中国教育失去了均衡，在这失去均衡的动
变中，外来文化是继续的输入，原有的又挣扎着求生存，二者冲突的结果，产生了复古
和维新两种运动，后者的产生又加强了外来文化的输入，是以情形日见复杂，切不断，
理还乱，举足轻重，又不知如何举足。中国'新教育'迟迟走不上轨道，以我们见到的，

---

① 中国蔡元培研究会.蔡元培全集(第二卷)[M].杭州:浙江教育出版社,1997:179.
② 中国蔡元培研究会.蔡元培全集(第二卷)[M].杭州:浙江教育出版社,1997:461.
③ 陶行知.我们对于新学制草案应持之态度[J].新教育,1922(2):127-130.
④ 陶行知.我们对于新学制草案应持之态度[J].新教育,1922(2):127-130.
⑤ 廖泰初.动变中的中国农村教育:山东省汶上县教育研究[M].北京:个人刊印,1936:3.

中西文化的冲突，找不到一个合适的互让点，是其中最大的一个原因。"①

在龙镇所在的鄞县，也能看到新式学校早期兴起时与私塾之间的冲突。1925 年 3 月 17 日，鄞县地方报纸《时事公报》刊载一则社情民意《私塾抖揽学生》，其中说道："鄞东渔源区公山地方，旧年秋季设有区立单级第二校，于王氏宗祠内，学生报名者有三十余人，其余均为开设私塾之王安文抖揽而去。今年报名者四十余人，其余均为开设私塾之王安文抖揽而去，今年报名者四十余人，实到者仅二十人，其余又为王安文抖揽而去。王安文之私塾，区区斗室中，挤坐学生五十余人，其光线之不足，卫生之不宜，教法之不佳，亦不必论，其抖揽学生之手段，非但同于市侩，无术不至，且以看风水、看六事、拣日子、轮时辰，藉邪术以诱惑妇女，习赌博以勾结少年，甚至丧风败俗之事，口所不忍言者，亦时有所闻。如此败类，若不即行驱除，何以开民智破迷信，且何以维持风化，治理地方。"②1926 年 5 月 15 日，该报刊载一则社情民意《私塾妨碍学校请取缔》，其中称："邵家花汀小学校校董邵愆棠等面称，敝族花汀学校，开办有年，颇著成效。近有族中邵孝舫行医为业，不谙教育，竟敢抖揽学生四十余人，在家设立私塾，致本校学生大受影响。若不将该私塾严行取缔，勒令停闭，是本校生永无发达之一日。"③

两则社情民意内容均是站在新式学校的办学立场上投诉私塾抢夺生源，但如果换一个角度，从中也可以看出，被新式学校投诉称其"教法不佳"或"不谙教育"的传统私塾，能够成功"抖揽"学生，也恐怕跟其融入社区民众生活有关联，尽管这种融入的手段如"看风水、看六事、拣日子、轮时辰"等被新式学校斥之为"邪术"。

除了生源争夺外，新式学校与私塾之间的实质冲突其实聚焦在课程权的争夺上，而课程权的争夺则体现了国家意志与世俗力量之间的博弈。同样以龙镇所在的鄞县为例，代表国家意志的地方教育局面对新式学校推广的阻力，开始出台政策强力改良私塾。1925 年 10 月 18 日，《时事公报》刊载了鄞县教育局拟订的"改良私塾章程"，对塾址、课程、教本、编制、教具、师资以及奖惩等进行了厘订，政策重点在于国家课程标准的遵照执行，强调课程必须开设国文、算术和常识三科，教本必须采用教育部审定的教科书。④

随着新式学校的兴起，渐渐嵌入乡村的现代课程与乡土社会传统文化风俗认知之

---

① 廖泰初.动变中的中国农村教育：山东省汶上县教育研究[M].北京：个人刊印，1936：2.

② 宁波市鄞州区人民政府地方志办公室.近代鄞县见闻录（下）[M].北京：中国文史出版社，2016：542.

③ 宁波市鄞州区人民政府地方志办公室.近代鄞县见闻录（下）[M].北京：中国文史出版社，2016：586-587.

④ 宁波市鄞州区人民政府地方志办公室.近代鄞县见闻录（下）[M].北京：中国文史出版社，2016：565.

间也不断产生冲突。之于乡村民众而言,他们对于学校教育及其课程的理解往往还停留在传统功名、儒家经典、道德训诫以及识字写字上,一位民国乡村教师对此曾抱怨道:"乡下人的头脑太顽固了,对于新课程——尤其是体育,多有非议""村里人在学校附近走的时候,听着里边高声朗诵;到学校里去的时候,看见个个学生呆若木鸡似的坐着,不言不动,便以为先生规矩严,功夫好"。① 1922 年 4 月 18 日,《时事公报》刊载消息《示禁游民滋扰学校》一则:"鄞县丙庆女子国民学校,昨致鄞县公署文云,窃本校女生集队外出时,每有附近游民肆意横阻,口出胡言,遇体操时强欲入内观看,甚至于依梯越垣缘墙而立,任情嬉笑,毫无顾忌,近复投石校内,损坏玻璃窗无数,其他或于门前倾倒垃圾,堆积乱石,屡经阻止无效,为特函恳给示,以资保护等情。当经知事核准布告,并饬警随时查禁云。"②从中可以看出当时开风气之先的女子学校及其开展的现代课程活动还不为当地社会所容纳,其办学遭到地方势力很大滋扰。但嵌入乡村的现代课程在受到阻碍的同时,也以其迥异于私塾传统课程相对封闭僵化的方式产生着越来越大的影响。1922 年 4 月 29 日,《时事公报》刊载消息《学校旅行志》一则说道:"鄞县章溪地方郑氏通德学校,校长钟永麟于前星期六率领高级生四十余人结队旅行,实施野外教授,自岭下经天象岩中央岸等处巡行一周,沿途考山问水,指草研花,学生获益殊匪浅鲜云。"③

20 世纪 20 年代,教育家俞子夷根据多年教育实践以及实际调查而撰写的《一个乡村小学教员的日记》,记录了现代课程嵌入乡村从被民众误解到被理解和接受的过程。例如,学校算学游戏课程的开设一开始被家长误认为是赌博,引起他们的不满。"算学游戏,自从允许学生出借、带归家去玩以后,学生方面的兴味很好,还没有虎头蛇尾的现象。今天访问时,有三五家家属生了误会,以为这种种方法,有好多和平常的赌博一样。他们有些不满意,似乎嫌我太新了,怎样在学校里引起学生赌博来了?——三月五日(星期日)"④例如,有一次村庄里失火,受过学校消防避灾课程训练的学生有组织地参与到村庄的救火行动,并且事后还对受灾家庭进行了慰问,赢得了村民对学校现代课程价值的理解和信任。"有人说:'我们以为学生只会读书;不读书时便是喊跳。哪知道小孩子想出来的意思能体贴人到如此地步,小孩子做起来时比成人还有次序!'从此,他们更明白学校的功效了,增加智能,不算什么大了不得的成绩;改变态度,

---

① 许玉洲,王景志.做乡村教师的困难[J].教育短波,1935(24):14-15.

② 宁波市鄞州区人民政府地方志办公室.近代鄞县见闻录(下)[M].北京:中国文史出版社,2016:490.

③ 宁波市鄞州区人民政府地方志办公室.近代鄞县见闻录(下)[M].北京:中国文史出版社,2016:490.

④ 俞子夷.一个乡村小学教员的日记(下册)[M].上海:商务印书馆,1938:54.

才真是有无穷的价值呢。——五月二十八日（星期日）"①尤其是孩子家长对于学校课程的渐渐理解和接受，让日记主人公——一位乡村小学教员感觉到乡村学校办学慢慢可以因契合自身的课程的丰富和完善而走上正轨。"这一辈母亲们，近来对于学校的观念有些变迁了。在从前，照她们的眼光看起来，学校是学文章的。所以她们心里，以为女孩子求学，好像是从前大户人家闺女们学做辞章诗歌一样，完全是一种奢侈装饰。近来，她们渐渐明白学校教育的功用，是实用的了。——十一月十三日（星期三）"②"许多实际的问题，由学生想了些实际的解决法出来了。不料，因此便改变了母亲们对于学校教育功用的解释。她们不但不反对，反而来要求我教那种恐怕要被荒废的知能，这是个大转机！父亲们的态度要是也这么样一转变，那么，我们便可以加些农业，乡村的小学，便可以上正轨了。"③

　　2. 城市化与本土化：乡村学校课程路径反思

　　城市化是现代性进程的一个显著特征。对卷入世界现代性进程的近代中国总体而言，从外部来看，它面临的是强盛西方想象中本国以及本民族文化的西化与本土化冲突的问题；从内部来看，它面临的则是城市语境中国传统乡村社会结构松动、民生凋敝的问题。随着新式教育在乡村的推广，随着现代课程渐渐嵌入乡村，当时的教育家开始关注到乡村教育及课程背后的城市价值取向和设计对乡村社会发展所带来的负面作用。1921 年，黄炎培在《教育与职业》第 25 期的"农业教育专号"上撰文指出："今吾国学校，十之八九其施城市教育也，虽然，全国国民之生活，属于城市多乎？抑属于乡村为多乎？吾敢十之八九属于乡村也。吾尝思之，吾国方盛普及教育，苟诚欲普及也，思想十之八九当属于乡村。即其所设施十之八九，当属于乡村生活之教育。"④1926 年 12 月 12 日，陶行知在邀集上海的中华教育改进社社员举行的乡村教育讨论上演讲指出："中国乡村教育走错了路！他教人离开乡下向城里跑；他教人吃饭不种稻，穿衣不种棉，做房子不造林；他教人羡慕奢华，看不起务农；他教人分利不生利；他教农夫子弟变成书呆子；他教富的变穷，穷的变得格外穷；他教强的变弱，弱的变得格外弱。前面是万丈悬崖，同志们务须把马勒住，另找生路！"⑤

　　基于城市语境下乡村教育路径的自我反思，以及当时乡村建设运动的兴起，据《第二次中国教育年鉴》统计，1925—1935 年的 10 年间，各地成立的乡村教育试验区就有

　　①　俞子夷.一个乡村小学教员的日记（下册）[M].上海：商务印书馆，1938：206.

　　②　俞子夷.一个乡村小学教员的日记（上册）[M].上海：商务印书馆，1937：141.

　　③　俞子夷.一个乡村小学教员的日记（上册）[M].上海：商务印书馆，1937：142.

　　④　黄炎培.农业教育·弁言[J].教育与职业，1921（25）：1.

　　⑤　徐莹晖，徐志辉.陶行知论乡村教育[M].成都：四川教育出版社，2010：9.

193 个，开启了乡村教育本土化的种种实践。[①] 不少教育家也从自己的实践、观察或调查中提出了乡村教育本土化的各种策略。例如，傅葆琛提出，编制乡村学校课程首先要研究乡村社会情状以及乡村儿童的生活、习惯、体质与性情，熟知其优劣所在，然后再谋促进和补救之方。乡村社会与乡村人民之生活与城市社会与城市人民之生活的比较，见表 2-2。

表 2-2　乡村社会及乡村人民之生活与城市社会及城市人民之生活的比较[②]

类型			城市	乡村
Ⅰ	环境之区别	1	人烟稠密	○×人烟稀少
		2	住屋接近	○住屋疏散
		3	风景是人为的	○风景是自然的
		4	交通便利	×交通阻滞
		5	空气污浊	○空气新鲜
		6	人类复杂	○人类简单
		7	自然界材料少	○自然界材料多
		8	水旱灾害影响小	×水旱灾害影响大
		9	贼匪不易扰乱	×贼匪易扰乱
Ⅱ	人事上之区别	1	文化进步速	×文化进步迟
		2	生活程度高	○×生活程度低
		3	公共机关多	×公共机关少
		4	工商业为主体	农业为主体
		5	教育发达	×教育不发达
		6	卫生设备多	×卫生设备少
		7	娱乐组织多	×娱乐组织少
		8	制造熟货多	出产原料多
		9	消耗多，生产少	○生产多，消耗少
		10	风气开通	×风气闭塞
		11	社会恶劣	○社会良善
		12	饮食品类多，烹调讲求	×饮食品类少，烹调不讲求

---

① 孙培青.中国教育史[M].上海：华东师范大学出版社，1992：709-714.

② 傅葆琛.乡村生活与乡村教育[M].无锡：江苏省立教育学院研究试验部，1930：13-20.

续表

类型			城市	乡村
Ⅲ	个人之区别	（甲）身体上之区别 1	体魄孱弱	○体魄健壮
		2	筋肉细嫩	○筋肉粗大
		3	不堪任劳役	○能吃苦耐劳
		4	易为疾病所侵	○富于抵抗疾病暑寒能力
		5	动作灵敏	×动作迟缓
		6	腕力不强	○腕力强大
		7	眼疾腹疾较少	×眼疾腹疾较多
		（乙）知能上之区别 1	富于工商业的经验	○×富于农业的经验
		2	缺乏自然界的知识	○富于自然界的知识
		3	悟力强	×悟力薄弱
		4	观察力强	×观察力迟钝
		5	富于推理活用之力	×缺乏推理活用之力
		6	思想复杂	○×思想简单
		7	言语敏捷清楚	×言语迟缓不清
		8	富于组织经济机关娱乐机关之能力	×缺乏组织经济机关娱乐机关之能力
		9	富于应用物质文明之能力	×缺乏应用物质文明之能力
		10	长于技能方面（如图画手工等）	×拙于技能方面
		11	家乡观念薄弱	○×家乡观念浓厚
		12	富于普通常识	×缺乏普通常识
		（丙）行为上之区别 1	欺诈虚伪	○诚实真挚
		2	奢侈华丽	○节俭朴素
		3	怯懦胆小	○勇敢胆大
		4	急躁	○忍耐
		5	激烈好斗	○和平不争
		6	懒惰	○勤劳
		7	骄傲	○谦抑
		8	不喜服从	○×富服从心
		9	进取力强	×进取力薄

续表

类型				城市	乡村
Ⅲ	个人之区别	（丙）行为上之区别	10	自负自信	×自轻自弃
			11	文雅有礼貌	×粗野少礼貌
			12	衣服整洁	×衣服粗陋不洁
			13	讲求卫生	×不知保卫身体
			14	判别是非之力强	×判别是非之力弱
			15	富于团体精神	×缺乏团体精神
			16	善于社交	×不善社交
			17	志愿高大	×志愿低微
			18	识见远大	×识见狭小

说明：表中凡乡村社会及人民之所长者，以○符号记之；其所短者，则以×符号记之；其在两可之间者，则双记之。

张宗麟则提出乡村学校应建立适切自己办学环境的课程大纲，他所设计的乡村学校课程大纲分"经""纬"两个层面，其中"经"部分课程大纲具体内容，见表 2-3。

表 2-3　乡村学校课程大纲（经）①

目标	具体内容
1.健康的体魄	（1）技击（或竞赛） （2）团体游戏 （3）卫生和医药常识常能 （4）休息和睡眠
2.劳动的身手	（1）干农事 （2）修改工具 （3）运送物件
3.科学的头脑	（1）认识生物 （2）了解自然现象 （3）了解日常用品的原理 （4）应用科学的推理

---

① 张宗麟.乡村教育[M].上海：世界书局，1932：104-106.

续表

目标	具体内容
4.艺术的兴趣	(1)整洁事项 (2)烹调食物 (3)裁缝 (4)书画 (5)奏乐唱歌 (6)演戏
5.改造社会的精神	(1)交朋友 (2)团体自治 (3)努力家庭改造 (4)努力本村改造 (5)努力中华革命 (6)为人类幸福努力

　　而且,基于当时乡村社会的实际情况,张宗麟还更为具体地提出了乡村学校学生课程修习能力养成的细分目标:(1)会松土、浇水、戽水、施肥、除草、捕虫等简单农田工作;(2)会种当地最普通的菜蔬,庄稼得到当地水平线以上的收获;(3)会装置、修理简单的农具,如装锄头柄等;(4)能挑五十斤重的担子;(5)能步行十里路,中途不常休息;(6)认识环境中所有的生物百种;(7)会饲养家禽、家畜、益虫;(8)能研究昆虫三种以上,完全得到它们的生活史;(9)会栽观赏花一种以上;(10)会捉蛇,拘灭害虫;(11)熟悉天气变化和农事的粗浅因果;(12)略识土壤与种植的关系;(13)略知自然现象的因果与对于人生的关系;(14)对于日常用品,能用极粗浅的科学原理来解释;(15)会玩科学把戏,范围如儿童科学丛书;(16)能修理日常应用物件;(17)能做简单玩具;(18)能煮饭,烧日常菜蔬;(19)能缝补衣服;(20)会布置一间房子不使人讨厌;(21)会应用简单的色彩,并明了光暗远近等作用;(22)能欣赏简单图案和最著名的画;(23)会画表达思想的画;(24)会做简单的测量图;(25)会唱当地歌谣及国歌等;(26)会辨别音阶、音调和音色;(27)会使用乐器一种;(28)会表演故事;(29)会做儿童戏剧并能明了舞台的大意;(30)会处理自己沐浴、洗衣、剪指甲、擦刷衣服鞋帽等清洁工作;(31)有日常卫生习惯,如不随地吐痰、早起等;(32)有日常卫生常识,如防疫病传染、医癣疥疟疾伤风等;(33)会几种最重要的急救法,如北方的中煤毒、江村的淹溺、南方的中热毒和平常止血等;(34)会游泳、爬山、快跑;(35)会拳术并能放枪打靶(倘若有练习的机会);(36)会当地的儿童游戏;

（37）能参加集会、做主席、发表意见、选举等；（38）会组织儿童集团，并能遵守团体的纪律与决议案；（39）明了中华民国的大势和现状；（40）明了中国乡村衰落、帝国主义压迫等浅近因果；（41）能看日报的重要消息；（42）能画简要的旅行地图与本村的详细地图；（43）知道最重要的事物发明史；（44）知道对于人类最有贡献的伟人事略；（45）能听浅近的国语演说；（46）能用国语谈话、演说；（47）能读日常文字，程度与木偶奇遇记小朋友相仿；（48）能运用国音字典；（49）能和人通信；（50）会用文字发表自己的意见；（51）有写日记的习惯；（52）会做简要的记录；（53）会写日常应用字，写得不讨厌，速度在标准数上；（54）会运用算术四则，算出日常用度的账目，敏捷而正确；（55）会写简单的账目；（56）认识当地商店所开的发票；（57）能写普通契约、会单并知道当地的习俗；（58）有当地人民的特殊技能，如江村驶船、捕鱼，山乡打猎、骑马，平原驾车等；（59）有遇事追问究竟的习惯，并能设法解决问题；（60）不拒绝新事物，也没有部落观念等；（61）有做事不怕失败，更不怕强暴的压迫等态度；（62）平时能找事做，又能与同伴共同做。①

从历史演变的具体事实来看，20世纪初，中国社会轰轰烈烈开展的乡村教育与建设运动之于乡村学校课程本土化，在理论上已经有了清晰的认识，在实践上已经具备了明确的路向。

二、退隐：政治场域下的课程际遇

（一）苏联教育经验与凯洛夫教育学

中华人民共和国成立初期，国际形势复杂严峻，以美国和苏联分别为首的两大政治阵营逐渐形成并走向对峙。当时处于被以美国为代表的西方势力政治上孤立、经济上封锁、军事上威胁困境中的中国，出于意识形态以及未来国家经济建设等方面的考虑，在战略上逐步倾向、选择与苏联结盟，并开始移植苏联式的社会建设经验。

在教育政策方针制定上，可以清晰地看到这种转向。1949年9月29日，中国人民政治协商会议通过的具有宪法意义的《共同纲领》确立了新中国成立初期教育发展的总方针，总方针在确立"民族的、科学的、大众的文化教育"以及"发展为人民服务的思想"等教育发展主题任务的同时，体现着鲜明的意识形态批判取向，即要肃清封建主

---

① 张宗麟.乡村教育[M].上海：世界书局，1932：108-112.

义等旧思想并且改革旧教育制度。① 1949 年 12 月 23 日起在北京召开的新中国第一次全国教育工作会议明确提出了在旧教育某些有用教育经验和老解放区新教育经验基础上特别借助苏联教育先进经验的"以苏联为师"的改革路径。② 随后几年,政府颁布和规定的新学制以及中小学教学计划,都是以苏联为蓝本设计的。顾明远指出,新中国成立以后我国教育科学领域批判、抛弃了一切西方教育理论,成了苏维埃教育学的一统天下。③

当时苏联兴盛的凯洛夫教育学就是在这个时期被引进并深深影响新中国成立初期的教育发展的。其实,苏维埃教育学自十月革命后也经历了自身的探索和发展过程,早期受西方新教育思想尤其是杜威实用主义教育影响,20 世纪 30 年代以后,基于意识形态强化权威需要,苏联开始全盘否定和批判以杜威为代表的西方新教育思想,凯洛夫教育学正是在这个背景下发展起来的,它强化意识形态和阶级对立,凸显教师主导和以课堂为中心,课程论被完全放逐,教学论成为其教育学体系核心。从凯洛夫撰写的《教育学》篇章结构中可以看出,全书共分"教育学总论""教学理论(教学论)""教育理论"三编,其中"教学理论(教学论)"作为全书的中心内容,共用了五个章节来展开阐述。在半个世纪后由新课程改革引发的一场关于凯洛夫教育学的学术争鸣中,我们可以看到中国著名学者对凯洛夫教育学的理论与实践反思。他们总体上虽持不同学术观点,但对于凯洛夫教育学存在问题的检讨却是相近的。王策三在肯定凯洛夫教育学历史贡献的同时,指出了其问题在于"对培养全面发展个人的目标未能真正领会和落实,人文性严重缺失。……强调了教学传授和学习系统科学知识而忽视多种多样的教育和实践活动;强调了教师主导作用而忽视学生主体地位及其能动性"④。钟启泉以苏维埃教育学历史发展为参照,对凯洛夫教育学形成的社会背景及其本质特征进行了勾勒,认为其总结了苏联中小学在 20 世纪 30—40 年代的历史时期里一系列整顿学校教育活动的工作经验是有其积极意义的一面的,但其却存在着严重的教条主义和经验主义,它的体系里根本没有"儿童研究""课程研究""教师研究"的地位,因此当

---

① 中央教育科学研究所.中华人民共和国教育大事记(1949—1982)[M].北京:教育科学出版社,1984:3.
② 中央教育科学研究所.中华人民共和国教育大事记(1949—1982)[M].北京:教育科学出版社,1984:8.
③ 顾明远.改革开放以来我国教育科学的重建与发展[J].教育研究,2008(9):3.
④ 王策三."新课程理念""概念重建运动"与学习凯洛夫教育学[J].课程·教材·教法,2009(1):3-21.

下的课程创新在历史批判的同时需要课程教学基本概念的重建。[①]

(二)课程退隐

由于凯洛夫教育学的全面影响，自新中国成立初期至 20 世纪 90 年代，尽管其间也对凯洛夫教育学有过批判和反思，但课程观在相当长的时期内从中国基础教育中隐退。回顾 1952 年 3 月 18 日教育部制定并颁发的《小学暂行规程(草案)》，其内容中有具体的教学计划规定而无课程的建构，其中针对教学计划提出的教导原则如"实行理论与实际一致的教学方法""以上课为教学的基本形式"等，也都是在教学论范畴展开的指导。

尽管课程从隐形层面来看依然存在，只是它作为课程存在的意义变得非常单一。失去了课程的架构和丰富性，教育在国家特殊时期政治与权力的统一规制中，慢慢走向扁平化和单调性。而且，在全部是必修科目的统一格局中，不仅仅是普遍性的课程进程开始中断，而且原来 20 世纪 20—30 年代全国范围内开启的乡村学校课程本土化讨论与实践的进程更是戛然而止。

课程退隐，这一隐退，就是三四十年。在 20 世纪 80 年代初，也就是中国改革开放初期，我们可以从地方性的学校组织管理制度及架构中依然看出学校实际教育工作中唯有教学而无课程观的局面。以 1983 年鄞县教育局所制定的《鄞县完小(大队学校)校长(负责人)职责(试行草案)》为例，除其他常规管理职责外，草案全文第五条是对地方完小校长(负责人)教学工作领导和组织职责的详细陈述，并无一字一句关于课程建设的职责陈述，如"领导和组织学校的教学工作，坚持以教学为中心，以主要精力抓好教学工作。指导教师学习《教学计划》《教学大纲》，钻研教材，开展教研活动。努力搞好复式教学……有目的、有计划地了解和分析教师教学和学生学习情况，引导教师不断改进教学方法，总结教学经验，提高课程教学质量。组织学生开展课外文体、农技、科普等兴趣活动"[②]。从 1983 年鄞县一所乡村学校管理组织系统示意图(如图 2-4 所示)中也可以看出，在学校的组织管理系统中，并无课程的位置。

---

① 钟启泉.凯洛夫教育学批判——"兼评凯洛夫教育学情结"[J].全球教育展望,2008(7)：3-17.

② 鄞县教育志编纂办公室.鄞县教育志[M].北京：海洋出版社,1993：112.

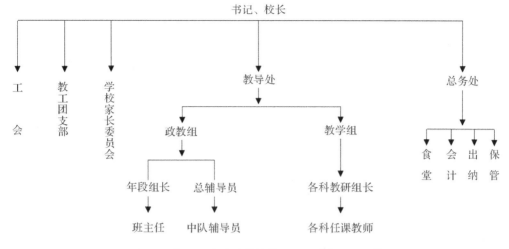

图 2-4　鄞县一所乡村学校管理组织系统(1983)①

从 1988 年 4 月国家正式颁布的分"五四学制"和"六三学制"两个方案的《义务教育全日制小学、初级中学教学计划(试行草案)》中也可以看出,即使到了 20 世纪 80 年代后期,课程结构还是隐遁在教学计划的背后。

在这段长长的课程隐退与缄默时期,尽管乡村学校课程本土化的讨论和实践悄然终止,尽管必修科目的教学成为所有学校的核心话语,但依然有地方在为乡村学校教学内容的本土化改进做着努力,如 1963 年 6 月宁波市教育局制发的《农村全日制小学必须适应农业生产的需要改进教学的意见》要求五年级开始增设土壤、化肥、病虫害等农业常识②,由此可以看到有些乡村学校的课程思想与实践传统尽管隐没在历史背后,但却薪火相传,并未完全中断过。

三、回归:全球化与课程变革

(一)中国改革开放与全球化浪潮

1978 年 12 月 18—22 日,在北京举行的中国共产党第十一届中央委员会第三次全体会议,实现了对执政以来思想路线、政治路线、组织路线以及重大历史是非判断等方面所出现失误的拨乱反正,作出了实行改革开放的新决策,重启四个现代化建设,对内启动政治经济体制改革,对外实施开放政策,融入全球化发展的大潮。

---

① 鄞县教育志编纂办公室.鄞县教育志[M].北京:海洋出版社,1993:113.
② 宁波市教育委员会.宁波市教育志[M].杭州:浙江教育出版社,1996:56.

全球联系不断加强，国与国政治、经济贸易之间彼此依存，全球化作为世界现代性进程的一个典型趋势，它的发展史如何断代，在学术上有不同的见解。尽管"全球化（globalization）"概念的最初使用是在 1985 年罗伯森等联合发表的论文《现代化、全球化和世界体系理论中的文化问题》以及莱维特同年发表的文章《市场的全球化》中，但全球化伴随着现代性进程的演进而演进，同样拥有自己的历史进程。

例如，罗伯森在《全球化：社会理论和全球文化》一书中把全球化分为"萌芽""开始""起飞""争霸""不确定性"五个阶段，见表 2-4。

表 2-4　罗伯森全球化五阶段说①

序号	阶段	时期	全球化特征
1	萌芽阶段	15 世纪初期至 18 世纪中期	民族国家共同体开始成长，世界日心说和近代地理学开始出现等
2	开始阶段	18 世纪中期至 19 世纪 70 年代	主要在欧洲发生，有关国际交往的法律公约和机构迅增，国际性展览会举办以及"国际社会""接纳"非欧洲社会问题开始出现等
3	起飞阶段	19 世纪 70 年代至 20 世纪 20 年代中期	全球交往形式迅增，全球性竞赛如奥林匹克运动会和诺贝尔奖等形成，全球范围普遍采用阳历等
4	争霸阶段	20 世纪 20 年代中期至 60 年代后期	国际联盟及之后联合国确立，民族独立原则确立，世界大战以及随后冷战，人类因战争开始反思自身本性和现代性前景，第三世界成型等
5	不确定性阶段	20 世纪 60 年代后期起	全球意识增强，全球交往不断加速，两极体系走向终结等

又如，赫尔德等学者把全球化进程分为"前现代的全球化（始于 9000—11000 年前）""现代早期的全球化（1500—1850 年）""现代的全球化（1850—1945 年）"和"当代的全球化（1945 年以来）"四个阶段，其中指出当代是全球化模式在政治、法律和治理、军事事务、经济活动、文化联系以及人口迁移等各领域实现历史性汇合与集中的独特时代，不少制度变革以及技术创新前所未有，世界范围的民族国家体系替代了曾经是政治统治和世界政治组织的首要形式的帝国；工业生产和消费的全球扩展终于使西方

---

① 罗伯森. 全球化：社会理论和全球文化[M]. 梁光严，译. 上海：上海人民出版社，2000：84-86.

工业革命的致命性后果暴露出来,后者造成了前所未有的环境全球化形式;等等。①

再如,斯图尔特认为,全球化没有源头,截至 19 世纪为全球想象的出现;19 世纪 50 年代至 20 世纪 50 年代为早期全球化,第一种全球通信技术出现,全球市场第一次统一,全球金融某些要素出现,有些组织达到全球程度;而 20 世纪 60 年代起才是全面全球化时代的开始,全球化现象的数量、种类、强度、制度化程度、意识和影响无疑都获得了最大限度的发展。②

还有,何顺果主持的《全球化进程研究》课题组认为全球化的历史考察可以从以下四个阶段展开:一是以 1492 年哥伦布发现新大陆为起点的全球化的探险时代(1500—1750 年);二是以工业革命兴起为标志的全球化的殖民时代(1750—1870 年);三是以第二次工业革命推动下欧美国家现代化纵深发展为标志的全球化的帝国时代(1870—1945 年);四是以第三次工业革命即以信息技术为中心的新的技术革命兴起为标志的全球化的网络时代(1945 年至今)。③

尽管关于全球化演进的历史断代有不尽相同的学术观点,但总体上倾向于全面的全球化时代开启于第二次世界大战结束之后的 20 世纪中叶,而且比较公认的是,最近两次全球化浪潮一次为 20 世纪 50 年代,第二次世界大战结束,尽管进入美国与苏联两大政治集团冷战对峙时期,但世界迎来了难得的相对稳定时期,现代科学技术迅猛发展,西方社会经济文化发展也是日新月异;一次为 20 世纪 90 年代,东欧剧变、苏联解体后,美国成为唯一超级大国,世界原有两极政治格局宣告终结,新的世界体系呈现多极化走向,新一轮全球化浪潮涌现,发展中国家在接受挑战的同时迎来了发展机遇。

改革开放的中国审时度势,以积极的姿态融入全球化发展的潮流中来,其中两次代表性的事件为:1986 年 7 月 10 日,中国政府正式提出申请期望恢复中国在关贸总协定中的缔约方地位;1995 年 7 月 11 日,中国正式提出加入世贸组织的申请,即到 2001 年 12 月 11 日中国正式加入世界贸易组织。如果说中国改革开放初期赶上的是前一波全球化浪潮的下半场,那么后一波全球化浪潮中国正好迎头赶上。

全球化浪潮波及的领域首先体现在经济领域,但经济全球化的同时必定关联着政治、文化以及教育等其他诸多领域的渐进渐深的交流与碰撞、对峙与融合。全球化话语自 20 世纪 90 年代开始进入学校教育的讨论,例如,在美国,为推进学校教育改革而于 1996 年成立的 Achieve 公司所发布的《美国高中:未来经济战争的前线》认为,在日

①　赫尔德,等.全球大变革:全球化时代的政治、经济与文化[M].杨雪冬,等译.北京:社会科学文献出版社,2001:574-602.
②　斯图尔特.解析全球化[M].王艳莉,译.吉林:吉林人民出版社,2011:68-95.
③　何顺果.全球化的历史考察[M].南昌:江西人民出版社,2010.

益激烈的全球化经济战场上，高中已经成为美国保持其竞争力的前线；在欧洲，欧洲委员会的《教与学：向学习型社会迈进》则认为"信息社会的到来""科学与技术文明的发展""经济全球化"是教育全球化的三个基本推动因素，促进了学习型社会的发展。①在中国，随着改革开放和融入全球化进程，从 20 世纪 80 年代起，国家在逐步恢复"文化大革命"当中受到冲击和破坏的基础教育教学秩序的同时，开始重建课程，隐退的课程又逐渐走到教育理论与实践的前台上来。从历史来看，课程回归的轨迹与中国重启现代性、融入全球化的进程有着紧密的关联，比如，教育部 1982 年 7 月 30 日发布的《关于加强中学外语教育的意见》提出："加强外语教育是发展我国同世界各国交往的迫切需要，是培养社会主义现代化建设人才和提高我国文化科学技术水平的迫切需要，具有重要的战略意义。"②两个"迫切需要"表达着一个走向改革开放的国家对于重启现代性、融入全球化的强烈的教育和课程诉求。

(二)课程回归与本土化呼唤

从 20 世纪 80 年代起，在全球化总体背景下，课程在当代中国基础教育的回归，是一个渐进的过程。梳理 20 世纪 80 年代至 90 年代中国重要教育政策及文件通知，便可以鲜明地看到这种轨迹。

教育部在 1981 年 3 月至 8 月期间先后颁发的《全日制五年制小学教学计划(修订草案)》《全日制六年制重点中学教学计划(试行草案)》《关于全日制六年制小学教学计划的安排意见》等，尽管还是在教学的框架下来修订的，但《全日制六年制重点中学教学计划(试行草案)》已经初步体现了课程选修的结构变革趋向；其中"全日制六年制重点中学教学计划(高中文理综合型)"增设了选修课，高中二、三年级除完成每周 26 课时的必修课之外，还有 4 课时可根据学生需要、社会需要和学校条件另设其他选修课；其中"全日制六年制重点中学教学计划(高中文理分科型)"则规定从高中二年级起试行文理分科，文理选修不同侧重的学生，其科目修习和评价的要求也不同。

20 世纪 80 年代，"课程"字眼的表述在国家教育文件里的最早出现是在教育部1982 年 10 月 19 日颁发的《关于普通中学开设劳动技术教育课的试行意见》里。尽管此时还是在教学及其大纲的框架下，没有形成完整的课程观，但其中那句也许是不经意的表述如"城市中学条件比较好的，应逐步做到按不同年级有计划地进行劳动技术

---

① 斯普林.论教育全球化[J].赵琳，译.清华大学教育研究，2010(6)：1-18.
② 中华人民共和国教育部.关于加强中学外语教育的意见[J].人民教育，1982(10)：48.

教育。如各年级可结合有关课程的教学,开设植物栽培……"①,仿佛一枝早放的梅花,最先透露出课程春天即将重新到来的消息。而且,这份文件还对城市中学和农村中学的课程本土化实践提出了明确的指导意见,例如之于农村中学,"还要进行热爱农村、建设家乡和农村政策的教育""一般以农业生产技术教育为主,如土壤、肥料、育种、作物及果树栽培,家禽家畜饲养等。有条件的,也可以进行一些为农村生产、生活服务的工业或服务性劳动技术教育,如农用机械维修、电机维修、电工、木工、泥瓦工、手工艺劳动、缝纫等"。② 1988 年 4 月,以国家教委名义颁布的《义务教育全日制小学、初级中学教学计划(试行草案)》,尽管还是以"教学"为名义,但呈现了基础教育变革的新面貌:一是将小学与初级中学合并为义务教育阶段、普通高中作为另一段的"两段设计",体现了基础教育学段规划的新思路;二是将学生系列活动课如劳动技术、时事政策、课外活动、自习、班队会、体育活动、兴趣活动等纳入到教学计划中,实现了活动课和学科课的结合;三是在"五四学制"的初中三、四年级中设置一定周课时的选修课,开始打破长期以来必修课一统天下的格局。所有这些,为 20 世纪 90 年代课程的再次正式登场作了坚实铺垫。

20 世纪 90 年代,课程复出的政策进程可谓是紧锣密鼓。1992 年 8 月,国家教委在广泛征求意见的基础上对《义务教育全日制小学、初级中学教学计划(试行草案)》进行了修改,并将"教学计划"更名为"课程计划",课程安排表中将全部课程分为"学科课程"和"活动课程"两大类,并为地方安排课程预留了周课时。1993 年 2 月,中共中央、国务院印发的《中国教育改革和发展纲要》提出了国家层面颁发基本学制、课程设置和课程标准等规定的基础教育体制改革深化措施。1996 年 3 月,国家教委颁布同义务教育课程计划相衔接的《全日制普通高中课程改革方案》,即《全日制普通高级中学课程计划(实验)》,并于 1997 年秋季在部分省市进行实验。1996 年 4 月,国家教委印发的《全国教育事业"九五"计划和 2010 年发展规划》提出基于未来社会发展的需要,要以"三个面向(面向现代化、面向世界、面向未来)"为出发点来深入改革教育体系、课程体系、教学内容和教学方法。"教育体系、课程体系、教学内容和教学方法",在这个逻辑序列中,课程重又回归到自己的位置上来。1998 年 12 月,教育部制定的《面向 21 世纪教育振兴行动计划》提出要改革课程体系和评价制度并列出了制定课程框架和教育标准、改革教育内容和教学方法、推行新的评价制度、开展教师培训、启动新课程的

---

① 中华人民共和国教育部. 关于普通中学开设劳动技术教育课的试行意见[J]. 人民教育,1983(1):27-28.

② 中华人民共和国教育部. 关于普通中学开设劳动技术教育课的试行意见[J]. 人民教育,1983(1):27-28.

实验等时间表。1999 年 6 月，为改变过于强调学科体系、脱离实际的教育现状，中共中央、国务院颁发了《关于深化教育改革，全面推进素质教育的决定》，提出要"调整和改革课程体系、结构、内容，建立新的基础教育课程体系，试行国家课程、地方课程和学校课程"，还提出要"增强农村特别是贫困地区义务教育的课程、教材与当地经济社会发展的适应性"。这标志着教育改革从宏观体制走向微观课程领域，确立了国家、地方和学校三级课程体系，至此，为 21 世纪中国基础教育课程改革完成了政策语境的铺垫，也为乡村学校课程本土化的实践开展埋下了伏笔。

2001 年 6 月，教育部遵照国务院《关于基础教育改革与发展的决定》要"加快构建符合素质教育要求的新的基础教育课程体系"等明确要求，制定了《基础教育课程改革纲要（试行）》以及系列课程标准，于同年秋季学期在全国 38 个区县先行开展新课程试验，2005 年在全国普及，正式启动中国课程领域的大规模变革。

从课程意识的觉醒和课程变革的启动中我们可以看到全球化时代一个国家自我变革的决心以及走向开放和发展的历程。课程，再次回归到教育的理论视野和实践场域中。

总体上，20 世纪中国基础教育现代课程观的演进，经历了时代的沉浮：从 20 世纪初到 20 世纪 50 年代，为兴起；从 20 世纪 50 年代到 20 世纪 90 年代，则隐入到历史的地平线下；从 20 世纪 90 年代起，则复又兴起。只是由于课程观在中国当代教育史上缺席时间太长，在 21 世纪初期，当课程改革在中国大地上重又兴起一段时期之后，研究者在龙镇乡村学校的教师访谈中，发现有部分教师言及"课程"一词时，依然很难区分"课程"和"教学"的各自内涵，很难理解课程的意义在哪里。

第三章　拔根:乡村学校课程本土化的困境审视

> 现代化带来的一个严重政治后果是,它造成了乡村与城市间的差距。①

——[美]塞缪尔·亨廷顿

① 亨廷顿.变革社会中的政治秩序[M].李盛平,杨玉生,等译.北京:华夏出版社,1988:71-72.

第一节 裂变:现代性与乡村社会

乡村学校课程本土化最初作为一种诉求,本身就是中国现代性进程自近代开启之后文化碰撞的一种反应和觉醒。因此,乡村学校课程本土化并不是孤立的教育实践,而是中国现代性进程中社会变迁的一条重要线索。要梳理这条交织在复杂社会历史现象中的线索,理解它的诞生和演变,理解它的困境和希冀,还需不断回到产生它的历史和社会中去。

一、城市化与城乡裂变

(一)城市化的魅影

城市化作为现代性进程的一个典型特征,它在大地上所催生和涌现出来的一座座现代城市,无疑就是现代性进程的重要成果,也是人类从蒙昧蛮荒走向文明创造的划时代见证,历史学家斯宾格勒认为人类一切伟大的文化都来自城市文化。

1926 年 2 月 19 日薄暮,21 岁的俄裔美国女思想家兰德从苏联流亡至美国,当她乘坐邮轮到达纽约港,第一次看到灯火辉煌的摩天大楼的时候,内心就被现代城市的繁华宏伟景象深深地震撼了,她想这些大楼是"被制成的可见的人的意志",是"上帝的手指",她激动地流下了眼泪。[①] 后来,她在小说《源泉》里也这样写道:"纽约的天空和人类的意志昭昭可见。你需要什么其他的信仰吗?……如果战争袭来,威胁到这些的时候,我愿把自己抛向天空,扔到这座城市的上面,用我的身体保护这些建筑物。"[②]对于从苦难中漂泊而来初遇繁华都市的异乡人而言,灯火辉煌、蔓延至天际线的摩天大

---

① 海勒.安·兰德和她创造的世界[M].启蒙编译所,译.桂林:广西师范大学出版社,2016:58.

② 兰德.源泉[M].高晓晴,赵雅蔷,杨玉,译.重庆:重庆出版社,2013:567.

楼丛林营造出的现代性城市图景对一个人的灵魂确实具有极大的震撼力和俘获力。

中国近代开启的现代性进程所带来的城市化中最具代表性的就是上海。上海开埠后自西方移植而来并逐渐形成的现代性城市图景也同样给古老的乡土中国带来传奇般的视觉冲击和心灵震动。在近代上海地方诗词、小说以及报刊评论中均可看到类似的表达，例如，以吟咏风土为主的竹枝词有写道："西域移来不夜城，自来火较月光明。居人不信金吾禁，路上徘徊听五更。"①自来火（煤气灯）以及不久后出现的电灯为迈出现代性时空分离的第一步创造了条件，城市生活以"不夜城"的现代景象开始突破传统的时间和空间尺度，不断趋向丰富。"海上一隅，弹丸之地，自华洋互市、中外通商以还，遂成巨埠，繁华等于巴黎，蕃盛驾于伦敦。六大洲五十三名邦、一统志二十二行省之以有易无，行商居贾，咸来萃止。吾谓英之伦敦未及吾海上之富有也，法之巴黎无过吾海上之奢丽也。六十年来，吾海上乃仙都也，吾海上乃乐国也。"②小说《商界现形记》里开头对上海的这段描述未免有文学语言夸张的成分所在，但也揭示了上海城市的演变历程及其繁华图景。报刊文章中的评论文字如"沪北一隅，通商总埠，不独两京四镇十八省无此壮丽，无此繁华，即英之伦敦，法之巴黎，美之纽约，日之东京，均与之相埒焉"③等，在感叹上海壮丽繁华的同时，也从全球视野揭示了中国城市化的舶来性。

城市化的繁华图景无疑对世俗社会具有极大的精神俘获性，车水马龙、灯红酒绿的城市生活理想慢慢取代传统的田园牧歌，成了世俗社会的一种压倒性的主流生活价值取向。城乡之间开始单向度的流动，无论是求学，还是经商，还是其他不同形式的谋生和创业，尤其是乡村精英，纷纷走向城市。城市不断膨胀起来，以移民文化作为主要特征的城市以它的进取性、开放性、包容性和创造性打破了人们原来乡村社会宗族权力结构的身份固化，激励着不同的人追求梦想，共同谱写了城市文明、自由、进步与繁荣的现代性图景。近代龙镇出去到宁波、上海等城市谋生创业的人大都事业有成，无论是回乡修建豪华的私人住宅，还是重修祠堂，捐建桥梁、堰碶、学校等，在乡民的眼中，都是衣锦还乡的荣耀，城市无疑成了世俗生活中一种充满力量的召唤。繁华的、充满机会和变化的城市在贫寒的、生活几十年如一日的乡村面前，在世俗的价值判断和想象中，越来越笼罩上一层又一层乐国般的光环。"城里人"和"乡下人"开始确立为一种对立的身份，并不断拉大彼此的距离，再加上20世纪50年代末中国城乡二元户籍管理制度的实施，两者之间便越来越固化成一

---

① 鸳湖隐名氏.洋场竹枝词[N].申报,1872-07-12.

② 天赘生.商界现形记[M].上海:上海古籍出版社,1991:1.

③ 沪北灯舫议[N].申报,1889-02-08.

道心理上优越和自卑之间的鸿沟。这种长期以来形成的身份认同差异慢慢在乡村民众的内心深处隐形成一种心理结构，龙镇龙村的一位大妈在向研究者讲述她的生活往事的时候说道：

> 我喜欢城里，城里能见大世面。改革开放以后，那时我才四十来岁，我就想着去城里打工，或去上海投奔亲戚，找点活干，或者在城里开一家点心店，也总比在农村好。农村有什么好，又穷，邻里隔壁闲话又多。我花钱叫我女儿到城里去参加戏曲培训班，心里也是在想，什么时候她能嫁给城里人就好了。
>
> （I-20180420-1907-ylzylc-xgz）

20 世纪 80 年代起，随着改革开放和全球化浪潮的进一步推动，轰轰烈烈的城市化运动在中国大地上重新创造了城市繁华的奇观。在戴锦华的文化观察与书写中，商城和商厦、麦当劳和必胜客、家居店和花店、面包房和咖啡馆、酒吧和舞厅、高尚住宅区和别墅群等，在中国城市铺展出的全球化风景，不断渲染着金钱的魅力与物质的奢华。[①] 大众文化与消费文化联袂崛起，通俗文学、流行音乐、娱乐杂志、体育赛事、肥皂剧和海量的购物广告交织在一起，再加上现代出版和视觉媒体的广泛传播，迅速攫取了普罗大众的心，并逐渐激荡起人们内心深处的欲望，"拜金主义"逐渐流行。文化原有的神圣性和秩序感开始被解构，文化不再是高高在上的精神救赎的家园，而是通过工业流水线或是和工业化媒介结合在一起的日常消费的对象。广告开始成为大众生活的指南，超级购物中心开始成为城市地标，城市越来越成为大众欲望满足和价值实现的场所，城市化越来越成为大众心中的普遍信念。"城市，让生活更美好！"2010 年，中国在上海举办的第 41 届世界博览会的主题让城市生活信念更加深入人心。

（二）城乡裂变

高歌猛进的城市化的繁华图景有时会掩盖城市物质生活中人性的异化以及人际关系的疏离，会掩盖在城市大街小巷和城市工厂里寻找生活的农民工无枝可依的漂泊困境，会掩盖社会变迁中的社会结构的潜在裂变及风险。城市开始放弃从乡土传承而来的文化，大量保留着乡土传统的历史街区在城市改造中被高楼大厦取而代之。与此同时，同样古老的村庄也在城市大扩张中被连根拔起。斯宾格勒也形象地指出，城市发展到一定阶段，开始逾越它所来自的乡土并造成城乡之间的分裂，他说："新的城市

---

① 戴锦华.隐形书写——90 年代中国文化研究[M].北京：北京大学出版社，2018：259.

心灵说的是一种新的语言,这语言很快就和文化本身的语言等同起来。广阔的土地及其村民受到了伤害;它不再能理解这种语言,它感到难堪,变得缄默。所有真正的风格历史都是在城市里上演的。"①亨廷顿指出现代性进程所造成的城乡裂变与差距正成为社会与经济领域深刻变革着的国家所具有的显著特征,而且,城市化成了一个国家或地区衡量现代化发展程度的尺度,"现代化还可能会将一些新的要求强加给农村,从而加深农村对城市的敌意。……城市和农村成了两个不同国度,代表着两种不同的生活方式"②。

在世界现代性进程启动之前,城市和乡村是一体化的。城市来自乡村,原来的城市更多的只是基于政治和防御的需要而用城墙围合的村镇,城市的社会结构与乡村的社会结构并无多大的区别,只是行政功能更突出、集市更繁华、手工作坊更聚集、交通更便捷而已。从语源学来看,"城市"一词,原来分属两个概念,"城"原指都邑四周用作防守的墙垣,内称为"城",外称为"郭",《说文解字》中云:"城,以盛民也。"③《墨子·七患》中云:"城者,所以自守也。"④《管子·度地》中云:"内为之城,城外为之郭,郭外为之土阆。"⑤"市"指集中进行交易的场所或交易,《说文解字》中云:"市,买卖所之也。市有垣。"⑥《易·系辞下》中云:"日中为市,致天下之民,聚天下之货,交易而退,各得其所。"⑦古代城市一般是基于防御性和贸易性两大基础功能融合发展而来。但是那时的城市与乡村并无多大的分化,城乡只是从城市在现代性进程中开始形成独立的商业文明和工业文明以及形成自己独立的产业起,才开始走向分化。此后,城市的文化创造功能日趋强化,马克思、恩格斯说道:"物质劳动和精神劳动的最大的一次分工,就是城市和乡村的分离。"⑧

每个地区和国家现代性进程启动的时间和方式都不尽相同。对于中国而言,现代性进程更多是近代在西方的经济贸易伴随着军事的侵入中被动开启的,城市化的风格和路径因此也具有鲜明的西化特征和辐射轨迹,从沿海开埠城市逐渐向其他地区蔓延,而上海是近代中国城市化辐射的中心。以宁波为例,出于防御和安全的需要,宁波

---

① 斯宾格勒.西方的没落(第二卷)[M].吴琼,译.上海:上海三联书店出版社,2006:93.
② 亨廷顿.变革社会中的政治秩序[M].李盛平,杨玉生,等译.北京:华夏出版社,1988:71-72.
③ 许慎.说文解字[M].北京:中华书局,1963:288.
④ 墨子[M].方勇,译注.北京:中华书局,2011:32.
⑤ 管子[M].房玄龄,注.刘绩,补注.上海:上海古籍出版社,2015:371.
⑥ 许慎.说文解字[M].北京:中华书局,1963:110.
⑦ 周易[M].杨天才,张善文,译注.北京:中华书局,2011:607.
⑧ 马克思,恩格斯.马克思恩格斯全集(第3卷)[M].北京:人民出版社,1960:56.

从唐代开始修建城墙，但从整体社会结构而言，城墙里外其实没有多大差别，城市和乡村都是聚族而居，以血缘关系来维系的宗族都是其最基本的单位。对于到城里从政和经商的人来讲，很多时候，城市只是他们的另一个园子，他们的根还是在乡村，因此当他们年老或告退时，往往会选择返乡，城乡的彼此流动既经常又相对均衡；自宁波开埠之后，城北的租界开始兴建起来，它源自西方的城建模式慢慢影响到宁波老城，1920年，宁波成立"宁波市政筹备处"，筹备拆墙造路，整个拆墙运动持续了十多年，城市开始打破边界，模仿租界及其西方的市政模式来经营和建设，并不断扩展开来。而且随着城市风气日益开化，城市文化的丰富，娱乐场所的增多，日用工业品的繁多，公共意识的发展，传统生活及伦理秩序的突破，以及车水马龙、百货商店、公园、新式学校、夜间霓虹灯等烘托出现代性进程中城市化的繁华，与小农经济破产的凋敝的乡村开始形成了强烈的对比，城乡时空不再叠印在一起，开始走向分离，城乡之间因生活品质和就业机会相差巨大而开始出现由乡到城的单向度流动，城乡之间由此出现了第一次裂变，"现代化改变了城市的性质，改变了城乡间的平衡。在城市中，经济活动得到了增加，并导致了新社会集团的出现，也使传统社会集团产生了新的社会意识。从外国传来的新思想和新技术出现于城市"[1]。

　　民国时期的社会学家和社会改革家关注到了城乡第一次裂变所可能产生的社会危机和政治风险。费孝通发现中国的现代性历史不幸走上了城乡裂变和相克道路，他认为城乡之间应该彼此促成，不能再让城乡裂变的悲剧演下去，这是任何社会经济建设都首先要解决的前提。[2] 卢作孚忧心忡忡地指出，社会正在形成的政治愈益以城市为中心，"不但政治机关皆在城市，举凡高级学校，皆在城市，各种工厂商店银行皆在城市，铁路、马路、航路亦皆力谋城市与城市间的联络，一切自来水、自来火的供给，消防卫生的设备，皆集中于城市，城市建设极其完备，乡村建设，却不成为政治上的问题了"[3]。千家驹从经济的角度追问道："这不是一个矛盾吗？一方面农村是极度的疲敝，另一方面都市却反有它突飞猛进的发展。"[4] 梁漱溟在《乡村建设大意》中从文化的角度省思乡村凋敝的现代性缘由："以这样一个以农业为主的国家，以乡村为本的文化，近几十年来却遇到一个以工业为主，以都市为本的西洋文明，我们又一天一天地在那里跟着他学，这哪能不与自己原有的文化矛盾冲突以致日渐崩溃破坏呢？当西洋工业发达都市兴起的时候，他们的农业也受到妨碍，乡村也受到压迫；不过他于工业发达

①　亨廷顿.变革社会中的政治秩序[M].李盛平,杨玉生,等译.北京:华夏出版社,1988:73.
②　费孝通.费孝通文集(卷四)[M].北京:群言出版社,1999:319.
③　凌耀伦,熊甫.卢作孚文集(增订本)[M].北京:北京大学出版社,2012:74.
④　千家驹.救济农村偏枯与都市膨胀问题[J].新中华,1933(8):11-20.

都市兴起之后，就又赶快回过头来救济乡村救济农业，所以他的乡村农业还不致落在纯被破坏的地位。"①也是基于这样对当时城乡裂变所带来的社会问题的反省、批判与认识，20世纪20—30年代，当时中国的不少地区逐步形成了乡村建设及乡村教育的实验高潮。

中国现代性进程中的第二次城乡裂变主要起始于20世纪80年代。改革开放后开启的现代化建设及其工业化、市场化、城市化推进，再恰逢世界性的全球化浪潮的推动，使得中国重新回到世界的舞台上来，把握机遇，有力地促进了经济社会生活的多样化发展，开创了超越历史的中国繁荣发展奇迹。改革最初是从中国乡村开始的，家庭联产承包责任制的实施激发了生产活力，同时大量乡镇企业的异军突起，改变了乡村单一的产业结构，吸收了乡村剩余劳动力，使得乡村社会在短时期内也获得了跨越性发展。但是因"城乡分治"等结构性体制矛盾所造成的制度壁垒、文化壁垒、教育壁垒等没有突破，再加上城市化的高歌猛进，乡村开始出现价值迷失、资源要素流失、教育衰落、劳动力老龄化、村庄空心化、环境污染等问题，城乡在不均衡发展中再次走向裂变。

20世纪90年代中期，第二次城乡裂变所造成的乡村社会问题逐渐引起社会关注，"三农"问题作为聚焦和讨论乡村社会困境的一个宽泛概念开始广泛传播。2000年3月，乡镇党委书记李昌平致信国务院总理朱镕基，反映当地乡村存在的突出问题，说道："现在农民真苦，农村真穷，农业真危险！"②陆学艺指出"三农"问题已经"直接影响农村的发展，影响农村社会的安定，阻碍社会主义市场经济体制的形成，影响整个国民经济和社会的稳定与发展"③。随着讨论的不断展开，对于乡村社会问题的剖析也日趋深入，温铁军、孙永生认为21世纪后的"三农"问题内涵需要重新界定，应由原来的"农业增产、农村发展和农民增收"转向"农民权益保护、农村可持续稳定与农业生态安全"。④ 不少学者则从文化角度进行了深刻检视，刘铁芳指出以发展为中心的现代性重启进程及其框架放逐了乡村社会的主体性，隐匿了乡村社会的文化内涵，"以城市取向为中心的外来文化的冲击使得原来的乡村文化秩序土崩瓦解"⑤。赵霞认为传统乡村文化的秩序价值在以城市化和工业化为典型特征的现代性进程中不断被解构，以致"乡村文化失去了认同的基础，传统道德日益碎片化，乡村精英的标杆意义也

---

① 中国文化书院学术委员会. 梁漱溟全集(第一卷)[M]. 济南：山东人民出版社，1989：609.
② 李昌平. 我向总理说实话[M]. 北京：光明日报出版社，2002：20.
③ 陆学艺. "三农论"：当代中国农业、农村、农民研究[M]. 北京：社会科学文献出版社，2002：470-471.
④ 温铁军，孙永生. 世纪之交的两大变化与三农新解[J]. 经济问题探索，2012(9)：10-14.
⑤ 刘铁芳. 乡村的终结与乡村教育的文化缺失[J]. 书屋，2006(10)：45-49.

日渐衰落"①。

如果从宏观上来审视和比较，中国现代性进程中的两次城乡裂变既有相似处，也有区别。相似的地方就是城乡发展不均衡，城乡之间在经济、文化上发展差距拉大，城市发展造成了乡村资源要素的流失，造成了乡村社会的衰败；不同之处在于，两次城乡裂变由于中国现代性进程早期与后期程度不同而呈现出明显的差异，选取 20 世纪百年作为一个跨度来观照，20 世纪前半叶可以说是全球动荡时期，无论是国际环境，两次世界大战的爆发，还是国内环境，内战不断，除上海外，国内其他地方城市化程度并不深，乡村社会总体上还保留着自己的文化形态和结构；20 世纪 80 年代起，国际政治格局趋向稳定，时代主题趋向和平与发展，国内开始改革开放，再加上全球化浪潮，中国经济迅猛发展，城市化进程增速，城乡裂变显著加深，乡村社会文化形态和结构急剧瓦解，开始经历 1840 年以来最深刻的社会变迁。

考察龙镇的历史和现实，也可以看到中国现代性进程中两次城乡裂变对这座乡村小镇带来的影响。第一次城乡裂变过程，对于龙镇而言，除经济外，主要体现在人员的外流上。流入地近的为宁波，远的为上海或武汉，几座城市之间形成一条明显的路径，但是由于乡土文化传统没有断裂，外流的人员事业有成后，大都饮水思源，以"修桥""铺路""办水龙会""修宗祠""修堰碶""造凉亭""办学校"等方式回报桑梓，20 世纪 20 年代，旅沪乡贤和地方乡绅一起纷纷在龙镇自己的村庄修建宗祠，兴办新式学校、修建堰碶和桥梁等（如图 3-1 所示），龙镇迎来了它历史上首次发展兴盛时期。而且，新修的建筑无论是采用新工艺和新材料，还是融入欧式装饰元素，从总体建筑风格上来看，往往中西合璧，公共建筑或私人住宅都是那么有机地跟原来的村庄建筑形态融合在一起。尽管城乡在走向裂变，但现代性遇见乡土伦理，却也以一种独特的方式融汇成一条城市化反哺乡村的文化之流。

　　宗祠　　　　　　　　　　　**石碶**　　　　　　　　　　校舍

图 3-1　民国时期龙镇旅沪乡贤及地方乡绅捐资修建的宗祠、石碶及校舍

---

① 赵霞.传统乡村文化的秩序危机与价值重建[J].中国农村观察，2011(3)：80-86.

　　第二次城乡裂变过程，对于龙镇而言，现代性进程及其城市化，在全球化浪潮的推动下，在龙镇描绘出一幅现代性图景，高楼林立起来，高速公路穿镇而过，高铁也时而在龙镇的田野上呼啸而过。但是这幅现代性图景下却隐含着一种强烈的侵略性，从地理环境来看，从20世纪80年代起，由于城市建设需要，龙镇成为石料的取材地，开始炸山取石，地标性的青山如龟山等逐步消失；由于乡镇企业用地需要，龙镇的长山江被填了将近三分之一江面，用来兴建厂区；不少铸造类企业的进驻，造成了巨大的环境污染，尽管近年来加大力度治理，但直到现在还能在网上看到龙镇居民不断的投诉；不少村庄开始进行拆迁，以城市高楼的建筑形式对村落进行了改造（如图3-2所示）。如今的龙镇，在第二次城乡裂变过程中，所面临的不仅是一般的衰败及空心化问题，而且是自身的可持续发展甚至是有关存亡的问题。

采石场

待拆的民居

拆迁后的废墟

图 3-2　龙镇毁弃的青山和拆迁中的村庄

二、变迁中的乡村社会

(一)代际决裂：作为前喻文化的乡土文化

中国大地上的每一座村庄都深嵌于中国乡土文化之中。家谱村规、宗教信仰、伦理禁忌、节庆习俗、历史遗存、山水地理、空间格局、手工技艺以及古树名木等，共同呈现出中国村庄典型的乡土性图景。随着历史绵延，每一座村庄在相近的文化结构基础之上，又因所处地理环境的不同，渐渐形成具有自己地域特征的乡土文化形态。

龙镇区域中心高高耸峙的山头——神树岗是全镇的信仰中心。神树岗上两棵高大的古松成为龙镇人心中的精神标志，无论是日常生活，还是离乡返乡，那抬头间远远便能望见的两棵古松会在龙镇人心中屹立成一种之于故乡的永恒记忆。古松下有一座庙，里面供奉着地方神祇，这里是龙镇人祈愿的公共空间。神庙东侧的山坡上还有一眼小小的泉池，龙镇的人常会去那里取水来喝，相传饮用后会眼目清明。除了神树岗作为龙镇所有村庄公共的信仰之地，每座村庄还有属于自己村域范围内的信仰空间，例如龙村，在其东南面的茂屿山下还有一座梅池庙，在其石碛北岸有座土地庙，供奉的都是地方神祇；在其北面的前塘河畔还有一座小寺庙。

乡土村落的民间信仰体系往往是一个多元构成。除了信奉神灵，祭祀祖先便是龙镇所有家庭必有的礼俗，并形成一整套的祭祀仪式。在漫长的岁月里，龙镇的村庄还从乡土生活经验中渐渐约定俗成一系列的道德规约，例如，敬惜字纸，写过字的纸张要收集起来，不能随意丢弃，更不能用来如厕，不然会受天谴；敬畏河流，不能往河里扔东西，不能在公共的河埠头洗刷脏物；善待燕子，呵护其在家里或檐下衔泥搭建的燕窝；稻田里的青蛙不能捕杀；蛇在家里屋梁上出现，要用酒盅去米缸里盛来米，轻洒米粒慢慢驱赶；耕牛老了，不能宰杀，送往数十里外的一座大寺院安享晚年；还有饭碗里的米饭要吃得一粒不剩，走路不能走在屋檐下，做坏事要被雷劈；等等。

乡土大地上的传说以及生活故事则以另一种充满诗性的讲述充实着人们的精神信仰。每一座山和每一条河都有命名，每一个命名大都关联着一个传奇。神树岗、龟山、蛇山、琴山、茂屿山等青山，长山江、前塘河以及下江等河流，在年老村民的讲述中，都会缓缓演绎出一个个古老的故事，比如前塘河在龙镇龙村南面颜桥旁大拐弯的地方，有一个很深的潭，那里住着一条龙，人称"颜桥老龙"，每逢夏季雷雨时节，村里的老人有时抬头望望乌云的方向便会神秘地说道是颜桥老龙还是其他地方江河里的龙在呼风唤雨。自然中的很多事物在乡土信仰世界里，都闪耀着神性的光芒。例如，如果有一天一只蜘蛛吐着丝突然垂降在一个人的眼前，预示着会有客人来家里；如果路过的猫头鹰停留在谁家的屋脊上,预示着谁家最近可能会遇事不顺。

乡土文化的构成除了民间信仰体系,还包括社会关系、世俗功名意识、农耕知识、手工技艺、村落布局、建筑风格等。龙镇村庄内部的人际关系主要以宗族血缘来维系并构成一种秩序。传统的科举功名自古以来在龙镇百姓的心中,是一种很高的入世信仰,因此读书人在村庄里总是备受人们尊重;农耕知识是村庄生存的重要基础,掌握农耕知识最丰富的人,也同样在村庄里享有很高的地位,所谓"耕读传家"是也。其次就是拥有手工技艺的人,比如篾匠、铜匠、木匠等,如受雇到村民家里做工,都会受到一定的礼遇,被好菜好饭招待。除了生产型的手工技艺,还有生活型的手工技艺如食品加工方面的包粽子、做年糕、裹汤圆等,几乎都是家家户户熟谙的技艺。龙镇村庄大都依山傍水,与自然环境有机地交融在一起;村庄布局以院落和巷弄为组合,而院落常以宗族血缘关系的远近或者以相同支系形成聚居。村庄建筑风格在民国以前基本上都是粉墙黛瓦木结构两层坡顶屋,适合多雨的江南。

而真正让乡土文化流动起来的恰是嵌于其中的民俗活动。例如梅池庙会,它是龙镇龙村大型的综合性民俗活动,除了庙会常见的菩萨巡游活动,还包括宗祠祭祖、赛龙舟等,那是乡土世界最盛大的节日。不仅是龙村的男女老少,还有龙镇其他村庄的龙舟队以及村民都会赶来参与或观看,共享乡土世界的文化欢娱。

乡土文化的构成尽管多元繁芜,尽管其中也有不少带有封建迷信的色彩,但总体上却是一个自成一体的文化系统,所有的内容都与农耕文明的各种节气、节日以及耕作传统关联在一起,扎根大地,构成一个天地人神和谐共处的生活世界,其中隐含着现代生态文明的诸多特征。

从传播的方式来看,乡土文化的传承大都是长辈向晚辈口头传播和代际传承的,离开了长辈的讲述,晚辈对自己的乡土就会一无所知。村庄的文化家园其实就是口头传统中的"人文世界"。中国村庄乡土文化其实具有美国人类学家米德所说的以长辈为中心的前喻文化的性质。米德说道:"前喻文化,是指晚辈主要向长辈学习;并喻文化,是指晚辈和长辈的学习都发生在同辈人之间;而后喻文化,则是指长辈反过来向晚辈学习。"①她还说:"在前喻文化中,人们通过白发苍苍的长辈所具有的个人尊严和历史连续感来体现过去和未来。"②

乡村社会的深刻变迁不仅在于城乡之间的外在裂变,还在于内部文化结构的代际

---

① 米德.文化的承诺:一项有关代沟问题的研究[M].周晓虹,周怡,译.石家庄:河北人民出版社,1987:27.

② 米德.文化的承诺:一项有关代沟问题的研究[M].周晓虹,周怡,译.石家庄:河北人民出版社,1987:93.

决裂。在孕育自西方工业文化的现代性的冲击下，作为前喻文化的中国乡土文化世界正面临着失落。电视、网络等各种媒体的兴起，年轻人不再依赖长辈的讲述而获得经验，村落里长辈渐渐失去话语权；城市化的快速推进，城市生活成了时代的召唤，对于乡村长辈的生活经验，年轻一代已经失去传承的欲望；而乡土文化在现代性催生的琳琅满目的新生事物前正经历着一个祛魅的过程，并被挤迫到了时代文化的边缘。这种文化的代际决裂在 20 世纪 80 年代以后的中国乡村是全新的和普遍的，并带有鲜明的全球化特征。米德指出当今世界变化急剧，电子化网络打破了传统时空边界，年轻人无需依赖长辈的单一传授就能"共同分享长辈以往所没有的、今后也不会有的经验"，而年长一代却无法再度目睹年轻人生活中出现的对社会骤变的深刻体验，因而，"代际之间的这次决裂是全新的、跨时代的：它是全球性的、普遍性的"。①

　　龙镇龙村的 Z 大伯以前是村里种地和摇船的好手，村里的年轻人想务农，会托熟人拜他为师，学习耕作技术；生产队时期从村里去外地运肥料，要经过大江大河，有大风大浪的危险，便经常由 Z 大伯摇橹和把舵，船方走得稳。现在 Z 大伯快 80 岁了，依然喜欢在自己的土地上劳作，接受研究者访谈时却说道：

> 　　现在哪里还有年轻人学种田啊，种田没出息，赚不到钱。
>
> （I-20181105-2003-ylzylc-zsc）

　　X 大妈有一手做传统点心的好手艺，如裹粽子，做金团、灰汁团等，平时村里邻舍家里要做点心，她常会热情地去帮忙，接受研究者访谈时也说道：

> 　　这些手艺，年轻人也没人学，超市里点心多的是，买点吃吃多方便。只有前几年文化局调查地方非物质文化遗产时来人采访过。
>
> （I-20181105-1945-ylzylc-xgz）

　　面对日新月异的时代生活，村庄里的老人在失去话语权的同时也在失去他们的权威。历史正在走向一个全新的时代，"年轻一代在对神奇的未来的后喻型理解中获得了新的权威"②。

---

　　①　米德．文化的承诺：一项有关代沟问题的研究[M]．周晓虹，周怡，译．石家庄：河北人民出版社，1987：74．

　　②　米德．文化的承诺：一项有关代沟问题的研究[M]．周晓虹，周怡，译．石家庄：河北人民出版社，1987：27．

（二）改造、拆迁与村中村：村落的变迁

世界现代性进程跨越了世纪百年，它在同时创造了技术发展、财富增长、社会进步神话和制造了两次世界大战末日景象之后，又在当代进一步编织出城市化、全球化的繁华图景。

中国城市的发展，是西方现代性植入的一个过程。源于工业文明的现代性与源于农耕文明的乡土性之间本身就包含着一种矛盾，因此这种植入也就潜藏了日后对于中国传统乡村社会的侵略性风险。再加上 20 世纪 50 年代起，由于社会重建需要，历次政治改造运动，疏离甚至离弃了自身的传统文化价值，这种长时期的本土文化断裂，使得 20 世纪 80 年代起中国重新融入世界现代性进程的时候，在全球化浪潮推动下，城市化以其繁华图景迅速压倒性地俘获了百废待兴中每一颗渴望发展的心，成了每一个地方发展的样板。城市的模样成了未来生活的想象。

城市开始急剧扩张。城市内部那些乡土建筑形态的历史街区首当其冲，开始成片拆迁。中国台湾著名建筑师登琨艳当时考察国内城市大扩张时期城市改造情形时发现传统的胡同和街巷消失了，街道一味拓宽，没有兼顾人们穿行的空间尺度，盲目的改造将城市人们曾经成长生活的空间及历史"一口吞噬"。[①] 在登琨艳的眼中，20 世纪末城市扩张中的大拆迁是一场令人窒息的时代风暴，差异化空间的消失，大马路、大广场以及千篇一律高楼群等均质化空间的兴起，预示着文化自信心与创造力的消失，而"均质化的空间不再在乎人们的个性和创造力，走到这里那里都如此相似的建筑和风物，正是商业逻辑的强大力量所致"[②]。徐明松、沈福煦则认为，城市改造中历史街区及其建筑的消失，也是城市文脉的阻断及其生命迹象的消失，"站在市民主义的立场，消失的石库门，消失的不只是那些物化的形象符号，而且是市民精神的内核，是文脉的生命迹象的消失"[③]。

而乡村，在蔓延而至的高楼林立的城市面前，在政府主导的拆迁整地政策以及高额补偿金的影响下，传统绿水青山的田园价值信仰渐渐崩塌。乡村在向城市让渡自己的青山、河流与土地资源的同时，部分村庄整体拆迁，搬入现代小区整齐划一的高楼，成为城市社区；部分没有拆迁的村庄开始以城市的样子改造自己。20 世纪 80 年代，龙镇往北，通往城区，约有 20 公里的路程，需要路过三座小镇；如今这三座小镇都已经成为城区街道，辖区内除了几座宗祠、寺庙等单体建筑得到保留外，所有村庄建筑都拆

---

① 登琨艳.空间的革命：一把从苏州河烧到黄浦江的烈火［M］.上海：华东师范大学出版社，2006：9.

② 登琨艳.空间的革命：一把从苏州河烧到黄浦江的烈火［M］.上海：华东师范大学出版社，2006：9.

③ 徐明松,沈福煦.建筑乌托邦——明天我们住在哪里［M］.上海：上海书画出版社，2005：43.

迁完毕，原有的乡土村落肌理和自然风貌并没有得到珍视，城市规划没有延续地域文脉，新建楼盘没有融入乡土文化审美元素，当人们开始感念乡愁的意义时，发现其所附着的乡土事物及其风貌已经荡然无存，故园不再。2014 年起，其中一个街道认识到乡土地理家园的消失不久后也将会导致其所承载的乡音、乡俗、乡思和乡情最终走向虚无，开始组织下辖村庄（社区）编纂村史，内容包括村名由来、地理环境、政治经济、文化教育、民风民俗、宗族姓氏、古今人物以及大事记等，以挽留最后的乡土文化记忆，以维系失去故园的人们之间的情感和凝聚力。

如今，龙镇站在了城区与乡村的交界处，尽管其还没有进入被拆迁的城建规划，但龙镇及其部分村庄也开始以城市化的思路来改造自己，镇区开始兴建现代商业广场和现代楼盘。龙村也开始推动新村建设，就是把原来传统建筑风貌的旧院落和老房子全部拆除，除了已经列为文物保护单位的 L 小学民国校舍，统一建成一幢幢 18 层左右的高楼。X 大妈在搬离自己的祖屋时，哭了，她说："尽管房子老了，但毕竟是祖辈传下来的房子，不容易，何况住了那么多年，有感情啊。"她还特意买来香火，在祖屋里祭拜了先祖和灶神。在拆迁改造的过程中，由于部分村民因不同想法不愿搬离旧宅，村里开始陆陆续续出现疑似纵火现象，幸好都被村民发现及时扑灭了，但有一次，火势蔓延，烧倒了一大片尚没拆除的老房子（如图 3-3 所示）。村里的老人纷纷说是"罪过"，说现在的人对先祖的东西连最起码的敬畏之心都没了。

图 3-3　龙镇龙村火灾后现场

本以"十里水乡"著称的龙镇，它的独特乡土风貌正在逐渐消逝。

乡村社会的变迁过程折射着现代性的一个取向，那就是与过去和传统的割裂。美国学者格里芬指出现代性有一种"几乎完全从对将来而不是从对过去的关系中寻找现在的意义"的倾向，隔断与过去的联系，对过去漠不关心，"沉醉于对新颖性的追求"。[①]

---

① 格里芬.后现代精神［M］.王成兵，译.北京：中央编译出版社，1998：6.

而正在消解的乡土文化恰是中华文明源远流长的源头所在，包含着中华民族生生不息的文化密码，孕育着人与自然、人与人以及人与自己和谐相处的古老传统。英国社会学家吉登斯这样理解"传统"道："传统与记忆，尤其是与莫利斯所提出的'集体记忆'息息相关；传统涉及仪式和风俗；它与我所说的'形式化的真理概念'（formulaic notion of truth）有着密切关系；传统有自己的'护卫士'；而且，与习俗不同，传统具有包含道德和情感内容的黏合的力量。"①

1947 年 1 月 30 日，费孝通在伦敦经济政治学院发表学术演讲时，对世界现代性进程下中国社会变迁中的文化结症即工业文化与农业文化之间的替易和冲突作了深刻的分析，认为这种冲突其实是中国传统处境的"匮乏经济"（economy of scarcity）和西方工业处境的"丰裕经济"（economy of abundance）之间的冲突，而且这两种经济形态并不只是财富多寡之别，而是匮乏经济是封闭的、静止的经济，丰裕经济则是扩展的、动的经济；工业革命之后的西方现代性力量就是一个无孔不入的进取性力量，在世界走向一体化时代，匮乏经济及其相关联的文化在其侵袭下自然节节败退。在演讲中，费孝通曾不无尴尬地感叹传统已去、处境已变，他说道："'悠然见南山'的情境尽管高，尽管可以娱人性灵，但是逼人而来的新处境里已找不到无邪的东篱了。"②但即使这样，在费孝通的心中，理想的社会依然应当是乡村和城市相成的，而历史的不幸恰在于当时两者已经走向了相克直至分裂。当年的费孝通更难想象，半个世纪后，乡村无论从外在乡土地理形态、村落建筑风貌，还是内在传统文化结构，在急剧扩张的城市化冲击下，正在经历史无前例的断裂甚至连根拔起的消亡命运。

传统逝去，蕴于其中的道德和情感内容的黏合力量的丧失，乡村社会正在走向瓦解和虚无。美国社会学家贝尔说道："一旦人切断了和过去的联系，他就不能逃脱未来所拥有的最终的虚无感。"③

变迁中的龙镇，不仅仅是龙镇本身，还牵连着中国大地上其他遥远的村庄的命运。当龙镇村庄里的部分村民走向城市谋生或者定居的时候，内地很多村庄里的村民有的孑然一身，有的拖家带口来到龙镇的村庄里租住打工谋生。每逢传统节日，他们也会和同在龙镇或在龙镇周边村落打工的乡亲们聚在一起，用自己家乡的习俗来过节，龙镇的村庄里分明又嵌着另一座远方的村庄。小小的龙镇的变迁，有时就是广阔的中国乡村的变迁。

---

① 吉登斯.为社会学辩护[M].周洪云，等译.北京：社会科学文献出版社，2003：16.
② 费孝通.费孝通文集（第四卷）[M].北京：群言出版社，1999：307-308.
③ 贝尔.资本主义文化矛盾[M].严蓓雯，译.南京：江苏人民出版社，2012：52.

第二节 孤岛:乡村学校的当代境遇及课程场域

乡村学校的现代性命运尽管与其所处的乡村社会的变迁紧紧关联在一起,一荣俱荣,一损俱损,但在很长的历史时期内,乡村教育自身恰恰也屈从于这种命运,沦为城市文化霸权之下的附庸,乡村教育公共政策的制定以及乡村学校课程的设计,都渐渐脱嵌于乡村社会,迷失了自身的目的性。

一、往哪里去:乡村教育公共政策的正当性审视

(一)撤点并校

20世纪初兴起的龙镇乡村学校,在经历了近百年的发展过程之后,在20世纪末,开始出现生源和师资流失,渐渐走向衰落。20世纪90年代起,如表3-1所示,镇域内有六所村小和一所初中共七所学校相继被撤并,如今继续办学的只剩下五所:L小学、J小学、S小学、Q小学和L中学。在龙镇学校布局调整的今后意向中,生源流失严重和师资不足的S小学和Q小学在不久的将来也有面临被继续撤并的可能。

表 3-1　龙镇乡村学校撤并情况

学校	创办年份	学校类型	现在情形
L小学	1922	中心小学	办学中
J小学	1908	中心小学	办学中
S小学	1913	村小	办学中
Q小学	1911	村小	办学中
G小学	不详	村小	撤并
D小学	1932	村小	撤并

续表

学校	创办年份	学校类型	现在情形
Y 小学	不详	村小	撤并
SQ 小学	不详	村小	撤并
C 小学	1931	村小	撤并
X 小学	1925	村小	撤并
L 中学	1969	初级中学	办学中
J 中学	1958	初级中学	2000 年撤并

在龙镇，每一所逝去的乡村学校都关联着一段厚重历史和家国情怀，无论是学校创办时的筚路蓝缕，还是发展历程的艰辛探索，都曾抒写着乡村学校之于繁荣乡村和复兴民族的重要意义，对于今天的乡村学校依然有着非常宝贵的启迪价值。

"本校位于鄞邑之南 C 村，以地近山岐，因以名焉。南以金峨为屏，北以狮山作枕，风光清幽，民多敦厚灵秀，乡贤有徐大赓、大镇、昌贤、陈历峰诸先生，均以耆儒著称，聚族而居者有徐、陈、黄三姓，居户二百许，科举废后，向无学校，儿童既达学龄，不往 J 村之 J 小学，即往下张之县校，二处相距均在三里之遥，往返殊感不便，一遇风雨，则更备尝荷伞带履之苦，为父母者多忧之，廉清毕业师范，窃叹儒风沦落未之继也。当民国十七年冬，廉清以任鄞县区教育委员职责，目睹本村学龄儿童，无适当求学之所，乃商诸村内长者及各祀众首事，徐大钰、徐庆法、徐阿生、徐阿庆、徐纪定、徐吉宰等，倡议筹办，于是年冬至日，召开筹备会，邀同县督学姜君叔明，莅会协同开导，群推廉清主其事，爰揭示动机之由来，并经宣告兴办学校，有关繁荣乡村，复兴民族，家国生计，深深利赖，实为当今急务等要旨，博得大众同情，乐与赞助，其议遂成。"[1]

宁波市档案馆收藏的 1934 年鄞县教育局编印的《鄞县中小学校史》中记录着龙镇 C 小学的办学历史，从中可以看到一所乡村学校创办时的初心，既深含着对于美丽乡土的眷恋和儿童求学的关切，凝聚着乡贤参与乡村建设及公共事务的热情和力量，又彰显着文化传承、繁荣乡村和复兴民族的使命感。

"七月，县教育局即令委戴行烈为校长。初开学，学生仅二十四人。烈初来此，知 D 村僻处乡鄙，风俗淳厚，且居民什八业农，俭约自守，不问外事，因之民智壅塞。当本校改组之际，乡人颇多作臆断式之猜疑，群情惶惶，大有目学校为危险之态，继思乡人感情作用较浓，一得其信仰，即可进行而无阻。是以接任之始，即抱来日方长之旨，先

---

① 鄞县教育局.鄞县中小学校史[M].出版社不详,1934:44-45.

察知其旧习惯，不敢多事更改，经数日之缜思，拟定初步进行计划为下列四大步骤：第一步，先取得乡人之信仰；第二步，设法稳定学校经费；第三步，利用校舍场地，设法扩充必要设施，同时开始指导学校课外活动；第四步，开辟农场，从事实行农村生产教育，又筹筑运动场……"①

《鄞县中小学校史》中记录的龙镇 D 小学的校史资料里，这段关于首任校长戴行烈办学实践的记述，亦可以看到一所新式乡村学校是如何一步步融入偏远闭塞的村庄和传统的乡村社会的。

兴起，发展，兴盛和衰落，龙镇乡村学校的百年变迁史其实就是中国乡村学校的世纪变迁史。学者吉标以中国村落小学作为主要历史考察对象，将村落小学的百年发展历程划分为五个时期："兴起与蓬勃发展期"（1904—1949 年）、"体制转型与快速发展期"（1949—1966 年）、"无序与盲目扩张期"（1966—1976 年）、"调整与优化期"（1976—1995 年）和"衰亡期"（1996 年至今）。② 中国村落小学百年兴衰的这种时期划分总体上也同样合理地反映了与龙镇乡村学校一样的中国乡村学校 20 世纪百年历程的变迁史。

教育深嵌于社会之中，中国乡村学校的百年兴衰并不只是孤立的教育史，也是一部乡村社会的变迁史。中国乡村学校在 20 世纪末慢慢走向衰落，是现代性进程中城乡裂变的一种嵌入性后果呈现，其中还关联着深层次的文化冲突以及国家和地方教育公共政策的影响。20 世纪 90 年代后期，面对现代性进程中的乡村教育危机，国家相继出台了一系列有关乡村学校布局调整的教育公共政策，进行应对和干预。

如果对于公共政策的分析，只是聚焦于政策的系列举措而忽视社会学的宏观视角，就很难发现政策可能存在的时代局限性。格雷斯曾指出如果政策科学研究只是聚焦于系列特定政策举措的具体方面而失去对其宏阔的关系考查，尽管会因其具体性、价值中立、客观性等而体现出它的方法魅力，但是也会因疏于对政策制定过程中政治意识形态和利益群体、政策形成中内部可见矛盾、政策发生其中的社会和经济关系的广泛结构等的考查，而呈现出它的局限性。③ 政策制定也是如此，如果缺少对政治意识形态和利益群体，对内部可见矛盾，对社会和经济关系的广泛结构和限制性影响的综合考量，它往往会具有很大的局限性，以致政策因出现出乎预期的不良状况而很快陷入摇摆或被终结的困境。

---

① 鄞县教育局.鄞县中小学校史[M].出版社不详,1934:46-47.

② 吉标.中国村落小学的百年兴衰[J].华东师范大学学报(教育科学版),2012(4):81-88.

③ Gerald Grace. Welfare labourism versus thenewright: the struggle in New Zealand's education policy[J]. International studies in sociology of education,1991(1):25-42.

1998—2004 年,国家陆续制定出台的关于乡村学校布局调整的系列政策文件,从政策文本分析来看,在"提高办学规模""优化教育资源配置"的政策指导下凸显的是"效益"两字。以 2004 年 2 月 12 日教育部和财政部联合发布的《关于进一步加强农村地区"两基"巩固提高工作的意见》为例,该意见提出各地要"遵循'小学就近入学,初中相对集中'的原则,稳步推进农村学校布局结构调整工作,提高办学规模和效益"。而"效率优先、兼顾公平"恰恰是 20 世纪 80—90 年代末国家教育政策的伦理趋向①,跟当时的市场化潮流密切关联在一起。受当时全球范围内以强化市场导向为特征的新自由主义经济政策的影响,20 世纪 90 年代国内教育曾一时出现"教育产业化"的理论探索和实践尝试。在全球化、城市化、市场化的社会场域中,嵌套其中的教育公共政策制定难以突破场域的制约,难以深刻地理解乡村社会的文化独特性以及乡村对于国家的结构性战略意义,只是从经济以及兼顾社会公平视角出发去设计,忽视了乡村社会的文化植根需求,以致在政策执行中,乡村学校随着地方上撤点并校的推进,并没有取得政策期待中的理想预期效益,反而加剧了乡村学校的消亡速度。

2006 年起,针对原有政策执行中出现的弊端,国家开始反思、调适原有乡村中小学布局调整政策,强调乡村中小学布局调整要进一步科学规划、充分论证和统筹安排。2012 年,国务院办公厅发布《关于规范农村义务教育学校布局调整的意见》,最终暂停原有的乡村学校布局调整相关政策措施。从政策文本分析来看,后期的政策调适甚至是政策暂停,都没有突破原有的认识框架,只是在"效益"和"公平"之间摇摆,并没有考察到现代性进程中乡村学校离土离乡的深层次问题。

乡村学校撤点并校,给当地村民带来最直接的困扰,就是孩子上学不容易了。尽管有校车接送,但它带来的不便其实就如当初龙镇 C 小学办学前的情形一样,历史转了一大圈,在某种意义上,似乎又回到了以前。J 中学 2000 年撤销并入 L 中学之后,住在龙镇镇南 J 村以及周边村庄的学生需要早晨搭乘学校租车赶十多里路前往镇北的校区上课。在龙镇镇南一座村庄访谈村支部 L 书记时,他说道:

> J 中学撤并的时候,我们心里多少难过啦,孩子读书有多少不方便啦。后来,我们这边的老百姓努力争取,至少镇政府在这里又建了一所中心幼儿园,作为补偿。

(I-20190319-1410-sljc-lsj)

---

① 刘世清.教育政策伦理[M].上海:上海教育出版社,2010:189.

然而,乡村学校撤点并校政策带来的消极影响还不仅仅是村庄里的孩子上学不便、村民利益受损的显性事实,还在于其撤离村庄对于乡村社会文化结构的隐性解构。韦伯认为有关社会问题的政策已无法根据从确定目的出发的纯粹技术来考虑解决,而需考虑其文化价值和意义的维度。[①] 乡村学校作为乡村文化传播的中心,作为和村庄融合一体的文化共同体的瓦解,是继城乡裂变后的乡村内部结构的深刻裂变,前喻文化的失落,文化共同体的解体,失去了文化结构的支撑,乡村开始加速崩解,走向碎片化。

(二)从支教到集团化办学

撤点并校之后,龙镇乡村学校仿佛取得了学校布局调整政策"提高办学规模和效益"预期效果。譬如,龙镇 J 中学和 L 中学合并之后,办学规模迅速扩大,班级数多达近 30 个班,学生数突破千名。龙镇镇政府还在港胞 20 世纪 90 年代捐资兴建的新校园的基础上,投资 1300 多万元,对学校进行了扩建,学校面貌焕然一新。但是龙镇乡村学校总体师资流失和生源流失现象依然继续发生着。从龙镇学校生源的实际流动来看,整个流动呈现为单向度的流动:内地村庄流入沿海龙镇,龙镇流向城区,龙镇内部则是从村小流向中心学校(如图 3-4 所示)。如今,龙镇 Q 小学和 S 小学两所村小几乎百分之百都是外乡生源,龙镇两所中心小学 L 小学和 J 小学的本地生源有时也只占百分之五十。

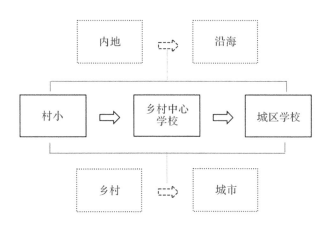

图 3-4 龙镇乡村学校生源单向流动示意

和龙镇乡村学校的情形一样,撤点并校之后区域内的乡村学校办学依然不景气,鄞州区教育局注意到这种城乡教育不均衡的问题不仅仅在于规模和校园设施,还在于

----

① 韦伯.社会科学方法论[M].韩水法,莫茜,译.北京:商务印书馆,2005:7.

师资,于是从 2005 年起,在国家 21 世纪初教育公共政策转向推进义务教育均衡发展的导向下,开始制定和出台县域内义务段中小学教师交流计划,以支持乡村学校的发展。从鄞州区教育局官方网站的新闻报道(见表 3-2)可以看出,鄞州区教育局对乡村学校及其边远学校师资队伍建设采取的是以城市教育为导向的城乡支教和帮扶政策。

表 3-2　鄞州区教育局支教政策实施相关新闻报道摘录

日期	标题	内容摘录
2005-06-06	《区教育局先进性教育活动整改措施拓展资源推进素质教育》	统筹城乡教育均衡发展。建立城乡教师流动机制和学校帮扶合作机制。开展"城镇支援农村、近郊支援边远、强校支援弱校"活动,帮助结对学校提高师资水平和教育质量。2005 年秋季开始选派骨干教师到山区偏远学校支教,每批一年,连续三年。加大对山区边远地区和薄弱学校的扶持力度,设立边远、困难地区扶持资金,专项用于边远学校的校舍建设、教育设备购置等
2005-09-09	《优秀教师支教边远学校》	优秀教师支教边远学校是加强全区师资队伍建设,推进教育均衡发展、内涵发展、持续发展的重要举措。今年,区教育局经选拔确定了第一批共 7 名区内对口支教教师。他们在受支教学校将担任一个班级的学科教学任务,指导本学科教研组的教研工作,为受支教学校带 2～3 名本学科的徒弟,并且每周上一堂示范课,组织一次听课、评课活动
2008-09-25	《"百校牵手共享双赢"——鄞州区城乡校园帮扶活动顺利启动》	为缩小城乡校际教师实施新课程能力水平的差异,鄞州区教育局自今年秋季开始组织在城区百所校园开展"系列帮扶活动"。活动期限暂定一年。该活动旨在通过"强弱帮扶结对"形式,以统筹城乡教育均衡发展战略为着力点,以发挥帮教单位优势与扶助单位需要相结合的原则,拉近城乡教师间、校际零距离的教与学活动,让农村教师在观摩、学习中走出封闭的圈子,开阔视野,拓展思维,更新方法,让农村校园的教学理念、管理理念发生质的飞跃,有效实现城乡教师、城乡校园理念共享、资源共享、方法共享、成果共享
2009-02-05	《鄞州区多渠道创新师资队伍建设》	建立完善城乡教师交流培养机制。深化与农村薄弱学校"结对"活动,提高支教成效。逐步完善校级领导轮岗、中层干部的交流、骨干教师的流动、优秀教师支教和新教师分配向农村倾斜等制度,建立城镇学校教师到偏远学校支教制度,实现优秀教师资源的共享

续表

日期	标题	内容摘录
2010-09-29	《优化教师资源配置促进教育均衡发展》	让城区学校优秀、骨干教师"进驻"偏远地区薄弱学校，从教书、育人、科研等方面带动薄弱学校老师共同发展提高。2008年起，鄞州区教育局提出城乡中小学教师交流计划。目前，参与交流的校长和教师人数已近千人。今年起，鄞州区教师交流时间由一年延长至两年，进一步促进了该区城乡教育均衡发展

2013年7月，鄞州区教育局按照国家《关于规范农村义务教育学校布局调整的意见》文件精神完成了《鄞州区农村义务教育学校布局调整专项规划》。这份规划分总则、农村义务教育学校现状、农村义务教育发展趋势、布局调整规划、实施措施与建议五个部分，其中第一部分"总则"中的规划背景不仅从效益和公平角度对义务教育学校布局调整进行了检视，认为乡村学校布局调整在取得成效的同时也影响了学生、家长、教师以及社区等相关者的利益，而且难得的还在于从乡村学校文化功能与乡土文化传播的关系对乡村学校的撤点并校进行了反思：

　　　　对社区而言，关闭学校也导致乡土文化传播与社区互动融合功能发挥受阻，学校的文化功能受到抑制。

（M-D20190331-web-01）

该规划在下文中对乡村学校布局调整过于强调"规模效益"和"经济效益"的弊端作了进一步的回应，提出乡村学校布局调整政策应当进行深刻转型，并在第五部分"实施措施与建议"提出了针对性建议，如：

　　　　（1）要努力办好村小学和教学点。对保留的村小和拟新建的教学点，县、乡各级将采取多种措施改善办学条件，着力提高教学质量。提高村小学和教学点的生均公用经费标准，保证其正常运转。……（2）加强农村学校建设和管理。要按照浙江省工程建设标准《九年制义务教育普通学校建设标准》（DB33/1018—2005）、《中小学校设计规范》（GB50099—2011）及国家有关中小学学校建设规范，加强农村学校建设。……

（M-D20190331-web-01）

但是该规划下文对于规划背景中的文化视角的反思没有作出进一步的阐释,在第五部分关键性的实施措施和建议中亦没有作出针对性和实质性的策略回应。

此后,在教育公共政策的视域中,龙镇乡村学校以及鄞州区其他乡村学校的发展基本是在国家规范农村义务教育学校布局调整"深入推进义务教育均衡发展"政策框架以及"实施学区管理、建立学校联盟、探索集团化办学"路径指导下进行的。为推进义务教育均衡发展的"集团化办学"问题开始进入地方教育政策议程。2017 年 9 月,鄞州区制定出台《关于推进基础教育集团化办学实施意见的通知》,正式推进集团化办学,龙镇的 L 中学进入首批初中教育集团名单,与城区的 S 中学结对。

通过对 20 世纪 90 年代起有关乡村学校的国家及地方教育公共政策的回顾和梳理,从学校布局调整框架下的撤点并校到义务教育均衡发展框架下的支教以及集团化办学,是深嵌于当时的现代性进程中,并深深地卷入于市场化、城市化以及全球化的时代进向中的,在整体上凸显以城市为导向的价值特征,如图 3-5 所示。

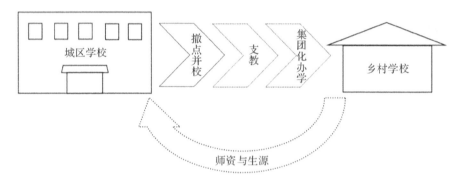

图 3-5　20 世纪 90 年代末至今以城市为导向的教育公共政策演进示意

以城市为导向的教育公共政策的演进,必然持续呈现出以城区学校办学模式作为价值取向的单向度政策设计指向,而忽视对乡村学校自身文化特征及乡村学校与乡村社会关系的深刻认识,薄弱的乡村学校背后往往同样也站着一个以城市为导向认知视野中的被矮化了的村庄。因此在尚未进入反思阶段的高歌猛进的现代性进程中,撤点并校其实与村庄拆迁一样,常常是同步或是一前一后进行的,野草丛生的场地或是废墟便成了当代乡村社会衰败的典型场景,而后来政策上单向度的支教与集团化办学的补救,是否真正能拯救乡村学校衰败的命运,依然需要我们在价值和实践上进行深入的追问和考察。

英国学者鲍尔认为政策尽管是对价值进行权威性的配置,但是其价值观并不游离于社会背景之外。[①] 在未来有关乡村学校的教育公共政策制定中,我们可能需要从社

---

① 鲍尔.政治与教育政策制定——政策社会学探索[M].王玉秋,孙益,译.上海:华东师范大学出版社,2011:1.

会更广阔的视角来审视乡村学校的文化价值,需要通过对现代性进程的整体把握和反思,通过对乡土性与民族性的重新认识,通过对工业化、城市化、市场化、全球化与本土化、生态化之间结构关系的深入理解,也许才能避免如郑燕祥所说的教育改革重复挫败的风险。他说道:"教育是生命成长的事业,也是社会发展、国家兴盛的基础,在开展上,本身已极具挑战性。面对全球化、信息科技及知识经济的巨大冲击,教育如何变革、如何领导、如何管理的课题更显得无比重要,影响无数年轻人及整体社会在新世纪的未来。过去10年,不少地区的教育改革以挫败痛苦居多,虽怀良好愿望,却受制于缺乏全面深刻的教育变革理念,多以旧观念片面地改变一些做法,故多以失望而终。"①

二、离土:乡村学校课程场域及其文化路向

(一)从离土到离乡

当课程随着中国现代性进程的开启以及新式教育在乡村的开展而嵌入乡村,它最初就被卷入到工业化、城市化以及市场化的价值趋向中,从而呈现出离土的倾向。1922年,社会学家陶孟和在其著作《社会与教育》中就对乡村学校课程这种以城市为中心的离土现象进行了批判,他说道:"向来的村落的学校一切课程规则,都按照都会的学校,与村落的生活不相适合,是最不通的。"②他认为:"学校的责任是发展儿童的高尚的趣味,但是那趣味又须切于他们的实际生活,使乡村儿童景慕都会生活,使普通的儿童羡慕阔人的生活,都是不对的。儿童的言语、服饰、仪容、礼节、习惯,都须适合他们的家庭、他们的身份和地方的情形。"③他指出乡村学校这种离土课程以及离土教育最终可能导致的民众离乡之于国家而言,将会是一种危险的现象,他说:"假使世人都弃去乡间的生活,移向都会,世上缺少了农产物和原料,那真是不堪设想。况且乡间体魄强健的人,渐渐被淘汰,减少一国国民的实力,完全让都会占去,也实在是一个危险的现象。"④

从文献综述来看,20世纪20—30年代很多教育家和学者都曾对乡村学校的离土倾向有过深入的反思,欧元怀、傅葆琛、李道祥等认为乡村学校课程应走向本土化,要

---

①　郑燕祥.教育领导与改革:新范式[M].上海:上海教育出版社,2005:13.

②　陶孟和.社会与教育[M].福州:福建教育出版社,2008:115-116.

③　陶孟和.社会与教育[M].福州:福建教育出版社,2008:118.

④　陶孟和.社会与教育[M].福州:福建教育出版社,2008:122.

根据乡村地方之需要来编制;张宗麟、赵质宸、卢绍稷等则从课程大纲或课程内容大纲以及教材编写等入手,试图解决乡村学校课程与乡村儿童生活、乡民实际生活不符的问题,以造就良好的乡村学校教育。但后来由于抗日战争爆发,中国各地乡村建设以及乡村教育实验区陆续开展的乡村学校课程本土化实践被迫中断。

中华人民共和国成立后,受苏联教育经验及凯洛夫教育学的影响,教育领域课程观隐退,教学论占据主场,在全部是必修科目的统一格局中,普遍性的课程进程开始中断,而原来 20 世纪 20—30 年代全国范围内开启的乡村学校课程本土化讨论与实践的整体进程也暂无延续的可能。在龙镇村民的记忆中,乡村学校有时也会组织一些课外劳动实践活动如养兔子、捡稻穗等,还有 L 中学 1976 年刚刚创办时和农牧场合作并引导学生参与生产劳动等,还部分隐性延续着原来的课程传统。20 世纪 80 年代中后期起,随着家庭联产承包责任制的推行,村庄生产队组织逐步解体,龙镇部分乡村学校原来在秋收时组织学生参与生产队的集体劳动如拾稻穗等劳动实践活动也随之停止。离开了课程的建构,再加上现代性进程重启后社会为解放和发展生产力逐步走向市场化转型,社会各个领域的竞争趋向激烈,升学率渐渐成为学校的追求目标,考试科目成为学校及其课堂的重心所在,学校进一步从其所在的生活世界里脱嵌出来,乡村学校从其所在的村庄和大地脱嵌出来。

> 小孩子读书就是为了考大学,"跳龙门"。这个"跳龙门"就是不用当农民种地了,不用穿草鞋,可以到城市里去,穿皮鞋,坐办公室了。只要小孩子要读书,会读书,家里如果没钱,卖掉房子也要让他读下去。

(I-20181105-1945-ylzylc-xgz)

在龙镇,尤其是老一辈的村民对于乡村学校教育及其课程或教学的理解都是基于类似的看法。而一届又一届的学生从龙镇的学校毕业后,成绩优秀的后来考上大学,基本上留在了城市,其他的年轻人也凭借自己的能力不少都走向了城市,龙镇不少村庄的人口越来越趋于老龄化。

"他教人离开乡下向城里跑;他教人吃饭不种稻,穿衣不种棉,做房子不造林;他教人羡慕奢华,看不起务农;他教人分利不生利;他教农夫子弟变成书呆子……"[1]1926年 12 月,陶行知在一场乡村教育讨论上的演讲中指出离土而又离乡的中国乡村教育走错了道路。1948 年 8 月,费孝通在其《乡土重建》中再次指出:"现在这种教育不但没有做到把中国现代化的任务,反而发生了一种副作用,成了吸收乡间人才外出的机

---

① 徐莹晖,徐志辉.陶行知论乡村教育[M].成都:四川教育出版社,2010:9.

构,有一点像'采矿',损蚀了乡土社会。"①20 世纪上半叶离土离乡的乡村教育在 20 世纪 80 年代重启的现代性进程中依然重复着一样的命运。课程离土,乡民离乡,总体上成了 20 世纪以来的乡村教育与乡村社会的世纪百年现代性图景。

如果时光倒流,把观察的镜头聚焦到 2016 年 10 月龙镇龙村的拆迁现场以及 2016 年 11 月该村拆迁中疑似纵火的案发现场,再聚焦到模仿城市的样子建起来的越来越密集的高楼,会发现村庄从根本上在经历着一个从传统空间格局以及其所附着的文化连根拔起的过程。山水田野的自然契合,院落和巷弄不可复制的组合,具有独特文化形态的村庄空间正被标准化的小区楼盘所取代。除了老年人的几声叹息,龙村以及龙镇的一些村庄都把这样以城市为样板的旧村拆迁以及改造模式当作唯一的发展道路。这时候,再来总体审视世纪百年的课程离土、乡民离乡过程与当下的村庄拔根现象,也许可以发现它们之间存在一种深刻的联系,如图 3-6 所示。

图 3-6　中国乡村社会百年变迁示意

(二)悬浮的灵魂与大众文化

以商业性、娱乐性、流行性以及普及性作为主要特征的大众文化是孕育于西方现代工业社会的现代性文化的自然产物,从 20 世纪中后叶起尤其是随着传播技术和媒介的发展,伴着全球化的深入,迅速以城市为中心,在世界上蔓延开来。美国学者胡伊森说道:"如果没有 20 世纪的技术——媒体、交通(公共和私人)、家庭和娱乐技术,我们所知道的西方大众是无法想象的。大众文化依赖于批量生产和复制技术,因此也依赖于对差异的同质化。"②以通俗读物、流行音乐、电视剧、电影、球赛、游戏、广告、明星崇拜以及各种娱乐活动等建构起来的大众日常文化形态,从 20 世纪 80 年代起再次逐渐从西方进入中国,再从城市延伸至乡村。20 世纪 80 年代后期,龙镇镇区的大街上开始建起了电影院,而后又出现了舞厅和电子游戏厅,那里成了年轻人时常出没的地方。

---

① 费孝通.费孝通文集(第四卷)[M].北京:群言出版社,1999:359.
② 胡伊森.大分野之后:现代主义、大众文化、后现代主义[M].周韵,译.南京:南京大学出版社,2010:9.

本雅明在20世纪30年代就曾对源自工业社会的大众文化的蔓延表示过忧虑:"流水线上的节奏成为整个社会生活的节奏。它在大街和大众中得到了应和。"①尽管大众文化同时以其丰富、多样和便利满足了现代社会大众纷繁复杂的精神消费需求,在一定程度上推进了思想解放和催生了自由意识,有利于市民社会公共观念的形成,但是其追逐商业利润、批量复制的标准化、同质化、单一化、平面化甚至是庸俗化同时也在消解着人类文化应有的内生性、根性、个性以及创造性。大众文化在于感官满足而不在于精神成长。

美国学者福特纳谈到乡村社会也是一个熟人社会,彼此靠听与说进行交流,共同分享生活环境,生活关系彼此交织而密切,"共同的价值观、历史和见识,以及他们划分敌人和朋友的共同标准,塑造了他们的生活方式。存在于人们之间的关系(男女之间、老幼之间、武士和儿童之间),是人所共知的"②。在大众文化进入乡村之前,乡村社会在漫长历史中所创造的文化往往源于自身所处的人文地理空间和其间开展的社会活动,是一种自发创造的民间文化,无论是神话传说、伦理禁忌,还是节气谚语、民俗活动等,都包含着对天、地、人、神的本土理解。大众文化是工业社会及其城市化过程的自然产物,它不关心脚下的土地,更在乎个体的身体愉悦、感官享受和心理满足,它以工业标准化的方式大量制造产品并迅速传播,由此带来巨额利润。吉登斯曾在《超越左与右:激进政治的未来》一书中描述过这种文化特征:"在文化层面上,全球化趋于产生文化的散播。品味、习性和信仰的共同体常常开始变得游离本土和民族的限制。由于受到大众广告和文化商品化的影响,散播文化的特征往往是相当标准化的。从西服到牛仔裤的服饰风格,音乐、电影甚至宗教的品位,都呈现出全球性。文化散播不再仅仅依赖于人们及其文化在身体上的移动,尽管这种方式现在依然很重要。"③民间文化与大众文化的区别,如表3-3所示。

表3-3 民间文化与大众文化的区别

类别	基础	特征	驱动	传播	目标	方式
民间文化	乡村社会	伦理道德	自发创造	身体移动	教化	共享
大众文化	都市社会	商业利益	市场行为	技术复制	娱乐	营利

① 本雅明.发达资本主义时代的抒情诗人[M].张旭东,魏文生,译.北京:生活·读书·新知三联书店,2014:20.

② 福特纳.国际传播:"地球都市"的历史、冲突与控制[M].刘利群,译.北京:华夏出版社,2000:22.

③ Anthony Giddens. Beyond Left and Right: The Future of Radical Politics[M]. Cambridge: Polity Press,1994:81.

课程长年的离土，课程一段时期的隐退，教学被卷入到考试科目的封闭学习中，乡村学校慢慢失去建构自身文化与村庄关系的能力，从乡村社会脱嵌出来而渐渐沦为一座孤岛。前喻文化的失落，后喻文化的兴起，乡土民间文化代际传承的断层，乡村社会正在经历着文化祛魅的过程。当乡村世界的孩子走出校门的时候，凭借他们对新生事物以及技术的敏感和喜好，他们的灵魂迅速为能够直接满足他们感官需求的大众文化所俘获，并在灵魂深处潜移默化地建立起对于大众文化的滋生地——繁华城市的生活憧憬和信仰，而乡村在他们心中渐渐成了保守、落后、颓败和没有出息的象征。

然而大众文化所建立起来的繁荣景象可能是一个假象，大众文化浸染下的年轻人看上去无所不知，并以此逐步建立起后喻型文化理解的权威，但大众文化标准化、同质化而又空洞无物的语言传播却常常掩盖人对自我、彼此以及所处环境的理解，很多年轻人对自己村庄及其周边空间构成的历史一无所知。雅斯贝尔斯指出人类最终被一大堆空洞无物、歪曲原意的语言所控制和操纵，而遗忘"真正的自我"和"周围实在的世界"。① 而这恰恰也是大众文化正在逐步带来的另一种危机，语言深邃感的丧失所导致的文化感性化和虚无化，对于乡村世界的孩子而言，最终会在大众文化的感性和虚无中失去对民族传统、千年乡土伦理以及脚下这片土地的敬畏，最终导致其精神世界的无根状态，成为悬浮在乡土世界的异化的孤魂。其而，"作为意识形态，大众文化得到了充分的强化，如果需要的话，它会以嘲弄的姿态对待古老的梦想、祖先的理想和至深的感受"②。

男孩小 W 小时候就随外出打工的父母来到龙镇，一家住在龙镇的一座村庄里。小 W 长相清秀，朴实憨厚，先后在龙镇 L 小学和 L 中学上学。小 W 妈妈说："小 W 这个孩子脑瓜子灵，看上去学习时间花得好像不多，一旦学起来，成绩进步就很大，后来考上了当地的重点高中；但是他就是爱打电子游戏，放学回家整天不做作业，就是打电子游戏，有时还通宵打，白天起不来就不去学校了，他说去学校也没意思；他人长大了，我们也拿他没办法，现在学习成绩退步得厉害，年段倒数，估计考不上好大学了。"在龙镇，不仅是小 W 的妈妈，还有一些孩子的父母也向研究者抱怨说，孩子放学回家就喜欢躲在房间里拿着遥控看电视，或是捧着手机玩网络游戏或社交软件，也不出去跟其他的孩子玩。村庄里以前捉迷藏、抛手绢、踢毽子、过家家和老鹰捉小鸡等传统游戏，对现在的孩子来讲，似乎已经失去了吸引力。21 世纪，迅速发展的互联网和同样迅速

---

① 雅斯贝尔斯.什么是教育[M].邹进，译.北京：生活·读书·新知三联书店，1991：87.

② 霍克海默，阿道尔诺.启蒙辩证法——哲学断片[M].渠敬东，曹卫东，译.上海：上海人民出版社，2006：133-134.

发展的移动智能终端如智能手机结合在一起，使得大众文化再次凭借技术的力量获得了巨大的传播力。尤其是在传统电子游戏基础上凭借互联网和移动智能终端不断升级的网络游戏，攫取了无数疏离其所在生活和文化世界从而愈加孤独和空虚的孩子的心灵，和电视剧、流行音乐、商业广告以及同样正在兴起的网络购物节一起联袂成大众文化的新潮流。

其实不仅仅是沿海地区如龙镇所在的村庄，还有内地甚至交通不便、地处偏远的村庄，不少孩子放学后或假期也都沉迷于大众文化编织的意义之网，寻找乡村生活日趋虚空化的寄托。研究者曾经连续几年暑假去往内地村庄陪伴留守儿童学习和生活，发现不少孩子一下课就从裤兜里拿出旧智能手机，蹭网玩网络游戏。

俄国思想家别尔嘉耶夫说过："技术不但证明着人的力量和胜利，不但解放人，而且它也弱化和奴役人，它使人的生活机械化，并把机器的形象和样式加在人的身上。"[1]技术的问题还不仅仅在于弱化和奴役人，还在于与其同质的大众文化一起，正在消解和驱除民族特别是乡村社会的文化魅力，将生于斯长于斯的孩子的精神之根从本土文化中慢慢拔起，而渐渐沦为孤岛的乡村学校在无力改变自己衰败的命运时，更无法担当文化传承与创新的使命。郑金洲指出文化丧失的教育根源在于"教育依循社会价值观念的更迭，在一定社会价值规范和社会目的的导引下，将这种文化剔除于传承的范围，使文化在代与代之间形成'断层'，失去继续传承下去的根基"[2]。

90多年前，中国乡村建设的先驱卢作孚在四川发表的一场名为"四川的问题"的公开演讲中，谈到教育之世界意义时说道："文化衰落者，虽大国不免于灭亡，文化精进者，即最小民族犹得保其存在。"[3]

30多年前，美国著名媒体文化研究者波兹曼在其著作《娱乐至死》中指出电视正以通过控制人们的生活习性来获得控制人们教育的权力，因此电视作为一种特别的信息系统，亦可称作为"课程"，其正在不断影响着年轻人的思想和性格，而且，"电视成功地战胜了学校里的课程，甚至几乎消灭了学校里的课程"[4]。而30年后，正在战胜学校里课程的不仅仅有电视，还有互联网和移动智能终端等一起构筑的全新的大众文化世界。波兹曼最后把文化拯救的希望还是寄托在学校及其课程身上，他认为学校应该有责任通过课程来帮助年轻人"学习解读文化中的象征"并"学会怎样疏远某些信息形

---

① 别尔嘉耶夫.美是自由的呼吸[M].济南：山东友谊出版社，2005：194.

② 郑金洲.教育文化学[M].北京：人民教育出版社，2000：176-177.

③ 凌耀伦，熊甫.卢作孚文集（增订本）[M].北京：北京大学出版社，2012：144.

④ 波兹曼.娱乐至死[M].章艳，译.北京：中信出版社，2015：174.

式"。①　然而，对于乡村学校而言，仅仅是把学会怎样疏远某些大众文化传媒信息形式的任务纳入课程，就能够担负起文化传承的使命了吗？

　　龙镇的乡村学校依然在经历着生源流失的状况，从村校流向镇中心学校，从镇中心学校流向城区学校，据龙镇近几年的学校布局规划，个别村校依然会面临被撤并的可能。而研究者发现，无论是地处沿海地区的龙镇，还是研究者参与过暑假教育实践活动的内地小镇，一些教育培训机构正从城市蔓延而来，在当地的大街上悄然驻扎。

---

　　①　波兹曼.娱乐至死[M].章艳,译.北京:中信出版社,2015:193.

第三节　脱嵌：课程标准、教科书及知识谱系

中国现代性进程中文化的冲突与驯服有时并不仅仅外显于全球化潮流以及城市大扩张的现代性宏大景观中，还体现在小小的文本话语中。课程标准以及教科书里的话语表达，其实深藏着隐性的权力关系，透过这种关系，也可以管窥到乡村学校课程本土化的困境以及拔根命运。

一、隐匿的乡村：国家课程标准的话语分析

(一)权力的话语

1.话语分析理论

布尔迪厄著名的场域概念本质上包含着对关系的深刻理解，他从分析的角度提出："一个场域可以被定义为在各种位置之间存在的客观关系的一个网络(network)，或一个构型(configuration)。"①他认为，如果以场域概念来理解社会世界，这个高度分化的社会世界就是由许多具有相对自主性的社会小场域构成的，这些小的场域作为客观关系的空间，都一定程度上遵循着它们各自特有的逻辑；如果要对一个场域进行研究，除了勾画出其内在的客观关系结构以及分析其间行动者的惯习等，首先必须分析其与权力场域的相对位置。② 从这个理论视角来看，乡村学校课程作为一个场域，要进一步理解它自身的逻辑，恐怕不仅要从构成其内在客观关系的如教师、学生、学校等去分析，还首先需要从其与权力场域的相对位置来考察。

课程场域作为国家意志的呈现空间，它是被包含在权力场域之中的，而且在这一权力场域中它明显从属于一个被支配的地位。而国家课程政策如课程标准等，作为关

---

① 布尔迪厄,华康德.反思社会学导引[M].李猛,李康,译.北京:商务印书馆,2015:122.
② 布尔迪厄,华康德.反思社会学导引[M].李猛,李康,译.北京:商务印书馆,2015:131.

于国家教育制度以及办学规范等的标志性说明，作为凝聚国家意志的国家意识形态的集中体现，就是权力场域典型的话语存在。分析国家课程政策话语是把握权力场域支配和影响课程场域关系的重要所在，是真正进入其场域内部倾听、观察等的必要铺垫，之于中国乡村学校课程场域而言，也是总体理解其当代境遇甚而历史演变逻辑的一个重要前提。

然而，话语分析并不只是语言学层面上的符号编码和解码，而是关联着广阔的社会实践生活，关联着权力、文化与时代叙事，凸显着社会性。苏联著名文艺理论家巴赫金认为："话语是一种社会事件，它不满足于充当某个抽象的语言学因素，也不可能是孤立地从说话者的主观意识中引出的心理因素。"[1]他进一步认为社会关系完全决定着话语符号，也可以说，"最直接的社会氛围和更广泛的社会环境从内部完全决定着表述的结构"[2]。法国社会思想家福柯则认为话语一旦与权力结盟，便成为权力的话语，他说道："话语不仅仅是表现（或隐藏）欲望的东西，它本身也是渴求的对象；历史从来这样教导我们：话语并不仅仅是斗争的化身或统治系统，它就是人们斗争的手段和目的，话语即权力，人们通过话语的争夺赋予自身权力。"[3]

新西兰学者科德指出政策文本"是在特定的历史和政治背景下建构的意识形态文本，而解构的任务则应始于对其语境的明确认识"[4]。课程标准作为国家课程政策文本，不仅仅是一套客观的话语陈述，而且是一种特定历史和政治背景下的话语建构，蕴含着文本制定者的价值导向，可由此从其语境入手进一步分析其社会意义。英国语言学家费尔克拉夫的批判话语分析理论则认为构成话语实践的文本生产、分配和消费的过程，"都是社会性的，都需要关联到话语从中得以产生的特殊的经济、政治和制度背景"[5]，而且，作为社会实践的话语，还可"在与意识形态和权力的关系中讨论话语，将话语置于一种作为霸权的权力观中，置于一种作为霸权斗争的权力关系演化观中"[6]。

2.两份语文课程标准的话语比较分析

课程论在经历了长长一段历史时期的隐退之后，在 21 世纪初正式重返中国基础

---

① 巴赫金.巴赫金全集(第 2 卷)[M].李辉凡，等译.石家庄：河北教育出版社，2009：90.

② 巴赫金.巴赫金全集(第 2 卷)[M].李辉凡，等译.石家庄：河北教育出版社，2009：428.

③ Michel Foucault. The order of discourse[A]. ed. by Robert Young. Untying the Text：A Post-Structuralist Reader[C]. London and New York：Routledge，1981：48-78.

④ John A. Codd. The Construction and Deconstruction of Educational Policy Documents[J]. Journal of Education Policy，1988(3)：235-247.

⑤ 费尔克拉夫.话语与社会变迁[M].殷晓蓉，译.北京：华夏出版社，2003：66.

⑥ 费尔克拉夫.话语与社会变迁[M].殷晓蓉，译.北京：华夏出版社，2003：66.

教育的舞台。下面以国家先后制定的 2001 年《全日制义务教育语文课程标准(实验稿)》和 2011 年《义务教育语文课程标准》为例,基于上述话语分析的理论视角分两步作相应比较分析。

首先,选取两份文件前言中的导语部分,导语是政策文件非常重要的构成内容,呈现着政策文件制定的理论依据和实践导向。2001 年《全日制义务教育语文课程标准(实验稿)·前言》中导语总字数为 264 个,2011 年《义务教育语文课程标准·前言》导语总字数为 440 个,在此,通过运用词频统计对关键词的梳理以分析政策文件的深层意蕴,见表 3-4。

表 3-4 2001 年与 2011 年义务教育语文课程标准导语关键词对照

2001 年			2011 年		
关键词	频次	关联词语组合	关键词	频次	关联词语组合
教育	5	语文教育/义务教育/教育理论	语言	6	语言文字/社会语言生活/语言文字运用的规范/语言文字运用能力
语文	5	语文教育/语文课程	文字	5	语言文字/语言文字运用的规范/语言文字运用能力
社会	4	现代社会/现代化社会/社会发展	文化	5	人类文化/中华民族优秀传统文化/文化选择能力/中华民族优秀文化传统/民族文化认同感
现代	4	现代社会/现代化社会/现代技术	语文	4	语文教育/语文课程
改革	3	系统的改革/语文课程的改革/母语教育改革	课程	4	语文课程/其他课程
科学	3	科学素养/科学的教育理论/科学文化素质	学生	4	学生
发展	2	社会发展	民族	4	中华民族优秀传统文化/中华民族优秀文化传统和革命传统/民族文化认同感/民族凝聚力和创造力

续表

2001 年			2011 年		
关键词	频次	关联词语组合	关键词	频次	关联词语组合
课程	2	语文课程	发展	4	现代科学和信息技术迅猛发展/语文教育的发展/学生全面发展和终身发展
能力	2	包括阅读理解与表达交流在内的多方面的基本能力/运用现代技术搜集和处理信息的能力	传统	3	中华民族优秀传统文化/中华民族优秀文化传统和革命传统
素养	2	人文素养/科学素养	能力	3	语言文字运用能力/文化选择能力
素质	2	思想道德素质/科学文化素质	人类	3	人类/人类文化/人类生活
人文	1	人文素养	生活	3	生活/人类生活/社会语言生活
文化	1	科学文化素质	中华	2	中华民族
学生	1	学生	全球化	1	经济全球化趋势
公民	1	公民	世界观	1	世界观
新人	1	一代新人	价值观	1	价值观
创新	1	创新精神	人生观	1	人生观
合作	1	合作意识	个性	1	良好个性
开放	1	开放的视野	人格	1	健全人格

　　结合词频分析来看,2001 年《全日制义务教育语文课程标准(实验稿)·前言》(以下简称 2001 年版语文课标)除了对语文课程与教育自身目的性的表达外,侧重表达了对现代化以及社会发展与课程变革的关切,其中"现代"一词在短短的前言中出现 4 次,相关联的词语组合分别为"现代社会""现代化社会""现代技术";"改革"一词出现 3 次,相关联的词语组合分别为"系统的改革""语文课程的改革""母语教育改革"。2011 年《义务教育语文课程标准·前言》(以下简称 2011 年版语文课标)在表达语文课程自身目的性时注重对语言文字的本质关切,"语言"成了整篇前言出现频率最高的词语,共出现 6 次,与其相关联的词语组合为"语言文字""社会语言生活""语言文字运用的规范""语言文字运用能力";同时,注重对人类文化理解尤其是中华民族优秀传统

文化继承和弘扬的课程使命表达，"文化"是前言中的高频词，共出现 5 次，与其相关联的词语组合为"人类文化""中华民族优秀传统文化""文化选择能力""中华民族优秀文化传统""民族文化认同感"。

如果对前后两份相隔十年制定的课程标准进行比较，会发现其与时代的紧密关联，政策话语的变化呈现着国家课程政策因社会转型的战略调适和意识形态演化。如果说 2001 年版语文课标积极响应的是对中国社会改革开放前期现代性进程重启的变革诉求，那么 2011 年版语文课标则是对中国社会走向改革开放深化阶段的一种深度回应，包含着对现代性进程的反思。2001 年版语文课标里，"现代"是一个高频词；2011 年版语文课标取而代之的是"文化"一词，而且开始从"全球化"视野来审视，置于"经济全球化趋势增强""科学技术迅猛发展"语境下，对认同、继承和弘扬中华民族优秀传统文化的一种课程功能进行认定，呈现着鲜明的文化本土化诉求。2001 年版语文课标，对学生的发展除了语文课程基本能力的培养目标，还诉诸人文素养和科学素养，创新精神、合作意识和开放视野的具备，以期造就现代化社会所需的"一代新人"；"一代新人"话语表达里蕴含着对原有秩序的突破以及对社会变革创新的追求。而 2011 年版语文课标，对学生的发展除了语文课程基本目标如语言文字运用能力的培养和学生综合素养的提升，除了正确世界观、人生观、价值观的形成和良好个性、健全人格的形成，还强调了对其文化选择能力的要求，以期能够继承和弘扬中华民族优秀文化传统和革命传统，增强民族文化认同感、凝聚力和创造力。从前言字数变化来看，从 2001 年的 264 字到 2011 年的 440 字，义务教育语文课程标准的修订也呈现着现代性进程从最初的线性推进到开始表现出它的复杂性，而课程政策也因之走向更全面的考量，并开始建构民族自身本土化的文化诉求。

其次，选取两份文件的全文，以文化视角进行检阅，第一，两份课程标准对乡土文化有间接的回应，如中华文化、民族文化、中华民族优秀传统文化以及关注自然、理解和尊重多样文化等，但无直接的关切。第二，尽管在两份课程标准第一部分"前言"中都有对课程"要尽可能满足不同地区、不同学校、不同学生的需求"的笼统建议，但是在第三部分"实施建议"中对现实课程开展具有重要指导意义的"评价建议"里对城乡课程实践无任何差别化指导。第三，如果比较两份课程标准，会发现除了在民族本土文化的关切上要强于 2001 年版语文课标，在课程资源的罗列上，2011 年版语文课标提出的"自然风光、文化遗产、风俗民情、方言土语"相对于 2001 年版语文课标提出的"自然、社会、人文等多种语文课程资源"，更接近于乡土文化的内涵。第四，通过词频统计，两份课程标准均无"乡村"或"农村"一词。总体而言，在两份课程政策文本中，乡村作为城乡中国的重要文化与资源结构，尚处以隐匿的状态。

(二)历史的回声

问题的线索有时深嵌于历史之中,正如孙本文、廖泰初等学者所言,如果研究社会问题,能从纵、横两方面得到历史事实和现状事实,才有可能深入理解社会的特性与社会问题的性质、来源和现状。在 2010 年版和 2011 年版语文课标话语分析的基础上,往前追溯,以 20 世纪小学语文课程标准(或教学大纲)为文本材料,从文化视角进行检阅,考察乡村在课程标准里的关注度,见表 3-5。

表 3-5 文化视角下 20 世纪百年小学语文课程标准(或教学大纲)乡村关注度

年份	文件名称	有无直接关注乡村
1923	新学制课程标准纲要·小学国语课程纲要	无
1929	小学课程暂行标准·小学国语	无
1932	小学课程标准·国语	无
1936	小学国语课程标准	无
1941	小学国语科课程标准	有
1948	国语课程标准	无
1950	小学语文课程暂行标准(草案)	无
1954	改进小学语文教学的初步意见	无
1955	小学语文教学大纲草案(初稿)	无
1956	小学语文教学大纲(草案)	无
1963	全日制小学语文教学大纲(草案)	无
1978	全日制十年制学校小学语文教学大纲(试行草案)	无
1980	全日制十年制学校小学语文教学大纲(试行草案)(修订)	无
1986	全日制小学语文教学大纲	无
1988	九年制义务教育全日制小学语文教学大纲(初审稿)	无
1991	中小学语文学科思想政治教育纲要(试用)	无
1992	九年义务教育全日制小学语文教学大纲(试用)	无

从 20 世纪小学语文课程标准(或教学大纲)的内容考察来看,除 1941 年《小学国语科课程标准》对乡村有直接关注,其他 16 份文件均无直接关注。20 世纪前半叶欧

元怀、傅葆琛、李道祥、张宗麟、赵质宸、卢绍稷等学者所呼吁的乡村学校课程要根据乡村之需要来编制标准、内容和教材的建议在总体上没有进入国家课程政策的议程。也因此，乡土生活能进入 1941 年《小学国语科课程标准》的内容，尤凸显出其独特的意义。1941 年《小学国语科课程标准》由"目标""教材纲要""教学要点"三部分组成；第二部分"教材纲要"分为初级、高级两大板块，每个板块均由"各学年教材形式"与"各学年教材内容范围"两部分组成。初级各学年教材内容范围分别由"关于个人生活的""关于学校生活的""关于家庭生活的""关于乡土生活的""关于民族国家的""关于世界人类的"组成，同时与高级各学年教材内容范围"关于公民的""关于历史的""关于地理的""关于自然的"共同建构成小学语文教材编写的内容体系，为学生的语言学习提供了完整合理的认知结构。初级各学年教材内容范围中"关于乡土生活的"所列内容，见表 3-6。

表 3-6　1941 年《小学国语科课程标准》所列初级各学年教材内容范围有关乡土生活内容①

学年	有关乡土生活内容
第一学年	1. 有关晴雨等气候的变化现象的 2. 有关四季的重要花木、果树和虫、鸟等的 3. 有关新年、端午、中秋等风俗习惯的
第二学年	1. 有关方向和位置的 2. 有关风、云、雾、露、霜、雪、冰等自然现象的 3. 有关动植物的过冬和秋虫、候鸟等的 4. 有关蜂、蚁等合群昆虫的 5. 有关稻、麦、棉、麻等生活资料的 6. 有关水陆交通用具的 7. 有关邮票和寄信方法的 8. 有关法币和辅币的 9. 有关水、旱、风、虫等灾害的 10. 有关名胜、古迹、纪念物和乡贤故事等的 11. 有关清明等风俗习惯的 12. 有关消防设施的

---

① 课程教材研究所.20 世纪中国中小学课程标准·教学大纲汇编：语文卷[M].北京：人民教育出版社,1999:40-58.

续表

学年	有关乡土生活内容
第三学年	1.有关温度和燥湿、晴雨等气候变化的 2.有关冬季候风、夏季梅雨等的 3.有关杂粮和丝、呢、绒等生活资料和合作事业的 4.有关益鸟、害鸟、益虫、害虫和蛙、蚯蚓等有益农作物的动物的 5.有关电话、电报的 6.有关金融机关的 7.有关预防水、旱、风、虫等灾害的 8.有关公共卫生事业的 9.有关改进风俗习惯的 10.有关图书馆、民众教育馆、公共体育场等教育文化机关的 11.有关公安机关和自卫组织、防御工程等的
第四学年	1.有关风暴、雷电、雹等自然现象的 2.有关播音和收音等的 3.有关育苗、造林等运动的 4.有关公益事业的 5.有关宗教和报馆、书坊及其他文化机关的

　　"乡土生活"作为教材纲要所指导的教材内容范围,能够进入当时国家语文课程标准,与"民族国家"一起,形成一种课程本土化的趋向,与当时的时代背景和政策反思有关系。1938年4月,抗战时期的国民政府颁行了《战时各级教育实施方案纲要》,纲要中指明了教育作为立国之本的重要意义,同时对当时的教育进行了反思,指出现代兴起的新式教育的病根在于重知识传授轻德育指导,在于原本"强身卫国"的体育功利化,还在于原本"利用厚生"的智育及其课程脱嵌于本土实际,忽视本国文史和乡土教材,无关社会生活和经济组织。[①] 国家民族生死存亡之际,这场教育的反思非常深刻,指出学校教育目的迷失、课程离土的现象其实就是一个拔根的过程,以致在平时已失其自立自存之基础,至战时更不能适应非常之需要。

　　尽管时光流转,一个国家曾经的课程叙事和记忆在远去的岁月里可能会渐渐淡去,但有时蓦然回首,80多年前的这份课程标准的本土化努力及其精神的光芒,依然会穿越时空,闪耀在课程前行的道路上。

---

　　① 战时各级教育实施方案纲要(特载)[J].教育通讯(汉口),1938(4):8-10.

二、乡土放逐:地方性知识与教科书

(一)谁的知识更有价值

1.知识、话语及权力:教科书与意识形态生产

从中国现代教科书的发展历史来考察,教科书紧紧伴随着中国新式教育及现代课程兴起与发展,同样也是中国现代性进程的产物。思想启蒙与解放,文化碰撞与交流,社会变革与进步,以及现代国家意志与政治规训,都在其广泛的出版和传播中融汇成一道独特的现代文明图景。

教师和学生平时在课堂上共同使用的教科书并不仅是一般知识的刊载物,而是与课程和教育一样嵌于社会文化之中亦可以说是社会文化的塑造物,隐含着社会变迁及其思潮的影响;同时,它作为课程的重要构成,在国家教育政策及课程标准的指导下,一起建构着课程场域的意识形态,表达着一种知识选择的权力观。蓝顺德认为:"从教科书内容的形成过程来看,教科书是社会文化的产物,教科书内容知识的选择与社会变迁有着互动的关系,而社会变迁又和传统文化、政治结构转型、经济发展等外在环境变动有关。也就是说,政治、经济、文化的变动形成社会变迁,社会变迁则影响教育政策及教科书内容,而在国家统治霸权及社会思潮的介入下,更使教科书内容隐含各种价值观与意识形态。"[1]石鸥、刘学利回顾中国现代教科书 100 多年发展历史指出:"特别是前半个多世纪的教科书发展史,是由开放、发散、学术自由慢慢走向意识形态强化的阶段,而后半个多世纪的教科书历史,是一个由强意识形态话语体系逐渐向强知识、科学话语体系转变的历史。"[2]

尽管教科书是在课程标准的指导下编写的,但其一旦在课程场域登场,它所发挥的知识选择与传递作用,便马上确立为一种标准与权威,呈现出强大的介入力量。美国批判课程论的核心人物阿普尔在与其他学者主编的《教科书政治学》中提道:"教科书是面向未来传达的一种信息,也是关于未来的一个预言。作为课程的一部分,它介入课程的程度,绝不亚于有组织的社会知识体系。它参与决定社会上什么样的知识被认为是合法和真实的。它帮助制定关于真理的标准,并在此基础上,帮助确立一个重

---

[1]　蓝顺德.教科书意识形态:历史回顾与实证分析[M].台北:华腾文化股份有限公司,2010:43.

[2]　石鸥,刘学利.跌宕的百年:现代教科书发展回顾与展望[J].湖南师范大学教育科学学报,2013(3):28-34.

要的参照,人们借此了解'真正'的知识、文化、信仰和道德的本来面貌。"①

因此,课程场域里日常使用的教科书除了知识的刊载,还隐含着深刻的意识形态,反映着影响课程场域的国家权力视野、社会经济基础和文化思想潮流。也因此,教科书的分析也是理解课程场域的一种重要路径。

2.教科书里的城乡取向:以《历史与社会》(人教版七年级上册)为例

轻轻地翻开教科书的书页,宛如打开一扇窗,看见课程世界的丰富知识,也窥见蕴于其中的意识形态及其包含的城乡取向。

2018 年 11 月 6 日,研究者来到龙镇 L 中学进行校园观察、教师访谈的同时,还通过 Y 副校长的帮助,收集了本学年学校订购和师生使用的全部课程的整套教科书。以城乡取向为视角对所有教科书进行初步分析后,发现七年级上册《历史与社会》集聚了许多与乡村与城市有关的课程内容,颇具文本分析的典型性,故而选取该册教科书作文本分析,以判断其知识选择上的城乡取向。该册教科书由人民教育出版社等共同编著并由人民教育出版社出版,版次为 2018 年 7 月第 2 版,其单元及课文目录,见表 3-7。

表 3-7 《历史与社会》(人教版七年级上册)单元及课文目录

单元	课目
前言	致同学们
第一单元 人在社会中生活	第一课 我的家在哪里 第二课 乡村与城市 综合探究一 从地图上获取信息
第二单元 人类共同生活的世界	第一课 大洲和大洋 第二课 自然环境 第三课 世界大家庭 综合探究二 从地球仪上看世界
第三单元 各具特色的区域生活	第一课 家住平原 第二课 与山为邻 第三课 傍水而居 第四课 草原人家 第五课 干旱的宝地 综合探究三 如何认识区域——以南非为例

① 阿普尔,克丽斯蒂安-史密斯.教科书政治学[M].侯定凯,译.上海:华东师范大学出版社,2005:4.

续表

单元	课目
第四单元　不同类型的城市	第一课　美国政治的心脏：华盛顿 第二课　文化艺术之都：巴黎 第三课　IT 新城：班加罗尔 第四课　汽车城：蔚山 第五课　城市规划的典范：巴西利亚 综合探究四　如何认识城市——以莫斯科为例

　　《历史与社会》（人教版七年级上册）的开篇前言"致同学们"认为"人在何处生活，便成为我们观察社会、分析问题的空间尺度"，同时指明了这门课程的学习意义在于"借助许多历史和地理知识，引导我们把个人生活的时空扩展到人类活动的时空，帮助我们理解人们在什么样的时间和空间条件下做了什么、能做什么、该做什么。由此，我们才真正懂得：对幸福生活的期盼，原本要融入社会进步的历史行程中。当然，这样的道理，现在听起来难免有些深奥。那么，就让我们翻开这本教科书，以了解生活的时空为起点，读懂社会变迁与文明演进的历史，从中感悟发展的道路是怎样选择的"。①

　　该册教科书接着前言观察社会生活的话题，随后在第一单元"人在社会中生活"的导语中提出，"不同区域的生活环境，有不同的特征。其中，最显著的差异莫过于乡村和城市。所以，区域的特征和差异，就成为我们观察社会生活最基本的角度"②。因此，该册教科书的整体结构主要是从"乡村"与"城市"两大板块来设计的。

　　首先分析单元结构和内容占比。从单元及课文目录来看，整书结构上倾向于"城市"；内容占比上，"城市"多于"乡村"。全书共四单元，第一单元"人在社会中生活"城乡内容各占一半；第二单元"人类共同生活的世界"属于中立知识内容；第三单元"各具特色的生活"尽管总体上倾向于乡村生活内容的表达，但主题凸显"区域"而不是"乡村"，同时也包含着不同区域的部分城市人文地理内容；第四单元"不同类型的城市"则完全是城市内容。

　　其次分析第一单元文本。尽管在单元结构内部，城乡各占一半；但从图片和话语分析来看，课程知识内容有较明显的城市偏向。如表 3-8 所示，第一单元共 41 幅插图

　　①　人民教育出版社，课程教材研究所，历史与社会课程教材研究开发中心. 义务教育教科书·历史与社会（七年级上册）[M].北京：人民教育出版社，2018：2，3.
　　②　人民教育出版社，课程教材研究所，历史与社会课程教材研究开发中心. 义务教育教科书·历史与社会（七年级上册）[M].北京：人民教育出版社，2018：3.

中，以城市为素材的图片共有 22 幅，大幅度超过以乡村为素材的图片数量。

表 3-8　《历史与社会》(人教版七年级上册)第一单元文本插图类别统计

图片类别	图片数量/张	图片占比/%
城市	22	54
中性	11	26
乡村	8	20

而且，其中两组城乡生活图，展现乡村生活的图片内容以"生产劳动"为主，展现城市生活的图片内容以"生活享受"为主，主题表达内涵差异巨大。

其中两幅包含城市与乡村内容的中性插图，如"不同区域的物资流动"中的"家电下乡"画面及文字、文中插图"不同区域的人员流动"中的"到甘肃支教"和"赴北京求学"画面及文字，也带有明显的城市价值主导的偏向。

第一章第二课"乡村与城市"的结构与内容相当，但价值的表达也呈现出明显的城市偏向。关于"乡村聚落"的知识话语表现为价值中立，但关于"城市聚落"的知识话语则流露出一定的价值倾向，如"目前，全世界已有超过一半的人居住在城市里。城市居民主要从事工业、商业和服务业等方面的工作。在休闲时间里，人们除了满足日常生活需要外，还不断丰富自己的精神文化生活"[1]。

最后对第三单元"各具特色的区域生活"与第四单元"不同类型的城市"的文本内容进行对比分析。第三单元尽管以乡村内容为主，但凸显的是"区域"自然景观和人文景观；尽管文本中也有部分对乡土文明的文化表述和价值表达，但缺少对"乡村"的主题聚焦。而第四单元则是凸显和高举"城市"的文明价值，尤其在单元导语里表达了如"城市，让生活更美好"那样带有明显偏向的价值判断。例如："各具特色的区域生活，为我们呈现着人类文明的全景。在这幅图景中，如果说有一种最能够展示文明程度的区域，那就是城市……可见，城市成为文明的中心，源于它是人类文明发展的结晶，也因为它是文明多样性的见证。'城市，让生活更美好。'"[2]

面对教科书存在的知识取向的问题，阿普尔等学者曾进行过反思，提出了"谁的知识最有价值"这个命题。他指出看起来好像很寻常的教科书，恰恰在知识选择和传递

---

① 人民教育出版社，课程教材研究所，历史与社会课程教材研究开发中心. 义务教育教科书·历史与社会(七年级上册)[M]. 北京：人民教育出版社，2018：13.

② 人民教育出版社，课程教材研究所，历史与社会课程教材研究开发中心. 义务教育教科书·历史与社会(七年级上册)[M]. 北京：人民教育出版社，2018：91.

的价值取向上,也就是在确定"用谁的文化去教育孩子"这个问题上,扮演了一个非常重要的角色。① 教科书体现了某一人群的选择,呈现着他们对法定知识和文化的看法,"通过这样的传统,某一人群的文化资本获得了合法地位,而另外一群人的文化资本却无法获得这样的地位"②。布尔迪厄也指出:"教育体制在各阶层中更完善地再制出文化资本的分配结构,因为教育体制所传播的文化与占统治地位的文化更接近。"③ 20世纪末中国重启的现代性进程所担负的现代化使命及其主导下的工业化、城市化和市场化价值趋向,自然会深嵌于国家的意识形态,并影响课程政策及教科书编写的知识选择,但从长远来看,这种知识选择的城市价值偏向会在文化资本的获取上造成不公平,从而更加导致乡村学校的价值迷失和乡村社会的崩解。阿普尔基于对美国社会的观察,也指出了因教科书而带来的这种城乡关系的分化,"乡村学校最近已经联合起来了,阶级关系及城乡关系愈来愈紧张。农村家长很少能参与对教科书的选择,而且不能参与一般意义上的教育决策过程,这些更加疏远了城乡关系"④。对于教科书在学校课程知识建构中所呈现出的社会阶层支配性、意识形态与权力,欧用生基于阿普尔等学者的论点,进一步论述道:"教科书本身就是一种文化物。……教科书的内容和形式,凸显了特定的现实建构,意指出社会大众选择和组织的特定方式。从教科书可看出:谁的知识和文化观点被合法化,谁的文化资本被列入,其他人的知识和文化被排除。教科书也描绘愿景,参与社会对知识、真理、信念和道德的界定;决定什么是社会中的公共之善、文化视野、社会愿景和儿童的未来。"⑤

3."还没来得及发放"的乡土教材

2018年11月6日下午,研究者前往龙镇L中学进行又一次的校园观察和教师访谈。像前几次来L中学一样,研究者怕惊扰学校的秩序,把车停放在校门口村庄道路边的空位上,然后联系分管教学的Y副校长。Y副校长在电话那头说让研究者把车开到校园里最北面一幢楼的后勤办公室门前,他说研究者想收集的课程教科书都已经准备好了。在后勤办公室门口,Y副校长热情地帮研究者一起把重重的几捆本学年L中学订购和师生使用的全部课程的整套教科书搬上了车子的后备箱。研究者在清点

① 阿普尔,克丽斯蒂安-史密斯.教科书政治学[M].侯定凯,译.上海:华东师范大学出版社, 2005:1.

② 阿普尔,克丽斯蒂安-史密斯.教科书政治学[M].侯定凯,译.上海:华东师范大学出版社, 2005:4.

③ 厉以贤.西方教育社会学文选[M].台北:五南图书出版有限公司,1992:430.

④ 阿普尔,克丽斯蒂安-史密斯.教科书政治学[M].侯定凯,译.上海:华东师范大学出版社, 2005:3.

⑤ 欧用生.课程改革:九年一贯课程的独白与对话[M].台北:师大书苑有限公司,2000:179.

后,发现义务教育阶段初中所有国家课程的配套教科书都有了,就是没有地方编写的乡土教材,Y副校长说:"乡土教材还放在仓库里,还没来得及发放,下次你来了再给你。"

乡土教材在中国教科书体系里是一个相对独特的存在,但其与中国现代意义上的教科书几乎是同步产生与发展的。李新认为,乡土教材是在国家相关教育制度与政策范围内,结合本县、市(最广者莫过于省)情形而编写的,反映本乡本土实际的用于教学的材料。① 李素梅认为乡土教材是"在学科课程标准(或教学大纲)的范围内,结合本地的实际情况,由学校或地方教育行政部门组织人员编写,以乡土文化为内容,以培养乡土认知、乡土情感、乡土建设为目标的补充教材"②。回顾历史,中国乡土教材的产生是源于在西方课程制度仿照背景下自己深切的课程本土化诉求。在被动卷入世界现代性进程以及救亡图存的时代背景下,1904年,张百熙、张之洞等参照日本学制修订奏拟的《奏定学堂章程》在关于历史、地理、格致课程开设的要义描述中,就特别强化乡土历史、地理及事物的认知,以养成学生爱乡爱国之心。

其实,在20世纪百年课程演变史中,乡土教材的建设也始终与国家意志和权力关联在一起,融入着国家在救亡图存或自我变革、复兴民族时文化自我认同的政治诉求。

例如20世纪上半叶民国时期,1928年5月15日至28日在南京召开的第一次全国教育会议,通过议决案237件,其中吴研因提出的"规定各地方小学用乡土教材补充读物编撰条例并准各地方自编补充读物案"通过审查并决议办理,其中提到的编撰范围有本地方"特有的儿歌、民歌、传说""风景古迹""先贤传记""区域、交通、物产、行政组织、重要机关""特有的婚丧喜庆时节等风俗习惯",以及"和他处不同的一切衣食住行事项",尤其强调本土特有的文化事物。③ 1930年4月15日,在南京召开的第二次全国教育会议所通过的《改进全国教育方案》提出:"各县市可在课程中,斟酌本地状况,编制乡土教材,并施行细目,用来替代课程中的某部分,呈准教育厅施行。"④

又如20世纪下半叶中国改革开放时期,1987年在浙江建德召开的全国乡土教材工作会议和1990年在江苏南京召开的全国乡土教材建设经验交流会,都直面当时教育尤其是乡村教育存在乡村学校毕业生"对家乡缺乏感情""对当地社会经济情况很不

---

① 李新.百年中国乡土教材研究[M].北京:知识产权出版社,2015:7-8.
② 李素梅.中国乡土教材的百年嬗变及其文化功能考察[M].北京:民族出版社,2010:40.
③ 中华民国大学院.全国教育会议报告[M].上海:商务印书馆,1928:592-595.
④ 教育部教育方案编制委员会.改进全国教育方案[M].南京:教育部教育方案编制委员会,1930:13.

了解""缺乏必要的农业生产技能"等问题①,高度肯定了乡土教材编写的意义。例如全国乡土教材建设经验交流会上,时任国家教委副主任柳斌在会议报告《重视和加强乡土教材建设》中把乡土教材建设提到了"作为整个基础教育改革和基础教育教材建设重要组成部分"的教育战略高度,同时在报告中进一步明确指出乡土教材的重大作用,即"弥补统编教材的不足""促进理论与实际的紧密结合""有利于加强国情教育,特别是爱国主义教育""有利于发展个性""有利于促进教学思想和教学方法的改革",其中特别指出了乡土教材建设隐含的课程本土化实践意义,因为"乡土教材内容接近生活,接近学生,接近学生周围的环境,有利于激发学生的求知欲和学习积极性,增进课堂教学与实际的联系,让学生在教学过程中可以身临其境,实地考察,实际操作,真正做到教、学、做三者合一,手脑并用",因为"爱国家应该从爱家乡开始,而爱家乡首先必须了解家乡,家乡的山山水水、工厂农田、父老乡亲、土特物产、历史文化、历史人物等都可以激发学生的爱乡之情,进而引导学生确立建设家乡的社会责任感并使之升华为热爱祖国、振兴中华的爱国之情,从而确立建设社会主义现代化强国的使命感"。②

如果从地方来观察,乡土教材的编写既出自地方的文化自觉,又遵从国家的意志和响应时代的召唤,一个世纪以来,薪火相继,始终是地方教育积极担负的文化使命。以龙镇所在的区域鄞县或宁波市为例,20 世纪上半叶民国时期,宁波汲绠斋出版处1908 年出版了由鄞县人蔡和铿编辑、李文铨校正的《浙江乡土地理教科书》,该书上编共 38 课,为中国及本省总述;下编共 52 课,为各府分叙,"粗举古迹人物,间插以图画"③;1934 年至 1939 年期间,鄞县县政府陆续出版了《鄞县小学乡土教材》(毛觉吾编)、《鄞县小学乡土教材(高级社会)》(黄国才编、毛觉吾校)和《鄞县战时乡土教材》(毛觉吾编),主持推动乡土教材建设的时任鄞县县政府教育局局长叶谦谅在《鄞县小学乡土教材(高级社会)》的序言中说道:"如何使国民认识乡土,爱护乡土,更是教育当局及教育家的责任。"④又如 20 世纪下半叶中国改革开放时期,1990 年,鄞县教育局教研室组织编写成乡土教材《鄞县综览》,有综合介绍全县农业、乡镇企业、水利工程、生产技术、古今著名人物等的资料 13 篇,近 5 万字;2008 年,宁波市教育局教研室编写的地方课程乡土教材《我爱宁波》由浙江大学出版社出版。

① 王明达.采取积极措施大力推动乡土教材的建设——在全国乡土教材工作会议上的讲话(摘要)[J].课程·教材·教法,1987(11):1-4.
② 柳斌.重视和加强乡土教材建设——在全国乡土教材建设经验交流会上的讲话[J].课程·教材·教法,1990(8):1-2.
③ 邹振环.晚清西方地理学在中国:以 1815—1911 年西方地理学译著的传播与影响为中心[M].上海:上海古籍出版社,2000:296.
④ 黄国才.鄞县小学乡土教材(高级社会)[M].鄞县县政府,1936:2.

从历史来考察，乡土教材的建设无论是从国家层面还是从地方层面，一直都是作为文化自觉的传统沿承、爱乡爱国的情怀培育乃至教育变革和振兴中华的使命担当来认识和进行的，然而，在现实中，乡土教材的使用情况并不理想，尤其是与其知识紧密相关的乡村学校，也长年疏离了乡土教材。学者石鸥曾在为其主编的"中国教科书发展史丛书"而写的总序"我们是由教科书决定的"中说道："乡土教材历经百年，它们从激发爱乡之情到晕染出爱国之情，它们在保护乡土文化，构建和谐乡村；它们在唤醒学子知乡、爱乡、建设乡村；它们在培育乡里乡亲和谐的邻里关系上起了不可替代又亟待研究发掘的作用。今天的人们，为乡村的失落而忧虑，为乡里乡亲的完全陌生化而伤感，为乡村文化的碎裂毁灭而奔走呼号。可他们是否想过，这一切难道与乡土教材的失落没有关系吗？"[①]

（二）在地方性知识和普遍性知识之间

课程标准中乡土世界关注的缺少、教科书中知识的城市偏向以及乡土教材的失落，既可以理解为现代性进程中城市化主导力量或话语权力辐射下课程场域的一种具体表现，还可以从地方性知识和普遍性知识之间的关系作进一步的探究。

普遍性知识是现代类型的知识，源自西方工业文明，地方性知识是传统类型的知识。普遍性知识在现代性进程中不断满足国家强大、民族复兴的未来想象，地方性知识在某些历史阶段还会被视为一种认知上的阻力。尽管在国家层面上也不断通过政策的形式加以强化，但是在现代化事业中，成为官方知识的普遍性知识越来越逾越面对面的地方性知识，建构起自成标准化体系的知识领域，在有着强烈现代化诉求的国家里渐渐垄断国家课程及教科书，形成一种支配性的力量，而且在工业化、城市化以及在之后信息化和技术不断创新的时代，结合成一种文化和思想的潮流，牢牢攫取住了话语权力甚而逐渐被强化为一种话语霸权。"权力和知识是直接相互连带的；不相应地建构一种知识领域就不可能有权力关系，不同时预设和建构权力关系就不会有任何知识。"[②]福柯这句话尽管源自他对规训与惩罚历史演变的思考，最初用于表达他对于其中已经形成的一整套知识、技术及"科学"话语与惩罚权力的实践愈益纠缠在一起的关系揭示，但是用于对一般意义上知识与权力之间关系的理解，也不失为一种深刻的启示。法国思想家薇依反思过教育中这种普遍性知识的弊端，她说："教师们所讲的星

---

① 李新. 百年中国乡土教材研究[M]. 北京：知识产权出版社，2015：总序 3.

② 福柯. 规训与惩罚：监狱的诞生[M]. 刘北成，杨远婴，译. 北京：生活·读书·新知三联书店，2007：29.

星和太阳只在练习本和教科书中,与天空毫不相干。"①她指出这种教育导致了人们的拔根状态。"结果就形成了这样一种文化:它在非常狭窄的环境中得到发展,与世界相分离,一种很大程度上以技术及技术所产生的影响为取向的文化,极富实用主义色彩,因专业化而极端破碎,同时既丧失了与这一世界的接触又丧失了通往另一个世界的门径。"②

和龙镇乡村学校一样的所有学校,以普遍性知识主导的国家课程及教科书占据了学校教育的主要内容,在教科书里出现的地方性知识也由于在强大的普遍性知识话语权力前被不断弱化,而作为地方性知识代表的乡土教材,尽管也有国家意志的支撑,但终因为无法进入普遍性知识完整建构的语文、数学、英语、科学等现代课程体系而被边缘化,以致发不出自己的声音。以城市为价值偏向、以普遍性知识为主体的课程内容所参与构建的课程场域,长年累月,不断消解和剥夺在城市化语境中本身处于不利位置的乡村学生对于自己生活空间和乡土世界的理解和想象,以潜移默化的方式将他们拖离自身之根,被动纳入到另一个陌生空间的社会规则和文化逻辑中,干扰了他们的身份自觉、知识理解和价值认同,也造成了他们学业上的困顿甚至失败,"对于社会背景与文化特征处境不利的学生来说,与教材内容之间的文化失谐乃至文化冲突往往是导致他们学业失败的首要原因"③。钟启泉指出:"课程不能关照学生生活世界,缺乏相应的生活意义和生活价值,于是课程世界里学生的'失我化'使'人'被隐藏起来。"④文化的冲突,身份的丢失,地方性知识的遮蔽和祛魅,普遍性知识的陌生和隔阂,会让城市化语境中处于文化资本弱势的乡村学校的学生迷失学习的价值意义,要么通过课程和考试获取向上流动的资格,走向城市,远离乡土;要么产生抵制和反抗,走上自暴自弃的虚无之路。潘光旦也指出了中国乡村教育的拔根状态,他早年对乡村教育及其课程的反思,现在读来依然充满现实批判的力量:"中国的教育早应该以农村做中心……但是二三十年来普及教育的成绩,似乎唯一的目的是在教他们脱离农村,而加入都市生活……至于怎样和土地及动植物的环境,发生更不可须臾离的关系,使百分之八十五的人口更能够安其所遂其生,便在不闻不问之列……百分之八十五的人口原是在农村里长下了很好的根的,如今新式的教育已经把他们连根拔了起来。"⑤

① 薇依.扎根:人类责任宣言绪论[M].徐卫翔,译.北京:生活·读书·新知三联书店,2003:71.
② 薇依.扎根:人类责任宣言绪论[M].徐卫翔,译.北京:生活·读书·新知三联书店,2003:35.
③ 吴康宁.课程社会学研究[M].南京:江苏教育出版社,2004:5.
④ 钟启泉.课程的逻辑[M].上海:华东师范大学出版社,2008:8.
⑤ 潘光旦.潘光旦文集[M].北京:光明日报出版社,1999:430-433.

美国人类学家吉尔兹在 20 世纪六七十年代提出了"地方性知识"这个著名概念，产生了广泛的学术影响，让人们在全球化、城市化、工业化、市场化潮流融汇的现代性进程中开始自觉地以新的视角打量本土文化的地位和价值。其实，在教育与课程领域，20 世纪二三十年代，中国已有不少学者开始关注到"地方性知识"的价值意义。1928 年 5 月，第一次全国教育会议审查并决议办理的吴研因提出的"规定各地方小学用乡土教材补充读物编撰条例并准各地方自编补充读物案"还附有一个并案，名为"小学教科书应注重地方性案"，其中指出："……(2)小学学生年龄幼稚，思想单纯，其亟需之知识，必得之于切近之事物，故需用直观教授，乃可使之彻底洞悉。(3)苟或泛谈学理，以海滨之产物示诸大陆地之学生；以高原之生活事物，授予平野之学生；非惟乖误无裨，亦且方枘圆凿，莫能适用。(4)若于小学教科书注重地方性，既可收直观教授之益，复能得实际生活之用。"[1]

尽管地方性知识并非完美，也不一定比普遍性知识高明，但其却包含着巨大的解释性，包含着民族本土的生活伦理智慧和文化习俗传统，保留着对充满命运不确定性的世界的超然理解，保留着人与自然、人与本土社会、人与自己和谐相处的合理关系，并因其关系扎根自己的传统之中。地方性知识与普遍性知识是两种不同的知识类型，他们无法以同一方式来衡量，更无法彼此战胜，否则，就会陷入知识的迷途和困境。

社会学家陶孟和在 20 世纪 20 年代已间接指出了两种知识类型的融合即"高等的知识"在未来乡村教育和乡村建设中的意义所在，他说："农村所最需要的是人民须有高等的知识，对于农村的问题有趣味，对于农村的理想努力求实现。筹备农村里健全的娱乐，奖励农村的生活。学校对于这些问题的解决，都可以有所贡献，可以尽它在社会上的责任，辅助社会理想的实现。乡间的儿童可以由学校教育他使成为社会的主动的人，成为为社会幸福努力的个人。"[2]他还指出："乡村的问题不只是经济的，并且是社会的、智育的问题。要想叫乡下人可以安居乡村，不只是他的事业需有相当的收入，维持他的生活，他田里所出的农产物，足充他们生活的需要，并且要使他们有社会交际、社会娱乐的机会，还要使他们有发展知识的机会……学校里正可担负这个责任，使乡下人对于农村问题发生趣味，尊崇乡村生活高贵的价值，认科学的农业为高贵的职业，并不低于政客、军人、富商、大贾的职业。等到人民不鄙弃农业，也不为都会生活或都会上的职业所炫诱，并且农业再需用高等科学的知识，那么，乡村生活也就可兴旺起来了。"[3]

---

① 中华民国大学院.全国教育会议报告[M].上海：商务印书馆，1928：595.
② 陶孟和.社会与教育[M].福州：福建教育出版社，2010：86.
③ 陶孟和.社会与教育[M].福州：福建教育出版社，2010：86-87.

对于地方性知识，吉尔兹也指出了其未来发展的可能性："我们最终需要某种更超过地方性知识的东西。我们需要一种使多样化变成注解的方式，并且——对应，用一方面去照亮另一方面。"①

① 吉尔兹.地方性知识——阐释人类学论文集[M].王海龙，张家瑄，译.北京：中央编译出版社，2000：294.

第四章 扎根：乡村学校课程本土化的当下实践

> 欲有良好之乡村学校教育，必须有最完善最适用
> 之课程。①
>
> ——卢绍稷

---

① 卢绍稷.乡村教育概论[M].上海：大东书局，1932：63.

第一节　打破沉默:课程本土化实践的学校姿态

课程关联着乡村学校的过去,也关联着它的当下和未来。课程作为现代性的产物,创造了现代教育的全新图景,但它的离土倾向复又加剧了乡村学校的孤岛命运。借由课程世纪回归的时代机遇,龙镇的一些乡村学校,试图重拾曾经的课程本土化努力,以期突围历史与现实的重重困境,重构自身发展的未来愿景。

一、"种下一地的希望":村小、课程与命运

(一)"十里路"的差异

Q 小学和 S 小学,龙镇的两所村校,深嵌于它们绵长的历史与所在的村庄之中。

创办于 1911 年的 Q 小学在龙镇东面的 Q 村,从西边村口进去,要走过小桥,穿越悠长的巷弄,才能到达。学校外墙上粉刷着中国传统启蒙教材《三字经》的部分内容以及教育宣传标语如"关心教育就是关心下一代"等。校园不大,主体建筑就一幢长方形、三层楼的现代教学楼,1986 年由旅港乡贤捐资建造,教师办公、学生上课都在这幢楼里。楼前为庭院,楼东北角为学校小小的塑胶运动场,运动场围墙外以及往东是一片田野。2018 年 10 月 10 日,研究者首次以研究者的身份进入 Q 村和 Q 小学现场的时候,学校墙外村庄田野上开始泛黄的沉甸甸的稻穗正在阳光里摇曳着丰收的光芒。学校的旁边是一座古老的宗祠,荒疏多年,现已修复,成为村庄的文化礼堂,雕梁画栋,金碧辉煌,高耸的马头墙在碧空下延展出江南的风韵。1919 年,旅沪乡贤在这里创办了一所小学,后来 Q 小学与其合并办学时才搬至此地。1986 年,新教学楼落成,复搬至现址。龙镇 Q 小学校园周边场景,如图 4-1 所示。

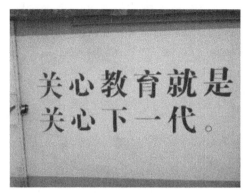

学校文化围墙

学校围墙上的宣传标语

学校旁办过小学的宗祠

学校旁的稻田

图 4-1　龙镇 Q 小学校园周边场景

创办于 1913 年的 S 小学在龙镇西南方向的 S 村，和 Q 小学一样，从村口到达 S 小学，也要穿越悠长而又曲折的巷弄。如果遇上早集或晚集，那么村口到 S 小学原本窄小的道路，两边会摆满了菜摊和小商品摊，再加上赶集的人群，便显得拥挤而喧闹。学校内有一座历史建筑，为 1933 年旅沪乡贤捐建的教学楼，由于年岁久远，现属危房，故不再使用，然而会有很多老校友常常回母校来看望这幢老建筑，和这幢建筑合影。S 小学的校园面积比 Q 小学来得大，有两幢新建的教学楼，和 Q 小学一样，也都是 20 世纪 80 年代后由旅港乡贤等捐建，它们的楼名都以捐建乡贤的姓名来命名。学校里也有崭新的塑胶运动场，运动场西面围墙外则是广阔的稻田。龙镇 S 小学校园内外场景，如图 4-2 所示。

学校旁的老街 　　　　　　　　　　　学校旁的稻田

学校内民国时期旅沪乡贤捐建的教学楼 　　学校内当代旅港乡贤捐建的教学楼

图 4-2　龙镇 S 小学校园内外场景

　　两所村小虽然校园面积不大，但是校园内部环境都经营得很整洁和精致。Q 小学教学楼走廊的墙面都进行了精心的设计和布置，既有教师和学生的形象展示，也有学校层面的文化宣传，宣传内容为中国传统蒙学读物《三字经》《千字文》《弟子规》等，与学校外侧围墙上的宣传彼此呼应，也与学校旁边修复的文化礼堂辉映在一起。教学楼前面庭院西侧开辟了一块田地，四周围着竹篱笆，里面种着花木和蔬菜，出入口建了一道木门，上面写着"小小农庄"四个字。农庄里种了一些庄稼和乡土植物，其中，月季花开得正盛。S 小学也一样，都在学校环境的细节上进行了用心的设计，无论是墙面上的装饰，还是花圃里的一个标牌，都寄寓着教育潜移默化的意义，教学楼墙面上的装饰也偏向于中国传统伦理的教育。那幢老楼，尽管不再使用，但楼的山墙下安放了一块文保标识石碑，上面标注着该楼 2010 年被列为区级文物保护点。学校教学楼和运动场之间还有一个大花圃，里面种着很多乡土植物，其中，月季花也是一朵朵地绽放着。两所学校的每一间教室都用上了先进的教学设备。在对村庄与学校的观察中可以看到，现代性进程以及政治运动中受到冲击的中国乡土传统似乎又在走向回归。巷弄、稻田、乡土植物以及对传统的敬重，两所村校似乎依然与自己所在的乡村场域紧密地联系在一起。

然而，龙镇的这两所百年老校，尽管有着自己深厚的办学历史，而且近年来办学设施也在不断改善，但作为教育链上的末端存在，正在经历着现代性进程中的乡村学校普遍困境，那就是师资短缺和生源流失。无论是教师，还是学生，都经历着从村校向乡村中心学校再向城区学校单向流动和集聚的过程。

现在，Q 小学和 S 小学的生源均百分之百为外来务工人员子弟，本村的学龄段学生要么去了龙镇中心小学，要么去了城区学校。学生流失的背后是师资流失和短缺。Q 小学和 S 小学都存在师资短缺现象，为了维持教学秩序，学校不得不向社会招聘了部分代课教师，Q 小学全校 26 名教师中，有 10 位是代课教师；S 小学的代课教师占比也很高。师资流失和短缺的主要原因不仅在于村庄生活环境不够方便，还在于教师在村校的专业发展机会少。同样在龙镇工作，职称晋升以及在编教师的分配都偏向和优先满足乡镇中心学校。

研究者在现场访谈学校课程建设的相关情况时，Q 小学和 S 小学的两位校长都重点先谈到了学校师资短缺的问题。Q 小学 W 校长说道：

> 对于乡村学校来说，好的老师分配不来。尤其在近几年师资紧缺的情况下，我们学校没有新分配的老师来。这对于学校来说是釜底抽薪的事情。没有老师，课程设置，课程改革没有办法开展。我们有 26 名教师。正式公立的有 16 个，其他是代课教师，而且不稳定，他想走就走，哪怕签了合同，一旦有好去处，他们就走了。他们的工资非常低，一年实际到手大概四万五千元。而他们做的工作却不比公立教师少，压力也很大。这些都导致了学校的短板。课程改革更需要长期固定的教师来落实。这是农村学校奢望的事情。打个比方，我们的教师还处于温饱阶段，却要往小康的要求走……说到师资，像今年，到 8 月 25 日了，快开学了，还少一个教师，我只好在教师大会上说，没办法了，一个方案是只能内部消化。我不可能大街上随便拉一个人来，因为书教不好，可能毁了孩子们一生。另一个再去找，结果运气还好，有个家长在培训机构里工作，有教师资格证，马上请来上课。在这种情况下，我怎么有条件开设很多的拓展性课程呢？

（I-20181010-0849-qxxx-wjp）

S 小学的 Q 校长说道：

> 近几年我们学校没有调入过公立编制的老师，所以也还是需要请一些临时的代课老师。我们现在的代课老师，不算五险，年收入是 42000 元一年。再要扣除养老保险的自负部分，所以实际到手 42000 元也不到。其实我们有部分老代课教师，教学方法和教学质量都很好。虽然代课收入很低，但他们年纪大了，也只能教书了。年轻人就不同了，他们来代课有的是为了将来考编制来过渡一下。就算有分配老师，也是在通过教育局统一考试后，根据考试的成绩来安排。成绩好的先分配在城区学校，排名后面的安排在下面的乡村学校。等到分配到我们学校的老师，那师资的质量，可以想象……我们全区有六十几所小学，如果考核的时候是在倒数五名之内，校长就要向局长汇报为什么排名会这么低。说实话，我们也不难为情，我们这里除了一个音乐教师是专职老师之外，其他的像体育老师、美术老师都没有专职的。28 个教师中，专职教师是 21 个，7 个是代课教师。
>
> （I-20181009-1456-sqxx-qbj）

作为最嵌入到村庄而且理应最便于村庄里的学生上学的村校，却面临着被疏远的空心化危机。在谈到师资短缺时，Q 小学 W 校长还谈到了制约学校课程建设的另一个短板就是学校总建筑面积不够以致功能教室太少，只能满足日常必修课程教学，无法开展拓展类课程活动。

近二三十年来，城市在不断地扩张，原本离城很遥远的龙镇，现在无论是在 Q 村还是在 S 村，走到村口，都能清晰地看到城市的高楼群已经蔓延至田野的不远处，从龙镇进入现在的城区，也不过是十里路的距离。W 校长在访谈时不经意间抬起手指着城区方向一所离 Q 小学最近的刚刚兴建的城区小学说道：

> 你看，那里生源集中，师资集中，办学条件又那么优越，两所学校之间也就差十里路，但命运却差那么多。
>
> （I-20181010-0849-qxxx-wjp）

由于村庄里的孩子都到镇上的中心小学去上学了，尽管学校还在村庄里，但其与村庄的关系似乎在慢慢疏远，当初乡贤倾力捐建、有着深远传统的村校如今在村民心中的地位也在慢慢降低，Q 校长在访谈中说到个别村民认为学校办在村庄里，学生上下学影响了他们的生活如出入方便等，甚至有人还故意刁难，在巷弄里设置障碍，不让老师上下班的车子过往。

> 我们老师在当地人的眼中地位并不高，因为他们的后代都不在这里读书。我们的老师没有得到应有的尊重。有时，个别村民还把老师开车进出的路给拦住。
>
> （I-20181009-1456-sqxx-qbj）

不深入到乡村学校所在的场域及其内部，观察、倾听或收集实物资料，就难以理解乡村学校的历史传统、课程实践及其正在面临的困境。课程场域、学校场域、乡村场域、城市场域、社会场域和世界场域，乃至历史场域，自内而外，不同场域自身的内部关系以及彼此之间的关系，又嵌套着权力、资本、阶层、利益、资源等复杂的因素，彼此交织，彼此影响。在一个世纪多以来的中国现代性进程中，学校的命运与村庄的命运是如此紧密地关联在一起。理解一所乡村学校的命运，理解一所乡村学校的课程实践，首先得从理解它的场域及其关系开始。

（二）"我也很想做课程"

课程，在 21 世纪初回归到中国基础教育的理论视野和实践场域之后，在早期更多的还是一场思想启蒙的过程。作为现代性馈赠的课程观进入中国基础教育，走的也是现代性的特定路线，那就是从城市慢慢走向乡村，乡村学校课程观的建立普遍要晚于城区学校。从龙镇乡村学校的田野调查来看，无论是校长还是教师，对于课程观的理解和接受大多是在 2010 年以后，课程实践也是自此陆陆续续地展开。虽然乡村学校因课程空间以及资源条件有限，与城区学校有着巨大的差距，但课程慢慢开启了乡村学校对于自身场域的深刻理解。部分学校在课程的召唤下，打破沉默，开始突破传统的教学观，走向艰难的课程实践，展开了契合自身场域的课程本土化探索。

> 我也很想做课程。
>
> （I-20181010-0849-qxxx-wjp）

这是 Q 小学 W 校长心底里的呼声。尽管师资短缺以及教学用房有限困扰着他，但几年前，他还是从乡村学校所在场域入手，带领师生在教学楼前庭西侧的空地上开辟和建立起一个"小小农庄"（如图 4-3 所示），开始了 Q 小学综合实践活动生活化课程的实验。

图 4-3　龙镇 Q 小学的"小小农庄"

　　Q 小学作为一所村庄中的学校，建立了自己对综合实践活动的课程意义理解，认为综合实践活动"是一种建立在经验与生活基础之上的实践性课程，它是基于学生的直接经验，密切联系学生的自身生活和社会生活，体现对知识的综合运用的课程形态"（M-W-20181010-xc-wjp-01），它让学校、生活、村庄、社会等各场域之间的关系得以建构，学校不再是村庄中的孤岛，知识不再是课本上固化的经验，而在场域的流动中升华生命的意义。Q 小学的课题报告提到，课程让学校在匮乏中重新审视自己时发现了自己的"优势"，并找到了一所村校重塑命运的可能性。

　　　　作为一所农村小学，我校的周围都是大片的农田，我校的学生都生活在农村，我们充分利用这一乡土优势，在校园中开辟了一个"小小农庄"，并以它为校园活动的主要基地，努力为学生搭建各种综合实践活动的平台，打破了传统教学模式设定的内容和时空框架。我们也尽可能地将综合实践活动与校园实践基地相结合，让学生在实践活动的舞台上不断提升、不断成长。

　　　　　　　　　　　　　　　　　　　　　　　　（M-W-20181010-xc-wjp-01）

　　W 校长在访谈中则提到了另一种优势：

　　　　优势是我们的孩子动手能力特别强，劳动能力特别强。这些是城市里孩子做不到的。我们的孩子拿把锄头就会干活。

（I-20181010-0849-qxxx-wjp）

从 Q 小学收集的实物资料来看，从最初的设计方案到后来建立以"小小农庄"为依托的一系列如"摄影""写作""美术""宣传"等实践基地，全校师生一起参与了"小小农庄"这个本土化、生活化课程实践平台的持续建设。从 Q 小学这份完整的课程框架（见表 4-1）里可以看出，课程让小小的村校建立起自己宏大的教育梦想。

表 4-1　Q 小学综合实践活动生活化课程实施资源框架

年级	建议活动主题	主要活动方式	内容提示
三年级	我与农庄亲密接触	实践、操作	1.通过参观，让学生了解、熟悉我们校内的"小小农庄"，培养学生热爱校园的情感。 2.了解、熟悉校内的植物，培养学生热爱自然的情感。 3.与科学学科相结合，种植凤仙花，掌握一些最基本的种植方法。 4.熟悉校外活动基地，培养尊老爱老的美德
	校园的植物	小课题研究	
	我与凤仙花有个约会	实践、操作	
	走进敬老院	社区服务、社会调查	
四年级	外来的访客	小课题研究	1.了解、熟悉外来的物种以及它对我们的生活和环境所产生的影响。 2.让学生体验农庄里的不同劳动。 3.与科学学科相结合，养殖蚕宝宝，让学生学会爱护身边的动物。 4.了解农村的特点、特色、特产，细说农村的变化等，培养学生热爱农村、服务家乡的情感
	我是快乐的农庄小卫士	社会实践	
	我爱蚕宝宝	小课题研究	
	走进农村	社会考察	
五年级	赞赞我们美丽的农庄	社会调查	1.通过不同的形式来赞美校园农庄，并为农庄的发展出谋划策。 2.让学生展示各种劳动才艺，让学生学会劳动、爱劳动。 3.结合家庭和社会，积极锻炼学生的实践能力，体验家长持家的辛苦。 4.让学生对农庄内的花卉进行认养，培养学生的责任感
	才艺大比拼	实践、操作	
	今天我当家	实践、操作	
	我是护花使者	小课题研究	

续表

年级	建议活动主题	主要活动方式	内容提示
六年级	我与种子一同成长	小课题研究	1.让学生选择自己喜欢的植物进行种植,通过活动,培养学生各种劳动技能和独立解决问题的能力。 2.熟悉一些基本的农具,学会制作一种简单的农具。 3.让学生在校内进行厨艺的展示,培养学生的实践动手能力。 4.让学生在劳动中感受爱的教育,把劳动成果与别人一同分享,让劳动更加有意义
	自制农具	设计性学习	
	我厨我秀	实践、操作	
	让爱与劳动同行	社区服务、社会调查	

　　尽管"课程"是一个现代性的概念,它在价值的传播上带有典型的城市化倾向,但Q小学在课程的理解与实践上却赋予了其本土化探索的意义。W校长在访谈中继续说道：

　　我觉得农村孩子有自己的特点,他没有读各种培训班的条件。但是,比如这学期我们在做的月季花的扦插,他以后未必去做农民、企业家或者去做植物学家,但至少培养了兴趣,增长了能力。等他以后长大了,哪怕作为一个爱好也是好的……我想,我会办出和城区学校不一样的特色。打个比方,如果说把学校比做房子去装修,那么城区学校他们的装修风格是欧式的,而我会把我们的学校装修成中式的。因为乡村的地理环境、家庭环境和中心城区学校的不同,城区的孩子和我们的孩子不一样。比如说学习水稻,城里的孩子,他们只是学习书面知识中学到的,但是他们没有看到过真正的水稻,长在田地里的水稻,但是农村孩子不仅看到过,还直接到田地里去劳动过。

　　城市里孩子学习小提琴,是研究怎么拉。我们的孩子是认识一只蚱蜢,认识它怎么成长。难道拉小提琴有价值而学习蚱蜢没有价值吗? 这有可能启发他、培养他未来对生物的兴趣。让我们的孩子去学一把小提琴可能太深了,成本也太高,但是如果让他们去抓一条蚯蚓、去抓一只蚱蜢来研究,这是非常方便的。

　　　　　　　　　　　　　　　　　　(I-20181010-0849-qxxx-wjp)

几年来，Q小学以"小小农庄"为课程平台，开展了很多形式多样的课程活动，学校编印了一系列小册子，其中的不少图片记录了课程活动的场景（如图4-4所示）。

图 4-4 龙镇 Q 小学"小小农庄"课程活动场景

其中一本小册子的封面，印着主编教师写的一段寄语：

校园内，

我们建起了"小小农庄"，

耕耘过后的田园，

洋溢着泥土的芬芳，

在春暖花开的日子里，

种下一地的希望……

(M-W-20181010-XC-WJP-02)

二、"打开一道门":乡镇中心小学的课程愿景

(一)共同的"乡愁"

J 小学与 L 小学是龙镇的两所中心小学,都是百年老校,而且在 20 世纪 90 年代因为办学规模扩大都曾经历了择址重建。J 小学还在 J 村,L 小学则从龙村搬到了 W 村,新校舍也基本是由当地村庄的旅港乡贤等捐资兴建,岁月变迁,但乡村延续其中的兴学助教的传统依然没变。搬迁后的学校尽管在村庄的边缘,但都深嵌于自己的乡土地理空间中。古树、村庄、田野、河流和青山,共同构筑成了学校教育场域的空间场景(如图 4-5 所示)。

青山和田野

J小学旁村庄与河流

L小学旁村庄与河流

图 4-5　J 小学与 L 小学周边空间场景

J 小学与 L 小学的校长在接受研究者访谈的时候，都谈到了乡村学校场域、课程场域与乡愁、乡情的关联。

Y 小学的 W 校长说道：

> 一种是现在提倡乡土乡情乡音。对小孩子来说，我想先要了解自己的当地文化，再层层递进，了解其他更深层次的文化。龙镇这里，我们正在考虑，就是根据龙镇当地的特色：十里水乡，编一本校本课程。我们可以把十里水乡形成的过程，包括河道的走向，它的分布，等等，作为这样的一个校本课程。龙镇还有个特色就是龙舟。每年的端午节都有龙舟比赛。我们作为龙镇人要了解龙舟到底是怎么来的，龙舟比赛是为了庆祝哪一节日。它的历史到我们现在发展过程是怎样的。这是我们作为重点的校本课程在开设……我是这么想的，做一些校本课程，和自己家乡有关的，那么今后孩子长大以后，哪怕到其他地方去工作了，他还会记得自己的家乡学校从小对他的教育，也会影响他的一生。也就是现在讲的乡愁。
>
> (I-20180930-0917-wssxx-whb)

J 小学的 C 校长在访谈时重点谈到学校悠远的办学历史，尤其是谈到搬迁之前的 J 小学历史建筑时，还特意拿出来一本学校编印的画册，指着其中的一座"老洋房"，几次说道校友之于这座历史建筑的感情。

> 大概在 1985 年的时候，学校恢复为"J 小学"，恢复校名也是一种对历史的纪念……老洋房是他们的记忆，五六十岁的人跟我们说起来都说到他们小时候在老洋房里玩，他们说起来都很有感情。
>
> (I-20181009-0914-jnxx-cb)

C 校长以前也是在乡村长大，乡村学校的校园记忆给他一生留下了深刻的印象。

> 刻在记忆里不会忘记。是乡愁，也是乡情。
>
> (I-20181009-0914-jnxx-cb)

这"乡愁"也成了 J 小学设计学校课程的文化起点。J 小学编写的拓展课程"田园拾趣"的实施总结里，适性定位，以"情系乡愁"为课程的理念目标，具体的描述如下：

(1)寻找学生的"精神家园"——自然、纯朴、勤勉。农村有着与城市所不同的人文地理、自然景观。亲近农村自然的气息,把孩子带到自然界中实地观察,让他们身临其境,有利于加深他们对各种物体和现象的印象,对自然界感兴趣,激发他们的情感,让他们更加热爱、珍惜自然资源。孩子活泼、好奇、好动,如果把孩子带到户外与农村的自然物接触,能流露他们的个性,让他们心情愉悦地学习。亲近自然还可以提高孩子的观察能力,让他们发现自然神奇,增加灵性,拓展思维,培养敬畏及热爱生命的情怀。"田园"课程具有一般课堂教学所没有的生活气息和朴实,它可以真正解放孩子身心,让他们在广阔的活动空间自由驰骋,展翅翱翔,给他们带来真正的快乐和自由。将他们带到菜园、果园,在那里,孩子们看到农民伯伯有的弯着腰在除草,有的穿着雨衣在给菜除虫,体会到了农民劳动的辛苦,使他们以后能更加爱惜粮食,还能激发他们爱劳动的良好习惯。亲身经历粮食的播种、除草、收割等一系列的活动,才能让孩子们体会"粒粒皆辛苦",喜爱泥土的清香,感叹大自然的馈赠。

(2)寻找美好的"乡愁情愫"——诗意的家乡、优秀的家风、淳朴的民风。家乡是一个承载童真、弥漫真情的地方。对孩子们来说,它既是熟悉的也是陌生的,引领着孩子们接近土地接近自然,亲近家乡的树、家乡的果、家乡的花。孩子们通过跟着当地的农民学习农谚,学习种植的小秘诀,感受了家乡人的淳朴民风。在一个个项目中,孩子们兴趣浓厚,获得了技能,开阔了眼界,增长了知识,陶冶了情操,同时增进了孩子们对家乡的感情。家风,是一个大家庭长期以来形成的能影响家庭成员精神、品德的传统风尚,中华民族的传统美德的现代传承,是我们立身做人的行为准则。我们要从自身做起,从家庭做起,讲道德、重家风、守家规。同时家风家教要与时代接轨,既要尊重传统,又要与时俱进;既要延续风骨,又要汲取营养。让孩子们感受各家各户的良好家风,引领其努力秉承这些好的家风,成长为一个品学兼优的好少年。孩子们在体验"童孙未解供耕织,也傍桑阴学种瓜"的乐趣中,感受到了农民朴实的民风。在他们并不华丽的语言中感受他们的热情,从他们汗流浃背的衣衫中看到了勤劳,在他们对粮食的重视中体会到了生命的意义,增加了孩子们对农民的热爱,对淳朴民风的理解。

(3)寻找未来的"生命希望"——新农村、新生活、新启航。我们的孩子都生在农村,长在农村,但却很少有孩子能尽情地拥抱农村的自然景色。农村的风,农村的雨,农村的土地,农村的花草,农村的进步,这些对孩子们来说是陌生而遥远的。引导孩子们去感知、认识、了解,能让他们热爱农村,长大后建设农村。

(M-W-20181009-xc-mxf-06)

(二)通往田野的那扇门

C校长从城区小学调到龙镇J小学才两年多时间，但这两年来，他一直在思考乡村学校应该如何建设适切自己场域的课程体系。他认为J小学应该走田园教育的道路。

问：现在学校正在扩建新校舍，你对学校将来的办学有什么设想？

答：我想设计成田园教育。为什么呢？一是地理位置决定的。这里的规划是列入生态农业区。学校周边是大片的农田。小桥流水，十里水乡。我们这里读书的孩子大多是当地的或者是新宁波人。家长中有很多种田大户，有的承包有500亩土地。二是从课程设置角度考虑。课程中有一个是劳动体育课程。其中的劳动课程很少有学校开设，即使是我们学校，家长也很少会让孩子去农田里劳动。农村的孩子和土地也割裂了。

问：你觉得背后存在着什么问题？

答：我觉得是价值观的问题。农村人都想往城市跑。都想到城市去买房。习主席说要建设美丽乡村，我觉得这个非常正确。我不说我们的学生要考上清华北大，我觉得最迫切的是要培养学生能够参与到建设美丽乡村的行动中去。

问：基于这样的课程目标，你接下去打算怎么做？

答：第一步，要亲近土地。儿童与土地有着天然的亲近感，比如说我原来工作的城区小学，孩子们能玩的地方就是边上的一个小树林，没有其他自然的土地可玩，而我们这里的孩子有着这么好的土地资源，但是家长也不让孩子去。第二步，具体实践。我们学校已经围了1.7亩地，一个小小农庄，种上了一年四季的农作物；每周五下午我们设了两节社团课——拓展性课程，有一批孩子，四五十个人，让他们种应季的农作物，收获的季节送给各个班级；孩子们很开心，很有成就感。第三步，利用周边村的土地资源。我们这里七个行政村，实行资源优势互补，我提供羽毛球场地，和他们打羽毛球比赛；每个村都有各种农作物基地，比如有的有草莓基地，有的是西瓜基地，我和他们说了孩子的成长需要，说很想参观他们的种植基地，让孩子感受到自己生长的土地美好的方面在哪里。第四步，我想建个果园。公园是城里孩子玩的地方，农村孩子可以到果园玩；我们种了桑树，养蚕季节可以摘桑叶养蚕；孩子们长大后可能早就忘记了学过哪些知识，但是他会记得养过蚕，摘过桑叶，吃过桑果。第五步，我想如果学校校舍有条件，想开辟一个农业馆，想展览传统农业农具，到S村农具展览馆去借或者向家长借。我要让孩子了解传统农业，但是我不是培养传统农民，我要发展现代农业。我要建阳光大棚，做现代农业，做滴灌农业，比如种小番茄，我只要进设备，种植的人才可以请种植基地的家长来指导，要让孩子了解世界上先进的农业技术。第六步，美食，这是学生最喜欢的。美丽乡村的建设中，我想让学生自己了解甚至自己做农村里的传统美食，而不是仅从商场里去买，比如今年的端午节，我请村里的奶奶辈来指导包粽子，还发现本地和外地的包粽子的手法是不一样的，这对孩子来说非常新奇，他们可以参观整个包粽子的过程，了解煮粽子的过程，最后还可以吃上香喷喷热乎乎或甜或咸的粽子，这比超市里买来的好吃多了，有意义多了；在元宵节的时候请村里的人来指导包汤团，再比如做金团……

（I-20181009-0914-jnxx-cb）

C校长的这些思考并没有停留在想法上，而是付诸教育行动。这两年来，学校在原有课程基础上，建构起拓展性课程体系，来落实和探索课程本土化的构想。其中一门课程"田园拾趣"获评为区级精品课程。

在接受研究者的访谈之后，C校长还陪研究者去看了学校的田园课程基地。原来学校高高的围墙把自己同宽广的田野隔了开来，现在C校长让人在学校后面的围墙上开了一道门，然后由学校出面跟村民商量把围墙外面的几亩土地的使用权租借给学校，让其成为学校的课程实践基地。铁门"吱吱呀呀"地打开后，宽广的田野及茂盛的庄稼一下子进入眼帘，让人觉得乡土世界是如此充满生命的活力（如图4-6所示）。

通向田野的那道门　　　　沉甸甸的稻穗　　　　　菜园

图4-6　龙镇J小学通向田野的那道门及门外的课程田园基地

在问及C校长学校开展这样的田园课程对孩子成长的影响或意义时，他首先引用一位专家的观点说"课程是送给孩子最好的礼物"，然后从更广阔的意义上把课程建设、课程本土化发展与乡村学校未来的命运建立了联系。

记得有个专家说过这样一句话：课程是送给孩子最好的礼物。我的理解是，对于一个孩子来说，国家课程是规定的，这个不能改变，但是我所讲的课程，主要指拓展性课程，孩子们不仅仅满足于国家课程，他们还有个性化的需求，拓展性课程刚好可以满足孩子们个性化的需求，我认为是很有必要的。我来了以后提出两个理念，一要健康成长，二要个性发展。健康成长是基础，个性发展是特色。我们根据孩子的需求和老师自身的特长开设了 35 门拓展性课程。我们没有外援，只能依靠老师的力量。老师有什么特长和兴趣，就开设什么课程。农村学校还有一个问题是，老师容易流失，他们想调到城区去。怎么把老师留下来，让他们在农村学校有成就感，这也很考验我这个做校长的能力。如果乡村学校不建设自己的课程，就失去了它独特的价值。比国家课程成绩，比不过城市学校，如果再不开设农村特色的课程，那么真的是一无所有了。所以我认为要建设美丽乡村，最重要的是需要人！我们不要和城市学校用同一个评价标准来评价。

(I-20181009-0914-jnxx-cb)

三、"教育就会越走越广阔"：L 中学与课程转型

(一) 从教学变革到课程建设

坐落于龙镇北面田野上的 L 中学的办学时间远远晚于龙镇的各小学，为中华人民共和国成立后创办，前身为民办初级中学，创办于 1958 年，最初大都借用龙镇部分小学场地设立教学点，后多次移址；1976 年至 1977 年，在龙镇南面山岙里建起独立的校舍；1990 年夏，由旅港乡贤在现址捐资建造了新校园。2018 年 12 月 28 日，当地报纸刊登了一篇报道，对 L 中学的 60 年办学历史进行了回顾，其中写到当年龙镇乡村孩子读书的不易。

"以前，只有少数人才能读书，因为上学实在太难了。"今年 76 岁的龙镇中学退休教师 L 老师回忆道。酷爱读书的 L 老师是龙镇 D 村人，因为家贫，他小时候几度失学。1956 年，他靠人民助学金才读上初中，每天走 7.5 公里山路到横溪去求学。即使读书如此艰难，但 L 仍然感到很高兴很自豪，因为当时村里仅有三个人读初中。1958 年，L 发现家门口的龙镇公社办起了一

所学校——民办初级中学。虽然教室只是 L 小学厨房西侧的一间平屋，但这是龙镇公社第一所初中，一个班有 30 余名学生，意味着有更多像 L 一样渴望上学的农村孩子，得到了继续受教育的机会。而且，这些农家孩子不用担心读不起书，教育经费由公社负担。虽然当时教育设施落后，师资力量薄弱，读书环境也只能用简陋来形容，但可以读书的幸福感，从此在龙镇公社的少年身上洋溢起来。

（M-N-20190620-web-01）

在报道中，还提到当年不少像 L 老师一样的龙镇乡村少年的人生命运因龙镇乡村学校教育链的完善而得以改变的例子。然而，L 中学作为一所乡村中学，和龙镇的其他乡村小学一样，在经历了创办、发展和兴盛之后，自身的命运也在 20 世纪末重启的中国现代性进程中经历了复杂的变化和考验，校舍得以重建和改善，教学设备也日益先进，但是师资缺乏和生源流失这 21 世纪中国乡村学校的普遍命运却同样挑战着 L 中学。近十年来，L 中学一直在寻找乡村学校得以从普遍困境中突围的办法。

2011 年，面对乡村学校办学困境，当时 L 中学在任的 L 校长经过慎重思考，决定从课堂教学入手进行变革，推进基于学生自主与合作学习的幸福课堂教学实验。他在接受研究者访谈时谈了他对课程教学变革的思考。

第一，是对现行教育的反思。以分数为本、以功利为本的教育及其衍生的课堂把我们的孩子给残害了。为了孩子不再厌学，为了孩子不再逃学，不再撕书本，为了孩子的快乐和幸福，为了孩子生命的尊严，我们再也不能麻木，不能等待，不能停留，必须改革，这是教育人应有的自觉、责任、良知和价值观。第二，也是针对学校实际而实施的一项振兴学校的办学策略。我们学校底子薄，起点低，办好学校，让学校有一个华丽的转身，这也是进行改革的原动力。我们把突破口选在学校教育最核心、最难攻破的阵地——课堂。我个人认为，教书育人不能游离课堂，素质教育的主阵地是课堂，素质教育的基本要求是可以通过结构化的方式在课堂主阵地中去稳定地实现。我坚决反对素质教育体艺化、素质教育课外化、素质教育特色化，当然不是反对体艺及课外特色，而是要有一个主次、先后之分，素质教育必须课堂化。第三，此项改革有充分的理论依据和事实支撑。古今中外有许多教育家均提出并实践过自主和合作学习的理论，远的就不说了，中国现当代的蔡元培、段力佩、邱学华、钱梦龙、魏书生等人先后进行了以"自主学习"为目标的教学实验，并取得巨大成功。著名教育家陶行知先生大力倡导的"小先生制"是合作学习的典范。我们所主张的课改与国家主导的"新课改"是一脉相承的，它的核心就是"自主、合作、探究"。

（I-20111227-0900-ylzx-lgz）

L中学的幸福课堂教学实验改变了旧有灌输式课堂的沉闷局面，学生动手实践，自主探究，合作讨论，分工展示，生生、师生之间互动交流，学生的思维变得活跃，学生在课堂内外变得阳光开朗，个性得到了解放，师生关系也因此变得和谐融洽了。L校长认为，只有课堂教学改好了，才可以进一步去建设课程。

改好了课堂，接下去搞你的课程，诸如校本课程的建设和开发，选修课的开设，学校社团组织的建立和活动，还有书香校园的打造、体艺特色的彰显等，各个学校才会富有教育的生机，才会百花齐放，整个鄞州区教育才会大放异彩。

（I-20111227-0900-ylzx-lgz）

L中学的幸福课堂教学实验当时在社会上引起了很大反响，成为乡村学校教育困境突围的一个榜样，周边很多处境相同的学校都纷纷来参观学习，地方教育局还在L中学举行了现场会，在区域内推动其他乡村学校建立联盟，推广"自主、合作、探究"的幸福课堂教学实验模式。"课堂改好了，接下去搞你的课程"，然而，L校长心中期待的学校未来的课程建设并没有机会在他任上得到继续实践，因组织关系调动，L中学课程构建的接力棒交到了接任的校长手里。

2017年，L中学的Z校长和他的团队一起着手构建学校的课程体系，他认为除了理想的课堂教学，一所学校还需要适切自己办学理念的课程体系建构来描绘教育愿景。L中学2018年9月新学期"敏学·笃行"系列课程设置及课时安排，如表4-2所示。

表 4-2 L 中学"敏学·笃行"系列课程设置及课时安排

课程性质			科目名称	教学内容	课时安排		
					七年级	八年级	九年级
"笃学"系列文化课程	国家基础课程	1	道德与法制	法律法规、时事案例、我与 N 市、Z 省人	2	2	2
		2	语文	作品赏析、汉语表达、书写识字	5	5	5
		3	数学	数学原理、数理应用	5	5	5
		4	英语	英语阅读、场景会话	4	4	5
		5	科学	科学与技能、科技与生活	4	4	5
		6	历史与社会	历史人文、案例与启示	3	3	3
		7	体育与健康		3	3	3
		8	音乐		1	1	1
		9	美术		1	1	1
	拓展课程	10	N 市方言	家乡话、家乡谚语、家乡风俗	1	1	
		11	信息技术		1	1	
		12	劳动技术		1	1	
		13	自主阅读	名著赏析、自读与讲座	1	1	1
		14	汉语表达	写作训练、演讲表达	1	1	1
		15	听力会话	口语听力、情景对话	1	1	1
		16	数理应用	生活中的数学案例分析	1	1	2
		17	科技生活	生活中的科技案例分析	1	1	2
		18	腾龙社团	书香阅读、数字油画等约 20 门	2	2	
		19	自主学习	学习方法辅导	1	1	2
		20	班队与心理	主题班会每学期约 10 课时	1	1	1

续表

课程性质	科目名称		教学内容	课时安排		
				七年级	八年级	九年级
"敏行"系列德育课程	年级主题活动	1 习惯与养成	小组展示比赛、社会服务等	七·第1学期		
		2 生命与健康	家乡体验行:走进博物馆、科技馆等	七·第2学期		
		3 青春与责任	东钱湖露营、社会服务	八·第1学期		
		4 孝慈与感恩	慈城孝慈文化感悟游、社会服务	八·第2学期		
		5 理想与现实	环龙镇五公里拉练、社会服务	九·第1学期		
		6 人生与选择	初三社会实践、社会服务	九·第2学期		
	年级主题班会	1 习惯与养成	小组建设、作业习惯、课堂常规等	七·第1学期		
		2 生命与健康	热爱生活、防火防灾、水电交通急救等	七·第2学期		
		3 青春与责任	多彩青春期、我爱你中国等	八·第1学期		
		4 孝慈与感恩	我爱师长、没有爸妈的日子等	八·第2学期		
		5 理想与现实	笑对生活、我的明天我做主等	九·第1学期		
		6 人生与选择	我是初三生、明天我会在哪里等	九·第2学期		
	校级主题活动	下半年 体育节	主题:体质服务生命	每学年第1学期		
		艺术节	主题:艺术涵养人生			
		元旦会演	主题:迎新点燃激情			
		上半年 科技节	主题:技术改造生活	每学年第2学期		
		读书节	主题:悦读丰富阅历			
		毕业典礼	主题:今日母校启航			
	家教讲座	1 中小学衔接教育	主题:过渡与前行	七·第1学期		
		2 关注孩子综合素养	主题:考试与修养	七·第2学期		
		3 善待青春期的孩子	主题:关爱与理解	八·第1学期		
		4 理解与沟通	主题:公平与客观	八·第2学期		
		5 理想与现实	主题:目标与困难	九·第1学期		
		6 冲刺保障辅导	主题:期望与鼓励	九·第2学期		

在 2018 年 12 月 28 日当地报纸刊登的回顾 L 中学 60 年办学历史的报道最后，表达了 L 中学对于课程建设的展望和文化自信。

> 从最初的"幸福课堂"到如今的"敦行·敏学"两大课程体系，近年来，L 中学一直站在课程改革和课堂改革的前沿，在整合国家基础课程的基础上，丰富和发展拓展课程，学校拥有中医、财商、烘焙、瑜伽等 25 个特色社团，并新辟 14 个教室作为拓展课程专用教室。学校 30 个班、1300 多名学生推行分层走班，并实行德育课程系列化，优秀学子可以用德育积分兑换图书、游学等奖励。
>
> （M-W-20190620-web-yyb-01）

（二）课程本土化：学校共识

研究者以前因为其他课题研究关系从 2011 年 12 月 27 日正式进入 L 中学研究现场起，一直不间断地在观察 L 中学的教育实践。研究者发现，无论是课堂教学还是课程建设，作为一所乡村中学，L 中学教育管理者和教师之间正在困境的突围中逐步建立起共识。相比于课堂教学的认识而言，尽管课程观的建立要晚得多，但学校管理团队与教师，不仅在课程的意义上达成了共识，而且对课程的理解还在实践中不断深化，认为乡村学校的课程应该与城区学校有所区别，要扎根于自己的乡土，要有一个本土化的过程。

Z 校长认为乡村学校的课程应该与城区学校的课程有所区别，乡村学校的课程要扎根于自己的乡土地理环境，也要扎根于自己的乡土人文，特别是龙镇的龙舟文化应该在学校中有所传承。他还特意提到了一个课程构想，就是以龙镇出土的战国文物羽人竞渡纹铜钺为文化原型，让学校的舞蹈老师开发一个艺术精品课程。

> 我认为同样的课程，哪怕是法制课、心理课、体育课，城区学校和农村学校还是不一样的。再比如说农作物的种植，我们所在的农村有很多的农作物，我想把农作物的种植引入到我们学校的拓展课程中来。至于具体怎么做，我还在尝试这些课程。比如说龙舟文化，不管是剪纸课还是美术课，我们都要把当地的龙舟文化融入我们的课程中；比如说我们的音乐课，我想让舞蹈老师排练一个舞蹈，把"羽人竞渡"排练成一个舞蹈精品课程；不一定为了去获奖，但是我们要让 L 中学的学生知道我们有这样一个文化历史传统。再比如每年组织校合唱队表演，这样的一个节目、两个节目，让每一个在 L 中学读书的学生都了解我们这样的传统文化……龙舟赛大家都一起划桨，其中就有同舟共济精神。同舟共济的这样一种精

神,让学生了解我们龙镇的先辈留下的这种精神,传承下去。当地历史上还有很多到外面经商的乡贤等等,这方面我也想再挖掘一些。把乡土的文化渗透到我们学校的课程建设中去。这方面我还要去思考。以前做校长只是考虑文化课做好就行了,考得好就行了,现在都已经比较专业地去思考各类课程、整体办学这方面。这样教育就会越走越广阔。完整的教育架构才能够对学生一生的成长有巨大的影响。

(I-20181106-1433-ylzx-zqm)

Y副校长已有20多年的教龄,一直在乡村学校工作。他调来L中学工作才一年,分管学校的课程与教学工作。在接受研究者访谈的过程中,他对学校课程建设的见解与Z校长有着高度共识,也认为乡村学校的课程应该立足于自己的乡土文化,了解自己的家乡才能热爱家乡,并提出要编写本土化的教材。他还认为乡村学校也有自己的优势,那就是乡村学校空间更广阔,学生生活经历更丰富。他甚至还提出国家必修课程也应有一个本土化过程,认为在实际的教学中应该与乡土生活结合起来。

问:您对校本课程有怎样的理解?

答:我觉得就是要让学生了解一些当地的风土人情,了解自己的家乡才能够热爱自己的家乡,这是乡土教育。从自己的故乡出发,我们在这方面有两块内容,其中一块是国家课程校本化,比如语文,在做一个全民演讲,还有书法写字教育和语文课中的生字新词教育渗透进去,因为语文课上要让学生抄一些生字新词,索性把这些生字新词用楷书和行书的形式在书法课上体现出来,我们打算编一本书法教材;比如数学,我们在做数理应用,就是把生活中的案例引入应用题的材料中,从生活中提炼出来,和乡村的生活相结合,比如说农村里有井,那么一口井,它的高度、宽度、直径丈量,容积计算,等等,即生活中的数学案例分析。

问:这个思考是从什么时候开始的?

答:是从最近几年才开始的。

问:您觉得城区学校和乡村学校有什么区别?

答:我的理解是农村学校的空间更开阔,学生的生活经历更丰富。

问:您作为分管课程改革的副校长,对于乡村学校课程建设是怎么想的?

答:首先我觉得要实用,要结合学生的个性来设置,激发他们的学习兴趣,培养他们的实践能力和素养。比如下一步我们在探讨怎么样编一本和宁波方言有关的宁波的生活场景对话。比如说宁波的谜语、民间故事、民谣、宁波走书、宁波地方剧种甬剧等,编成一本书大概总共七八章内容的一本本土化的教材。对于学生来说,这样做可以进一步地培养他们对课程的兴趣,既有乡土气息也有地方特色。一方面,我们学校外地学生偏多,他们想要融入宁波的生活也需要了解这方面的知识;另一方面,哪怕是本地的学生会说宁波方言的也不多。而宁波话作为一种古老的语言,恰恰是了解一个地方文化来讲最有生命力的东西。所以我有这个想法,下一步要去做。

(I-20180929-1514-ylzx-ydd)

在教师访谈中,教师们对于乡村学校的课程建设有着不同的理解,但对于乡村学校的课程与自己所在的乡土场域及其历史文化建立联系,都表达出了共同的意见。以前教英语后来担任心理辅导教师的 L 老师认为:

对周边的村庄、村里的名人、村庄的历史也应该关注。对于我们的孩子来说,他们如果了解了现在所居住的乡村的历史,他们肯定会更热爱自己以前的家乡,也会热爱现在生活的土地。

(I-20181106-1645-ylzx-lwl&hxy)

班主任 Q 老师认为:

乡村学校应该建设适合自身的生活环境的乡村的课程。

(I-20181106-1622-ylzx-qwl)

第二节 乡村学校的优势:课程本土化的活动案例

越走近学术研究真实的田野,越会感知到研究的意义在于哪里。每一次面对面的访谈,每一次无声的观察,每一次研究现场内外实物资料的收集,在研究者的心中,都是眼前这个熟悉而又陌生的世界的一次敞开。乡村学校校长们感叹中的无奈和困守中的变革,教师们曾经的迷惘和现在的共识,以及课程本土化实践中的每一场活动设计,还有每一个生动的细节如围墙上打开的一道通往田野的门、学生课程活动中的表现及其笔记中的感想,都让研究者对于乡村学校课程本土化运行机制和价值意义有了更深刻的理解。以下分别以基础性课程和拓展性课程为例,呈现研究者对龙镇乡村学校课程本土化实践活动的观察思考。需要说明的是,2015 年起,浙江省深化义务教育课程改革,把课程结构统整为指向国家课程和地方课程的"基础性课程"和指向学校自己所开发开设课程的"拓展性课程"。

一、以基础性课程为例

(一)"我们关心天气"

2019 年 5 月 23 日上午,研究者再一次来到 J 小学校园内,进行观察和访谈。上午,研究者坐在教室的左后方,参与观察了 Y 老师的科学课程活动"我们关心天气",并征得 Y 老师的同意,对课程活动全程进行了录音和拍摄记录(如图 4-7 所示)。

图 4-7 龙镇 J 小学"我们关心天气"课程活动场景

1.观察实录

(上课时的信号并不是常见的铃声,而是播放一首儿童演唱的由唐诗改编的歌曲,这首唐诗为王维的诗歌《相思》:"红豆生南国,春来发几枝。愿君多采撷,此物最相思。"歌曲播放结束后,课程就开始了。)

师:同学们,现在是五月。老师让大家看两组图片。这两组图片都是十二月拍摄的,请同学们说说它们有什么不同。

生:海南的十二月,晴空万里,看起来很温暖。北方的十二月看起来白雪茫茫。

师:也就是说两个地点温度不同。不同的地方,气温有所不同。我们再来看一组图片,这是我们的万里长城。在不同的季节,你觉得景象一样吗?

生:不一样。第一幅是晴天的长城。第二幅是阴天的长城。第三幅是雪天的长城。第四幅是雾天的长城。

师:看来同一个地点,它们的天气一样吗?

生：不一样。

师：同一个地点在不同的时间，天气也是有所不同的。今天这节课我们就来聊聊天气。那么，到底为什么会有这么多不同的天气呢？天气变化为什么如此之多呢？你们了解过吗？

生：因为地球外面的大气层。

师：你认为跟我们的地球有关是吗？我们的地球外面有一层厚厚的衣服，这就是大气层。那么，大气层究竟是怎么样的？又有什么特点呢？我们通过一个视频来了解一下。

（教师播放关于地球表面的大气层的视频。）

师：看了这段视频，大家都知道了我们所有天气的变化都发生在大气层，我们也称为"大气圈"。如果没有了这层大气圈或者大气层，还会有天气的变化吗？

生：不会。

师：今天我们就来关心一下我们的天气，先来聊聊我们家乡的天气吧！今天N市的天气怎么样呢？你能用一些词语来描述吗？

生：晴空万里。

生：万里无云。

师：气温怎么样？有人了解过今天的温度吗？

生：30度。

师：30度，这样的说法准确吗？

生：不准确，30摄氏度。

师：非常棒，温度是摄氏度。今天的最高气温确实是30摄氏度，说明你是个关心气温的同学。

师：你除了可以说出今天是晴空万里，你还可以说出哪些天气呢？同桌两个人讨论一下吧！

（学生们开始相互讨论，然后师生之间继续展开对话。）

生（纷纷发言）：干旱。晴天。雨天。毛毛细雨。

师：看来同学们知道很多很多的天气，下面我们来看一下有关天气的图片。看了这么多天气的图片以后，来帮老师判断一下照片中是什么天气呢？我们来开小火车，点到谁就是谁。

生（依次发言）：阴天。多云。大雪天。台风。

师：我们N市台风是很常见的，多发于暑假里，也就是七八月。看来同学们已经会判断天气了。接下来我们要有点创意，我们来试着设计一下天气，因为有一些低年级的小朋友或者幼儿园的小朋友，他们其实不了解天气，我们能不能用图画或者符号来表示一下不同的天气呢,从而让他们看得懂天气。比如说同学们刚才说 N 市今天是晴天,你就可以画个太阳。其他的天气,你可以用这种方式表达出来吗? 我们用四人小组的方式,老师会发给每位同学一张纸,每位同学把自己的想法通过图或者符号的方式画下来,然后到讲台上来展示。

(学生们开始画画,完成后派代表上台贴到黑板上进行展示。)

师:我们来看看同学们画的画,我们全班同学设计的天气图像都在上面了,我们来看一看我们喜欢哪几幅画。为了让我们看起来方便些,我们对这些画进行分类。

(教师和学生合作对画的天气进行分类,相同的天气归为一类,对同一类型的天气画进行比较,并选出画得较好的一幅。)

师:同学们说到的雨天、雷雨、大雪、雨雪交加,都是因为降水,这一类就叫雨雪;我们再来看多云、阴天,是因为有云;我们也可以把晴天和阴天、多云、分在一起,看云量的多少;其实干旱也是晴天的一种,干旱,其实就是长期的晴天;龙卷风是风一类的。在同学们的努力下,我们把天气分为这几种。因为天气就是指一个地方在较短的时间内的阴晴、雨雪、风等等的情况。这里还有两幅图画,你们看得懂是什么意思吗? 它代表的是气温。气温也是天气的一个重要信息,所以我们把这些都叫作天气的因素,而且他们都发生在大气圈。其实我们的祖先很早就通过认真观察发现并研究了天气的变化,从而有了"中国的第五大发明"。哪位同学先来回忆一下中国有哪四大发明?

生:指南针、火药、印刷术、造纸术。

师:那么中国的第五大发明是什么呢?

生:大气圈。

师:哦,不是。老师告诉大家吧,是二十四节气。我们通过一段歌谣来走近二十四节气。

(教师播放二十四节气歌。)

师:我们在二年级的时候学过节气吗? 哪位同学来背诵一下二十四节气歌呢?

(有学生举手背诵二十四节气歌。)

师:中国是一个农业古国,春播秋收是一件很重要的事情,为了便于遵循一些自然规律,我们的祖先就创造了二十四节气,以便更好地指导农业生产。二十四节气,一共分几个季节?

生:四个。

师:每个季节有几个?

生:六个。

师:那你们知道一个月有几个节气吗?

生:两个。

师:我们现在是哪个季节?

生:夏季。

师:这个月刚开始的时候,我们学校进行了一个很有趣的立夏活动:撞蛋。五月六日是立夏节,它的到来,标志着我们进入了夏天。离我们最近的一个节气还记得吗?

生:小满。

师:很好,说明你是个关心节气的同学。小满在星期二,也就是前天。这个节气,标志着播种在土地上的植物,慢慢地成长起来。接下去还有大满。老师从我们的农场里拿了一些小麦的穗子。下面我们有个体验活动,我们来观察一下麦穗的颜色、形状等特点,然后轻轻地剥开麦穗,看看你们又会有什么发现。请组长上来领取麦穗。

(学生小组组长到讲台上领麦穗,学生们观察麦穗并讨论。)

师:请一位同学来说说看你所观察到的现象。

生:颜色是黄色;形状是椭圆形;外面有点刺;有黑黑的一点;颗粒有大有小;吃了一下,味道有点怪怪的,生的。

师:老师说过,因为我们的实验对象可能是有毒的,所以我们在做实验的时候是不能吃实验对象的,下不为例。

师:进入小满节气,按照正常的季节,麦穗应该还没有完全成熟,但是你们今天手上拿的麦穗为什么完全成熟了呢?你们觉得可能跟什么有关。

生:温度。

师:温度比较热,对,是温度,所以小麦提早熟了。来分析一下,小满节气前后,麦穗应该还是有点绿色的。小满节气过后,我们中国大部分地区进入夏季,气温会明显地升高。同学们,回想一下这星期的气温,和前几个星期相比,是不是升高了,你们今天普遍都穿了短袖,上几周我们还要穿外套,当小满这个节气过了以后,气温将越来越高。还有一个什么信息,有什么情况发生?

生:下雨。

师:对。当小满节气过后,南方地区多雨,有时候有大雨或暴雨,我们要做好防汛就是防洪水工作。接下来,我们又会迎来哪一个节气?

生:芒种。

师:这意味着天气会越来越热。接下来的时间,我希望我们同学们像我们的古人一样,认真地观察、记录天气情况,做一份属于自己的天气日历。同学们都认真设计了那么多的天气图像,有的同学虽然没有在讲台上展示,并不是意味着你设计得不好,只是因为有很多同学的想法不谋而合了,有的同学设计的图像被拿下来了,接下来一段时间,我们大家可以用自己画的天气图像来制作一份天气的日历记录。我们来看一看四年级的哥哥姐姐是怎么做的。

（学生们观察高年级同学制作的天气日历。）

师:请同学们也学着制作一份天气日历,可以用文字加图片的形式,也可以用图片的形式。大家看高年级的同学做的天气日历不太一样,因为每个同学的天气日历都是根据自己喜欢的方式来制作的。你们也可以用自己喜欢的方式来制作。这个活动老师希望你们在暑假里也能坚持。下一个节气是芒种,老师到时候会把大家分成四个小组,每个小组制作天气日历,你们可以把气温的信息也加进去,这样你的天气信息会更加完整。

师:小结一下。今天这节课我们主要学习了天气的有关知识,知道了这么多的天气,并且知道天气变化主要发生在大气层或大气圈,有阴晴,有雨雪,有风,还有冷热等,还知道了节气的知识,希望我们从今天这节课开始多关注天气,多关注节气,像今天我们班只有一个同学背诵了二十四节气歌,说明她一直很关心节气,说明她知道星期二的时候是小满,希望老师在上下一个节气"芒种"课的时候有更多的同学会背二十四节气歌。

(O-20190523-jnxx)

2.观察笔记

对于以教育部审定的教科书为依托的国家必修课程"小学科学"在教学上的组织,教师一般都会以教科书知识编排的方式来处理;尤其是对于普遍性知识特征明显的科学知识,教师一般不会对其进行本土化改造。但 Y 老师的这堂课却一直在寻求着一种突围,这种突围不仅仅体现在课堂组织形式的变革上,还在于原本呈现普遍性知识的课堂正在跟中国的传统文化、跟自己乡村场域的地方性知识建立着联系。刚上课时那首童声演绎的唐诗歌曲《相思》与课堂中间教师播放的音画《二十四节气歌》仿佛构成了一种呼应,让一堂原本普遍性知识化的科学课在与地方性知识相遇并实现对接时变得如此充满魅力,寻常的教学在此刻开始建立起它的课程观。在课后的访谈中研究者了解到,年轻的 Y 老师在参加教学工作几年后,开始寻求课程传统教学方式的突围。

我们科学是一门理科学科,如何把文化的元素融合进去,这是一个非常好的切入点。我们两个经过探讨，就决定把节气的知识加进去，也就是说把二十四节气这个中国传统的文化元素和科学结合起来，像二十四节气里面的物候、天文等等很多都是跟科学相关的。

（I-20190523-1442-jnxx-yq）

Y 老师是城区来 J 小学支教的老师，当她找到科学与文化、普遍性知识与地方性知识结合的可能性时，她同时发现了乡村学校在开展这类课程活动时所具有的"优势"。

比城区的条件好。首先从种植这一块入手，因为节气就是指导农作物种植的。这边学校的地更多，除了学校这块土地以外，学校周边都是农田，学生学的时候都能看到，更能够接近自然，孩子对自然的体验感觉会更强烈，这是农村学校的一个优势。

（I-20190523-1442-jnxx-yq）

Y 老师认为国家必修课程的本土化是可行的并且充满着意义。

其实我们很多老师对节气的知识也是一知半解的，让我们背也未必完整地能够背出来，再说这些东西也都是我们老祖宗传下来的东西，如果我们能够弘扬优秀传统文化，既能够传授知识，激发学生学习的兴趣，也可以塑造校园文化、提升学校层次。

那么多年来，农村学校和城市学校相比很多方面处于劣势，农村孩子在城市孩子面前有自卑感，通过这样的学习，让他们认识到自己的土地是非常美丽的。农村的孩子知道庄稼什么时候播种，什么时候该翻土，什么时候可以收成了，知道很多关于农作物的一些知识，农村孩子就会比城市孩子多了自豪感，通过这样的课程，深刻地了解自己脚下的土地，他们就会更热爱自己脚下的土地，觉得住在农村也挺好的。

（I-20190523-1442-jnxx-yq）

研究者在 Y 老师的课程活动中，看到了学生们活泼的姿态，他们参与活动时的积极、忙碌、踊跃以及进行科学观察时的投入。学生们正在课程本土化实践中找到自己的舞台。

(二)"观察一种动物"

2019 年 5 月 24 日下午,研究者再一次来到 Q 小学校园内,进行观察和访谈。研究者坐在教室的左后方,参与观察了 L 老师的科学课程活动"观察一种动物",并征得 L 老师的同意,对课程活动全程进行了录音和拍摄记录(如图 4-8 所示)。

图 4-8 龙镇 Q 小学"观察一种动物"课程活动场景

1.观察实录

　　师:同学们,猜一猜,今天老师给我们带来了哪一位好朋友?

　　生:蜗牛。

　　(师生一起朗诵关于蜗牛的经典谜语儿歌。)

　　师:今天我们和蜗牛来个亲密接触。同学们,猜一猜,老师的蜗牛从哪儿来的?

　　生:我猜是从花园那边。

　　生:在那边田里。

　　师:从我们的小小农庄里。你们觉得蜗牛喜欢在什么样的环境中生活呢?

　　生(纷纷发言):潮湿的地方。叶子上。田洼里。

　　师:我们知道了,蜗牛喜欢生活在什么样的地方,就可以在这些地方去找到它们。它们喜欢生活在潮湿的地方,我们家乡到今天为止已经下了一整个星期的雨了,现在你到外面去找蜗牛有点难了,为什么呢,因为蜗牛都躲起来了。你们还有谁知道关于蜗牛的知识呢?

　　生:它没有手;它躲在一个房子里;走得很慢;它爬过以后会留下黏液;身上有

条纹。

师：同学们观察得真仔细。当蜗牛感到害怕的时候，就会躲到它的小屋子里面。同学们说了那么多，都说得很好，我让同学们触碰一下蜗牛，触碰蜗牛并感受蜗牛的变化。

师：近距离地观察，我们这样碰一下蜗牛，在科学上叫作刺激。蜗牛会有什么反应呢？它会缩进去，动物这种对外界刺激的反应在科学上叫作应激反应，就像老师说"一、二、三"，同学们就说"坐坐好"一样。下面请同学们画一画你脑海中的蜗牛。

（学生开始画蜗牛；老师观察同学们的画并进行评价。）

师：老师发现同学们画的蜗牛都不一样，有的有嘴巴，有的没有嘴巴，有的有鼻子，有的眼睛画在下面，那么蜗牛到底是啥样的呢？我们请两位同学为一组拿一个蜗牛来仔细观察一下蜗牛，一个同学在上面看，另一个同学在下面看；过一会儿，倒过来。因为蜗牛不多，我们要轮流看，看完的同学给没看过的同学。

（学生以两人一组为单位观察蜗牛。）

师：同学们观察后来说说蜗牛长什么样的。

生：它的触角上没有眼睛，眼睛长在另外的地方。

师：刚才有同学画了蜗牛的鼻子，你们找到鼻子了吗？

生：没有。这个部分是它的壳。

师：蜗牛有长长的触角，上面有一个黑黑的点，这就是蜗牛的眼睛，所以蜗牛的眼睛是长在长长的触角上面的。有的同学以为看到的是鼻子，其实是蜗牛的嘴巴。我们下节课来看一下蜗牛吃东西，这样呢，我们就能找到蜗牛的嘴巴。蜗牛头上有几个角？

生：两个。

生：四个。

师：看来我们有些同学观察得不够仔细。蜗牛确实有四个触角，两个长的，两个短的。下面请同学们翻开我们的活动手册，翻到第十页。我们再来看一下蜗牛的几个组成部分。外面的是壳，当它遇到危险的时候可以躲进里面去，壳起到保护作用；这个部分我们称为头部，这里是长长的触角，这里有眼睛，嘴巴，它吃东西的时候会把嘴巴张开，露出嘴巴；这是它的身子；这就是蜗牛的整个身体结构。现在请同学们在活动册第十页的指定位置跟着老师来画一画蜗牛。

师：跟着老师先画壳，再画蜗牛的身体，然后画头，画长长的触角，触角上面还有眼睛。如果同学们再画得细致一点的话，还可以画上短短的触角，还有圆圆的嘴巴。这就是蜗牛。

（学生跟着老师画蜗牛。）

师:现在我们再看蜗牛在吃叶子,我把叶子竖起来,它会掉下来吗?

生:不会。

师:如果把它放到光滑的尺子上,也不会掉下来,它甚至可以在小棒上、很细的线上爬行,厉害吧!

师:待会儿老师会给同学们发蜗牛,老师给你们菜叶,因为玻璃比较危险,所以老师给了同学们塑料尺子,我们看蜗牛爬。听老师的任务:蜗牛在菜叶上、在尺子上、在小棒上、在细细的线上爬的时候,它是靠什么部位爬的呢?

生:腹。

师:我的要求是我们要让蜗牛依次在四样不同的材料上爬行,并且观察蜗牛在四样不同的材料上爬的时候,它的腹部有什么不一样。同学们要互相合作,因为线是要拉的,有的时候还要调整一下距离,便于蜗牛爬行。每个同学都要认真仔细地观察蜗牛在不同的材料上爬行的时候它的腹部有什么不同。现在请组长到老师这里领材料。

（学生观察蜗牛在不同的材料上爬行,气氛很活跃。）

师:有一组成功了,蜗牛在四个不同的材料上都爬行成功了;有的组还没成功,加油,要有耐心。还没完成的组继续耐心地让蜗牛爬行。

（课程活动在学生的试验中慢慢接近了尾声。）

（O-20190524-qxxx）

2. 观察笔记

研究者每次进入村小 Q 小学的校门,走向学校内唯一一幢小小的教学楼去进行课程活动观察时,都会走过教学楼前面同样小小的庭院西侧的那座"小小农庄"并逗留片刻。无论是办学场地设施还是师资都被边缘化的 Q 小学却凭借着课程本土化实践努力想从现代性教育困境边缘突围出来。无论是学校整体构建的以"小小农庄"为平台的课程体系,还是每一位老师在课堂内外进行的课程活动,都在表达着这种努力。在这座随时都有可能被撤并的村小校园里,研究者并没有看到一般村小的没落景象,反而看到简易环境中的勃勃生机。

"观察一种动物"是小学一年级科学课程第二学期的一堂课。基于对整个课程活动的观察,研究者发现,教材的知识编排体现出它一定的合理性,如在"动物"主题板块的学习设计上,教材引导学生关注校园以及身边的小动物,其中"观察一种动物"一课中建议观察的"蜗牛"既是校园里更是乡土世界中最常见的一种软体甲壳类动物,因此乡村孩子在学习跟自己世界有关的课程知识时,比平时一般的课程活动来得活跃得多，整个课程活动从开始到结束，始终洋溢着一种儿童探究生命自然的生动和快乐，而且他们对于知识的领会也特别快。对于乡村学生而言，当教材中普遍性知识和熟悉的校园乃至乡土世界建立联系的时候，他们的学习热情和学习效果会高涨和出色很多。

当然除了教材，教师更是一个重要的引路人。尽管 L 老师教学过程的展开遵循着教材相关内容的编排思路，从观察蜗牛的身体到观察蜗牛的反应，再到观察蜗牛的运动，但 L 老师组织的"观察一种动物"的科学必修课程活动从一开始就突破了课本普遍性知识一般意义上的讲解，活动刚开始时教师设计的导入就别具一格："同学们，猜一猜，今天老师给我们带来了哪一位好朋友？"孩子的视角和童话的语言让原本理性的科学观察对象的引入在一开始就充满了温情。教师随即又和同学们一起很自然地朗诵关于蜗牛的谜语儿歌，在琅琅的诵读声里，培育着学生对于自然与生命的美好情感。而且，她特意上课之前从学校的"小小农庄"去采集，还在课程活动开始时设计一个环节让同学们猜猜那些蜗牛来自哪里，原来是"从我们的'小小农庄'里"；还有教师语言中"我们家乡"等词语的表述，让原本相对独立的普遍性知识的学习与学校、乡土建立了一种联系，尽管这种联系并不特别显性，但 L 老师科学课上经常会有的这种潜移默化的知识联系，不断地影响着学生对于自己生活世界的认知，他们的学习不再和教室外、学校外的村庄和田野隔离开来。

二、以拓展性课程为例

(一)"田园拾趣"

"田园拾趣"是龙镇 J 小学近年开发开设的一门拓展性课程。课程并不局限于单一的知识内容，整体由课程模块组群而成，每个模块有自己的课程主题，主题"田园诗意""田园探究""田园艺创""田园劳作""田园传统"彼此之间构成一个完整的意义逻辑链，同时还统整了各知识学习领域，实现了语言文学、社会科学、自然科学、艺术、劳技和综合实践的统整，丰富和完善了课程内涵及其内在架构(见表 4-3)。

表 4-3 龙镇 J 小学"田园拾趣"课程设置情况

课程模块名称	课程主题	统整学习领域
模块一:田园诗意	田园农谚积累	语言文学、社会科学
	田园诗歌欣赏	语言文学、音乐
	田园文学创作	语言文学
模块二:田园探究	认识植物的名称	自然科学
	认识植物的各个部位	自然科学
	学习植物的种植方法	自然科学、综合实践
	认识各种农具	自然科学、社会科学
模块三:田园艺创	树叶粘贴画	美术、劳技
	水果大拼盘	美术、劳技
	蔬菜印章画	美术、劳技
模块四:田园劳作	种粮食(水稻+小麦+自选)	自然科学、综合实践
	种花卉(凤仙花+牵牛花+自选)	自然科学、综合实践
	种蔬菜(青菜+马铃薯+自选)	自然科学、综合实践
模块五:田园传统	认识二十四节气	语言文学、自然科学、社会科学
	品味传统美食	社会科学、综合实践
	制作传统手工艺	社会科学、综合实践
	了解地方特色文化	语言文学、社会科学、综合实践

在"田园拾趣"课程的设计中,学校开始冲破有形空间的阻隔,也冲破无形知识旧有观念的束缚,乡土世界随着课程本土化实践重又回归到学生的课程生活中。

陶行知的"教育即生活"思想,依然深远地影响着我们现在的教育。从小生于斯长于斯的我们,至今仍忘不了在山水田园间自由奔跑和嬉戏的那份快乐,如禾苗一样舒展生命和自由生长,真正有价值的课程学习常来自对自然的深刻体验。J 小学位于龙镇 J 村,四周农田围绕,小桥流水,时不时有耕作的农民在田间劳动,环境非常原生态,是一所地地道道的农村小学。但是家长在世俗教育功利观的左右下，一心希望孩子能拔掉农根，远离乡野，走向城市，因而，孩子与田园、与自然也就越来越疏远。全校近千名学生，绝大多数是"吃过猪肉没见过猪跑"，天天吃着粮食蔬菜，却对它们是怎么来的一知半解，可谓"四体不勤，五谷不分"……针对这一现状，学校设想开设一门"田园拾趣"课程，通过各种实践活动，把学校的"围墙"打开，让学生走进农田，走进大自然，在实践中获取书本中得不到的知识。因为课外实践活动作为课堂探究的延伸，是学生探究活动的重要组成部分。

(M-W-20181009-xc-mxf-02)

从"田园拾趣"课程背景的描述中可以看出，该课程的本土化实践源自课程意义的深刻自觉，在反思着当下乡村教育脱嵌于乡土世界的同时，既响应着中国历史上乡村教育思想家"教育即生活"的深情召唤，又生成着对于教育意义的生动认识，不断拔高着课程本土化实践的教育意义高度。尽管在课程设计的思考中还没有具体涉及地方性知识的意义，但"把学校的'围墙'打开，让学生走进农田，走进大自然，在实践中获取书本中得不到的知识"，却已经敏锐地感知到了课程背后的知识观问题。

地方文化及传统作为一个主题模块，在"田园拾趣"课程内部组群中占据了很大的比重，而且把其放在所有模块的最根本处，仿佛象征着所有的知识只有扎根于文化以及传统的沃壤之中，才有可能获得茂盛的生长。在"田园拾趣"课程活动方案之"龙镇龙舟竞渡文化"（见表 4-4）以及"徐氏家风"等案例中，研究者观察到一个在现代性地平线上渐渐消逝的文化乡土正凭借着课程本土化的努力渐渐走向回归，从拔根走向扎根。

表 4-4　龙镇 J 小学"田园拾趣"课程活动方案之"龙镇龙舟竞渡文化"

环节	内容
教学目标	1. 了解家乡的龙舟竞渡文化 2. 激发热爱家乡的思想感情
教学重点	了解家乡的龙舟竞渡文化
教学难点	激发热爱家乡的思想感情
教具准备	多媒体课件

续表

环节	内容
教学过程	一、谈话导入 　　1.同学们对端午节应该都很熟悉吧,你知道端午节是每年的什么时候吗?(农历五月初五) 　　2.大家都知道端午节为了纪念屈原,家家户户会包粽子、吃粽子,那你知道端午节还有什么习俗吗?(赛龙舟、挂菖蒲) 　　3.说起端午节赛龙舟,作为龙镇人,大家一定不陌生吧,我们龙镇可是龙舟竞渡之乡呢! 二、观看相关新闻报道(附新闻稿) 　　龙舟竞渡是端午时节的传统民俗。鄞州区龙镇作为"中国龙舟文化之乡",著名的战国文物"羽人竞渡"纹铜钺就在龙镇 J 村石秃头山出土,这也是 2000 多年前龙镇先民已有竞渡的物证。村村有龙舟,年年有赛事,如今已成为当地龙舟文化的一大特色。 　　在龙镇,说到龙舟竞渡,就不能不提 C 村。作为"龙舟竞渡"项目的非遗传承基地,C 村龙舟队就多次代表宁波市参加浙江省龙舟赛,并连续五届夺得全省冠军。在村里的祠堂内,至今还摆放着当年获得五连冠的龙舟。 　　龙镇龙舟协会会长 X 告诉记者,这艘龙舟就是参加浙江省获得五连冠的那艘龙舟,当时划的队员现在年纪最大的已经有 80 岁了,年轻点的也起码有 60 岁了,这一艘龙舟已经有 80 年的历史,宁波市里面只有我们 C 村两艘龙舟是老一辈人传承下来的,我们现在年轻人也是两三年给它修一下、护理一下。 　　非遗的传承需要与时俱进的创新,更离不开年轻人的不懈努力。在外地上班的 C 村村民 C,这次也是作为龙舟队员特地赶回老家,参加龙舟训练和比赛。他告诉记者:"C 村在龙舟传统这一块发展得比较好,我的爸爸原先也是划龙舟的,这一次村里刚好有契机,我们年轻人也组织起来参加一下,去年的成绩不是特别好,今年我们年轻人这一代想努力一下,为村里争光。" 三、看赛龙舟视频 　　1.在龙镇,赛龙舟是当地群众最喜爱的民间体育娱乐活动之一。目前,全镇已有 14 支龙舟队,大大小小的龙舟 50 艘,镇里更是打破"女子不能下龙舟"的风俗,成立了女子龙舟队。在今年的龙舟赛上,3 支女子龙舟队的亮相成了比赛的一大亮点。此外,残奥会赛艇冠军 H 也回到家乡龙镇,为乡亲们现场演示划艇。 　　2.既然家乡的龙舟比赛这么有名,我们就一起来欣赏一下吧

　　又如"徐氏家风"课程活动案例。离 J 小学不远的 X 村,有一个徐氏宗祠,里面陈列了一系列的家风家训,成为徐氏一族乃至整个龙镇地区世代相传的行为准则。教师利用这个本土文化资源,设计开展了课程活动,先请学生在课堂上欣赏徐氏宗祠图片,再引入徐氏家训内容的学习交流,最后带领学生步行去现场参观徐氏宗祠,以期让学生了解家乡的徐氏家族家风,对传统文化有更深的感悟,并更好地传承中华民族"孝亲敬长,睦亲齐家"的美好道德伦理传统。

　　作为普遍性知识的科学知识的学习,也是从自己的土地出发去建构。乡村学校的课程学习并不是纸面上的练习,而是走向大地的生动实践。例如"田园拾趣"课程活动方案之"水稻的种植",先通过课堂上学习交流与水稻相关的科学知识,再让学生走向田野,尝试自己种一种水稻,还通过任务的拓展,让学生寻找田野里其他农作物,把其用途以表格形式填列出来,并与同学讨论和探究那些农作物的生产过程。这些课程活动,都是深耕在自己土地上的一场科学学习过程,在培养学生热爱科学的兴趣时,也建立起学生对于乡土事物的认知。

在龙镇 J 小学"田园拾趣"课程活动中(如图 4-9 所示),研究者观察到学生在学校开展的课程本土化实践中找到了自己的家园,当知识、文化连同家园的面貌在课程本土化实践中变得越来越清晰和生动时,仿佛世界重新在他们面前打开了一条走向生命合理成长的意义之路。

蔬菜水培　　　　　　　　跟着农民伯伯学种菜　　　　　　丰收的成果

图 4-9　龙镇 J 小学学生田园课程活动剪影(J 小学 M 老师拍摄)

(二)"蔬菜的水培探究"

"蔬菜的水培探究"是龙镇 Q 小学自 2018 年起依托学校"小小农庄"而开展的一个拓展性课程探究项目。尽管课程活动的最终目标指向"在全校范围内营造浓厚的学科学、爱科学、用科学的科技氛围,全面推进素质教育;同时帮助老师转变传统观念,增强课程意识,提高专业素养,培养合作精神,获得专业成长"(M-W-20190524-xc-xbf-01),但其在设计之初却完成了对于乡村学校学生课程学习离土倾向的反思。

> 我校是一所农村小学,在学校的四周,有大片田野,一年四季,我们的学生都能看到田野的变化,作为农村的孩子,对田野的蔬菜是比较熟悉的,但又是比较陌生的。我校的孩子都是外来民工子弟,虽然生活在农村,但也从来没有做过农活,不知农事。他们看得到田野里蔬菜的变化,却不能亲身体验。
>
> (M-W-20190524-xc-xbf-01)

　　整个课程活动并没有满足于一般科学知识的学习,而是不断扩展着课程活动的意义丰富性。2018年3月至2018年10月,为课程活动的准备阶段,学校成立了指导教师团队,确认了参与课程活动的四个班级,还举行了课程探究活动的启动仪式。第二阶段为课程活动的实施阶段,首先,四个班级组织开展了活动的开题课,"哪些蔬菜适合在水里种植?蔬菜种在水里还会长成原来那样吗?蔬菜长大了还能吃吗",各种有趣的问题不断在课堂上产生,并由此确立以下课程探究主题,见表4-5。

表4-5　龙镇Q小学"蔬菜的水培探究"研究对象选择及探究内容

班级	水培植物	探究内容	主要负责教师
一(甲)班	花生	花生在水里能成活吗?能长出花生宝宝吗	C老师
二(甲)班	芹菜	芹菜在水中不同环境下的生长情况探究	X老师
三(乙)班	洋葱	洋葱外皮以及水量对洋葱的影响	T老师
五年级	胡萝卜	水培胡萝卜盆景的设计	H老师

（M-W-20190524-xc-xbf-01）

　　主题确立后,在教师指导下,形成活动指导方案,如以二(甲)班为例:

　　首先是"激发兴趣,确定问题",课件出示芹菜不同生长时期的图片,边出示边介绍它们的营养价值,以及芹菜生长环境,激发学生学习好奇心,然后共同确定研究问题"芹菜在水里能种活吗"。其次是"归纳分类,形成方案",教师组织学生围绕问题展开讨论,了解水培知识,明确研究内容,形成课程活动实验方案。再次是"分组讨论,制订计划",由学生根据自己的兴趣爱好和个性特长自主组建活动小组,制订活动计划,最后形成四大组:切除根部与不切除根部的对比;水量的对比;营养有无的对比,阳光和通风有无的对比。最后是"分配任务,开展实践",教师全程择机指导,指导学生如何收集资料和观察记录,启发学生在观察中展开思考。

（M-W-20190524-xc-xbf-01）

　　第三阶段为课程活动成果展示阶段,参与活动的班级有的把培植成功的作品搬出教室,邀请全校师生一起观赏;有的组织学生自制课件在班内和同学们分享水培的过程和感受。从收集的实物资料中,研究者看到Q小学基于学生课程学习离土倾向而设计的本土化课程探究活动正以它富有情境性的实践新样式改变着原有知识学习脱嵌生活以及本土世界的单一性,学生、教师和学校一起正在课程本土化实践中建构起新的知识观，赋予了在现代性单一知识观中节节败退的乡村得以重新展现出它的场域"优势"。

来自学生的课程活动感受：

> 我最不乐意的事情就是动手，但是这次活动，我发现自己动手比光看书本上的知识有趣多啦，还记忆深刻，我想我喜欢上动手了。（李认）
>
> 通过这次实践活动，我学到了书本里没有的知识，拓宽了知识面，了解了植物的生活习性，原来农庄里的植物放进教室也是美美哒，生活也是学习的途径之一啊！（李修齐）

（M-W-20190524-xc-xbf-02）

来自教师的课程活动体会：

> 作为班主任，无形中加重了工作负担，但是在活动中，和孩子们一起玩水培，一起观察，潜移默化中，孩子们学会了与他人合作，自己也学到了很多知识，还与孩子们增进了彼此的感情，我不再是班主任，而是孩子们的"伙伴"。
>
> 学生的潜力是无限的。有些学生在语文课、数学课上表现得不是那么积极，但在这次活动中，却超乎想象，特别会思考，特别会提问。我要挖掘学生更多的潜能。

（M-W-20190524-xc-xbf-01）

来自学校层面的教育思考：

> 这次综合实践活动以"小小农庄"为基础，充分发挥了农村学校这一资源的优势，让学生融入自然，亲近植物，亲身去体验生活。
>
> 学生在活动中表现出极大的热情和渴望，我们感受到了学生想动手、想学习、想表达的强烈欲望，我们也鼓励学生利用课余时间动手尝试，大胆求证。

（M-W-20190524-xc-xbf-01）

在艰难的现实之中追逐课程理想，龙镇乡村学校逐渐开展起来的课程本土化实践，正在改变着乡村学校传统格局，突破着现代性教育困境。课程重新让学校开始建立跟乡村场域及外在世界的关系；尤其是教师，在本土化实践中，他们开始觉察到课程的力量，课程让教学情境不断走向具体化，让知识的文化范围重新得到定义，让自身和学生共同参与的课程与教学活动开始产生更广阔的意义，开始涌生紧迫的历史感、强烈的身份与地域认同感，并由此汇聚成教育神圣的使命感。美国课程学者吉鲁在《教师、公众生活和课程改革》一文中说道："教师要让学生认识到知识和权力之间有着很重要的关系，历史和经验也非常重要，同时要知道他们的所作所为对周围世界的变化有着很大的影响。更具体地说，教师要知道教育能缩小学校和真实生活的差距。课程的设置要让学生有紧迫的历史感，强烈的身份与地域认同感。这意味着教学方法不仅仅是使学习情境具体化，它也扩展了定义知识的文化范围……教师需要理解和运用那些构成流行文化系列的电子版形式的知识。这是一个媒体文本的世界——录像、电影、音乐，以及由外部的印刷技术和书籍构成的流行文化机制。换一种方式而言，课程的内容能够丰富学生实际的生活，使他们获得信息的意义、语言和知识。"[①]

---

① 帕克，哈斯.课程规划——当代之取向[M].谢登斌，俞红珍，等译.杭州：浙江教育出版社，2004：377.

第三节　和大地一起生长:课程本土化之路

龙镇乡村学校正通过自身的创造性实践描摹出一条乡村学校课程本土化之路,不仅仅是嵌于本土的课程活动设计,也在于课程知识观的重建。基于乡村社会价值意义的新认识,地方性知识重新进入课程的视野,通过与普遍性知识的融合建构起乡村学校课程知识的新谱系。乡村学校课程本土化之路其实是一条扎根和融合之路,不同样态的课程也开始基于共同的文化根系走向融合、走向完整的体系建构甚至实现超越;一度沦为孤岛的乡村学校开始借由课程本土化弥合社会裂痕,与所在的村庄共建起命运与共的课程共同体。

一、价值重构:知识观与课程体系

(一)课程的起点:地方性知识

课程作为现代性的馈赠,在21世纪初重返中国基础教育场域,并成为撬动中国基础教育改革的支点。而在现代性进程中陷入困境的乡村学校恰恰借由课程来重新理解自己的场域并重塑学校的未来。从龙镇乡村学校的当下观察来看,课程观在20世纪末至21世纪初的历史性嵌入,开始让乡村学校突破原来狭隘的工具论教育认知,发现自己所处场域即本土文化及环境的资源"优势",并通过课程设计建立联系,通过课程实践生成价值和意义。裴娣娜在审视中国近现当代乡土教育发展历史后指出,工具论到价值论的根本转换是对原有不合理教育观念和行为方式的突破和超越,从关注课程资源开发转向关注文化传承,聚焦本土文化对当地地域经济与社会的发展价值,从关注学生学习分数转向关注人的发展、生活与生命,聚焦如何提升学生的生存能力,重建个体与群体主体性的意义世界,是一场教育价值观念和行为方式的深刻变革。[①]

---

① 裴娣娜.教育创新视野下的少数民族地区乡土教育的思考[J].中国教育学刊,2010(1):49.

在课程观的重建带来工具论到价值论的根本转换时,知识观也开始走向重建的路途,地方性知识因其丰富的人文价值凭借课程的重构再次进入教育的视野。乡村,作为传统的居所,其大地的多样形态,是地方性知识的无尽源头。天空、云朵、田野、河流、青山以及万物生长,因为人的存在,因为劳作和哺育,在扎根与生长中演绎出古老深厚的乡土文化,世代传承。不仅仅是节气与节庆、村规与民约、伦理与禁忌,即使是大地上虚构的神话和传说、儿童传唱的童谣以及旧建筑上雕刻的画面,都可能深蕴着对人与自然、人与人、人与自己之间关系的智慧见解。美国人类学家谢林在其《乡民经济的本质与逻辑》中认为乡村场域生成的地方性知识蕴藏着巨大力量,对于社会变迁具有重要意义,他说:"知识——尤其是农村的知识——对社会的重大意义只有农村本身的复杂性与难以捉摸足以相比,知识有巨大的力量,可以影响人类而使之动员,能够制造变迁也能中止变迁。这一切可以使乡民社会研究者的生活感到刺激而有价值,甚至是具有突破性和变革性。"①

在现代性跨越世纪的进程中,尽管现代科学发展带来的普遍性知识因其强大的传播力和生产力对传统的地方性知识带来挤压,但是两者并没有因强烈的异质性(见表 4-6)而始终走向裂变和对抗,而是在经历长久的冲突和撕裂后,开始走向弥合。在龙镇乡村学校的课程实践中,研究者看到了普遍性知识因扎根于地方性知识之后生成的教育生动场景。

表 4-6　普遍性知识与地方性知识特征比较

类型	特征对比				
普遍性知识	公共性	客观性	验证性	中立性	显现性
地方性知识	地域性	文化性	实践性	价值性	缄默性

地方性知识的首要特征是它的地域性。地方性知识因地域而生,与在地的历史、地理环境以及人们的劳作、生活而形成的风俗构成紧密的联系,形成特定而真实的场域并深嵌于场域之中。基于特定而真实场域的地方性知识构成课程资源的基础,美国课程理论家施瓦布认为课程的产生既非虚构,也非抽象表述,学校课程及其知识资源应与教室与学校围墙之外"有气味、有影子、有环境的,能够获得更多时间和空间"的生活世界建立联系,它的感知和学习具有鲜明的在地性,"课程的受益者包括当地儿童,

① 谢林.乡民经济的本质与逻辑[C]//沃尔夫.乡民社会.张恭启,译.台北:巨流图书公司,1983:204-205.

也包括当地儿童中的个别儿童"①。

与普遍性知识的客观特征不同,地方性知识呈现出强烈的文化性,这种文化性来自绵延时光长河中人类基于特定空间场域的物质与非物质文化创造。尤其是乡村,作为置身于大自然中的人类生活场域,首先得益于自然的多样、丰富与无尽,亦因此成为地方性知识的创造与繁衍之地,成为特别是文化审美体验、道德伦理感悟的意义生成之地。蒋梦麟在回忆自己成长历程中那段乡村生活时,一直感念于自然之于个体生命的精神馈赠,他说:"如果我生长在草木稀少的大城市里,那我将失去非常重要的自然训练的机会,我的一生也可能完全改观。每一个小孩子所具备的感受力、观察力、好奇心和理解力等等天赋,都可能被童年所受的全凭记忆的传统训练所窒息。"②之于历史悠久的乡土中国而言,蒋梦麟认为大自然深深影响了中国人的心灵,"中国人深爱大自然,这不是指探求自然法则方向的努力,而是指培养自然爱好者的诗意、美感或道德意识。月下徘徊,松下闲坐,静听溪水细语低吟,可以使人心神舒坦。观春花之怒放感觉宇宙充满了蓬勃的精神;见落叶之飘零则感觉衰景的凄凉……中国人从大自然领悟到了人性的崇高……一个秋天的夜晚,万里无云,皓月当空,银色的月光倾泻在大理石的石阶上,同时也弥漫了我四周的广大空间。我站在天坛的中央,忽然之间我觉得自己已与天地融而为一"③,进而影响了中国的文化,"大自然是中国的国师。她的道德观念和她的一切文物都建筑于大自然之上"④。

世界上很多思想家和教育家都深刻地论及大自然中深蕴的知识源泉和力量,美国思想家爱默生在其《自然沉思录》中说道:"在一种高贵的情感的感召下,林子荡起波浪,松涛似乎在低语,河流滚动着,闪着亮光,牛羊在山坡上吃草;这一切都是他年幼时看到或听到的。这耳闻目睹的一切,就是一串娓娓动听的劝告,凭着这一切,他手中握有了力量的钥匙。"⑤日本教育家小原国芳则说道:"天上的星星、紫花地丁、蒲公英、烂漫的春野、鲜红的夕阳、崇高的旭日以及田边道旁无名的野草,都可以告诉我们什么叫艺术,什么叫音乐。一颗看似枯干的豆粒埋在土里,两三天后就生出美丽的神秘的芽来……这里有一种不能言传的'不可思议的生命'。"⑥乡村世界就是凭借其亲近自然、融入自然的文明存在方式获得了如龙镇乡村学校校长与教师在访谈中提到的"优势",

① 韦斯特伯里,威尔科夫.科学、课程与通识教育:施瓦布选集[M].郭元祥,乔翠兰,主译.北京:中国轻工业出版社,2008:254.

② 蒋梦麟.西潮与新潮——蒋梦麟回忆录[M].上海:东方出版社,2006:43.

③ 蒋梦麟.西潮与新潮——蒋梦麟回忆录[M].上海:东方出版社,2006:288,289.

④ 蒋梦麟.西潮与新潮——蒋梦麟回忆录[M].上海:东方出版社,2006:288,289.

⑤ 爱默生.自然沉思录[M].博凡,译.上海:上海社会科学院出版社,1993:25.

⑥ 小原国芳.小原国芳论著选[M].刘剑乔,等译.北京:人民教育出版社,1993:314.

爱默生也说道:"对于一个强健的心灵来说,乡村生活与那种认为色彩浓厚、草草而过的城市生活相比具有明显的优越之处。我们从自然里知道的要比从随意的社交活动中知道的要多得多。自然的光不停地流入我们的心灵,而我们却忘记了它的存在。"①尽管现代性进程中高歌猛进的城市化以及普遍性知识垄断教育的阶段,曾经对自然的美学意义和知识价值造成了挤迫,但是在新的发展阶段,现代性开始进入反思的时刻,扎根自然与乡土的地方性知识重新获得了意义认知的机遇,人、乡土与自然重新凭借教育与课程获得了联结的机遇。"正如怀特海的建议那样,每一课程的大部分内容都应该针对生活本身,其主要课程内容而非零散的片段都应该是精彩的,也就是说旨在激发学生对世界、对人类居于其中的场所产生疑惑、敬畏和欣赏之情。"②诺丁斯的课程理想在龙镇的乡村学校、在中国的大地上正渐渐获得实现的可能。薇依也认为:"村庄中的一切教育,都应以增加对世界之美、自然之美的感受性为基本目的。"③衍生地方性知识、培育生态伦理和涵养审美之思的自然与乡土是人类文化的永恒家园,而审美活动是乡村场域基于地方性知识与文化的最高认知与体验活动,生成和交织着人类原初对于场域的"疑惑、敬畏和欣赏之情",在现代性反思之际,如潘知常所言,之于工业文明的忧虑与反思,审美觉醒是人性觉醒的根本尺度;面对当代社会价值虚无以及精神家园丧失,审美之思义无反顾地担当起看守哲思的天命。④

　　普遍性知识一旦自成逻辑体系,以其客观和精确,可以离场而自行推导和验证;而地方性知识深嵌于场域的文化性特征决定了其传播和习得的方式更多倾向于实践,倾向于感知、体验以及潜移默化。卢作孚认为学校要超越传统的知识习得途径,真切的知识不应局限于书本,而应通过实践与自身的场域获得联系并从中获得,要从学校以外、实际上、自然界以及社会上去认识和获得,这样儿童才能养成获得真切知识的能力,才能够一辈子随时随地获得知识。⑤ 薇依也指出:"教师们所讲的星星和太阳只在练习本和教科书中,与天空毫不相干。"⑥英国课程学家扬曾从知识观的角度区分过两种课程观——"事实的课程观"和"实践的课程观",并讨论两者的局限性和可能性。但实践的课程观确实正在弥补长久以来事实的课程观所产生的人与其所在世界之间的

　　① 爱默生.自然沉思录[M].博凡,译.上海:上海社会科学院出版社,1993:25.

　　② 诺丁斯.批判性课程:学校应该教授哪些知识[M].李树培,译.北京:教育科学出版社,2015:287.

　　③ 薇依.扎根:人类责任宣言绪论[M].徐卫翔,译.北京:生活·读书·新知三联书店,2003:69.

　　④ 潘知常.诗与思的对话:审美活动的本体论内涵及其现代阐释[M].上海:上海三联书店,1997:26.

　　⑤ 凌耀伦,熊甫.卢作孚文集(增订本)[M].北京:北京大学出版社,2012:76.

　　⑥ 薇依.扎根:人类责任宣言绪论[M].徐卫翔,译.北京:生活·读书·新知三联书店,2003:71.

裂缝,未来的课程变革,呼唤这两种课程观的融合,龙镇乡村学校的课程实践,正呈现着这种可能。"闪耀的朝霞、艳美似锦的蒲公英和莲花草,乃至灿烂的星斗、庄严凄厉的火山喷发,这一切毕竟不是靠课桌上的理科和地理教学能学得透的。"①

由此亦可见,课程中的知识问题关联着认识层面的方法论,关联着文化的体认和价值的判断和选择。课程中的知识选择是寻求一种合理性知识的过程,而韦伯又将"合理性"区分为工具合理性和价值合理性:工具合理性追求效益,强调手段与控制;价值合理性寻求意义,强调价值与效应。②而地方性知识在课程中作为知识结构的确立和完善过程,正是这种知识价值合理性的生成过程,它正在突破传统课程观的窠臼或障碍,让课程与教学开始在与所处场域的联系中呈现神奇与意义。

长久以来,地方性知识在课程中的缺席与其自身的特征有很大关系,它不像普遍性知识那样精确、客观、显性而容易被传播和认知,而是需要在文化体验以及社会实践中隐性生成,具有缄默性。英国学者波兰尼曾于1958年首次提出"缄默知识"(或"隐性知识")的概念,他说:"人类有两种知识。通常被描述为知识的东西,如书面文字、地图或数学公式中所阐述的,只是一种知识;而未被表达的知识,如我们所拥有的我们正在实践的事情,则是另一种知识形式。如果我们称第一种是显性知识,那么第二种则是缄默知识(或'隐性知识')。"③尽管普遍性知识凭借其精确与客观长期以来垄断着我们对于知识的理解,但是有时发现知识根本的新奇却要仰仗于动物一样运用的源自缄默知识的隐性能力,波兰尼认为:"即使我们承认宇宙的精确知识是我们的至高无上的精神财富,甚至可以认为人类最杰出的思想行为在于产生这样的知识,还在于把迄今为止未被控制的领域带到它的控制之下。这些行为更新了现有的显性知识框架。因此,它们不能在这个框架内执行,而是必须依赖(在这个程度上)我们与动物共享的那种全新定位。只有运用老鼠在学习走迷宫时所使用的同样的隐性能力才能发现知识根本的新奇。"④英国思想家罗素也认为知识并不局限于精确的知识,动物界存在着一种缄默知识或隐性知识的深刻性,这种深刻性可能超越我们现有的知识观,他说:"知识是一个远远不及通常所想的那样精确的概念,它在不用文字表达的动物行为中扎根之深超过了大多数哲学家愿意承认的程度。"⑤从知识的考察来看,地方性知识与缄默知识(隐性知识)在很多意义上可以画上等号,从更广阔的视角来审视,普遍性知识与地方性知识、显性知识与缄默知识(隐性知识)之间构成了一种完整的知识结构,普遍性知识唯有扎根于地

---

① 小原国芳. 小原国芳论著选[M]. 刘剑乔,等译. 北京:人民教育出版社,1993:60-61.
② 韦伯. 经济与社会(上卷)[M]. 林远荣,译. 北京:商务印书馆,1997:10.
③ Michael Polanyi. The Study of Man[M]. London:Routledge & Kegan Paul,1959:12.
④ Michael Polanyi. The Study of Man[M]. London:Routledge & Kegan Paul,1959:18.
⑤ 罗素. 人类的知识:其范围与限度[M]. 张金言,译. 北京:商务印书馆,1983:8.

方性知识,显性知识唯有扎根于缄默知识(隐性知识),才有可能获得自身的合理性和生动性,方明认为缄默知识是一种"启发性的、主观的和内在化的知识体系",它在现实生活中所具有的独特价值,不仅是"最丰富的提取显性知识的素材库",更是"维系人们的情感生活,构筑社会文化的底蕴,充盈我们的精神家园所不可缺少的部分"。①

知识观在单一的现代性进程中也经历过一个异化的阶段,例如,偏重普遍性知识,忽视地方性知识;偏重技术价值,忽视人文价值;偏重客观对象的分析和拆分,忽视人与世界的整体联系;偏重知识的记忆,忽视内心的感受;偏重既有知识,忽视成长经验;等等。刘铁芳指出,现代教育及其课程中这种知识异化也同时给学生带来了精神碎片化和意义虚无感等现代性后果,"学生在其中感受到的更多的是知识的压力,没有通过知识面积极地启发世界的意义,也启发人生的意义"②。现代性进程中工具主义盛行时期的课程普遍性知识观挤迫着人的精神自由以及对自身世界的理解,课程不是创造世界和改造社会的家园,而是成了被奴役的媒介。

随着课程的重建,地方性知识的意义被逐渐发现和认知,传统的知识观也开始经历一个重构的过程,从一元走向多元,从单一走向丰富。地方性知识渐渐沟通学生与生活、场域的关联,让知识的学习逐渐洋溢出生命活力。知识也存在着一种扎根。普遍性知识唯有扎根于地方性知识之中,才能获得一种活力,获得与日常生活世界的融会,才能不异化于人本身的一种外在力量,而成为一种与自身命运关联的理解力,理解自己的乡土,理解乡村与城市,理解世界,进而成为一种重建家园的创造力。

龙镇乡村学校的课程本土化实践,又复活了地方性知识的场域意义,与近百年前的学者的乡村学校的课程知识召唤似乎又建立了联系。"农村所最需要的是人民须有高等的知识,对于农村的问题有趣味,对于农村的理想努力求实现。筹备农村里健全的娱乐,奖励农村的生活。学校对于这些问题的解决,都可以有所贡献,可以尽它在社会上的责任,辅助社会理想的实现。乡间的儿童可以由学校教育他使之成为社会的主动的人,成为为社会幸福努力的个人。"③亦如美国索尔蒂斯所言:"我们如何思考知识,确实在相当程度上影响着我们如何思考教育。"④在龙镇乡村学校的课程本土化实践中,地方性知识以及缄默知识,正渐渐地成为课程的起点,并让龙镇乡村学校的学生和老师开始感受到蕴于知识与学习之中的意义所在。

———————————

① 方明.缄默知识论[M].合肥:安徽教育出版社,2004:195.
② 刘铁芳.人、世界、教育:意义的失落与追寻[J].教育研究,1997(8):23-28.
③ 陶孟和.社会与教育[M].福州:福建教育出版社,2008:123-124.
④ 索尔蒂斯.教育与知识的概念[C]//教育学文集·智育.瞿葆奎.北京:人民教育出版社,1993:62.

我最不乐意的事情就是动手，但是这次活动，我发现自己动手比光看书本上的知识有趣多啦，还记忆深刻，我想我喜欢上动手了。

通过这次实践活动，我学到了书本里没有的知识，拓宽了知识面，了解了植物的生活习性，原来农庄里的植物放进教室也是美美哒，生活也是学习的途径之一啊。

作为班主任，无形中加重了工作负担，但是在活动中，和孩子们一起玩水培，一起观察，潜移默化中，孩子们学会了与他人合作，自己也学到了很多知识，还与孩子们增进了彼此的感情，我不再是班主任，而是孩子们的"伙伴"。

学生的潜力是无限的。有些学生在语文数学课表现不是那么积极，但在这次活动中，却超乎想象，特别会思考，特别会提问。我要挖掘学生更多的潜能。

（M-W-20190524-xc-02）

所有这些，给原本深陷困境的乡村学校带来教育的生机和希望。

(二)"小课程，大世界"：课程体系的建构、融合与超越

学校最初对于课程的理解和实践都是基于国家政策以及地方政策指导的过程，龙镇的乡村学校也不例外。国家自 2001 年起开始调整和改革基础教育的课程体系、结构和内容，提出义务教育小学阶段以综合课程为主，初中阶段设置分科与综合相结合的课程并努力创造条件开设选修课程，同时，为考虑到课程适切性，实行国家、地方和学校三级课程管理。然而课程观的启蒙本身是一个缓慢的过程，再加上课程建设对于学校的师资以及课程活动空间提出了较高的要求，因此尤其对于乡村学校而言，这个进程更加迟滞而艰难。相比于城区学校，龙镇乡村学校的课程实践基本启动于 2010 年以后，而且在这个阶段，对于课程与教学的理解还存在着一定的模糊性，尽管那个时候"新课改"渐渐成为一个在地方教研以及学校工作中所普遍传达和运用的词，但对于"新课改"究竟是"课程改革"还是"课堂教学变革"，无论在官方的课改工作宣传新闻报道还是在学校具体的教育行动中，都存在着理解的差异。尽管《基础教育课程改革纲要（试行）》提出的基础教育课程改革也包含着对教学改进的期待，但是龙镇乡村学校最初的课程改革理解可能还是局限于教学观之中。L 中学 2011 年在区域内最先启动的"新课改"其实是一场课堂教学变革的实验，但作为相对偏远的乡村学校，他们最先感受到了"新课改"的"春的消息"，毕竟已经开始了。

2015 年，随着浙江省义务教育课程改革深化的推进，龙镇乡村学校进一步超越教学的视野，开始建构自身的课程体系。在十多年课程启蒙和探索的基础上，浙江省教育厅印发的《关于深化义务教育课程改革的指导意见》给了义务教育学校更为清晰的

课程建设指导。这份指导意见对课程体系的建构提出了明确要求，在主要任务中首先提出"完善课程体系"，具体要求为两点：其一要"完善课程结构"，并将义务教育课程统整为指向国家课程和地方课程的"基础性课程"和指向学校自己所开发开设课程的"拓展性课程"；其二要"开齐开好两类课程"，指出拓展性课程要体现"地域和学校特色"，明确拓展性课程每学年课时占总课时的比例为"一至六年级 15％左右，七至九年级20％左右"。① 在这份文件指导下，地方教育局对于义务教育学校课程建设的推进也有了更明晰的规划和落实，2015 年 8 月下旬，鄞州区教育局在前期大量调研准备和谋求共识的基础上，官方宣布于下半年 12 月 1 日起，在全区所有义务段学校推进"新课改"。这次"新课改"的重点首先是从课程体系入手，将整体构建和完善适合学生发展的课程体系，亮点是分类建设拓展性课程，以下内容来自当地晚报 2015 年 8 月 23 日第 A2 版上的新闻报道：

> 今年 12 月 1 日起，鄞州区将在全区所有义务段学校全面推进新课改。按照部署，鄞州全区的小学、初中都要开设一定数量的拓展性课程。在原有社团课程的基础上，从小学开始每周都要开展学生走班、选课等形式的教学。这次课改，拓展性课程成为一大亮点。拓展性课程分为知识拓展、体艺特长、实践活动等三类。鄞州区教育局对拓展性课程的课时比例进行量化考核。规定每学年拓展性课程课时占总课时的比例为：一至六年级各 15％左右，主要开设体艺特长类和实践活动类课程；七至九年级各 20％左右，全面开设三类拓展性课程，其中知识拓展类课程比例不得超过 30％。其中，实践活动类课程包括信息技术、劳动技术、科技活动、社会实践等课程。鄞州区要求，社会实践课程至少 10％要在博物馆、美术馆、科技馆等社会实践基地中进行教学。
>
> （M-W-20190710-web-nbwb）

龙镇乡村学校进入课程体系建构，基本开始于这个阶段，如 L 中学"敏学·笃行"课程体系、L 小学"舡文笙语"课程体系、J 小学"雅 ZHI"课程体系等。这个阶段对于龙镇乡村学校而言非常重要，他们开始通过课程来审视学校场域、教育场域以及所在的乡村场域，课程让龙镇的乡村学校看到了一个更为广阔的世界，L 小学 2016 年编印的拓展性课程介绍手册的封面（如图 4-10 所示）上就写着"小课程，大世界"六个字。

---

① 浙江省教育厅.关于深化义务教育课程改革的指导意见[EB/OL].（2015-03-31）[2019-07-10].http://jyt.zj.gov.cn/art/2015/3/31/art_1229106823_614182.html.

图 4-10　龙镇 L 小学拓展性课程介绍手册封面

　　龙镇的乡村学校尽管依然经受着师资短缺和生源流失的办学挑战，但短短几年间却因课程建设焕发出自身的教育魅力，而且在由最初的课程模仿性建设到课程本土化探索的转向中，也开始建立自己场域的文化自信，甚至基于本土化探索迈向更为深入的课程融合与超越之路。

　　2016 年 9 月，J 小学在省、市、区深化义务教育课程改革的背景下，基于学校发展三年规划方案和近几年课程改革经验，制定了《龙镇 J 小学"雅 ZHI"课程建设方案》。该方案首先对近几年学校课程建设的经验进行了总结，同时对存在的问题也进行了反思，认为课程建设缺乏顶层设计。

　　近年来，学校在课程建设方面所做的工作虽然务实有效，但是由于缺乏顶层设计，不论是国家课程，还是拓展课程，都没有统一在一个核心目标之下，呈现出一种碎片化的状态，难以构成一个有机联系、彼此联结的完整系统。学校在整个课程体系建构、拓展型课程建设、教学方法变革等方面都急需高端的引领与科学的规划；在课程整合跨学科协作、长短课时设置、实践活动校本化实施等诸多环节都需要进一步规范与细化；基础型课程校本化实施的有效性尚待提高和完善，课程管理制度的完善研究还需进一步深入。

（M-W-20181009-xc-mxf-03）

在总结和反思以往课程经验之后,J 小学从学校 2002 年确定的校园文化理念"儒雅"中提取课程元素,建构"雅 ZHI"课程体系,"雅 ZHI"课程体系下有雅智、雅致、雅志三大子课程,如图 4-11 所示。

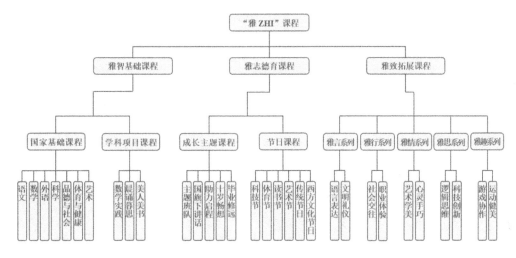

图 4-11　龙镇 J 小学"雅 ZHI"课程结构

《龙镇 J 小学"雅 ZHI"课程建设方案》里是这样介绍的:

> 雅智课程主要是指国家基础课程即文化基础板块,重在发展学生人文底蕴、科学精神。雅致课程主要是指自主选修课程即自主发展板块,重在发展学生学会学习、健康生活。雅志课程主要是指德育课程即社会参与板块,重在发展学生的责任担当、实践创新。三大板块课程各自有自己的独立培养目标,但又互相交集相辅相成,为发展学生的核心素养提供平台,努力培养全面发展而富有个性的 J 学子。

(M-W-20181009-xc-mxf-03)

J 小学"雅 ZHI"课程方案尽管是以浙江省教育厅《关于深化义务教育课程改革的指导意见》为参照进行课程体系建构,但又在结构设计上超越了指导意见中"基础性课程"和"拓展性课程"的两分体系,而是从学校原有文化中提取课程主题元素进行融合设计,统一在学校文化主题下,让基础性课程与拓展性课程、国家必修课程与学校选修课程之间建立了文化内在的逻辑联系。同时把学校传统办学格局中相对独立的德育活动也统一在课程的名义下,成为学校课程体系的一个主要类别,"课程"越来越聚焦成为 J 小学办学的中心概念。而且,J 小学还重点建设了拓展性课程,学校拓展性课程内部又建构主题序列,形成完整的课程群,见表 4-7。

表 4-7 龙镇 J 小学 2016 学年雅致拓展课程安排

序号	课程系列	课程名称	学生年段	指导教师	活动教室
1	雅言系列	宁波老话	1—2	CN	203
2		英语剧	5—6	DY TJN	四楼多媒体教室
3		金话筒	5—6	FJJ	601
4		绘声绘色	1—2	LXY	201
5		经典诵读	3—4	QZP	403
6		悦读表演	5—6	BYL	501
7	雅思系列	阳光测向	3—6	WKL	直跑道
8		小哥白尼	3—6	WLZ	操场
9		汉字棋	5—6	CXJ	503
10		头脑风暴	3—4	WJL	402
11		魔方	4	WL CK	405
12		数学思维	2	LWJ	多媒体教室 2
13		趣味数学	4	ZXX	404
14	雅行系列	古色古乡	3—6	CP	303
15		田园拾趣	4—5	MXF RJJ	504
16		航空礼仪	3—4	RYE	301
17		小小导游	3—4	WXF	403
18		小烘焙师	5—6	ZJ	队室
19	雅情系列	童话王国	1—2	XL	103
20		快乐纸浆	3—6	FKD	美术室
21		线描	1—2	LY	图书室
22		绘本创作	1—2	WSH	102
23		开笔画	3—4	YYN	302
24		手抄报	5—6	ZDL	602
25		毛笔书法	3—6	XLF YYM	书法室
26		创意美术	1—6	XYY	美术室
27		笛声悠扬	2—3	ZH LAD	音乐教室 1
28		合唱	3—6	YMC	音乐教室 2

续表

序号	课程系列	课程名称	学生年段	指导教师	活动教室
29	雅趣系列	剪纸	1—2	FAZ	202
30		健身操	4—6	HJ	大礼堂
31		乒乓球	5—6	LJJ	大礼堂
32		热力足球	5—6	ZQ	4号楼前操场
33		篮球	3—6	HWJ　BKW	篮球场
34		健美操	2—6	CXJ	大礼堂舞台
35		木球	3—6	MAC	3号楼南操场

　　雅致拓展课程在课程主题序列的建构以及具体课程的开发开设上致力于课程知识与内涵的丰富性与完整性,民族与世界、地方性与普遍性、人文与科学、学理与体艺兼顾,体现了J小学课程建设的前瞻、成熟及抱负。同时,雅致拓展课程在课程的开发开设上尤其考虑到了地方性知识的学习传承,如乡村场域的"宁波老话""古色古乡""田园拾趣"等,如民族场域的"经典诵读""汉字棋""毛笔书法""笛声悠扬"等。

　　在课程实践的过程中,J小学C校长和他的教师团队越来越关注到学校课程与学校所在乡村场域的内在联系,他们开始在世纪百年现代性进程乡村境遇的背景下进一步思考当代乡村学校发展命运以及学校课程的深层意义。

　　　　J小学是一所有着110年办学历史的乡村小学。在建校初期,是当地非常有名的学堂,求学的学生络绎不绝,教育质量好,培养了一代又一代的人。但是到了近期,随着中心城区的设立,优质资源逐渐向城区靠拢,乡村与城区学校之间的发展水平的不均衡现象日益严重。教育资源分配、师资力量配备等方面与城区学校的差异在不断地扩大。我们乡村学校究竟该怎么办? 我们要坚持立足乡村,充分挖掘乡村的资源,发挥乡村的优势。乡村独有的田野资源是城市所缺乏的,因此乡村学校完全不必"望梅止渴",却可以"因地制宜"。因此,我们想在学校开展田园课程,挖掘乡村学校的优势,带领儿童一起从事生动、有趣而富有挑战性的活动,从而为培养美丽乡村建设的主力军与生力军奠定基石。

(M-W-20190523-xc-mxf-01)

　　尽管乡村学校的当代处境日益窘迫,但C校长和他的教师团队也越来越认识到乡村自身独特的田园资源和文化优势,于是"因地制宜",确立"田园"作为课程主题,着手对原有课程体系展开进一步的本土化改造,对原有的课程方案进行修订。2019 年 5 月,J 小学在原有课程方案的基础上,新修订出台了《龙镇 J 小学"新田园"课程建设方案》,J 小学扎根于自己的场域和文化,向着乡村学校课程本土化的道路又迈出了更坚实而又深远的一步,学校凭借课程越来越融入自身所处的真实的乡村田园场域中,如图 4-12 所示。

图 4-12 《龙镇 J 小学"新田园"课程建设方案》课程结构框架

二、"泥土的芬芳":从课程共同体到创造性实践

(一)命运与共:课程共同体

龙镇乡村学校课程本土化的过程其实就是学校场域重新与乡村场域建立联系的过程,在脱嵌重新嵌入、拔根重新扎根的过程中,从自身的场域出发,重建自己的教育认识和实践路径。"向来的村落的学校一切课程规则,都按照都会的学校,与村落的生活不相适合,是最不通的。"①"学校的责任是发展儿童的高尚的趣味,但是那趣味又须切于他们的实际生活,使乡村儿童景慕都会生活,使普通的儿童羡慕阔人的生活,都是不对的。儿童的言语、服饰、仪容、礼节、习惯,都须适合他们的家庭、他们的身份和地

---

① 陶孟和.社会与教育[M].福州:福建教育出版社,2008:115-116.

方的情形。"①跨越百年，社会学家陶孟和在其 1922 年出版的《社会与教育》中所担忧的乡村学校课程离土化情形，在龙镇乡村学校课程本土化实践中，开始得到改变。而且，在课程本土化的过程中，龙镇乡村学校与龙镇的村庄也正在逐步形成田园之上的课程共同体。

乡村学校课程共同体的形成首先体现在外在组织层面，学生与居民及村庄生活之间的关系因课程活动重新建立联系，学校里的知识世界不再与田野、河流、村庄、经验、文化、传说及居于其间和世代传承的居民无关。

Q 小学的门卫大妈是 Q 村的农民，她的文化程度不高，在学校原有的课程活动中，她对教科书上的普遍性知识没有发言权，在师生每天进进出出中，她只是和她的老伴一起默默地履行管理门岗的责任。然而，当学校开始推动课程本土化，建起"小小农庄"以及开展"蔬菜的水培探究"等课程活动时，她年轻时的农耕经验让她对学校的课程活动不再陌生，甚至可以指导学生部分的种植实践。Q 小学参与水培萝卜课程活动的学生发现他们培植的萝卜在天气转热时开始腐烂，散发出一股臭味，经门卫大妈的指点后方才明白本地种萝卜的自然时节还不合适，他们在课程活动日记里写道：

> 一开始种萝卜的时候，我多么希望萝卜快快长大，可以把教室打扮得更漂亮。可是没几天萝卜就散发出一股臭味。门卫奶奶说：冬吃萝卜夏吃姜，萝卜不是这个季节的，所以烂得会很快。看来，我们的水培萝卜失败了，有点失望呢。我们得跟老师说能不能换成生姜。
>
> （M-W-20190524-xc-xbf-02）

学生的家长也就是村庄的居民们也有很多参与到了 Q 小学的水培种植课程活动中。

> 为了孩子更好地观察，几乎每位家长都在家里进行了水培。一甲班的 W 同学妈妈买了很多花生种子帮助孩子们水培，等发芽了还送到学校分给小朋友让他们继续水培、观察。这样的事例还有很多。
>
> （M-W-20190524-xc-xbf-02）

Q 小学的学生们在以学校"小小农庄"为基地的课程活动中，还聘请村庄里有经

---

① 陶孟和.社会与教育[M].福州：福建教育出版社，2008：118.

验的老农担任课程活动小组的校外劳动辅导员，定期给队员开辅导讲座；还组织参观种植大户所承包的基地，了解大棚养殖基本知识；还把自己在参加课程活动时的体会与观察日记办成小报，放在学校宣传橱窗中进行展览后赠给村庄里的农民伯伯；还把农庄里收获的瓜果蔬菜上街举行"爱心义卖"以及慰问敬老院的老人等。其中，摄影组的学生们不仅以学校的农庄为创作基地进行拍摄，还走出校园，走向村庄和田野，拍摄村庄生活，拍摄田野里各种作物及其生长过程，抓拍农民伯伯耕作场景；还有，作文组、宣传组、美术组的学生们也都以学校农庄以及村庄生活、田野景观作为素材，进行创作。

在课程本土化的过程中，和 Q 小学一样，J 小学、L 小学与村庄、乡镇逐步建立起紧密的联系。J 小学开发了"一园""一田""八基"作为课程实践基地，不仅把学校内部原来的"公园"改造成"果园"，还开始突破学校场域，在学校后面的围墙上开了一道门，向村民租赁了围墙外面的三亩稻田，学校与田野不再被围墙阻隔，学校的课堂因课程本土化开始延伸到了田野之上。"八基"是 J 小学与周边村落一些特色种植园地合作建立起来的田园课程基地：X 花卉种植基地、D 草莓园、T 草莓园、X 葡萄园、T 瓜果专业合作社、D 油桃园、L 西瓜地、J 村范氏粮食种植基地。J 小学还联系学生家长中的种田大户，聘请他们为"田园导师"，走进学校，走进课堂，传授田野知识，参与到学生的课程活动中来。在学校课程开发开设中，L 小学也从本土自然与文化资源出发进行了设计，比如学校认识到龙镇水乡船文化以及端午赛龙舟的传统风俗，于是组织部分学生到龙镇的赛艇基地接受课程训练，而且参与赛艇课程的学生还参与到龙镇每年举行的端午龙舟赛的开幕出场仪式。

乡村学校课程共同体的形成在更深层次上体现为内在精神的体认和生成。龙镇乡村学校的学生在课程学习与实践的过程中，不断地获得对于知识、乡土、自然、生命、文化的认知。

下面这篇来自 Q 小学五甲班的 L 同学的课程活动感言，真实生动地记下了他在参与学校"小小农庄"课程活动中的心得体会。

顽强的生命

春天来了，我们的"小小农庄"里散发着勃勃生机。玉米、土豆、蚕豆相继发了芽，到处是一片绿色。

我喜欢"小小农庄"里的农作物，更欣赏它们顽强的生命力。

那是一个春天的下午，天好像正和谁在赌气，一直沉着个脸。不多一会儿，窗外狂风大作，风雨交加，豆大的雨点争先恐后地落了下来。我想：我上星期种的蚕豆可能已经九死一生了。它们将永远失去那宝贵的生命。想到这里,我的泪水泉涌而出。

风雨过后,我绝望地去给小豆苗们"料理后事",却惊奇地发现,它们都顽强地活了下来,挺立在"小小农庄"当中。当时的我欣喜若狂,简直不敢相信自己的眼睛,但这却是事实,一个令人惊叹的事实。

小豆苗们让我明白生命是多么脆弱,又是多么顽强啊!

(M-W-20190524-xc-xbf-01)

《我和植物有个亲密接触》是来自 J 小学 D 同学写的一篇课程感言,记录了她参加学校与村庄专业合作社一起合作开发开设的课程活动的心得体会。

我和植物有个亲密接触

盼星星,盼月亮,终于盼来了星期四的田园社。这个社团是干什么的呢?就是让同学们走进田园,在田园里劳作、体验,收获成果。

那天,老师请了专业合作社的园丁——任阿姨,给我们介绍学校的花花草草。我们拿着笔记本,紧紧地跟在任阿姨的后面,生怕漏下一个细节。

在任阿姨的带领下,我们见到了第一种植物,名叫"闭月",这个词一般是用来形容美女,大家听了都饶有兴趣地观察起来!闭月的叶片呈暗绿色,叶面十分光滑,它的茎呈嫩绿色,外面还裹着一层"红纱",看起来十分可爱有趣!据任阿姨说,这种植物生长的环境不能低于 10 摄氏度,但如果让它生活在很潮湿的环境中,它的叶子的边缘就会发黑发黄。它真是个怕阴的小植物呢!

接着,我们又观察了金鱼草,大家可千万不要以为它是喂金鱼的草哟!金鱼草的叶片看上去肉嘟嘟的,小巧玲珑,叶子比较厚,是墨绿色的!茎是淡红的。说起"金鱼草"这个名字,还有着很有趣的含义呢!金鱼草的花是金黄色的,样子十分小巧,如同金鱼一般!它喜高温、阴性环境,若长期置于阳光下,过于干燥或冬季温度过低都会引起落叶。

接着,我们跟着任阿姨又看到了一盆黑色系的多肉植物的"黑王子"。它的叶片匙形,稍厚,顶端有小尖,叶色紫,聚伞花序,小花红色。据阿姨介绍,"黑王子"喜凉爽、干燥和阳光充足的环境。"黑王子"的叶片还会变化色彩呢!光照越充足,昼夜温差越大,叶片色彩越黑亮。如果光照不足或土壤水分过多,全株呈浅绿色或深绿色。

"叮铃铃,叮铃铃……"当我们还沉浸在植物的世界中,下课铃响了,我们依依不舍地告别了任阿姨。但她教授我们的绿植知识,永远印在我们的脑海中。

(M-W-20181009-xc-mxf-05)

龙镇的乡村学校也在课程本土化的过程中获得了乡村场域的文化自信。Q小学校园内的农庄虽小,但扎根于农庄的课程活动的丰富形态让W校长更深地感受到乡村学校课程本土化的意义,他和学校的Z老师合作,他作词,Z老师作曲,共同创作了一首课程主题歌曲:

农庄之歌

我们的校园里,有一个小小的农庄;忙碌的同学们,穿梭在田间。勤劳的小手,带来了泥土的芬芳,春天的日子里,种下了秋的希望。

嫩绿的小白菜,向我们点头在微笑;圆圆的大萝卜,拔呀拔不动。美丽的校园,到处是满园的葱茏,秋天的日子里,收获了我的希望。

啊,我们的小小农庄;啊,校园里可爱的农庄,你带给我们快乐多多!

(M-W-20190524-xc-xbf-02)

学校开始从乡村的一座孤岛慢慢凭借在课程本土化中建立的文化自信重新融入乡村场域中,曾经的裂缝慢慢开始走向弥合。

在德国现代社会学缔造者之一的滕尼斯眼里,"共同体"原本是乡村社会的属性。埃杰顿也在《传统信念与习俗:是否有一些比另一些好?》一文中归纳了20世纪人类学家和社会学家对于乡村社会特点的普遍共识,文中指出:"道义和情感义务、人与人之间亲密无间、社会凝聚和持久的连续性,都是乡间社会的特点,而在人们转向城市生活以后就不复存在了,城市中则到处是社会分化瓦解和病态个性。"[1]乡村社会基于血缘、地缘以及文化精神的共同体,呈现出自然的融合性。只是这种融合性在现代性的冲击下逐渐走向裂变和崩解。

尽管"共同体(community)"的原初意义也可译为"社区""社团"等词,但"共同体"是对原初这些概念的超越。对于乡村社会而言,它本身是乡村社会在经历现代性裂变之后,对破碎世界重新融合的一种意义呼唤。它是在经历过分裂和失去之后

---

① 埃杰顿.传统信念与习俗:是否有一些比另一些好?[C]//亨廷顿,哈里森.文化的重要作用——价值观如何影响人类进步.程克雄,译.北京:新华出版社,2013:176.

的一种期待,如英国社会学家鲍曼所言,"是一种我们将热切希望栖息、希望重新拥有的世界""这是一个失去了的天堂,或者说是一个人们还希望能找到的天堂"。[①]龙镇乡村学校在课程本土化过程中逐渐与所在乡村场域的融合,是现代性进程中乡土裂变之后呈现出的乡土融合的共同体新图景,这种新图景有别于基于血缘等的乡村传统共同体面貌,正越来越创造着现代性与乡土性从对峙开始走向融合的时代魅力。

(二)异乡相逢:创造性实践

雷通群,作为最先倡导教育社会学"中国化"的学者之一,在其20世纪30年代出版的《教育社会学》《中国新乡村教育》中,对乡村教育"乡村化"理论与实践的意义窄化表示出担忧,尤其对极端的乡土本位主义如"主张改良乡村学校,以保留儿童及优秀之成人在乡,使不受城市之诱惑""一切非乡土的教材,皆在摈拒之列"等观点进行了反思和批判。[②]

雷通群的担忧不无道理,乡村学校课程本土化不是单一的乡村化,乡村学校的改良更不是以极端的乡村化来抗拒城市化,也不是以经济的、职业的甚至商业的眼光来观察,把目标局限于农民职业之预备并以增加地方农产品为学校唯一之效率。[③] 乡村教育的终极目的并非只止于乡村本身,它不是通过对现代性的简单对峙和抗拒,而是通过始于本土文化和知识的扎根、批判、传承、修复,通过对现代性的反思、融合、超越和重建,最终指向儿童的成长、完整的教育和理想的社会。

90年后,龙镇乡村学校的课程实践并没有陷入雷通群所担忧的极端乡村化的误区,而是借由现代性进程带来的课程启示,通过课程本土化实践来扎根大地,慢慢建立起自身的文化自信并逐步走出现代性困境,尽管当下还是处于探索阶段,但广阔的课程图景已经渐渐呈现出来。以J小学的"田园拾趣"课程为例,该课程在设计上展现了开阔的知识与文化视野,扎根乡村场域,但并没有局限于传统的田园劳作经验,而是综合人文、艺术、科学等领域,兼顾地方性知识与普遍性知识。课程开发者在课程实践总结中说道:

> 对学科知识和相关内容通过发展性的、多样化的途径重新组织与建构,实现不同学科的相关知识内容的有机组合,最终获得教育目的、学习本质、知识组织与

---

① 鲍曼.共同体[M].欧阳景根,译.南京:江苏人民出版社,2003:序4-5.
② 雷通群.教育社会学[M].上海:商务印书馆,1933:207-209.
③ 雷通群.教育社会学[M].上海:商务印书馆,1933:207-209.

使用等方面的整合。

（M-W-20181009-xc-mxf-06）

课程开发者还在课程实践总结中谈到了课程设计中潜在融入的三个维度考量，即"人与文化的维度""人与艺术的维度""人与自然的维度"。在课程实施时，课程开设者以学生的学为中心，采取"先学后教，以学定教；研学融合，巧拨精释"的教学方略，构建"项目研学"的教学模式，尽管"田园拾趣"课程以及龙镇乡村学校的其他课程开发开设的实践时间并不长，但在现代性进程跨入 21 世纪，在历史演进、时代启蒙和政策支持的新阶段，借由课程启蒙，龙镇乡村学校的课程建设走出了自己独特的本土化之路，为原本困顿的乡村教育描绘出了一幅广阔的前景，一如 Y 小学课程册子封面所题——"小课程，大世界"。

在龙镇 Q 小学收集的实物资料里，研究者还从其中的一本课程册子里看到一首诗。

我们是农庄的护卫员

校园内，我们建起了"小小农庄"
耕耘过后的田园，洋溢着泥土的芬芳
在春暖花开的日子里，种下一地的希望

风，吹绿了山野；雨，滋润了江川
看，那忙碌的同学们，正开垦着我们的"小小农庄"
欢快的身影，清脆的笑声
喜气洋洋的气氛，充满着整个农庄

橘生淮北为枳，生于淮南为柑
这不，师生们正为考察水土忙
举着队旗，踏着小径，走过草地
我们去寻访我们的梦想，我们的乐园
小花向我们点头，小草向我们示意
仿佛他们在说：你们可看见
这里有春天赠的花朵，这里有春天送的绿衣

闻道有先后,术业有专攻

为了让农庄未来更美好,我们虚心求教

走过河滩,走过荷塘,走过野地

我们去探索我们的目标,我们的理想

绿油油的蔬菜向我们招手,热情的老农为我们讲解

同学们的心哟,随着大自然的美景飞扬

春种一粒粟,秋收万颗子

热情洋溢的师生们,正欢乐地播撒希望的种子

瞧着悄然长出的幼苗,看着满园的绿色葱茏

实实在在地感受到生活的广阔

我们是农庄的护卫员

我们走出课堂,走进了大自然的怀抱

大自然的歌优美动听

大自然的书妙趣横生

我们发现,我们汲取

我们欣赏,我们阅读

澎湃的激情,在胸中流淌

啊,"小小农庄"

温暖的晨光,为你梳妆

和煦的轻风,为你伴唱

啊,"小小农庄"

你,是一本内容丰富的教科书

你,是我们学习和教育的阵地

你,更是我们参加社会实践的大课堂

啊,我心爱的农庄

为你我们甘愿繁忙

因为我们是农庄的护卫员

(M-W-20190524-xc-xbf-02)

尽管在册子里没有观察到这首诗歌创作者的署名,但其更像是集体创作的一首

诗，共同表达了全体师生对于 Q 小学理想课程生活的体验和憧憬。课程本土化实践，让一所原本陷于乡村教育现代性困境中的村小重新迸发出追逐理想的激情和希望。诗句中引用的古语"橘生淮北为枳，生于淮南为柑"，无意中为乡村学校课程本土化的实践意义提供了生动的注脚。

龙镇乡村学校的课程本土化实践，作为既深嵌于现代性进程又扎根于大地，既受政策推动又源于自觉追求的创造性实践，正开始一步一步驾驭起自身的命运，在现代性的异乡重新遇见故乡，遇见家园。

第五章 理想与现实:乡村学校课程本土化的合法性建构

> 如果我们不是自欺欺人的话,我们就必须承认课程领域植根于社会控制的土壤之中。①

> ——[美]迈克尔·阿普尔

---

① 阿普尔.意识形态与课程[M].黄忠敬,译.上海:华东师范大学出版社,2001:55.

第一节　隐形的力量:课程场域的背后

当下龙镇乡村学校课程本土化的创造性实践,满怀着理想,播撒着希望,正努力突破着现代性进程中乡村学校曾经和现有的困境。然而,龙镇乡村学校课程本土化实践之路会走向多远,课程场域的变革和建设在多大程度上能真正改变乡村学校窘迫的现代性境遇,既实现自身的教育目的,又重建与乡村互动发展的共同体,则依然需要从社会学广阔的视野再次进行深入检视,而权力是其中一个重要的视角。

一、权力之网

布尔迪厄主张如果要对一个场域进行研究,除了勾画出其内在的客观关系结构以及分析其间行动者的惯习等,首先必须分析其与权力场域的相对位置。受布尔迪厄学术研究思想和方法启迪的阿普尔也认为:"理解教育要求我们将教育放回到那个更大社会里独特的权力网络中,放回到由这个权力网络所引发的控制、服从以及冲突的社会现实中。拿与课程相关的事情来说,不是仅仅询问学生是否已经掌握了一种特定的教育内容,是否已经在我们平常的那些考试中取得了好成绩,我们应该问一些与之不同的问题:这是谁的知识? 这些知识是怎样成为'官方'知识的? 这些知识与教授知识和评价知识的方法之间的关系是什么? 在这个社会中,谁具有文化的、社会的、经济的资本? 谁是这些合法知识、学校教育方式和如此组织起来的社会的受益者? 谁不是受益者? 常见的所谓的'改革'到底是如何做的? 作为批判性教育者、研究者和活动者,为改变现存的教育和社会不平等,创建一个更加体现社会公正的课程与教学,我们能做的是什么?"[①]

阿普尔的追问揭示了课程场域并不局限于教育学的纯粹,它的背后交织着社会学

---

① 阿普尔.全球危机、社会公平和教育[M].李慧敏,译.北京:中国政法大学出版社,2012:18-19.

意义上权力等更复杂的隐形力量,尤其是由那个更大社会里独特的权力网络所引发的控制、服从以及冲突。课程管理的体系建立则体现了权力的分布,国家 2001 年确立的课程三级管理体系就是一种课程权力的新分布,地方与学校从此拥有了自己的课程权力,但学校究竟拥有多大的课程自主权力,在城市文化霸权语境下乡村学校拥有多大的课程话语权,依然需要实践的评判和考量。就学校而言,学校课程权力也同样有一个内部分布的过程,谁拥有学校课程的决策权,教师开发开设课程的权力究竟有多大,学生课程选择的权力有多大,国家及地方教育考试评价如何制约着学校课程权力,也同样需要实践的评判和考量。课程管理的过程本身也体现着权力的运行,蒋建华认为课程权力是所有课程管理现象的基础,"无论领导、决策,还是计划、实施,都要通过课程权力的运行来实现。课程权力的性质、有无、多少和强弱从根本上决定和影响着课程管理的效能,决定着哪些知识可以进入课程内容,哪些知识不能进入课程内容"①。而且课程管理的每个环节如决策、编制、审查、选择、监督、实施和评价等,都相应地凸显出具体的课程权力。②

而且,课程作为现代性进程的产物,本身还体现着时代变革的需要,成为一种体现国家意志的政治性的活动,自然会卷入社会转型的权力冲突之中。权力涉入的课程场域,充满着与时代、与社会、与政治有关的价值判断,这种价值判断无疑影响着课程的进展。陈伯璋指出:"课程本身不可能是'价值中立'的,目标的决定、发展程序的安排、教材的选择以及评鉴的过程,都充满价值判断。而且事实上,课程本身就是一种政治性的活动,因为在课程形成的过程中,往往包含着许多阶级利益、经济与文化分配等价值冲突与对立的问题。换言之,就是政治权力的冲突。"③蒋建华也认为:"社会政治经济的内容特点决定着课程,社会政治权力结构还通过决定课程管理结构,从而决定着课程的内容、实施以及效果。"④

这时,如果再回到阿普尔之问,并循着阿普尔之问来聚焦和进一步追问龙镇乡村学校课程本土化的实践意义,那么也同样需要面对以下这些问题:地方性知识能成为"官方"知识吗?地方性知识与教授知识与评价知识的方法之间能达成怎样的关系?乡村学校能否凭借课程本土化重建自己的命运?乡村学校的学生能否凭借课程本土

---

① 蒋建华.知识·权力·课程——政策视野中的课程研究[M].北京:教育科学出版社,2010:167.

② 蒋建华.知识·权力·课程——政策视野中的课程研究[M].北京:教育科学出版社,2010:184.

③ 陈伯璋.意识形态与教育[M].台北:师大书苑有限公司,1988:176.

④ 蒋建华.知识·权力·课程——政策视野中的课程研究[M].北京:教育科学出版社,2010:167.

化开始拥有文化的、社会的、经济的资本并真正成为教育的受益者？乡村教育先行者为改变现代性造成的城乡教育与社会不平等而开展的课程本土化实践，在当代能否拥有进一步实现的机会或可能？所有这些，需要通过权力视角，从微观场域（以下简称"微场"）和宏观场域（以下简称"宏场"）两个相对的层面来作进一步的分析。

（一）有限的赋权："微场"聚焦

2001 年《基础教育课程改革纲要（试行）》的发布，既是课程重新嵌入基础教育的标志性事件，也是中国基础教育从 20 世纪 50 年代以来课程集权走向课程分权的开始。自此，课程权力日益成为课程改革叙事中的重要话题。要进一步理解学校场域及其课程场域，理解乡村学校课程本土化的理想与现实，课程权力在学校场域内的分布及其在权力网络中的关系是需要考察的对象。

1. 有限与突破：学校课程权力

学校课程权力首先来自国家法律法规和课程政策的合法性赋权。自 2001 年起，国家开始赋予地方和学校相应的课程权力。然而国家的课程赋权，抵达地方，尤其是抵达偏远的乡村学校，本身就存在着一个响应和接纳的过程。更何况课程作为一种结构性的嵌入，它的权力实现尚需意义的启蒙和共识的达成，否则课程权力便会在疑虑和误识中走向虚置。而且课程赋权之后，国家课程权力作为主体权力，依然牢牢主导着学校课程结构、课程标准、教科书尤其是考试评价等领域，对于自上而下处于权力末端的学校而言，对于有限课程权力的接受和运用更是需要来自地方各级教育行政一级一级的确权和推动。

浙江省义务教育阶段学校课程权力的普遍落实主要始于 2015 年《浙江省教育厅关于深化义务教育课程改革的指导意见》的颁布。鉴于多年来浙江省义务教育阶段学校课程权力虚置和课程建设迟滞的现象，并且其与浙江省高中段学校良好的课程建设态势形成了鲜明差距，浙江省决定从 2015 年起推进深化本省义务教育课程改革。首先，明确了时间进度，要求 2015 学年全省各设区市、县（市、区）都要选择部分学校先期进行深化义务教育课程改革试验，着重摸索经验；2016 学年总结课改先进经验、完善各项制度并在全省中小学全面推进深化义务教育课程改革；其次，明确了组织领导，对深化义务教育课程改革顶层设计、学校课程规划及课改方案制定、学校课程权力和责任的界定等作了清晰说明。①

权力意味着责任，责任意味着担当。尽管在学校课程权力落实的过程中，学校与

---

① 浙江省教育厅.关于深化义务教育课程改革的指导意见[EB/OL].(2015-03-31)[2019-08-04].http://jyt.zj.gov.cn/art/2015/3/31/art_1229106823_614182.html.

学校之间存在着差异，有主动，也有被动；有自觉，也有虚置；但是龙镇乡村学校如J小学、L小学、Q小学和L中学普遍把课程权力的运用与改变自身处境和重绘学校愿景结合了起来。在研究现场，研究者还观察到义务教育阶段运用课程权力推进课程体系建设，小学的启动一般要先于中学，龙镇也是如此；而且，在研究时段内，研究者从J小学、L小学、Q小学收集到的记录和展示课程建设的实物资料要比L中学来得多。在L中学的访谈中，分管课程建设的Y副校长谈到了课程建设的几点难处。

> 在实际操作中，主要是缺少相应的师资力量去落实，所以课程开发有难度。还有，需要校长的支持。我们这里校长基本上是三到五年一换，校长换一任可能就有一个新的想法，导致课程的设置没有延续性。现在各方面对一个学校的评价主要的还是来自中考的成绩。虽然知道拓展性课程的开设肯定能够促进办学质量，但是评价机制如果单一，那么会导致拓展性课程开发的难度。

（I-20180929-1514-ylzx-ydd）

师资短缺是课程建设的短板，校长任职的频繁更动造成课程结构的不稳定，Y副校长还指出了制约学校课程权力的最重要因素就是考试评价。也就是说，目前学校课程权力不仅很有限，而且不完整，课程评价权力被抽离和外置，严重制约了课程权力运用的积极性，甚至导致课程权力的驯服和虚置。在世俗社会目光里依然盛大的中考是义务阶段中学最为逼近的现实，中考成绩依然决定着一所学校的命运。而当地中考所涉及的课程内容均为国家必修课程也就是基础性课程的内容，学校自主开发的拓展性课程难以进入评价系统。课程开发开设权力与评价权力的错位，或者说评价权力的缺失，成了学校课程权力难以奏效或容易虚置的重要原因，因为，"权力必须配备若干要素才能构成完整的权力"[①]。而且，学校课程权力并不简单处于支配和被支配的线性分布中，而是处于一张广阔的权力网络之中。蒋建华认为，就课程权力本身，从权力作用的范围来看，就包括"课程计划的建议权、课程计划的编制权、课程计划的审查权、课程标准的建议权、课程标准的编制权、课程标准的审查权、教材建议权、教材编写权和教材审查权"，从权力作用的过程来看，又可分为"课程计划的决策权、课程标准的决策权、教材的决策权、课程计划的实施权、课程标准的实施权、教材的实施权、课程计划的评价权、课程标准的评价权、教材的评价权"[②]。这张交织着复杂权力的网络在总体上还是被现代性的惯性所裹挟着，以城市为中心的价值偏向，更加挤迫着乡村学校课程

---

① 公丕祥.法理学[M].上海：复旦大学出版社，2002：199.
② 蒋建华.课程权力的内容、类别与配置[J].课程·教材·教法，2013（4）：44-49.

本土化的权力自主。

其实不单单是龙镇的 L 中学，龙镇的小学也一样，在很长的时间内，一所学校的教育质量观基本是以学科考试成绩作为唯一依据的。S 小学的 Q 校长回顾学校的办学历史时说道：

> 我到这里来当校长后，开始几年觉得 S 小学很好。当时我们只有 28 个老师，他们很多都是代课老师，他们的学历也不高，但其实那时候老一辈的代课老师都是很优秀的。所以当时我们的教育质量也非常好。主课学科语文、数学、英语，毕业班考试往往有两门学科是排在前列的，有时也有一门学科能够排在前面，甚至第一名。
>
> （I-20181009-1456-sqxx-qbj）

其实，在 20 世纪 90 年代后期，国家已经关注到了课程评价过分强调甄别与选拔以致课程结构僵化的现状，2001 年颁布的《基础教育课程改革纲要（试行）》颇具针对性地提出要"改变课程评价过分强调甄别与选拔的功能，发挥评价促进学生发展、教师提高和改进教学实践的功能"[①]等指导意见，只是这些指导意见没有在实质上改变现实的评价模式，以致很长时期内不少学校课程权力的实际虚置。鉴于这种现象，2015 年浙江省教育厅在《关于深化义务教育课程改革的指导意见》中对现实中异化的教育质量评价权力进行了更为明确的规范，而且在整个文件结构中用了最大的文字篇幅从"建立科学的教育质量评价体系""严格控制区域性'统测'""规范校内考试评价"三个方面对评价权力的使用进行了具体规定。[②] 无论是宏观上建立科学的教育质量评价体系的指导，还是微观上区域统测以及学校内部考试评价的控制和规范，文件都进行了细致入微的说明，这对一份省级课程政策文件来说并不多见，地方政府通过课程评价权力的强力纠偏推进课程建设的决心便由此可见。尽管传统的权力格局难以一时改变，但课程的现代性嵌入和赋权，以及整体课程政策语境的转向，毕竟为乡村学校困境中的突围找到了一个重要的突破口，龙镇的乡村学校的存在与发展尽管道阻且长，但却得以在当下通过课程本土化的合法性与创造性实践，开始为自己绘就一幅扎根大地、合理生长的美好愿景。

---

① 中华人民共和国教育部. 基础教育课程改革纲要（试行）[EB/OL]. (2001-06-08)[2019-08-04]. http://www.moe.gov.cn/srcsite/A26/jcj_kcjcgh/200106/t20010608_167343.html.

② 浙江省教育厅. 关于深化义务教育课程改革的指导意见[EB/OL]. (2015-03-31)[2019-08-04]. http://jyt.zj.gov.cn/art/2015/3/31/art_1229106823_614182.html.

2.激励与认同:教师课程权力

教师课程权力在学者赵虹元的理论概括中具有以下五个主要特征:其一为"制度规定性",指源于教师权利的教师课程权力是一种合法性权力,来自国家法律法规和课程政策的相关制度规定;其二为"有限平衡性",指其同样权力有限,受很多因素制约;其三为"目的指向性",指其目的是用强制性力量来实现个人教育愿景;其四为"价值多极性",指其价值既指向学生的全面发展,也指向自身专业能力的发展与课程地位的提升等;其五为"复杂相关性",指其获得及运作会与已有教育实践中的多种关系彼此影响。① 教师课程权力在来自国家法律法规和课程政策的合法性赋权的同时,作为课程权力在学校场域内分布的下一级权力,还受学校权力场域的制约,相比于学校课程权力而言,教师课程权力更加有限甚至缺少稳定性。尽管教师课程权力有其合法性来源,但其在课程权力价值认同程度不一样的学校场域内,就有可能形同虚设,也有可能被激励强化。

龙镇乡村学校的教师课程权力尽管有限,但总体上不仅能够获得所在学校的物质和精神支持,而且还获得所在区域行政部门的荣誉激励。在龙镇乡村学校收集的课程建设官方宣传资料里,可以看到教师开发开设的拓展性课程名录以及相关的活动简介,L小学、J小学与Q小学还专门拨经费把教师开发开设的取得成果的特色课程编印专刊或结集成册进行展示,这些书刊画册同时也成为学校对外宣传和交流的重要媒介,也同时在象征意义上肯定和激励了教师的课程权力。龙镇所在的宁波市与鄞州区两级教育行政部门一直以来也高度重视学校课程建设,宁波市教育局很早就开始出台政策激励义务阶段学校和教师参与课程建设,2006年1月就下发了《宁波市关于推进义务段校本课程建设的若干意见》;鄞州区教育局则从2008年起根据市教育局文件精神,开始启动义务段学校优秀校本课程的评选而且年年举行,2016年起改为义务教育阶段学校拓展性精品课程评选。研究者观察到,鄞州区教育局官方网站2017年12月6日的网页上发布了《关于公布鄞州区第二届拓展性精品课程评审结果的通知》,全区共有22门课程入选,龙镇J小学的"田园拾趣"课程榜上有名。研究者还发现,22门获奖课程中有20门课程来自城区学校,只有2门课程来自乡村学校,龙镇J小学的"田园拾趣"课程是其中之一。② 随后这些获评的区级拓展性精品课程又被向上推荐参与市级2018年义务教育阶段拓展性精品课程评审,研究者观察到,宁波市教育局教

① 赵虹元.基础教育教师课程权力研究[D].重庆:西南大学博士学位论文,2008.
② 鄞州区教育局教研室.关于公布鄞州区第二届拓展性精品课程评审结果的通知[EB/OL]. (2017-12-06)[2019-08-05]. http://www.nbyzedu.cn/pjyj/qjyj_tzgg/201712/t20171206_552880. html.

研室官方网站 2018 年 6 月 5 日的网页上发布了《关于公布宁波市 2018 年义务教育拓展性课程评选结果的通知》，鄞州区推荐上报的课程最终有 7 门入选，获评市级一等奖两门，龙镇 J 小学的"田园拾趣"课程是其中之一；而且，研究者还发现，获评全市 2018 年义务教育拓展性精品课程一等奖的共 8 门，另一个区域乡村小学的"快乐农艺"课程与龙镇 J 小学的"田园拾趣"课程分获一等奖排名的第一位和第二位，乡村学校及教师开展的课程本土化实践正在受到政策语境和权力意义上的关注和支持。[①] 这份公布课程评选结果的通知，它的导语并不长，但却值得从话语分析中去窥探课程变革的时代印迹，引录如下：

> 为进一步推动义务教育拓展性课程的研究和开发，建立和完善国家、地方、学校三级课程管理体系，促进我市基础教育课程改革的深入开展，我市于 2018 年在全市范围内开展了宁波市义务教育拓展性精品课程评选活动。在各县（市、区）评选推荐的基础上，经专家组评定，由施春芳等老师开发的"快乐农艺"等 73 门课程为宁波市 2018 年义务教育拓展性精品课程。现予以公布。[②]

自 2001 年国家提出"实行国家、地方、学校三级课程管理"起，至 2018 年地方文件通知中再看到"建立和完善国家、地方、学校三级课程管理体系，促进我市基础教育课程改革的深入开展"的叙述，已有近 20 年的时光了，从学校课程赋权到学校课程实践深入开展的道路可谓道阻且长。

乡村学校教师课程权力的实现程度除了受学校以及教育行政权力场域的影响，还取决于教师自身的价值认同。这个价值认同不仅仅来自对教育、校园和课程的意义理解，还在于对乡村场域的意义理解。如果教师驯服于传统的学校课程权力，只认同课程既定知识的传承义务；如果教师完全认同现代性进程中已经固化的城市为中心的价值观，体认不到乡村的文化价值以及希冀所在，那么他们就很难接受课程赋权而运用课程权力去建构或参与建构自己或学校的课程愿景，更难以想象会去参与或开展乡村学校课程本土化实践，遑论创造性实践。在龙镇乡村学校的教师访谈中，可以发现教师课程权力现状的不同形态，但能积极运用课程权力去建构课程愿景并走向课程本土化之路的，往往是那些对于乡土有着课程资源价值认识尤其是对

---

① 宁波市教育局教研室. 关于公布宁波市 2018 年义务教育拓展性课程评选结果的通知[EB/OL]. (2018-06-05)[2019-08-05]. http://www.nbjys.cn:82/moban1/info.jsp? aid=76444.

② 宁波市教育局教研室. 关于公布宁波市 2018 年义务教育拓展性课程评选结果的通知[EB/OL]. (2018-06-05)[2019-08-05]. http://www.nbjys.cn:82/moban1/info.jsp? aid=76444.

于乡土文化有着深厚认同的教师。参与 J 小学"田园拾趣"课程开发开设的 M 老师在访谈中说道：

> 我从小是在农村长大，我小时候就在这片土地上劳动，所以觉得接近土地可以让现在的学生感受田园文化的气息。在这样的基础上，深化课程改革，通过课程的体验让学生能够有乡愁的情结，学成后走出去，学了文化以后能够回来回报我们的这片土地，就说现在的新农村建设，我认为也要在原来的农村基础上，把原来的文化沉淀下去，文化要积淀。
>
> （I-20190523-1025-jnxx-mxf）
>
> 这是我生活的地方，我从小在这里长大。我们村有一个横河，我们喝的就是横河的水，横河水养育了我们，小时候人们在这里担水、淘米、洗衣服、洗碗，还有游泳，但是慢慢地河水被污染了，现在又提出了五水共治。我们的意思是要提倡孩子通过这个田园课程的开发，希望提高学生保护环境的意识。我们组织学生去探索河水的水质，也是让学生知道要保护水资源，保护我们的环境，保护我们生活的土地。我很小的时候，爸爸妈妈就带着我去割稻、种田、插秧，面朝黄土背朝天，特别是早上很早的时候就出门去割稻，在田间劳动非常辛苦，所以我有一种田园情结。现在可以说科技改变生产生活，现在在我们不一定也让学生过和我们一样的辛苦生活，我们告诉学生通过学习，他们学会利用科技，不再是重复老一辈的简单的机械的操作，以前我们割一亩地都要请割稻客人来，现在都不需要了。现在可以运用一些高科技的东西，可以用现代化来建设新农村，我们的孩子学成以后，很多人其实不一定会出去，就在当地为家乡做贡献，也有一批人会回来，带回来学成的知识，通过知识来改变生活，改变家乡。
>
> （I-20190523-1025-jnxx-mxf）

M 老师从小在龙镇 J 村长大，在 J 小学读书，后来师范学校毕业后，一直在 J 小学做老师。她熟悉这里的村庄、河流、田野和历史，对家乡和母校怀着深厚的感情，在访谈的时候有好几次都深情地说到"我从小在这里长大"，也说到"横河水养育了我们"，还说到自己有"田园情结"。在短短的访谈中，她却非常自信地建构了一个很宏大的课程本土化愿景，传承本土优秀文化，保护乡村绿水青山，学习运用现代科技知识建设新农村。

郝德永、赵颖指出，传统课程的根本弊端之一是只赋予教师传承课程知识的义务却没有赋予其任何研制和建构课程的权力，而教师课程权力却又决定着课程品质并进而影响着一所学校整个教育实践范式的品质。① 尽管现实中教师课程权力依然非常有限，但在龙镇乡村学校，一部分教师在区域课程政策的激励下却凭借其开展了生动的课程本土化创造性实践。

3.缺位与心声：学生课程权力

美国学者哈斯认为："学生最有权利来解释现行课程的优点和缺点。他们对课程的反应至关重要。研究已经多次表明：当学生参与到课程规划与评价中时，学习的效果就会大大提高。"② 加拿大学者富兰也指出："最重要的是，教育变革对每个个体来说，都是一种关系到人的现象。学生，即使是小学生，也是人。如果在教育变革中，他们不具备某些（对他们来说是）有意义的角色，那么大多数的教育变革，或更确切地说，是大多数的教育都将失败。"③ 尽管不少著名教育学者都指出学生参与课程规划评价以及教育变革的重要意义，但事实上，在课程权力的分布中，学生作为权力系统的末端，所拥有课程权力是最有限。一般而言，目前学生所拥有的课程权力只有学校课程的修习选择权和评价权，而无其他诸如参与课程大纲修订、课程教材编写、课程开设以及评价等权力。而且这仅有的学校课程修习选择权力也因区域和学校而异，并容易受到外在各级课程权力单向性的层层挤压，具有极大的不确定性、被动性和脆弱性（如图 5-1 所示）。

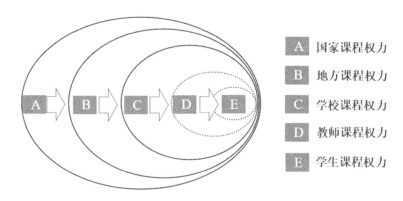

A　国家课程权力

B　地方课程权力

C　学校课程权力

D　教师课程权力

E　学生课程权力

图 5-1　课程场域权力挤压示意

在课程场域中，同样作为弱者的权力，学生课程权力与教师课程权力相比，受学术领域的关注度远低得多。以中国知网的高级检索为例，检索条件设置如下：篇名为"教

---

① 郝德永，赵颖.论教师的课程权力[J].全球教育展望，2004(12):58.

② 帕克，哈斯.课程规划——当代之取向[M].谢登斌，俞红珍，等译.杭州:浙江教育出版社，2004:393-394.

③ 富兰.教育变革新意义(第 3 版)[M].赵中建，等译.北京:教育科学出版社，2005:160-161.

师"并含"课程权力",要求为"精确",发表时间自"2001 年 1 月"至"今天",共检索到 70 篇研究文献;同样检索条件下,篇名为"学生"并含"课程权力"所检索到的研究文献只有 5 篇。其实,在很长的时间内,这种弱者的权力因为不受关注而渐渐被虚化了。

在龙镇的研究现场,研究者发现学生参与建构课程的权力也得到学校鼓励,比如 Q 小学在开展"蔬菜的水培探究"课程活动时,广泛动员学生和班级参与了课程具体项目的设计。同时,研究者还发现义务阶段的年级越高,距离中考越近,学生原本有限的体现在学校拓展性课程学习内容自主选择方面的权力就越受限甚至被取消。2019 年 5 月 25 日,家住龙镇 G 村,在龙镇 L 中学读初三的一位男生在接受研究者访谈的时候说道:

> 中学三年,学校开设的可以让我们学生选择的课程并不多,大家主要学习考试科目,初三更不用说了,毕竟我们都要参加中考。
>
> (I-20190525-1055-ylzgyc-xsm)

龙镇邻镇当地一所镇中学去年刚刚毕业考上高中的一位男生接受研究者访谈时也说道:

> 初中这样的课程就少了,还是小学多。初中好像课外拓展性的课不多。小学的时候美术写生我们到户外去,看一下湖光山色,然后写生。
>
> (I-20181105-1811-dqhzx-fjh)

龙镇 L 中学的 L 老师在谈到乡村学校课程本土化建设的必要性时也坦诚地说道:

> 非常有必要。但是我们初中主要是对学业的要求比较高,中考的压力比较大,这类课程要开设起来,还有一定的难度。
>
> (I-20181106-1645-ylzx-lwl&hxy)

高高悬置的单一结构的课程评价权力依然控制着课程场域,对于师资短缺、生源流失以及办学质量滑坡的乡村学校而言,学校、教师和学生的课程权力在多重压力下更加容易虚置和衰落。没有龙镇乡村学校近年来课程本土化的信念坚持和实践努力,很早就卷入现代性大众文化以及普遍性知识陌生异乡的学生,没有扎根的灵魂,长年脱嵌于自己的乡土、生活和文化,会在未来漂泊无依。多年前,研究者在向几位中考失利的龙镇学生问及对龙镇历史文化的情况了解时，他们大都茫然地摇摇头。

(二)时代的转向："宏场"观照

当代中国政治经济文化形态正在经历着一种结构变化，在重启现代性进程并高速发展数十年后，逐步从原来单一现代性进程的高歌猛进进入反思阶段，开始重新审视和努力化解进程中所产生的结构性矛盾，而城乡发展不均衡则是其首先面对的突出矛盾。

进入 21 世纪以来，中国政府日益关注并着手解决城乡发展不均衡的问题。如果聚焦 2004 年以来的中央一号文件，截至 2019 年，中央一号文件连续 16 年聚焦"三农"问题，从关注、破解城乡发展不均衡问题到提出农业农村优先发展，中国社会政治经济形态及权力结构正在发生着深刻的变化。具体到教育领域来看，2010年 7 月出台的《国家中长期教育改革和发展规划纲要（2010—2020 年）》提出把"促进公平"作为国家基本教育政策，把"促进义务教育均衡发展和扶持困难群体"作为工作重点，通过"合理配置教育资源，向农村地区、边远贫困地区和民族地区倾斜"以加快缩小城乡教育差距。[①] 从更宏阔的社会结构调整来看，2017 年 10 月召开的党的十九大起着一个转折性的作用。党的十九大报告《决胜全面建成小康社会夺取新时代中国特色社会主义伟大胜利》提出"实施乡村振兴战略"，从"关系国计民生的根本性问题"这个战略高度来把握"农业农村农民问题"，并把解决好"三农"问题作为全党工作重中之重，以加快推进农业农村现代化。[②] 自中国近代现代性进程开启以来，跨越三个世纪，历经沧桑百年，乡村振兴在其真正意义上成为国家战略之重。党的十九大报告还提出要"坚定文化自信""文化是一个国家、一个民族的灵魂"，要"深入挖掘中华优秀传统文化蕴含的思想观念、人文精神、道德规范，结合时代要求继承创新，让中华文化展现出永久魅力和时代风采"；要推进"生态文明建设""人与自然是生命共同体，人类必须尊重自然、顺应自然、保护自然""必须坚持节约优先、保护优先、自然恢复为主的方针，形成节约资源和保护环境的空间格局、

---

① 国家中长期教育改革和发展规划纲要工作小组办公室.国家中长期教育改革和发展规划纲要（2010—2020 年）[EB/OL].（2010-07-29）[2019-08-02].http://www.moe.gov.cn/srcsite/A01/s7048/201007/t20100729_171904.html.

② 习近平.决胜全面建成小康社会夺取新时代中国特色社会主义伟大胜利——在中国共产党第十九次全国代表大会上的报告[M].北京：人民出版社，2017：32.

产业结构、生产方式、生活方式，还自然以宁静、和谐、美丽"。[①] 报告还进一步倡议构建人类命运共同体，其中提到"促进和而不同、兼收并蓄的文明交流，构筑尊崇自然、绿色发展的生态体系"[②]等。乡村、文化、生态文明以及人类命运共同体，在现代性进程与时代发展的重要节点上，在充满战略性、全局性和前瞻性的国家政治报告中是如此耀眼地结合在一起。

以权力观的视角来看，所有这些社会政治经济形态及其权力结构变化，会在当下以及将来，在宏观上决定课程管理结构，影响乡村学校的课程的内容、实践与效果，影响龙镇乡村学校的课程本土化实践。尽管还无法判断这种影响会以怎样的形态呈现，但地处偏远乡村却又在沿海地区的龙镇乡村学校，学校的领导者和教师团队一起，也像 20 世纪初走向上海这座现代性前沿大都市并回来在龙镇的村庄里创建新式学校和创办现代教育的先辈乡贤一样，感知到了时代深入发展和社会深刻转型的先机，积极开展课程本土化实践，重建乡村学校的命运，并把这种命运与时代召唤关联在了一起。例如，J 小学的 C 校长在访谈中说道：

> 我觉得最迫切的是要培养学生能够参与到建设美丽乡村的行动中去。
>
> （I-20181009-0914-jnxx-cb）

J 小学 2019 年 5 月修订的《龙镇 J 小学"新田园"课程建设方案》中也这样阐述：

> 我们想在学校开展田园课程，挖掘乡村学校的优势，带领儿童一起从事生动、有趣而富有挑战性的活动，从而为培养美丽乡村建设的主力军与生力军奠定基石。
>
> （M-W-20190523-xc-mxf-01）

二、文化资本、惯习及其他

在布尔迪厄的场域观中，讨论任何场域的时候都离不开对权力场域的观照，也离

---

① 习近平.决胜全面建成小康社会夺取新时代中国特色社会主义伟大胜利——在中国共产党第十九次全国代表大会上的报告[M].北京：人民出版社,2017:40-52.

② 习近平.决胜全面建成小康社会夺取新时代中国特色社会主义伟大胜利——在中国共产党第十九次全国代表大会上的报告[M].北京：人民出版社,2017:25.

不开有关资本与惯习的讨论；围绕场域，权力、资本和惯习又是如此紧密地联系在一起，并不断再生产着意识形态，形成文化霸权。在中国重启现代性进程的 40 年后，现代性所推动和生成的资本与权力交织的愈益自主性的城市化场域，不断"强加它自身特有的逻辑，强加它特定历史的积累产物"①。就教育而言，直到现在，乡村学校总体上依然处于被强加、被支配的地位中，面临着师资和生源流失、评价没有话语权的现代性困境。要更深地理解课程场域，理解乡村学校课程本土化的未来前景，需要走出传统的误识，循着场域中与权力有关的资本、惯习，走向更深层次的探究。

（一）资本

费孝通在《乡土中国》中谈到"文字下乡"时，讲到抗战期间疏散到乡下的教授们他们的孩子与乡下孩子比较的故事：教授们的孩子课程学习样样都比乡下孩子学得快而且成绩好，因此经常受到教师表扬；而放学时乡下孩子在田野里捉蚱蜢却比教授们的孩子来得反应灵敏，两者之间意义相同。② 费孝通当时讲这个故事是为了说明要推行一些做法需要从其社会基础出发，方能理解不同的文化特质。而现在来看，这个故事还包含权力与资本的问题。城市来的教授的孩子依托家庭知识文化背景，累积了现代课程学习的学术性文化资本；乡下孩子所依托的是乡土文化情境，所累积的是另一类型的自然经验文化资本，尽管也具有同样的意义，但在现代课程的倾向性评价权力中，它所拥有的在地文化资本则黯然失色。70 多年过去了，这个问题其实依然横亘在课程场域中，隐性地影响着不同阶层学生的未来命运。

进一步借助布尔迪厄的观点来讨论。布尔迪厄说道："一个场域的结构可以被看作一个不同位置之间的客观关系的空间，这些位置是根据他们在竞夺各种权力或资本的分配中所处的地位决定的。"③他继承马克思的"资本"概念并超越其经济内涵，把资本的特性延展到文化、社会领域，并将资本分为经济资本、文化资本和社会资本三种基本形态，它们之间在某些条件下可以转换。④ 关于文化资本，布尔迪厄把其区分为"具体的状态（以精神和身体的持久'性情'的形式）""客观的状态（文化商品的形式）""体制的状态（如教育资格的获得等）"这么三种形式。⑤ 布尔迪厄指

---

① 布尔迪厄，华康德. 反思社会学导引[M]. 李猛，李康，译. 北京：商务印书馆，2015：132.
② 费孝通. 乡土中国（修订本）[M]. 上海：上海人民出版社，2013：13.
③ 布尔迪厄，华康德. 反思社会学导引[M]. 李猛，李康，译. 北京：商务印书馆，2015：130.
④ 布尔迪厄. 文化资本与社会炼金术：布尔迪厄访谈录[M]. 包亚明，译. 上海：上海人民出版社，1997：192.
⑤ 布尔迪厄. 文化资本与社会炼金术：布尔迪厄访谈录[M]. 包亚明，译. 上海：上海人民出版社，1997：192-193.

出文化资本可以在不同程度上,在不同的阶段中通过社会和社会中的阶级来获得,在这里,家庭起了重要的作用,布尔迪厄说道:"文化资本的原始累积,文化资本最有力的象征性功效原则,存在于它的传递逻辑之中。一方面,呈现于客观化状态中的文化资本,以及令这一客观化发生所需要的时间,这样取决于整个家庭所拥有的文化资本;另一方面,文化资本的原始积累,以及每一类有用的文化资本的易于积累的先决条件之下,只有拥有强大资本的家庭的教育开始于最初阶段,没有延迟,也没有耽误时间。"[1]关于社会资本,布尔迪厄则认为社会资本同对某种持久性的体制化关系网络的占有密不可分。[2] 文化资本和社会资本影响着教育收益,"教育行为中产生的学术性收益,依赖于家庭预先投资的文化资本这一事实,况且,教育资格在经济和社会方面的收益也依赖于社会资本,而这种社会资本又是继承得来的,它又可以用来支持人们获得那种收益"[3]。

从布尔迪厄的资本观来看,如表 5-1 所示,龙镇乡村学校的孩子就家庭背景而言,无论在经济资本还是文化资本、社会资本上,大都处于劣势。

表 5-1　龙镇乡村学校家长来源构成

家长身份	L 中学	L 小学	J 小学	Q 小学	S 小学
本地居民	30%	50%	60%	0	0
外来务工人员	70%	50%	40%	100%	100%

龙镇本地居民中经济条件较好、重视孩子教育的家庭大都以到城里买房的方式为自己的孩子提供到城区学校就读机会,而留在龙镇学校就读的本地学生家庭经济条件、文化水平和社会地位普遍一般。外来务工子女家庭的各方面状况则普遍不理想,L 中学的 Z 校长经常走访学生家庭,他在访谈中说道:

> 我们这里百分之七十是外来务工子女,他们住的房子基本上都是群租的,有的住的是车棚,或者是临时搭建的房子。我去过其中条件最好的十户家庭,也去过条件最差的十户家庭,看到他们家庭的环境,以及通过交流,发现暴露出

---

① 布尔迪厄.文化资本与社会炼金术:布尔迪厄访谈录[M].包亚明,译.上海:上海人民出版社,1997:197.

② 布尔迪厄.文化资本与社会炼金术:布尔迪厄访谈录[M].包亚明,译.上海:上海人民出版社,1997:202.

③ 布尔迪厄.文化资本与社会炼金术:布尔迪厄访谈录[M].包亚明,译.上海:上海人民出版社,1997:194.

来的家庭问题不少。归纳一下主要是：一法治意识薄弱，二心理问题较多，三安全隐患很多。家庭条件差的，被人家看不起，学生多有很强的自卑心理。对孩子在学校里的学习，他们的父母都觉得会读读一点，不会读就随便他们，甚至孩子要谈恋爱，父母觉得也管不了，随便他。这就是家庭教育缺位。还有一户家庭，哥哥和妹妹都已经读初中了，但是由于经济条件实在太差，两个孩子还是只能睡在同一张床上。

（I-20181106-1433-ylzx-zqm）

Q 小学的 X 老师也说到了类似的问题：

比如说城区的学校考出来的学业成绩比较好，我认为主要和生源有关系。虽然农村的家长和城区的家长对孩子教育重视的意识差不多，但是农村的家长不知道怎么样去教，怎么样去帮助他们，怎么样和孩子去沟通，所以城区的学业成绩可能就比我们高。我们更多地看小朋友自身怎么样，城区里的孩子可能更多的可以寻求家长的帮助，农村里家长对孩子的帮助可能相对弱一点。像我所教的现在三年级的学生，他们的爸爸妈妈可能自己小学都没有毕业，他们是没有多大能力来帮助小孩子的学习的。

（I-20190524-1308-qxxx-xbf）

乡村学生家庭在经济资本、文化资本以及社会资本方面的普遍劣势导致学生在课程领域很难获得让自己得以向上流动的各种形态和形式的资本，逐渐陷入一种学业水平低下和文化自卑的区隔。而且，这种区隔随着近几年借助单一学业评价机制而滋生的校外培训机构的泛滥不断走向固化。高收费的校外培训机构的泛滥加剧了城乡学生课程场域的分化和区隔，经济资本在能够获得城区学校入学机会的同时，再一次演绎了获取文化资本的力量。家庭经济条件好的学生可以通过校外培训机构的学习获得知识的提前积累和强化，家庭经济条件不理想的学生只能望门兴叹，而且，从地方教育局官方网站发布的有关校外培训机构的公告和新闻中也可以观察到，城乡在资本之间的差异越来越加剧。2017 年 10 月 11 日，鄞州区教育局官方网站发布了鄞州区民办教育培训机构的名单，全区经官方备案的共有 147 家校外培训机构，其城乡分布情况（见表 5-2），反映出校外培训机构城乡分布的巨大反差，分布在乡镇的只有区区 13 家。

表 5-2　鄞州区民办教育培训机构城乡分布情况①

区域	数量/家	比例/%
城区	134	91.2
乡镇	13	8.8
总计	147	100

　　而且，从名单中校外培训机构具体经营地址来看，龙镇一家也没有。校外培训机构集聚的区域大都是资本集聚的地方，校外培训机构城乡分布的巨大反差呈现出课程场域背后强烈的资本流动倾斜，再次加剧原本不平等的评价权力下城乡课程场域的结构性分化。尽管 2018 年施行的《教育部办公厅等四部门关于切实减轻中小学生课外负担开展校外培训机构专项治理行动的通知》，开始规范和治理日益泛滥的校外培训机构，地方也纷纷展开专项整治行动。但是研究者观察到，鄞州区教育局官方网站 2019 年 5 月 31 日发布了一则名为"鄞州区教育局召开民办教育培训机构负责人座谈会"的消息，并从该则消息中观察到一组数据：截至 2019 年 3 月底，鄞州区有经教育局审批的文化教育类培训机构 257 家，年培训人数超 10 万人次。仅仅过去一年半的时间，从 147 家到 257 家，鄞州区校外培训机构将近增加了一倍。那无形却又汹涌的资本仿佛惊涛正暗袭着课程场域的堤岸，乡村学校的学生会有未来的机会吗？

　　此外，需要从学校层面来追问的是，龙镇乡村学校的课程本土化实践尽管目前获得了官方的认可和激励，但是其为学生创造的文化资本在依然没有改变的课程评价权力体系中会产生功效吗？布尔迪厄深刻地指出："只有当文化资本被教育制度认可时，即被转换成一种资格的资本时，文化资本（至少在劳动力市场）才能不断增长而发挥出全部功效。"②其实，资本的问题总是缠绕着权力，"有系统的教育行动强加一种文化专断的专断权力，教育行动使它灌输的文化专断得以再制，从而有助于作为它专断强加权力的基础的权力关系的再制"③。

　　当代乡村教育依然面临着费孝通 70 多年前所讲述故事中的那种矛盾，现代性体系设计的课程评价权力左右着教育的时候，乡村学校课程本土化能走得多远，依然是一场考验。"场域是力量关系——不仅仅是意义关系——和旨在改变场域的斗争关系

　　① 鄞州区教育局. 鄞州区民办教育培训机构名单［EB/OL］.（2017-10-11）［2019-08-10］. http://www.nbyzedu.cn/yz_zwb/mbjy/201710/t20171011_549803.html.

　　② 布尔迪厄. 文化资本与社会炼金术：布尔迪厄访谈录［M］. 包亚明，译. 上海：上海人民出版社，1997：210.

　　③ 布尔迪厄，帕斯隆. 再生产：一种教育系统理论的要点［M］. 邢克超，译. 北京：商务印书馆，2002：18.

的地方,因此也是无休止的变革的地方。"①龙镇乡村学校课程本土化实践正是一场旨在改变课程场域的斗争关系的变革。

(二)惯习

布尔迪厄认为分析一个场域除了分析其与权力场域相对的场域位置等之外,还有一个重要环节就是必须分析行动者的"惯习",即"千差万别的性情倾向系统"②。个体的惯习或性情倾向深嵌于社会之中,因为,"人类的思维是受社会限制的"③。布尔迪厄这样进一步阐释惯习和场域:"所谓惯习,就是知觉、评价和行动的分类图式构成的系统,它具有一定的稳定性,又可以置换,它来自社会制度,又寄居在身体之中(或者说生物性的个体里);而场域,是客观关系的系统,它也是社会制度的产物,但体现在事物中,或体现在具有类似于物理对象那样的现实性的机制中。"④场域与惯习紧密相连,"场域形塑着惯习,惯习成了某个场域固有的必然属性体现在身体上的产物"⑤。也因此,"社会现实是双重存在的,既在事物中,也在心智中;既在场域中,也在惯习中;既在行动者之外,又在行动者之内"⑥。

自近代开启的中国现代性进程以现代化为主题的时代文化和意识形态冲击着传统的文化价值观,不断形塑着以城市化、工业化和市场化为主导的现代文明与惯习,有融合也有分裂,有进展也有阻滞。袁振国在阿普尔《意识形态和课程》一书的译序中说道:"工业革命以后,竞争与效率成为时代的主题,旧的文化价值受到了无情的挑战。从培根开始,实用的(科技)知识逐渐受到社会的追捧。"⑦这种趋势体现在课程领域,就是以实用类知识或学术类知识等普遍性知识为主导的课程知识体系成为现代教育的主要课程内容,并建立起与之相匹配的标准化的课程评价考试体系。而且,当这种课程体系借助现代性进程的工业化、城市化话语及文化霸权嵌入到乡村,在它渐渐瓦解了乡村场域本土的文化传统之后,它所隐含的价值观在世纪百年的社会变迁中也逐渐无声地渗透为人们思想上的惯习。袁振国指出文化霸权的征服力并不在于"强势文化受到公开的推崇",而在于"我们的内心深处已经全盘接受了它,习惯了它,内化了它,喜爱了它,会从思维上、语言上自觉不自觉地维护它",并由此习惯言说一种具有

① 布尔迪厄,华康德.反思社会学导引[M].李猛,李康,译.北京:商务印书馆,2015:142.
② 布尔迪厄,华康德.反思社会学导引[M].李猛,李康,译.北京:商务印书馆,2015:131.
③ 布尔迪厄,华康德.反思社会学导引[M].李猛,李康,译.北京:商务印书馆,2015:157.
④ 布尔迪厄,华康德.反思社会学导引[M].李猛,李康,译.北京:商务印书馆,2015:158.
⑤ 布尔迪厄,华康德.反思社会学导引[M].李猛,李康,译.北京:商务印书馆,2015:158.
⑥ 布尔迪厄,华康德.反思社会学导引[M].李猛,李康,译.北京:商务印书馆,2015:159.
⑦ 阿普尔.意识形态与课程[M].黄忠敬,译.上海:华东师范大学出版社,2001:译序 1.

"特定意义和价值特性"的语言并走进"特定思想的轨道"。① 这种"特定思想的轨道"其实就是一种惯习。

在课程场域，现代性惯习作为一种无形的力量，遮蔽了现代教育对乡村的拔根现象，并让人们在内心默认了现代课程的运行模式。在龙镇，老百姓自然认为学生学习课程是为了考大学，考大学就好比是"跳龙门"，"跳龙门"就是以后能到城里上班坐办公室而不用种地了。研究者在龙镇 G 村访谈一群学生的时候，不少学生在谈到课程学习的时候都会把考试作为一种目的。

> 问：你觉得这样的传统习俗的学习，对你的成长有什么样的帮助？
>
> 答：比如说考试的时候考到一些传统节日，问这个节日是在什么时候，有什么习俗的时候也可以用到。
>
> 问：你对自己村庄和龙镇的历史文化了解多吗？
>
> 答：不多。老师在课堂上主要是在讲课内的知识，对这一块讲得很少，基本上都是讲考试要考的内容。
>
> （I-20190525-1030-ylzgyc-xsm）

尽管课程进入基础教育场域已经快 20 年了，尽管地方教育行政部门也在推进和激励学校的课程建设，但是研究者在龙镇 L 中学访谈时，发现部分教师对于课程的理解还是局限于自己的传统认识之中。以下是和一位青年教师访谈的部分记录。

> 问：你是从什么时候开始关注课程的。
>
> 答：我是从 2007 年工作以后开始关注起来课程的。
>
> 问：在大学的时候有了解过吗？
>
> 答：那时候大学的教育学是没有课程理论的，学的比较多的是教学方法。
>
> 问：你工作以后是怎么理解课程的？
>
> 答：我对课程的理解有个过程，开始的时候我的理解是语文课、数学课等每门学科就是课程，就是单纯地想怎样把书教好，系统的关注课程比较少。后来慢慢地感觉到课程的味道，慢慢地理解课程了，它应该是一个系统。
>
> 问：你对自己学校课程建设了解的程度是怎么样的？
>
> 答：我对自己的学科教学关注得会多一些，对学校的课程建设有一些了解，但了解得不深。

① 阿普尔. 意识形态与课程[M]. 黄忠敬, 译. 上海：华东师范大学出版社, 2001, 译序 1-2.

问:你有没有参与过学校的课程建设?

答:到目前为止还没有。我在参与针对部分学生的培优课。

(I-20181106-1607-ylzx-zha)

阿普尔曾指出学校为满足经济与社会要求其在最大限度生产高地位知识中所处的地位,多少决定了它的课程常常以学科为中心。[①] 以普遍性知识为主的学科知识,作为高地位知识,一直是传统学科教学的中心内容。这种学科教学以及围绕其而定期举行的严格考试长期以来渐渐成了学校教育的普遍模式,并逐渐在教师对于教育及课程的理解中内化为一种惯习。这种惯习的力量自觉或不自觉地支撑着课程场域满足于现代工业社会经济发展的"知识—权力"的运作,甚至成为一种无须在场却又时时隐蔽地发挥教育再生产作用的规训权力。姜添辉指出:"他们对于资本世界文化体系大多抱持理所当然,或是不会怀疑其合理性的信念,他们对隐藏于社会文化中的社会阶级与权力关系,也很难进行实质性与批判性的思考、质疑与探究活动。"[②]

在龙镇 L 中学访谈 Z 校长时,Z 校长说到学校要进行课程建设,但要改变教师的这种惯习很难,于是他着手运用手中的权力改进绩效分配方案来推进学校的课程建设,把拓展性课程的地位提高到与传统生产高地位知识尤其是中考文化科目的学科教学一样的位置上。

问:你作为乡村学校的校长,对课程建设有什么思考?

答:感到实施起来难度太大,主要是评价的制度不同。在我到 L 中学来之前,学校曾经辉煌过,现正处于转型期。曾经有几个课程在上一期课改的时候是走在前列的,但是现在好多课程都已经回归到原来。L 中学要想再创辉煌,我有一个思考:那就是特色项目培育机制。我把这个机制分为三部分:第一个是特色项目申报制度,第二个是特色项目完善制度,第三个是特色积分制度。申报特色项目主要是音体美信息劳技心理等老师。比如我们原来是没有心理专职老师的,一个英语老师,他有心理方面的兴趣和能力,我就让他专门去教心理课。另外还有个社会老师,虽然社会老师也紧张,但是他劳技方面特别好,我就让他去上劳技课。比如说老师篮球打得好的,或者乒乓球打得好的,就专门让他们开设篮球课、乒乓球课;音乐老师,如果有舞蹈特长的,我就让她开设舞蹈拓展课程。我让有特

---

① 阿普尔.意识形态与课程[M].黄忠敬,译.上海:华东师范大学出版社,2001:39.

② 姜添辉.资本社会中的社会流动与学校体系:批判教育社会学的分析[M].台北:高等教育文化事业有限公司,2013:312.

长的老师都去开设特色项目。另外我还要有制度去保证这些特色项目的落实，叫特色项目完善制度。我把老师们的绩效和项目落实结合起来。我在这块分配的资金是比较多的。比如篮球队，既然申请了，就必须去训练，如果不做，那么这一块资金你就拿不到。我衡量文化课和特色项目课，文化课老师衡量标准是，平均分如果比鄞州区高五分，优秀率合格率高十个点。一个学期两个班级、一学年四个班级都有这些水平，我给你一万八千元；如果特色项目达到一等奖的第一名，我让你有一万八千元。特色项目保底是四千元，如果你不做就一元都没有，平均是九千元。这些特色项目的老师也能和文化课老师一样，给他们一个保底奖。我提倡你去做，做不好没关系，四千元是完善奖，也就是保底的。

（I-20181106-1433-ylzx-zqm）

尽管要突破惯习很难，但布尔迪厄认为惯习作为历史的产物，并不是宿命，而是一个开放的性情倾向系统，会不断地随经验而调整自己的结构，尽管它是稳定持久的，但并不是永久不变。[①] 而且，如果惯习遇到的正是"产生它的那个社会世界时，正像是'如鱼得水'，得心应手：它感觉不到世间的阻力与重负，理所当然地把世界看成是属于自己的世界"[②]，也只有在那时，惯习才有助于"把场域建构成一个充满意义的世界，一个被赋予了感觉和价值，值得你去投入、去尽力的世界"[③]。

面对传统教育场域以及交织其中的权力与惯习等，J 小学的 C 校长在接受研究者访谈时强烈地表达了他渴求突围的心声。

　　问：学校的老师对在乡村教学不知有什么感想？

　　答：很多老师乐于在这里教书。但是老师自己的孩子想到城区去读书，为了孩子，很多老师就想调动工作，所以他们还没找到自己的归宿，所以农村学校很难办好。什么时候能把老师的孩子留住了，就会办好，所以我们设置这么多拓展性课程也有利于吸引老师的孩子留下来。这样，老师们的心也稳定了，学校的师资队伍也稳定了。

　　问：你评估一下自己学校设置的课程价值？

　　答：我现在依靠的有外部资源，如村里的种田大户啊，或者家长啊，但是真正要充分调动的是老师们的积极性，还是要靠老师。老师要了解为什么要这么做，

---

① 布尔迪厄，华康德.反思社会学导引[M].李猛，李康，译.北京：商务印书馆，2015：164-165.

② 布尔迪厄，华康德.反思社会学导引[M].李猛，李康，译.北京：商务印书馆，2015：159.

③ 布尔迪厄，华康德.反思社会学导引[M].李猛，李康，译.北京：商务印书馆，2015：158.

怎么去做。

问：老师们的接受程度如何？

答：比较难。因为有国家课程，有对老师的考核，有成绩的考核。如果乡村学校不建设自己的课程，就失去了它独特的价值。比国家课程成绩，比不过城市学校，如果再不开设农村特色的课程，那么真的是一无所有了。所以我认为要建设美丽乡村，最重要的是需要人！我们不要和城市学校放在同一个评价标准来评价。

（I-20181009-0914-jnxx-cb）

也正是如此，龙镇的乡村学校，在重重艰难中，通过课程建设及本土化实践，正在试着突破课程场域的现代性惯习，重塑契合自身乡土世界的惯习，去重构一个"充满意义""被赋予了感觉和价值""值得你去投入、去尽力的"美丽乡村。

第二节 同在一片乡土:课程权力与正义

"我们不要和城市学校放在同一个评价标准来评价。""如果乡村学校不建设自己的课程,就失去了它独特的价值。比国家课程成绩,比不过城市学校,如果再不开设农村特色的课程,那么真的是一无所有了。"当迈向理想的乡村学校课程本土化实践依然陷于现实权力及与之相关的资本、惯习之困,龙镇 J 小学 C 校长对于课程权力重构与本土化实践的吁求能否在今后建构起自身的正当性和合法性,则需要对课程权力的正义性进行进一步的探讨。

一、课程正义:基于罗尔斯的正义论

权力与正义,犹如政治与伦理,两者融为一体,作为人类社会的理性抉择与创造,蕴含着人类社会向善的生活理想。所谓权力正义,就是对于权力及其关系的正当性与合法性的拷问;之于现代良序社会理想而言,正义是权力的终极目的。

英国古德温认为合乎正义的权力才具有正当性与合法性,"一旦社会稍微越过正义的界限,它的正当权力也就立即结束了"①。美国罗尔斯在其《正义论》中提出:"正义是社会制度的首要德性,正像真理是思想体系的首要德性一样。一种理论,无论它多么精致和简洁,只要它不真实,就必须加以拒绝或修正;同样,某些法律和制度,不管它们如何有效率和安排有序,只要它们不正义,就必须加以改造或废除。"②

罗尔斯对洛克、卢梭和康德所代表的传统社会契约理论作了进一步概括,使之上升到一种更高的抽象水平,并进而在其《正义论》中提出了他的"公平的正义"理论,以确立一种指导社会基本结构安排的根本道德原则(正义原则),他认为一个社会体系的

---

①　古德温.政治正义论:论政治公正性及其对现代道德观和价值观的影响(上)[M].郑博仁,等译.北京:中国社会科学出版社,2011:161.

②　罗尔斯.正义论(修订版)[M].何怀宏,等译.北京:中国社会科学出版社,2009:1.

正义本质上"依赖于如何分配基本的权利义务,依赖于在社会的不同阶层中存在着的经济机会和社会条件"①。罗尔斯反对功利主义的正义观,那种大部分人享受较大的利益而损害少数人的生活前景的功利原则有违良序(well-ordered)社会平等互惠的社会合作观念,提出体现"公平的正义"两原则:其一,"要求平等地分配基本的权利和义务";其二,"社会和经济的不平等(例如财富和权力的不平等)只有在其结果能给每一个人,尤其是那些最少受惠的社会成员带来补偿利益时,它们才是正义的"。② 这两个原则在罗尔斯的《作为公平的正义——正义新论》中被重新表述,其一,"每一个人对于一种平等的基本自由之完全适当体制(scheme)都拥有相同的不可剥夺的权利,而这种体制与适于所有人的同样自由体制是相容的"。其二,"社会和经济的不平等应该满足两个条件:第一,它们所从属的公职和职位应该在公平的机会平等条件下对所有人开放;第二,它们应该有利于社会之最不利成员的最大利益(差别原则)"③。概而言之,第一个为自由平等原则,第二个为机会公平与差别原则相结合,而且第一个原则优先于第二个原则;第二个原则中公平的机会平等优先于差别原则。④ 罗尔斯认为一个社会只有当它不仅旨在推进它的成员的利益而且也有效地受一种公共的正义观调节时,才是一个良序社会。⑤

现代性带来了物质繁荣和文明进步,但也带来了另一种文明冲突和世界分化,社会存在的非正义现象并没有因繁荣和进步而消失,现代性与生俱来的工具主义、功利主义凸显了社会新问题。在现代性进程中,人类社会同时也遭遇了巨大的撕裂,如国家与国家、民族与民族、阶层与阶层以及城市与乡村、现代与传统,还有权力结构的失衡,再加上全球化资本以及惯习的裹挟,让现代文明世界依然危机丛生。罗尔斯的正义论正是体现了对 20 世纪现代性进程危机的深刻思考,以通过对权力或制度正义的分析和探讨,唤起对现代良序社会的重建理想。

(一)共识:课程知识正义

尽管在龙镇乡村学校课程本土化实践中,研究者观察到以往课程场域中经历了长久冲突和撕裂的彼此异质的普遍性知识和地方性知识开始走向弥合,观察到普遍性知识因扎根于地方性知识之后生成的教育生动场景,但是原有课程知识评价权力以及由此形成的资本流向和惯习倾向在现实中依然决定着地方性知识被挤迫的命运,左右着

---

① 罗尔斯.正义论(修订版)[M].何怀宏,等译.北京:中国社会科学出版社,2009:6.
② 罗尔斯.正义论(修订版)[M].何怀宏,等译.北京:中国社会科学出版社,2009:12.
③ 罗尔斯.作为公平的正义——正义新论[M].姚大志,译.上海:上海三联书店,2002:70.
④ 罗尔斯.作为公平的正义——正义新论[M].姚大志,译.上海:上海三联书店,2002:70.
⑤ 罗尔斯.正义论(修订版)[M].何怀宏,等译.北京:中国社会科学出版社,2009:4.

课程本土化实践的进退。龙镇乡村学校课程本土化的未来前景如何，亦可经由合法性审视来略见一斑。

1. 形式正义与实质正义

就义务阶段教育的整体观察而言，统一的国家必修课程设置与教科书配套，一样的考试机会与录取方式，无论对龙镇的乡村学校，还是对当地的城区学校，从形式上来看似乎符合机会公平原则。也就是说，龙镇乡村学校的学生，和城区学校的学生，如果他们自身的禀赋相当，而且怀有相近的志向，那么上述教育制度安排基本上可以使他们通过个体的努力在才能发展、工作就业和社会上升方面获得大致相当的机会，并且能在未来获得大致相当的成就。和龙镇的部分家长访谈，他们在谈及自己孩子不理想的学业时大都把原因归结为自己孩子不努力或不会读书，因为在他们的眼里，学习和考试的机会是一样的，同样就读当地乡村学校，有的孩子成绩优异，考上了区内重点高中；或者，他们会把原因归结于学校的教育质量，于是有一定经济能力的就会选择到城区买房来让自己的孩子获得在城区学校就读的机会，而不会认为教育制度的安排有什么不公。但是，"前途向才能开放"，这种教育上的公平追求还只是形式上的公平，并没有抵近实质的正义，它忽略了地区、文化、知识、家庭以及资本等的差异。例如，城区富裕家庭的孩子一般比乡村贫困家庭的孩子更容易获得"优质"教育的机会。

尽管近年来，地方政府在弥补乡村学校师资不足以及改善学校办学环境上的多举措努力，例如集团化办学、选派城区优秀校长和优秀教师到乡村学校任职或支教，例如加大对乡村学校办学的政策支持和资金投入，以期提升乡村学校的教育质量，缩短城乡教育差距，推进教育公平的实现；但是这些举措大部分还是基于城市立场以及偏向性权力结构来组织和开展的。整体上，当下教育体系背后的权力结构还是罗尔斯所批判的英才统治的模式，罗尔斯指出英才统治社会结构中所遵循的"前途向才能开放"（唯才是举）原则，只是在形式上体现了机会平等，但实质上依然无法改变较贫困阶层和较不利者自身的命运，反而致使他们在对实力和社会地位的追求中落伍。[①] 基于这个考量，罗尔斯认为随着社会进步，传统的以能力为核心的评价方式需要调整，"例如，对教育资源的分配就不仅仅或不一定主要是根据在训练他们的生产性能力中估计的回报，而是根据它们在丰富公民（在此包括较不利者）的个人和生活方面的价值。随着一个社会的进步，后一种考虑变得越来越重要了"[②]。

实质的公正问题恰恰在于课程知识的评价，也就是课程知识的评估测试能否囊括多重知识来源，能否考虑到学生日常生活的社区文化资源；尤其是地方性知识是否在

---

① 罗尔斯.正义论(修订版)[M].何怀宏,等译.北京:中国社会科学出版社,2009:81.
② 罗尔斯.正义论(修订版)[M].何怀宏,等译.北京:中国社会科学出版社,2009:82.

课程知识评价中获得合法性。从罗尔斯的正义论出发,课程的正义其实还要考虑处境最不利者的利益,鉴于乡村儿童大量成为原有课程体系的局外人,正义要求一种反现代性霸权的课程知识评价方式,要求从乡村的文化特质和知识形态来统筹改进现有的课程知识评价方式。在这个层面上,澳大利亚社会学教授康奈尔关于教育、社会公正与知识的观点带来课程正义的诸多启示。他认为应该从处于社会较不利者的位置出发去理解这个世界和建构课程,这样才有可能获得更全面和深刻的理解。① 他认为教育者在确定知识重点时,"社会公正的原则应该在教育者头脑中处于重要位置""要长期地和努力地思考对全局具有重要意义的处境最不利儿童的利益,思考他们的认知需要",因为在分科课程中很少出现这些儿童常常需要的文化研究等。② 他还指出建设性的课程改革要突破传统的模式,当地有许多可供发掘的文化资源和知识来源,课程要和当地的文化资源和知识资源结合起来。③

由此来看,龙镇乡村学校课程本土化实践尽管还在艰难地挑战着诸如传统权力、资本与惯习结构的围困,但它未来的合法性前景正在一个社会的正义追求中慢慢建立起来。

2.重叠共识

如美国批判教育学代表人物吉鲁所言,当教育者认识到"学校作为一种机构和一个社会实践的场所,与其他社会经济和政治机构紧密相连,它们在主流社会中共同控制着经济资本与文化资本的生产、分配及其合法化",认识到"权力和知识如何将学校与外部社会秩序中的不平等联结起来",才有可能"摒弃那些将学校教育简单化处理的教育理论",即"要么将学校教育圈定在学习理论的范畴内,要么将其视为一种由技术决定的理性形式,而忽略了学校内外的社会变革、权力关系与冲突"。④ 龙镇乡村学校课程本土化实践是在更广阔的文化意义和实践领域去寻求未来的合法性,并不在于去争执不同特质的文化与知识的价值大小,不在于地方性知识与普遍性知识之间一比高低,或者去区分哪种是高知识,哪种是低知识,而在于实现不同特质和传统的文化与知识之间的彼此尊重和融合,并逐渐形成共识,在共识之上,形成合理的制度设计,改进权力关系,促进社会由冲突分化走向团结。

---

① 康奈尔.教育、社会公正与知识[J].李复新,马小梅,译.华东师范大学学报(教育科学版),1997(2):62-71.

② 康奈尔.教育、社会公正与知识[J].李复新,马小梅,译.华东师范大学学报(教育科学版),1997(2):62-71.

③ 康奈尔.教育、社会公正与知识[J].李复新,马小梅,译.华东师范大学学报(教育科学版),1997(2):62-71.

④ 吉鲁.教育中的理论与抵制[M].张斌,等译.北京:教育科学出版社,2016:70.

罗尔斯不认同任何简单评价某一个体之潜在社会贡献的目的系统，他认为一个良序社会，"尽管它具有给予其所有公民以正义的目的，可那也不是一种可以衡量所有公民被期待的贡献大小，并在此基础上决定其社会作用或价值（从一种社会的立场来看的价值）的目的"①。罗尔斯面对现代社会自由制度强化下的充满分歧、多元并存甚至互不相容的文化状态，从现实问题出发，在后来出版的《政治自由主义》中，继续并修正了其在《正义论》中提出的正义理论，对原来存在着相对稳定和同质基本道德信念的"良序社会"理想形态重新从政治正义概念角度进行了定义，提出了"重叠共识"概念，不同甚至对立的社会思想及学说之间重叠共识，聚焦成社会成员对于"作为公平的正义"的广泛认可，并由此确认政治正义观念，建立政治统一和社会统一之最合乎理性的基础，实现社会团结。②

其实，《周易·系辞下》有云："天下同归而殊途，一致而百虑。"③在中国古老的思想传统中，"重叠共识"亦有其相似的理论根源。费孝通在题为"人的研究在中国——缺席的对话"的演讲中也提出："我们不妨各美其美，还可以美人之美。这是人类学者的应有共识。"④他在 2004 年 8 月北京论坛题为《"美美与共"和人类文明》的书面发言中进一步指出面对现代性进程及全球化时代出现的问题，应超越原来的认识论和方法论，基于"文化、文明、人性、族群性等基本概念"，从更高层次上重构自我文明和他人文明的认识，从而实现新的共识，世界才可能走向安定祥和。⑤

以"泰勒原理"为代表的主张"价值中立"的科学主义课程开发范式，它的标准化倾向尽管推动了课程建设的规范进程，但也不可避免地陷入了技术操作程序的误区，忽视了知识背后所承载的文化属性，从社会效率以及学科立场出发，将"科学知识""书本知识"等普遍性知识视为"最有价值的知识"⑥，并用与其一致的单一的课程知识评价方式放逐了关联社会经验、承载丰富价值、建构共同文化的地方性知识，这种霸权越来越受到合法性质疑。现代性进程中的城乡裂变和社会分化所带来的社会利益分配失衡，乡村凋敝和乡村教育衰败，使得社会正义问题日渐凸显。就教育而言，如何建立一个多元合理的课程知识评价机制，协调城乡不同教育主体和社会关系，实现课程正义并进而实现社会作为公平的正义，罗尔斯及费孝通的"重叠共识"或"共识"应是教育行

① 罗尔斯.政治自由主义(增订版)[M].万俊人,译.南京:译林出版社,2011:256.
② 罗尔斯.作为公平的正义——正义新论[M].姚大志,译.上海:上海三联书店,2002:55.
③ 周易[M].杨天才,张善文,译注.北京:中华书局,2011:617.
④ 费孝通.费孝通全集(第十三卷)[M].呼和浩特:内蒙古人民出版社,2009:348.
⑤ 费孝通.费孝通全集(第十七卷)[M].呼和浩特:内蒙古人民出版社,2009:537.
⑥ 王占魁.阿普尔批判教育研究的理论来源[J].华东师范大学学报(教育科学版),2012(2):10-18.

政部门主导下城乡不同教育主体就多元合理的课程知识评价机制设计展开平等对话和理性交流的理想前提和合理路径。童世骏认为"重叠共识"观念在当代之所以值得重视是为了抵制文化同质化和价值单一化这种"客观趋势"，因为 20 世纪下半叶迅速推进的经济全球化过程，隐含着"一个消除文化多样性，导致不同地区文化同质化的现实危险"①。

在时代变革和社会转型的正义吁求下，原有课程评价权力结构需要重新调整和平衡，乡村学校需要建构扎根自身文化和知识的课程评价体系，这种相对独立和平行的课程评价体系建构，不是简单的权力让渡，而是权力结构的深刻调整，它的平衡预示着教育及课程在社会共识中从形式正义走向实质正义，意味着龙镇 J 小学 C 校长的课程评价诉求在合法性的支持下终有获得实现的可能。

(二)社会联合：课程共同体正义

龙镇乡村学校课程本土化实践所提出的课程评价诉求正在时代变革和社会转型的正义追求中获得合法性支持，而它在实践中所形成的课程共同体样态也正在创造着推动地方与社会联合的课程正义。

80 多年前，雷通群曾提出乡村学校对于地方应具有以下两个主要贡献：其一，"在给学生及成人以接触的机会。此当利用校舍为文化及社交的中心，多开种种集会，如竞赛会、游戏会、讲演会、谈话会、农事讨论会等，而尤以音乐、影画、跳舞等为引线，使男女老幼可以参加，则其接触之效力自大，而教育作用亦寓其中"。其二，"在促进各团体活动的效能。乡校之能坚地方信仰者，不单在其能善教学生，尤在其能指导成人活动。除关于农产及耕法改良外，一切地方兴革事宜，未经社会运动家措意者，学校当积极指导。倘团体的活动增加时，则学校之课业训练亦当随而增加"。② 尽管 80 多年来，乡村学校不仅没有充分地实现这个联合地方、推动社会融合的责任，反而自身在现代性进程中遭遇了文化的孤立和拔根，渐渐沦为乡土世界中的孤岛，但当下龙镇乡村学校课程本土化实践正在突破这种局面，慢慢建立起课程共同体，走向知识、文化与社区的融合。

罗尔斯在论述了正义原则之后，又从社会学角度进行考量，将他的正义理论植根于一种社会联合的概念上，提出了"一个良序社会，事实上是大多数社会，将包括无数不同种类的社会联合"的观点，他说道："它有利于说明，主要的问题在于存在着许多类型的社会联合，同时，从政治正义的观点来看，我们不应当试图按价值来把它们分等。

---

① 童世骏. 关于"重叠共识"的"重叠共识"[J]. 中国社会科学，2008(6)：55-65.
② 雷通群. 教育社会学[M]. 福州：福建教育出版社，2008：76.

而且，这些联合没有确定的规模；从家庭、友谊到比较大的社团。它们也没有时空上的限制，因为，被历史和环境分隔的那些人们却能合作地实现他们的共同本性。"①从罗尔斯政治正义的观点来审视，不同类型的社会联合都具有自身的价值，它们之间不应该被分等，基于村落和土地的乡土社会具有自己独特的文明价值体系，不应在现代性的城乡裂变中被边缘化，应渐渐突破历史和环境的分割，通过"重叠共识"，找到一个共有的最终目的和为人们广泛接受的实现这个目的的方法，经由合作走向相互补充和融合，实现人们的共同本性，加强共同体的联系纽带。罗尔斯高度肯定了正义的集体活动以及社会联合的共同体价值，"正义的集体活动是人类卓越的繁荣。因为，倘若条件有利，正是通过维护这些公共的安排，人才能最好地表现他们的本性，才能获得对每个人可能的最广泛的调节性美德。与此同时，正义的制度为不同的社团内部生活，在这种生活中人们实现着他们更为具体的目标，留下了余地，并鼓励这种生活。所以，公共地实现的正义是一种共同体价值"②。

如果在此时再聚焦到龙镇乡村学校的现场，J小学校园南面密实的墙上打通的那道通往田野的门，仿佛成了一种象征：龙镇乡村学校充满愿景的课程本土化实践正在改写自己沦为孤岛的结局，在重新融入田野、社区以及文化的过程中，重建自身的命运，重建学校内外每个人的命运，重建乡土社会的命运。同在一片乡土下，这种建立在社会联合的共同体基础上的命运重建，在罗尔斯的眼里是一种更广大的、公正的安排，"所有人都能够自由地参与，因为他们如此地向往它"③。

二、通向正义之路：课程权力再分配与转型

龙镇乡村学校课程本土化实践的合法性诉求，新时代课程正义的召唤，正在缓缓铺展出不久的将来课程权力结构的改进之路。

（一）多极与共有：课程权力再分配

课程嵌入及变革的过程，就是原本过度集中的国家课程权力从集权走向分权的过程。尽管自2001年起国家开始赋予地方和学校相应的课程权力，但随着地方与学校课程实践的深入，原来的课程权力结构日益凸显出它的局限性，新时代课程实践的合法性诉求和正义召唤，正期待着原有课程权力结构的进一步改进，围绕共同的课程愿

① 罗尔斯.正义论（修订版）[M].何怀宏，等译.北京：中国社会科学出版社，2009：417.
② 罗尔斯.正义论（修订版）[M].何怀宏，等译.北京：中国社会科学出版社，2009：418.
③ 罗尔斯.正义论（修订版）[M].何怀宏，等译.北京：中国社会科学出版社，2009：419.

景，通过合理的权力分配，走向多极与共有。

1. 多极：课程权力结构的再完善

从集权走向分权，从单极走向多极，随着课程实践的深入，已实现的国家、地方与学校的课程三级权力分布，也愈益呈现出它的有限性，课程权力结构正在经历着一个再完善的过程。在国家、地方与学校课程权力分布之外，教师、学生、家长以及社会力量的课程权力吁求也日渐在深化课程改革的进程中凸显出来。

龙镇乡村学校教师的课程权力在参与学校课程本土化实践的过程中尽管会获得来自学校以及教育行政部门的鼓励，然而由于教育行政部门和学校整体上缺少教师课程权力的制度建设，因此教师课程权力总体而言，权限范围不明晰，可操作性不强，以致直到现在，一部分教师依然缺乏对于自身课程权力的认同和理解。在龙镇 L 中学和年轻的 Q 老师访谈时，她直言大学时期接受师范教育时大学老师曾提到过"课程"，但也没有太关注，在工作中又由于缺少相应的课程语境，大多关注学科教学，对于课程也就慢慢地淡化了。教师作为课程实践的主体力量，课程意识的虚无，课程权力的虚化，必然会使学校难以突破传统课程惯习的束缚，无法实现自己的课程愿景。李洪修等学者建议赋权主体在赋予教师课程权力时，要让权力可视化，不仅要强化教师课程权力制度建设，同时要明确课程权力的界限，赋予教师一定的自主性权力场域，鼓励教师突破课程权力惯习的禁锢，让最基层的教育变革力量参与到学校课程权力网络中来，运用课程专业自主权，灵活创设有价值的教育情境，促进学生的个性成长。①

在龙镇乡村学校课程本土化实践中，研究者观察到部分课程活动因学生和家长的参与而充满了创造性和生命活力。尽管教师是开发开设课程的主体力量，但在保障学生课程修习选择权的同时，如果能够赋予他们开发开设课程的参与权甚至是课程自主权，无疑会进一步深化课程本土化实践，在有价值的课程情境创设中，让学生获得个性化合理成长。之于家长而言，亦是如此。余进利认为："在学校层面，课程同样是一种公共论述，最了解并关心孩子的家长也应该享有权力和资源来做决定，而不只是让某一部分人享有较大的权力和声音。"②事实上，包括家长在内的社区力量或者是社会力量是乡村学校课程本土化实践中必然走向课程共同体建设进程中的一支重要力量，龙镇 J 小学等学校创建本土化课程实践基地以及开展部分本土化课程，都得益于当地乡村中这支力量的支持。因此，社会力量的课程赋权也日益进入深化课程改革的议程。余进利进一步指出我国尚未被开发的社区力量如果在未来能够通过"学校—社区"网

---

① 李洪修，张晓娟. 社会学视阈下教师课程权力的合法性审视[J]. 社会科学战线，2018(12)：229-236.

② 余进利. 课程领导研究[M]. 上海：上海教育出版社，2009：97.

络的建构参与到课程改革中来,将会深刻地影响学校。① 罗生全等学者则认为社会力量正在影响着课程领域的变革并发挥着重要的监督、影响课程变革方向的作用,"日益成为除了国家和学校之外的课程变革的第三领域"②。

2. 共有:课程权力分配的新认识

课程权力多极化的吁求其实就是课程权力分配"共有"样式的呼唤。龙镇乡村学校课程本土化实践所呈现出来的,课程权力多极化并不只是课程相关方权力的简单拥有,而是一种重叠共识、合作共建、凝聚课程建设合力的共同体价值的正义追求。胡东芳认为,"课程共有"的价值观,是对集权型课程政策的"统一论"价值观与分权型课程政策的"适应论"价值观的超越,其可贵之处在于以"共有理念"使"课程政策的制定与实施过程本身成为一种课程改革理想境界的达成过程"。③

之于龙镇乡村学校而言,这种课程改革理想境界的达成不仅在于改写自身沦为孤岛的结局,还在于在建构课程共同体的过程中,重建学校内外每个人的命运以及乡村社会的命运,课程权力的共有,最终指向所有人的自由参与和发展,指向乡村社会联合的共同体基础上的命运重建,这种课程改革的理想境界所彰显的社会正义,一如罗尔斯所言,"他们如此地向往它"。

在课程共同体价值的正义召唤中,课程权力的共有者如学校、教师、学生以及社会人士等将会联合起来,以课程本土化为纽带,凝聚成乡村社会复兴的力量。蔡清田把课程本土化认为是一种课程统整的过程,学校不再囿于普遍性知识的单一训练,开始尊重地方性知识的价值源泉;不再割裂与校外社会生活世界的联系,开始调整自身的课程策略。"第一个策略是调整学校课程,使其焦点更强调地方区域;第二个策略乃是将学生带出校外,去学习了解地方社区;第三个策略乃是将地方社区视同一种学习学校科目的学习资源;第四个策略乃是将地方社区人士导入学校,使其成为学习的资源或扮演教师的教学伙伴。"④在课程统整的过程中,教师的课程专业角色也开始面临转型,"教师应熟悉社区特性,了解社区可用资源,将学习空间扩展到地方社区,以结合学生的生活经验,并充实教学内容。例如,要求学生去调查其居住的邻里周遭地区、探究地形地貌、发现已有的商店、商业与休闲设施、经由访问老年人对地方的记忆而了解当地的历史、调查交通流量、发现当地野生动植物

---

① 余进利.课程领导研究[M].上海:上海教育出版社,2009:98.

② 罗生全,靳玉乐.社会力量:课程变革的第三领域——一种基于课程权力的有效参与[J].中国教育学刊,2007(1):45-47.

③ 胡东芳.论"课程共有"——对中国特色课程政策模式的探索[J].教育研究,2002(8):78-83.

④ 蔡清田.课程统整与行动研究[M].台北:五南图书出版股份有限公司,2004:25.

及其周遭环境的特征"①。蔡清田还引述欧盟环境教育的学校课程案例,指出课程统整再往下一阶段发展,不仅是将学生带出学校到社区中进行学习,而且是能够利用自己的学识参与当地的环境监测并提出报告,为社区创造知识。② 在龙镇乡村学校课程本土化实践中,同样可以观察到蔡清田提出的四个课程策略正在得到实施,观察到教师的课程专业角色正在转型。

> 我想如果学校校舍有条件,想开辟一个农业馆,想展览传统农业农具。到上李家村农具展览馆去借或者向家长借。我要让孩子了解传统农业。但是我不是培养传统农民,我要发展现代农业。我要建阳光大棚,做现代农业,做滴灌农业。
>
> (I-20181009-0914-jnxx-cb)

而且在与龙镇 J 小学 C 校长的访谈中,研究者也观察到学校致力于为社区创造知识的课程宏愿。

课程权力从原来行政权力支配的单极性迈向共同参与建设的多极性,其权力结构的再完善其实是国家、社会、学校、教师、学生、家长之间不断互动的过程。课程权力的多极化和共有,之于教师和学生而言,有助于精神的扎根和使命的生成,有助于专业发展和合理生长;之于乡村学校而言,有助于课程建设力量的集聚融合,有助于孤岛命运的摆脱和课程愿景的实现;之于乡土社会而言,有助于包括家长在内的乡村社会力量的培育和乡村建设主体意识的唤醒,走出长年来乡村前喻文化失落以及文化自信丢失的困境;之于国家而言,有助于实现乡村振兴战略,实现城乡融合互补发展,重建现代性。

(二)从管理走向领导:课程权力转型

课程共同体价值的正义召唤在推进着课程权力结构的再完善和课程权力分配再认识的同时,也推进着课程权力自身的转型。在乡村学校课程本土化实践中,课程权力需要这样的定义,即权力不是一种"财产、实体或占有物",而是一种"关系",在这种关系中,人们运用不同的资源彼此激励;权力就是"把广泛的人类行为纳入自身轨道",它普遍存在而且渗透在人类的各种关系之中,它的舞台不再是由权力精英等所独享的特区。③

---

① 蔡清田.课程统整与行动研究[M].台北:五南图书出版股份有限公司,2004:25.
② 蔡清田.课程统整与行动研究[M].台北:五南图书出版股份有限公司,2004:26.
③ 伯恩斯.领导论[M].常健,孙海云,等译.北京:中国人民大学出版社,2006:9.

课程权力不再是当权者独享的单一的支配和管理方式,而是一种多方运用各种各样资源相互激发各自动机基础的共建关系。

第一,课程权力的转型体现在课程评价的大一统走向多元化。课程评价权力在结构上亟需进行调整和平衡,以适应乡村学校建构扎根自身文化和知识的课程评价体系,进一步推进课程本土化实践的需要。课程评价权力的正义在于保障课程的文化选择权和激励课程的创造性实践,真正的公平不是统一和无差别,而是实现多元选择,以差别对待差别。

第二,课程权力的转型体现在从管理走向领导。领导,作为一种权力,它基于管理而又超越管理,通过对话机制的建立以达成共识和增进合作。多年来,尽管龙镇乡村学校已经着手扎根自身文化的课程本土化的开发开设,但彼此之间尚未建立起可以进行对话的权力机制,尤其是小学和中学之间的课程彼此孤立,缺少延续。"我们需要对话",在龙镇乡村学校的访谈中,研究者多次听到各方的诉求,希望学校和学校、小学和中学之间就课程基于地域共同文化资源的开发与共建、延续与传承建立合作。在访谈龙镇镇政府分管教育的 Z 副镇长时,Z 副镇长直言龙镇乡村学校基于自身文化的课程开发和整合还是一个短板。

> 我觉得乡村教育真正要办好,就要做出自己的特色。比如说我们龙镇是中国龙舟之乡,据考古研究表明,著名的战国文物"羽人竞渡纹铜钺"上的图纹是有关宁波市划龙舟的最早图案,是宁波市划龙舟的雏形。龙镇现在村村都有龙舟队,年年都有龙舟赛,像这样的一些文化的东西,如果能够体现到小朋友的教材和教学当中,那就了不起了,但是这一块做得还不够,这是我们龙镇的短板,其他的地方也同样存在这样一些短板。

(I-20190520-1316-ylzzf-zzp)

但 Z 副镇长认为龙镇乡村学校的校长们都已经逐渐认识到乡村学校课程本土化实践的价值,这种共识为今后龙镇乡村学校之间课程的共建与传承奠定了基础。

> 我很欣喜地看到我们龙镇有好几个校长都非常重视这一方面的建设。他们都认识到,真正的教育是要培养和促进人的全面发展,所以他们都非常重视乡村特色课程教育。政府在力所能及的范围内给予支持。我个人认为一些农村学校做一些特色的乡村教育至少有这样几个好处。第一,丰富教育的多元体系,整合教育的多元体系。我们的教育,不仅仅止于只是有 XYZ,还要有大自然,还要有生活,还要有方方面面的东西。这样的教育才是真正培养人的教育。我很高兴地

看到,我们校长跟我的观点都非常一致。这个是从人的发展方面来讲这个事情。第二,从我们学校的教育发展来看,我们的学校教育在这类实践的过程当中也得到了很好的推广,也取得了一些不错的成绩,说明我们的老师、我们的校长,还有我们的家长,其实在内心上也是赞同和支持的。比如说 L 小学,虽然学校场地非常紧张,但是学校在进门的左手边有个公园,他们在公园里面开辟了一块地,种植各种不同的蔬菜,四季的蔬菜,这就是一种很好的农村教育。从播种到发芽到长成,不同季节的观察,不同季节蔬菜的辨认,让学生们能够获得全方位的一种认知。作为乡村学校的孩子,认识植物对他们来说不仅是认知的作用,更大的作用是能够培养小孩子亲近自然的能力,探究科学的启发、思考或者提问的能力,这些都是我们在实验室里、在课堂上完不成的。我的小孩在城市里面生长,他在初中的时候写实验报告,只要实验结果跟他预想的一样,他就认为是完成了实验报告,对他来说,过程、质疑、探究这些都不重要,他做实验的目的就是为了完成老师所要求的印证,这就是他全部的目的。而我们这些小朋友在接触自然的过程中,可以获得很多的一些思考。而且这对于他以后走向社会都有影响。他们会把这种思考带到初高中阶段或者大学甚至工作生活中去。像 J 小学,它的课程体系里有个田园课程,小朋友们在这个课程当中可以学习到很多东西。再如另一所小学,学校比较小,但是他们把课堂搬到了非遗馆里面,编织兔子、灯笼啊,那么,有好多东西已经润物细无声地渗透到教育体系当中。各个乡村学校风格各异,但是指向都是只有一个,那就是结合自己的本土特色,把它们渗透在我们的课程体系当中,让小朋友能得到全方位的成长。

(I-20190520-1316-ylzzf-zzp)

课程权力范围内对话机制的建立,不仅仅在于学校与学校之间,还在于政府代表、社会各功能团体代表、教师、家长以及学生之间。通过对话,"分享和协商各自对教育目的和过程的看法,将共同的了解转换为实际的形式,并作持续性的对话和讨论",这种课程领导权力观强调,"学校和教师要构筑论坛,让所有利益相关者参与、考验并评价课程改革方案,在此过程中,大家一起来学习教育问题。课程发展是大家形成伙伴团队,运用合作的慎思,创造和再创造教育的文化,并与学生一起研究社会文化的过程"。[①]

其实,结合龙镇乡村学校课程本土化实践的观察,新型课程领导权力超越传统课程管理权力的地方还在于它更多地建构了一种热爱家乡、复兴价值观和振兴乡村的变

---

① 余进利.课程领导研究[M].上海:上海教育出版社,2009:98.

革力量和文化愿景。美国领导力专家科特曾从"制定议程""发展完成计划所需的人力网络""执行计划""结果"四个环节归纳比较了复杂企业组织中领导与管理之间的差异,与传统管理权力的单一特征相比,领导权力的典型特征在于变革战略和文化愿景的确立,在于激励和鼓舞的运用。① 这种差异同样适用于对于龙镇乡村学校课程本土化实践中体现出来的正在转型的课程权力从管理走向领导的理解。对于乡村学校而言,变革战略和文化愿景的确立过程中的中心任务是基于乡土社会与生态文明的共同信仰和价值观的复兴。美国另一位同样致力于研究领导力的专家加德纳认为,价值观"往往会因时间的推移而衰。社会保持其价值观活力的方法不是消极地回避价值观的衰退过程,而是不断对其进行积极的更新。每一代人都必须结合自己的传统,重新认识他们的真实生活,并使自己适应所生存的实际。在这一过程中,领导者的任务之一就是帮助民众重新认识他们的生活现实",而最受民众信仰的领导者"是那些能使我们共同的信仰和价值观得到复兴的人。他们往往花费很多精力来教导和构建社会价值观的框架"。② 而且,加德纳关于社区意义网络、信念体系、价值框架与个人价值观体系之间关系的论述对于我们理解现代性冲击下支离破碎的乡土社会经由课程本土化实践走向融合也提供了很大的启示。他说:"社区有一定的启迪作用。如果它是健全和谐的,那么它将赋予人们一个一致的价值观体系。如果它是不完整、无生气或是衰退的,那么就会有教训产生,但不是起治愈和促进作用的教训。是社区和文化把个人聚集在一个价值观的框架里,当这个框架分裂时,个人的价值观体系也就分裂了。"③他还说:"当社区意义的网络被摧毁、信念体系被抛弃、价值框架被瓦解的时候,生活的确是荒诞的。"④

　　权力,如果只是流于管理,而没有愿景的召唤,没有变革的使命,没有基于健全和谐社区和文化的共同体价值观的复兴,有时反而会走向固化。理想的课程领导力,应该是课程权力的善治,是对课程权力的负责,打破课程领域文化霸权的垄断和惯习的束缚,重绘课程世界完整而又充满生气的灿烂图景。

① 科特.变革的力量——领导与管理的差异[M].方云军,张小强,译.北京:华夏出版社,1997:6.

② 加德纳.论领导力[M].李养龙,译.北京:中信出版社,2007:17.

③ 加德纳.论领导力[M].李养龙,译.北京:中信出版社,2007:134.

④ 加德纳.论领导力[M].李养龙,译.北京:中信出版社,2007:135.

第六章　并不是乌托邦:乡村学校课程本土化的社会学想象

> 我们复兴一个教化的民族,不左抄右袭,不泥古眩今,唯向世界取雨露,从乡土吸营养,使旧根出新芽。[①]

——崔载阳

---

① 崔载阳.敬致全国教育同人[J].教育研究(广州),1938(83):1-9.

第一节　返魅的乡土

也许,与文学叙事中常有的历史场景波澜壮阔以及生活故事曲折生动相比,本研究中所展现的小小龙镇乡村学校的课程本土化实践并无多少起伏跌宕之处,但社会学的想象力还赋予了其深入解读的另一种可能性。所谓"于无声处听惊雷",当将小小龙镇乡村学校的课程本土化实践放在与其所在龙镇"十里水乡"新图景,所在时代乡村振兴战略的中国现代性重建的宏大叙事中来审视,那么,它不也正在共同谱写着一曲壮丽的时代交响乐吗?

一、羽人竞渡:水乡龙镇的发展新图景

在现代性进程中沿着单一城市化、工业化路子向前赶路的龙镇,近年来开始调整发展的步子来重建自己未来的道路。"十里水乡",龙镇这个古老的江南人文地理称谓,开始成为龙镇近几届政府在重新谋划龙镇未来发展蓝图时不断提到的一个文化定位。2017 年 5 月 3 日,时任龙镇党委书记的 C 书记在接受宁波日报社记者采访时说道:

> 承接历届党委的目标定位,龙镇以十里水乡为依托,宜居、美丽、品质为基调,打造产城融合、环境宜人、居民幸福的江南水乡品质小镇。
>
> (M-D20170503-web)

龙镇曾经是低端铸造产业的集聚地,多年来在追求工业经济发展的同时也深受空气和河流污染的困扰,原本山清水秀的龙镇很长一段时间内变成了"白天烟囱林立,晚上毒雾缭绕"的严重污染地。这几年来,龙镇镇政府在区政府的支持下,下决心推进产业转型升级,对铸造企业进行整改,全面关闭煤炉,改用电、天然气等清洁能源,淘汰落后产能、污染企业,引导低小散的铸造企业退出,督促其他企业改进工艺、通过环境评

估以及获得排放许可证。

在治理工业污染这个重要污染源之后，龙镇着手治水，从 2014 年起，打响治水攻坚战，排摸沿河排污口，铺设污水管网，清理垃圾，疏浚河道；同时美化河岸环境，修建沿河绿带步道。龙镇开始保护近 30 年来已被开采得千疮百孔、仅剩无几的青山，修复残损的山体，并修建了通往神树岗的登山步行道，山脚下步行道的入口处还修建了一座仿古石牌坊，牌坊石檐下正中的石梁上镌刻着"双龙戏珠"的浮雕图案，两侧石柱上镌刻着对联，对联内容为：

青山幽谷林抱寺庙，古道小溪树伴花鸟。

龙镇重新认识到作为曾经的"十里水乡"，其田园、绿水青山以及江南人文的意义所在，在治理人居环境的同时，开始扎根田园，逐步优化农业产业布局和调整农业产业结构，通过土地流转引进和发展优质、有特色的农业项目，做大做强特色农业，近年来营建了铁皮石斛、火龙果、猕猴桃、葡萄、草莓、观赏性菊花等系列种植、采摘和观光基地，融合第一、二、三产业发展，探索乡村振兴的新路子。这些农业种植、采摘和观光基地，也成了龙镇乡村学校的课程基地。而且，龙镇开始高度关注地方历史文化并从中提炼凝聚人心的文化精神，重建赋予生活以内涵和方向的意义系统。人类学家格尔兹曾言："文化模式是在历史上产生的，我们用来为自己的生活赋予形式、秩序、目的和方向的意义系统。"[①]

2018 年 6 月 28 日，龙镇镇政府举办龙镇史志编纂工作会议，邀请部分地方史志专家以及当地文史爱好者参加，其中不少参会人员就是龙镇 L 中学、J 小学的退休或在职教师。在乡村文化复兴的道路上，龙镇乡村学校的教师自觉承担起服务乡村文化的使命，走出校园，走向更广阔的乡土文化场域，参与到地方文化整理、传承和复兴的事业中来。本土文化复又走向觉醒，龙镇不少村庄业已破旧的宗祠也陆续得到了修复，焕新为村庄里的新文化礼堂；L 小学前址民国乡贤捐建的中西合璧的校舍建筑被地方文物部门列为地方文物保护单位；龙村村干部也表示说以后不再进行单一的拆迁，开始重视村史的修纂，并在村前的江口沿岸修建了具有江南水乡审美情韵的古典长廊。

2019 年 5 月 26 日，龙镇继续主办近几年恢复的地方端午民俗活动，举行了"我们的节日，端午看龙镇"大型民俗活动开幕式暨端午集市活动（如图 6-1 所示）。开幕式的表演活动上，L 小学参与划船课程的学生们划着船只在宏阔的江面上轻盈而过，学

---

① 格尔兹.文化的解释[M].纳日碧力戈,等译.上海:上海人民出版社,1999:60.

生们年少的英姿引起两岸观赏的民众阵阵喝彩。开幕式之后，便是激烈的龙舟竞渡活动，各村龙舟代表队纷纷上场，竞渡江上，锣鼓喧天，船桨齐划，曾经萧条的乡村在古老文化的共同召唤中重新焕发出现代生机，这幅壮观的民俗场景和青山绿水、田野村落，和镇区的新建楼盘，和穿越镇区的高速公路上的车水马龙以及铁路上高铁列车飞驰而过的景象交织在一起，演绎出一幅全新的现代性图景。

图 6-1　龙镇端午民俗活动——龙舟竞渡(2019 年 5 月 26 日)

1976 年，龙镇神树岗南向的山下出土了一把战国时期的铜钺，器身一面上方刻着龙纹，双龙昂首相向；下方刻着头戴高高羽毛冠的四个人在船上坐成一排正奋力划船。这把铜钺被命名为"羽人竞渡纹铜钺"，见证了龙镇十里水乡的悠久历史，现收藏在宁波博物馆，如图 6-2 所示。

图 6-2　宁波博物馆收藏的羽人竞渡纹铜钺

　　龙镇端午活动所演绎出的全新现代性图景与这面古老铜钺的图纹叠印在一起，在古老的历史深处复又找到了它的意义之根。而且，研究者在龙镇举行端午龙舟竞渡活动的江边，观察到镇政府从古老铜钺"羽人竞渡"图纹中汲取创意，设计成了一尊巨大的雕塑，矗立在江畔（如图 6-3 所示）。这在龙镇当代文化重建与复兴中显示出盛大的象征意义，如格尔兹所言："文化是一种通过符号在历史上代代相传的意义模式，它将传承的观念表现于象征形式之中。通过文化的符号体系，人与人得以相互沟通、绵延传续，并发展出对人生的知识及对生命的态度。"①

图 6-3　龙镇羽人竞渡雕塑

二、乡村振兴：国家政策的转向

　　2010 年 5 月 1 日至 10 月 31 日在中国上海市举办的第 41 届世界博览会，其主题是：城市，让生活更美好（Better City，Better Life）！副主题为城市多元文化融合、城市经济繁荣、城市科技创新、城市社区重塑以及城乡互动等。从 20 世纪 80 年代中国现代性进程重启以来，高歌猛进的城市化借助 2010 年上海世博会发出了它最具号召力的声音。其实，在"城市，让生活更美好"的主题号召下，上海世博会也关注到了城市和乡村的互动，期望重塑良好的城乡互动关系，推进城乡和谐同步发展，只是这个副主题在当时奏响现代化大城市发展最强音的宏大主旋律中被淹没了。城乡关系的深刻转向，长年被弱化的乡村真正进入时代宏大叙事，是建立在之后数年对于中国现代性进

---

① 格尔兹.文化的解释[M].纳日碧力戈,等译.上海：上海人民出版社,1999：译序 11.

程的反思基础之上。

在中国现代性进程重启一段时期之后,国家开始日渐关注到现代性进程在创造城市化以及市场化繁荣的同时也带来了城乡分化、乡村凋敝的问题,即"三农"问题。21世纪初,国家着手解决城乡分化、乡村凋敝的问题。2006年3月14日,《中华人民共和国国民经济和社会发展第十一个五年规划纲要》提出:"坚持统筹城乡经济社会发展的基本方略,在积极稳妥地推进城镇化的同时,按照生产发展、生活宽裕、乡风文明、村容整洁、管理民主的要求,扎实稳步推进新农村建设。"[①]2008年10月12日,《中共中央关于推进农村改革发展若干重大问题的决定》从国家政治高度和发展战略上指出新形势下推进农村改革发展的重大意义,指出"农业、农村、农民问题关系党和国家事业发展全局",决定"加快推进社会主义新农村建设"。[②]

然而由于高歌猛进的城市化及其营造的繁荣景象以压倒性优势裹挟着人们对于乡村结构性和文化性意义的认知,单一的现代性进程及其城市化还是社会普遍的发展信念,因此在较长的一段时间内,社会主义新农村建设的推进步履维艰,甚至不少地方以"社会主义新农村建设"为名,却狭隘地理解社会主义新农村建设的精神,忽视社会主义新农村建设政策文件中提出的"做好乡村建设规划,引导农民合理建设住宅,保护有特色的农村建筑风貌"[③]"加强农村文物、非物质文化遗产、历史文化名镇名村保护"[④]等指导意见,反而以城市的样板来改造乡村,推行大规模的拆旧建新等造村运动,以致乡村丢失了自己的历史文化肌理和空间审美特征。龙镇的一些村庄也曾经历过早期类似的建设性破坏阶段,而且在强大的城市化文化霸权的话语惯性之下,龙镇的其他部分村庄至今依然缺失自身的文化自信,无法认识到自身的历史文化遗存和审美空间优势,一味模仿城市楼盘建设和营销思路,进行着大拆大建的旧村改造运动。

乡村重建既是浩大的战略工程,又是深刻的社会变革,无论是加强农村制度建设还是加强农村基层组织建设,无论是积极发展现代农业还是加快发展农村公共事业,都面临着历史性的挑战与考验;但乡村重建面临的最大挑战其实是乡土文化断层、文化多样性缺失和文化自信迷失的问题。刘铁芳不无忧患地指出现代性进程中乡村社

---

① 中华人民共和国国民经济和社会发展第十一个五年规划纲要[EB/OL]. (2006-03-14)[2019-08-07]. http://www.gov.cn/gongbao/content/2006/content_268766.htm.

② 中共中央关于推进农村改革发展若干重大问题的决定[EB/OL]. (2008-10-19)[2019-08-07]. http://www.gov.cn/jrzg/2008—10/19/content_1125094.htm.

③ 中华人民共和国国民经济和社会发展第十一个五年规划纲要[EB/OL]. (2006-03-14)[2019-08-07]. http://www.gov.cn/gongbao/content/2006/content_268766.htm.

④ 中共中央关于推进农村改革发展若干重大问题的决定[EB/OL]. (2008-10-19)[2019-08-07]. http://www.gov.cn/jrzg/2008—10/19/content_1125094.htm.

会的文化内涵在以发展为中心的现代化框架中被隐匿,原有秩序在以城市为取向的外来文化冲击下土崩瓦解,乡村社会越来越丧失其独特性以及自我文化生长更新的能力与机制,日益沦为一个空洞的符号。[①]

2013 年起,国家在原来政策基础上进行调整,继续全面深化乡村改革及加快推进农业现代化。从这个时期起,国家不断对原有的现代性进程进行深刻反思和纠偏,政策各项内容的制定越来越从文化的根本上去考量。2013 年 12 月 12 日至 13 日,在北京举行的中央城镇化工作会议指出促进城乡一体化发展要"注意保留村庄原始风貌,慎砍树、不填湖、少拆房,尽可能在原有村庄形态上改善居民生活条件",城镇建设要科学规划,"要体现尊重自然、顺应自然、天人合一的理念,依托现有山水脉络等独特风光,让城市融入大自然,让居民望得见山、看得见水、记得住乡愁;要融入现代元素,更要保护和弘扬传统优秀文化,延续城市历史文脉"。[②] 此次会议首次从国家层面对原来现代性进程中单一化的城镇建设进行了反思,基于"天人合一""望得见山、看得见水、记得住乡愁"等本土文明理念和优秀传统文化精神,首先从城镇空间建设领域提出了现代与传统融合的现代性文化重建思路。之后,自 2013 年至 2016 年,国家以"三农"为主题,旨在推进农业现代化和发展乡村的中央一号文件对于具有中国民族特性的乡土文化及其生态文明的保护传承的指导意见比重逐年增多,以 2016 年中央一号文件《中共中央、国务院关于落实发展新理念加快农业现代化实现全面小康目标的若干意见》为例,文件中所表述的相关指导意见如"依托农村绿水青山、田园风光、乡土文化等资源,大力发展休闲度假、旅游观光、养生养老、创意农业、农耕体验、乡村手工艺等,使之成为繁荣农村、富裕农民的新兴支柱产业""加强乡村生态环境和文化遗存保护,发展具有历史记忆、地域特点、民族风情的特色小镇,建设一村一品、一村一景、一村一韵的魅力村庄和宜游宜养的森林景区""遵循乡村自身发展规律,体现农村特点,注重乡土味道,保留乡村风貌,努力建设农民幸福家园""加大传统村落、民居和历史文化名村名镇保护力度。开展生态文明示范村镇建设。鼓励各地因地制宜探索各具特色的美丽宜居乡村建设模式""弘扬优秀传统文化,抓好移风易俗,树立健康文明新风尚"等,[③]篇幅远超往年。以"农业现代化"为主线的现代性发展不再脱嵌于自身的文化场域,越来越扎根于传统的沃土,并衍化出乡村发展的新兴支柱产业和健康文明新风尚。

---

① 刘铁芳.乡村的终结与乡村教育的文化缺失[J].书屋,2006(10):45-49.

② 中央城镇化工作会议举行 习近平、李克强作重要讲话[EB/OL].(2013-12-14)[2019-08-07].http://www.gov.cn/guowuyuan/2013-12/14/content_2591043.htm.

③ 中共中央、国务院关于落实发展新理念加快农业现代化实现全面小康目标的若干意见[EB/OL].(2016-01-27)[2019-08-07].http://www.gov.cn/zhengce/2016-01/27/content_5036698.htm.

2017 年 10 月 18 日至 24 日,中国共产党第十九次全国代表大会在北京召开,大会报告正式提出"实施乡村振兴战略",站在历史高度上把"乡村振兴战略"纳入现代化经济体系的建设之中,呈现了重建现代性进程的新发展理念和决心。同时,大会报告还基于对中华民族五千多年文明历史所孕育的中华优秀传统文化的认知,基于对单一现代性进程对本土文化以及生态冲击的审视,提出"坚定文化自信""坚守中华文化立场",通过创造性转化和创新性发展,不断铸就中华文化新辉煌;提出"我们要建设的现代化是人与自然和谐共生的现代化",因此要"加快生态文明体制改革,建设美丽中国"。①

"所谓中国近百年史即一部乡村破坏史。"②梁漱溟曾经总结过的乡村的现代性命运,在跨越世纪百年之后,终于迎来了重建的时代机遇。从龙镇到整个中国,中国社会正在走向一个现代性重建的中国式现代化的全新时代。由此来看,龙镇乡村学校课程本土化实践,并不是一个孤立事件,而是融入于中国式现代化的创造性实践。

乡村也要让生活更美好!

---

① 习近平.决胜全面建成小康社会夺取新时代中国特色社会主义伟大胜利——在中国共产党第十九次全国代表大会上的报告[M].北京:人民出版社,2017:40-41,50.

② 梁漱溟.乡村建设理论[M].上海:上海人民出版社,2011:11.

第二节　乡村学校课程本土化与现代性重建

"让我们东西两大文化共同来擘画一个完整的世界社会。"①费孝通 1947 年 1 月 30 日在伦敦经济政治学院学术演讲中发出的吁求时隔 70 多年后正在慢慢变成现代性重建、中国式现代化的现实图景。而乡村学校课程本土化在这条重建之路上,越来越呈现出它丰富的意义。

一、"重建已被现代化所破坏的社会一体性"

人类在近代用理性缔造的现代性给社会带来了民主、自由、平等、道德、法律、科学以及技术等文明进步的同时,也带来了人的物化、自然环境的恶化、全球战争的爆发、城乡的分裂以及文化多样性的消失等严重问题。现代性在其进程中所呈现出的越来越强烈的双重性,不断引起思想家们的关切。尤其是作为现代性核心驱动力的技术,思想家们认为其推动了社会改良和发展,但也弱化和奴役了人。凯利肯定了技术的力量,他认为:"这个社会改良的回旋加速器不是由伦理或宗教,而是由技术推动的。通过注射世上力量最强大的递增药剂,社会得到发展。遍寻历史,社会组织的每一个进展都是由新技术的介入驱动的。"②别尔嘉耶夫也强调了技术证明着人的力量和胜利,但其还指出技术在解放人的同时也弱化和奴役了人,并使人的生活机械化,而且还把机器的形象和样式加在人的身上。③ 而斯宾格勒认为,作为文化意义上的人,他的精神源头在于乡土,然而人类凭借现代性技术力量创造了城市,却反过来消泯了乡村的文化生机,而自身也沦为城市的虏获物,最终导致文化人类的整个金字塔的崩溃。他说:"文化人在精神上是由乡土塑形的,他被自己的创造物即城市所掌握和拥有,而且

---

① 费孝通.费孝通文集(第四卷)[M].北京:群言出版社,1999:313.
② 凯利.技术元素[M].张行舟,余倩,等译.北京:电子工业出版社,2012:12.
③ 别尔嘉耶夫.美是自由的呼吸[M].济南:山东友谊出版社,2005:194.

变成了城市的动物,成了它的执行器官,最终成为它的牺牲品。"①他接着说道:"文化人类的整个金字塔消失了。它自其顶点开始崩溃,首先是世界城市,接着是地方性的城市,最后是乡村本身,乡村的最好血液已经毫无节度地倾注到城镇之中,然而也只能支撑一时。最终,只剩下原始的血液尚留存着,但也已被剥夺了它最强壮、最有希望的因素。"②

瓦解乡村这个文化之根的不仅仅是现代性推动的城市化,还有被现代性定义过的现代农业。现代农业在技术的改造和推进下,以权力、效益和财富等作为自身的目的性,呈现出强烈的工业化倾向,进一步解构了农业与村庄、环境及文化的紧密关系,弥散了其人文价值。美国弗罗伊登博格在其《后现代世界中的农业》一文中说道:"现代农业把增进权力和财富视为自己的目的。粮食在今天被人们视作一种政治和经济武器。良好的农业被定义为产量提高、获取财富最大的农业。没有这种追求也就没有农业。这种对'良好'的理解,不再把农业生产中所付出的社会的、资源上的和环境方面的代价计算在内。农民、农业家庭以及乡村社区的福利也不再受到重视。不再有人去过问人的价值、社区问题、农业对福利的贡献以及如何改善与农业生产密切相关的生态环境这类问题。"③现代性孕育的现代教育也同样弱化了文化传承和价值关怀的功能,也被俘获成现代性主张的助推器,在加剧不公平的同时,自身及其课程也充满了危机。日本教育学者佐藤学指出传统的现代性其实已经走到了尽头,而现代性孕育的,带来了"创造性与个性的失落""灌输式教学与死记硬背学习"弊端的现代教育及其课程也同样需要改革,以应对全球化背景下信息社会与后工业社会的转型。④

100年前,社会学大师韦伯在其名著《新教伦理与资本主义精神》的结尾曾经对现代性的未来有过这样的追问:"没人知道将来会是谁在这铁笼里生活;没人知道在这惊人的大发展的终点会不会又有全新的先知出现;没人知道会不会有一个老观念和旧理想的伟大再生;如果不会,那么会不会在某种骤发的妄自尊大情绪的掩饰下产生一种机械的麻木僵化呢,也没人知道。"⑤100年后的今天,另一个社会学大师鲍曼在其遗著《怀旧的乌托邦》中则针对当代的现代性危机发出了强烈的命运共同体呼吁:"我们——地球上的人类共居者——现在比以往任何时候都更加接近生死抉择的关头:我

①　斯宾格勒.西方的没落(第二卷)[M].吴琼,译.上海:上海三联书店出版社,2006:88.
②　斯宾格勒.西方的没落(第二卷)[M].吴琼,译.上海:上海三联书店出版社,2006:93.
③　格里芬.后现代精神[M].王成兵,译.北京:中央编译出版社,1998:189.
④　佐藤学.课程与教师[M].钟启泉,译.北京:教育科学出版社,2003:中译本序5.
⑤　韦伯.新教伦理与资本主义精神[M].于晓,陈维纲,等译.西安:陕西师范大学出版社,2006:106.

们应相向而行，手挽手、肩并肩共同前进，否则我们将一起走向毁灭。"①

尽管现代性自身充满了风险，但罗马俱乐部创始人佩西认为现代性也为人类展现出宏阔的图景，他指出现代性进程正在经历着一个伟大的转折，他说："人类在坎坷不平的征途上，已经到达了一个伟大的转折点。这里充满了从未有过的危险，但又展现出惊人的见识。"②在这个层面上，鲍曼也如是，他尽管指出了现代性所面临的危机，但也坚信现代性的初衷包含着人类美好的理想，"现代性的核心是为改善和提高生活水平而奋斗：过得更好，做得更好，得到的更好""'现代的'这个词假定，每个人都具有参与改善和提高生活水平的斗争的权利""所有现代性的意识形态的核心就是一个承诺，即一个即将到来的更为美好的世俗存在"。③ 如果回顾中国乡村建设以及乡村教育的历史，近一百年前中国大地上兴起的乡村建设运动的目的尽管是挽救现代性进程中日益凋敝的乡村，但并不是对抗现代性，而是主动走向现代性。卢作孚在阐述其在四川嘉陵江三峡所领导和发起的乡村运动的目的时就直指要"赶快将这一个乡村现代化起来"和"赶快将这一个国家现代化起来"，而并不局限于推进乡村教育以及扶贫济困。④ 只是，国家需要怎样的现代性，乡村需要怎样的现代性，教育及其课程需要怎样的现代性，尤其是当现代性进程跨越世纪进入当代，当它自身的风险也暴露无遗，如何重建现代性，便成为当代社会的一个重要命题。

从现代性历史进程所呈现出的危机来看，现代性重建面临两大重要任务：其一是重塑价值观，理解文化差异与多元，倡导文化包容，培育文化自信，尊重传统，面向未来，促进传统与现代的融合；其二是构建共同体，修复社会裂痕，促进城乡融合，建设生态文明；这两者彼此关联。亨廷顿指出现代性凭借新技术和新思想改变了城市的性质，从而打破了城乡之间的平衡，以致城乡基本差别出现并使社会共同体发生断裂，这个差别主要体现在社会最现代化的地区与最传统的地区之间的差别，"城市经济的活动和机会比农村要丰富得多。城市文化是开放的、现代的、世俗的；而农村文化却是封闭的、传统的、宗教的"，因此他认为现代性进程中社会基本的政治问题之一就是要"开拓出克服这种差距的途径，并通过政治手段重建已被现代化所破坏的社会一体性"。⑤ 法国社会学学者图雷纳在其《20 世纪的社会转型》

① 鲍曼.怀旧的乌托邦[M].姚伟,等译.北京:中国人民大学出版社,2018:213.
② 佩西.人类的素质[M].薛荣久,译.北京:中国展望出版社,1988:147.
③ 史密斯.后现代性的预言家:齐格蒙特·鲍曼传[M].萧韶,译.南京:江苏人民出版社,2002:8-9.
④ 凌耀伦,熊甫.卢作孚文集(增订本)[M].北京:北京大学出版社,2012:278.
⑤ 亨廷顿.变革社会中的政治秩序[M].李盛平,杨玉生,等译.北京:华夏出版社,1988:72-73.

一文中批判了把现代性视为革命性因而必须把过去统统抹掉的主张,他说道:"现代性并不靠一笔勾销往昔,而是要把尽可能多的往昔纳入到尽可能多的未来。"①他还进一步提出不同文化之间对话的必要性,因为"所有的文化都体现着人类寻求把理性和认同相结合的努力"②。米德也指出人们在迈进新的世界性社区,奔向现代性未来之路时,不应忘却纷繁多样的过去和传统,"人们在不同的十字路口告别过去,整个人类现在都正在向新的世界性社区迈进。我们不必弃绝任何一条从过去走向今天的道路,也不应该忘却任何一种先前的生活方式,那纷繁多样、形态殊异的过去,我们自己和其他人,都应该被看成是创造新时代的先驱"③。因此她提出:"人类只有充分认识自己的过去和现在,才能够为沉浮与共的年长一辈和年轻一代找到光辉的未来。"④费孝通认为当前人类在面对文化转型之时,对置身其中的文化要有"自知之明",要"明白它的来历、形成的过程,所具有的特色和它的发展趋向",以便"加强对文化转型的自主能力",从而"取得适应新环境、新时代文化选择的自主地位"。⑤

现代性重建之路尽管会显得漫长,但其随着时代对于现代性历史进程不断的反思而变得愈益清晰起来。梁漱溟在1934年就已指出中国社会改造应当"融取现代文明以求自身文化之长进"⑥。温铁军对当代中国的"三农"问题进行反思时指出所谓"城市化"的概念,是根植于西方现代性进程并由此被提炼出来的,并不能直接搬到中国来用。⑦ 乡村问题是中国现代性进程结构失衡、文化拔根的症结所在,石中英指出,当代中国乡村问题主要是整个乡村文明衰落以及工业化背景下几亿农民失去本土文明自信心的问题,而不仅仅是其经济的贫困和政治的民主。⑧

---

① 图雷纳.20世纪的社会转型[M]//中国社会科学杂志社.社会转型:多文化多民族社会.北京:社会科学文献出版社,2000:26-36.

② 图雷纳.20世纪的社会转型[M]//中国社会科学杂志社.社会转型:多文化多民族社会.北京:社会科学文献出版社,2000:26-36.

③ 米德.文化的承诺:一项有关代沟问题的研究[M].周晓虹,周怡,译.石家庄:河北人民出版社,1987:97.

④ 米德.文化的承诺:一项有关代沟问题的研究[M].周晓虹,周怡,译.石家庄:河北人民出版社,1987:15.

⑤ 费孝通.费孝通在2003:世纪学人遗稿[M].北京:中国社会科学出版社,2005:151-153.

⑥ 梁漱溟.教育与人生:梁漱溟教育文集[M].北京:当代中国出版社,2012:127.

⑦ 温铁军."三农"问题要有"本土化"思路[J].农村工作通讯,2009(17):45.

⑧ 石中英.略论农村文明与农村教育[C]//黄平.乡土中国与文化自觉.北京:生活·读书·新知三联书店,2007:282-290.

由此来看，当代中国重建现代性的中国式现代化实践越来越呈现出它的时代意义。当代中国现代性进程，尽管也走过一段长长的弯路，但从没有放弃自己的本土化思考和探索，从作出推进农村改革发展若干重大问题的决定到乡村振兴战略的提出，从建设生态文明到坚定文化自信再到推动共建人类命运共同体，都在谱写着中国式现代化新征程的美好愿景。"小课程，大世界"，而小小龙镇的乡村学校课程本土化实践和中国大地上无数这样正在进行着的实践，不也肩负着新时代的使命并用自己的创造性努力，正在一起奔向中国式现代化的新征程吗？

二、"课程能够重建我们丢失的东西"

2019 年 5 月，在即将结束龙镇全部田野作业之前，研究者在龙镇镇政府访谈分管文教卫的 Z 副镇长的时候，还获得了一条线索：龙镇 G 村的社区工作者联合本村籍的退休教师近年创办了一所乡村假日学校，让村庄里的孩子每逢假日可以参加假日学校开设的课程活动，参与协助假日学校开展课程活动的还有 G 村长大的部分大学生志愿者。G 村假日学校办在本村宗祠里，宗祠现已修缮成为文化礼堂，成为全村的文化活动中心（如图 6-4 所示）。文化礼堂内部整洁明亮，功能空间分列，走廊等墙面上装饰着新村规民约以及爱国爱乡等宣传展示材料，大堂两边的月梁下分别悬挂着一艘画着龙纹的龙舟，古老空间在新的时代重新焕发出它的文化魅力。

图 6-4　龙镇 G 村假日学校所在的文化礼堂

假日学校的教室就设在大堂东侧的一间大厢房里，里面整齐地摆放着课桌椅；办公室设在西侧的一间小厢房里，墙上挂着假日学校 2018 学年两个学期具体安排的课程活动，主要课程活动有"中秋赏月""传播非遗文化""重阳尊老""庆贺母亲节""庆贺端午节""缅怀先烈""走访家乡名人故居""文明礼仪""中国诗词""少儿龙舟""腰鼓"等，课程设计以爱国爱乡、文化传承和陶冶情操为主，课程目标是增进地方性知识学习，培育学生人文情怀，与以普遍性知识学习为主的学校教育构成互补。其中"少儿龙舟"这门课程，为了让孩子们更好地了解和传承龙镇的端午龙舟文化，假日学校还特意聘请了地方上的龙舟教练来教小孩子划桨的动作。

退休教师 C 老师是 G 村人，曾担任过龙镇 L 中学的校长。他退休后一直致力于乡村的文化和教育公益事业。G 村假日学校，他就是创办者之一。他还主动担任学校的教务主任，负责学校课程整体开发开设并承担部分课程活动的执教或组织任务。作为一名乡村学校的老校长，他在 2019 年 5 月 24 日接受研究者访谈时认为乡村学校的课程应该要和所在地方优秀的乡土文化有紧密联系。

> 农村有很多优秀的文化，在我的假日学校中，我经常在弥补孩子们原先都不知道的一些知识，我弥补以后他们可能会进一步了解。当地文化有这样几个优点，一个是优秀传统文化，比如龙镇有龙舟文化，还有节日传统文化，比如端午节、中秋节。我会跟学生说，人家一般过中秋节是八月十五，宁波为什么是八月十六呢？这里是有一个故事的，我就把这个故事讲给学生们听，这就是宁波特色的中秋节。比如清明节是缅怀亲人的，重阳节是要孝敬老人的。第二个，地方上的红色文化，比如说邻村有个革命烈士叫徐英，我们村也有，这些都是地方上的爱国人士，他们为当地、为国家做出过贡献，这些也应该让学生有所了解。第三，家乡的地理风貌和历史建筑，比如龙镇是十里水乡，有村落故居，有一些庙、阁、桥等。
>
> 让学生了解我们国家、我们民族的优秀的传统文化，弘扬尊老爱幼等良好的传统习惯；红色文化可以让他们珍惜当下的生活，知道我们现在的生活是来之不易的，是革命先烈用鲜血抛洒出来的，是奋斗出来的，还能够激起学生们更加热爱家乡之情，知道家乡是美丽的。不管走得多远，根还是在家乡。
>
> 乡村有乡村的特色。近一百年来，乡村学校有很大的变化，生源慢慢地流失，师资也流失，乡村学校有一定的自卑感，觉得自己比不上城区学校。而我们告诉学生乡村的一些优势，让学生了解自己所在地方的特色，这对学生的成长是有帮助的，这些东西恰恰是城区学校所没有的。我现在在龙镇关工委，就是抓这一块儿。因为学科文化知识主要是学校、老师会教的，我们要弥补学校的短板，就是地

方上的文化特色。现在很多家长、学生,他们的眼睛主要是盯住成绩,要考上高一级学校,找到好的工作,多赚钱。

　　来上课的主要是中小学生,以小学生为主。本地小孩儿和外来务工人员的孩子,让他们免费享受。有一个企业家叫徐惠裕,每年赞助一万元,是现任假日学校的名誉校长。他帮我们解决了资金问题,让学生们免费入学,免费为学生提供学习用品,还建立了奖励制度,对优秀学生进行奖励,孩子们也很开心,对于不是很富裕的家庭是很好的……每年组织一次带学生们出去,比如说到一座古城了解孝文化,到一个地方参观革命烈士陵园弘扬红色文化,到一座古村了解名人文化,到宁波博物馆参观了解我们的历史等,这些地方也是经过精心选择的。还让他们从小树立大学梦,带他们参观过理工学院。暑假里也有大学生志愿者,他们很热心,志愿为学生服务,还要送礼物给我们假日学校的学生。明天上午我们刚好要带他们去烧烤,地点在生态路,如果你有兴趣可以来看看。

(I-20190524-1043-ylzjly-cfh)

2019 年 5 月 25 日,是周六,G 村假日学校安排的课程是田园烧烤。这天上午,研究者在 C 老师的陪同下来到课程活动的现场,一处农舍边的晒谷场。农舍坐落于绿水之畔和田野之上,放眼望去,蓝天白云,田野茂盛,河流宽广,青山绵延。在这美丽的田园风光中,戴着鲜艳红领巾的学生们正在老师的指导下分工合作,点火的、准备食品的、烧烤的,忙碌而又开心。参与此次田园烧烤活动的还有 G 村年轻的村妇女主任、退休的村妇女主任以及周末回家的几位大学生志愿者。退休的村妇女主任 D 主任在 G 村出生、长大和读书,出嫁也是在这里,对村庄的一草一木、一砖一瓦都充满感情。她曾担任过区文保员,每当看到村庄里的一部分旧建筑被拆掉,就觉得很心疼,她反对大拆大建,经常建议村里要在原有建筑的基础上进行翻修改建,不能破坏原来的生态,她还说以前旧建筑那些彩色的玻璃非常漂亮,只是遗憾很多都已经被破坏了。对于村庄的未来发展,D 主任尽管已退休,但依然充满热情。

　　其实有很多农村的人向往城市,反过来也有很多城市的人向往农村、向往原生态的东西。很多人对原来的一些原生态的东西特别有感情,就是我们经常说的乡愁,我也只能在座谈会的时候提些建议,凭我一己之力尽可能地影响决策。去年下半年,我们村刚被评上了 1A 级村庄,村庄的整体形象就提升了。

(I-20190525-1017-ylzgyc-dpj)

对于 G 村假日学校的课程活动,D 主任也是经常热心参加,她认为假日学校本土化的课程活动对孩子未来的成长意义重大。

　　我从心底里感谢我们的 C 老师，这是他一手创办起来的。我认为小孩子不仅要知道科学文化知识，也得补一些这样的文化，这对小孩子以后的发展有重要的影响。像我们这次的野炊活动中有一个小孩子，他烤出来的东西自己不吃，都分给同学们吃，让他们分享自己的劳动成果，这对小孩子养成相互团结、互相帮助、分享劳动成果的品质都是很有好处的。这么小的孩子，他们也学会了怎么切菜、烧菜，然后给大人吃。我还带了我自己的外孙，让他也来体验一下，这对他为人处世、品格养成都有帮助。我觉得比只学科学文化，单纯做一些题目还要好。因为这些活动、这些学习对他们习惯的养成和影响是一辈子的，有句话说好习惯会影响一生。像我们自己，回想小时候吃的苦，现在想来也是一笔财富。

　　我们村也是龙舟之乡，现在老老少少都懂一些龙舟的历史。这些小孩学会划龙舟的动作，他们长大以后就马上可以成为划龙舟的选手，我觉得是太好了，对于传承龙舟文化，弘扬中华民族的优秀传统文化有巨大的促进作用，也能增强凝聚力，加强同学间、人与人之间的团结协作能力。这些课程在潜移默化中引领着孩子们，可以促进孩子们全面发展，也会增进我们对自己生活过、长大的地方的感情。

（I-20190525-1017-ylzgyc-dpj）

　　在田园烧烤的活动过程中，研究者和部分学生边吃边聊（如图 6-5 所示），发现小小年纪的孩子对于课程、对于文化、对于自然、对于乡土也有着自己独到的理解。

　　毕竟是这里的人，了解关于这里的历史文化、传统习俗，就能够更好地融入自己的家乡。

　　挺重要的，学校里都不教这些。听了这些以后，我知道了很多以前不知道的知识，拓宽了我的眼界。

　　我对村里印象最深的是一个庙。因为庙里每年都会唱戏，还有庙会，很热闹。唱戏的时候我会去那里听一会儿戏或者是陪老人去看戏。我们喜欢趁着做戏的时候去凑热闹。在这样的环境中慢慢长大，我会对自己生活的村庄越来越建立起情感。虽然我并不是本地人，我是四川人，跟着父母在福建出生，在我两三岁的时候又跟着父母到了这里，我已经在这里生活十年以上，所以对这里也产生了感情。

　　我们在发展经济的同时要保护环境。高科技发展不要污染环境。科技和我们农村的环境就可以相互促进，如果发展了高科技而污染了环境，那么就会造成对乡村的破坏，甚至影响人类与地球的关系。

(I-20190525-1030-ylzgyc-xsm)

图 6-5　研究者和龙镇 G 村的孩子们在一起

G 村假日学校的本土化课程正在村庄孩子的心里播下一颗颗乡愁的种子，而后扎根和生长。在龙镇，J 小学、L 小学、Q 小学和 L 中学等学校，和 G 村假日学校一起，正在凭借课程本土化的创造性实践，实现课程的转型，重建起乡土大地之上现代性未来的生动图景。

佐藤学认为在现代性进程走向重建的转折点，必须重新界定"课程"的概念、功能和"教师"的角色。他指出中日两国在以往以中央集权的效率性为特征的制度与政策之下，其课程内涵非常单一，其教师缺少以学校与课堂为本位的课程本土化创造性实践，因此要描绘学校的未来形象，必须超越这种现实。[①] 裴娣娜高度肯定了乡土教育及其课程领域正在实现从工具论到价值论的研究主题转换。她认为："正是这一根本转换，使乡土教育研究聚焦在重新认识本土文化对当地地域经济与社会的发展价值上，聚焦在如何提升学生的生存能力的问题上。也就是说，正在实现从关注课程资源开发进而关注文化传承；从仅关注学生学习的分数，向关注人的发展、人的生活、人的生命的转变。重建个体与群体主体性的意义世界，从而导致深刻的教育价值观念和行为方式的变革，实现了对不合理教育观念和行为方式的突破和超越。"[②]叶澜引用法国学者米亚拉雷所言，指出一个教育系统只有扎根本土，才能建立起自信，"才能以它的

①　佐藤学.课程与教师[M].钟启泉，译.北京：教育科学出版社，2003：中译本序 5.

②　裴娣娜.教育创新视野下的少数民族地区乡土教育的思考[J].中国教育学刊，2010(1)：49.

经验、思考能力尤其是以它的判断来丰富别国的遗产"，在经济全球化的背景下，没有教育的本土化，"就不可能解决本国、本民族、本校所面临的实际问题"。①

　　蒋梦麟在 100 年前提出的走出过渡时代、重建时代进程的教育建议，100 年后回首看来，更显其远见卓识。他说："中国之教育，当与近世之精神相谋而并进。泥古之教育，为过渡时代以前之教育，不可行矣。消极破坏之教育，而无积极之进行者，为过渡时代之教育，可暂而不可久。若为今日之教育图长久计，当取中国之国粹，调和世界近世之精神，定标准，立问题，通新陈交换之理，察社会要需，采适当之方法以推行之。"②

　　而课程，能够重建我们丢失的东西。③

　　①　叶澜.中国基础教育改革发展研究[M].北京:中国人民大学出版社,2009:270.
　　②　蒋梦麟.过渡时代之思想与教育[M].北京:知识产权出版社,2016:17.
　　③　阿普尔.意识形态与课程[M].黄忠敬,译.上海:华东师范大学出版社,2001:82.

第七章 结论与讨论

人类只有充分认识自己的过去和现在,才能够为
沉浮与共的年长一辈和年轻一代找到光辉的未来。①

——[美]玛格丽特·米德

---

① 米德.文化的承诺:一项有关代沟问题的研究[M].周晓虹,周怡,译.石家庄:河北人民出版
社,1987:15.

第一节　结　论

借助于教育社会学理论探照灯的路径指引，当沿着中国现代性的进程并按事件发生的序列对课程沉浮的历史追溯接近尾声，当田野工作中通过观察、访谈和实物收集所积累起来的有关乡村学校课程本土化的原始资料在分析中逐步梳理出一条清晰的故事线并建构起事件之间内在的逻辑关系，本研究的结论也逐渐浮出水面。

在呈现本研究具体的结论之前，首先有必要通过回顾与总结本研究理论建构的具体过程并检视研究过程对研究问题的回应情况，以进一步说明研究结果的意义所在。在社会学大师布尔迪厄的眼里，研究真正具有重要意义的"也许并不是具体结果本身，而在于产生这些结果的过程"；尽管以个案为主的质性研究，在"共识"的达成上，有别于量化研究所注重的解释的普遍性，但它的意义恰恰在于"必须亲身投入特殊性中，以从中发现恒定性"，而且，"一个特殊的案例，只要构建得完善，就不再是特殊的了"。[①]

本研究以龙镇乡村学校为个案，以"历史寻踪""当代考察""未来想象"为逻辑线索，建构起乡村学校课程本土化研究的完整脉络（如图7-1所示）。"当代考察"是本研究的中心所在，而"历史寻踪"和"未来想象"的前后延展，在把乡村学校课程本土化置放于中国现代性进程中进行长时间检视的同时，则为聚焦分析乡村学校课程本土化的当代实践与社会政治、经济、文化之间的关联提供了更为全面而又深入的可能。

[①]　布尔迪厄，华康德. 反思社会学导引 [M]. 李猛，李康，译. 北京：商务印书馆，2015：102-103.

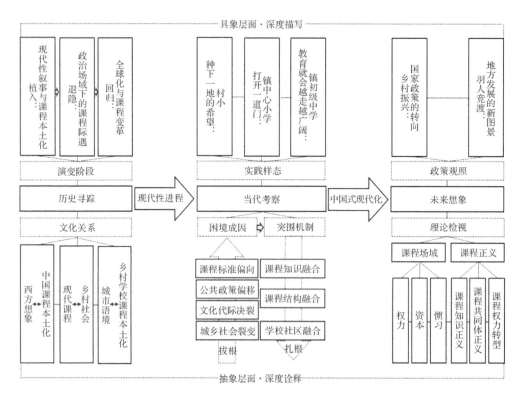

图 7-1 乡村学校课程本土化研究理论建构过程总体框架

整个研究在理论的建构过程中，事件具象层面的深度描写与理论抽象层面的深度诠释互为联系。具象层面，进入研究对象包括研究合作者的意义世界中，注重事件情节以及细节等的把握，对研究对象进行整体性的、情境化的、动态的深度描写，并不止步于抽象孤立地列出几条结论或理论，从而让研究的结论获得足够的资料支持；[①]抽象层面，则注重意义系统内在关系的把握，同时结合理论的诠释以阐明故事背后的意义结构。

其中，"历史寻踪"部分主要集中在本研究写作的第二章，在深描乡村学校课程本土化的历史演变阶段的同时，对嵌于其中的文化关系如"西方想象与中国课程本土化""现代课程与乡村社会""城市语境与乡村学校课程本土化"等进行了深度诠释，从而回应本研究的第一个问题"乡村学校课程及其本土化在历史上是如何演变的"。"当代考察"部分主要集中在本研究写作的第三章和第四章，在深描乡村学校课程本土化当代实践样态的同时，对其困境成因和突围机制进行了深度诠释。而"未来想象"部分主要集中在本研究写作的第五章和第六章，在真实世界的深描和理论对话、意义建构的深度诠释中，借助米尔斯所启迪的社会学想象力，最终努力去理解历史与所研究对象的

---

① 陈向明.质的研究方法与社会科学研究[M].北京：教育科学出版社，2000：347.

实践历程以及社会中二者之间的联系,既从理论层面去检视权力、资本与惯习交织的课程场域在课程知识正义和共同体正义的召唤中被建构成一个充满意义的世界的可能性,又从政策视角去看清更广阔的时代舞台并置身其中,从而更好地理解乡村学校课程本土化的实践经历,明了其可能面对的机遇,洞察其未来的命运。[①] 或者说,去努力找到当下这个时代在现代性进程中的定位,找到龙镇乡村学校课程本土化实践的个案在社会结构中的定位,从而在个体经验与公共议题之间建立联系,在微观经验与社会趋势之间找到"共识"。[②] "当代考察"与"未来想象"两部分主要是对本研究第二个问题"乡村学校课程本土化的意义及其实践机制是什么"的回应。以下为本研究的结论。

一、自觉的诉求:乡村学校课程本土化的历史演变

尽管课程拥有自己民族的文化传统渊源,但现代视域中的课程更多的是源于西方的现代性进入近代中国的新生事物。无论是现代性催生和支配着课程,还是课程在形塑和影响着现代性,课程的命运总与中国现代性进程紧紧关联在一起;它听从于现代性的召唤,呈现出现代性的鲜明特征。现代性改变着中国自近代起的历史命运,现代性课程观也同样建构起中国教育有别于历史传统的新样态,崇尚以现代学科知识为代表的普遍性知识价值观,建构起现代课程体系。如果说中国现代性进程既承载着一个民族自近代被西方列强欺凌而屈辱开场起的自强与复兴梦想,但也带来了文化冲突、城乡失衡等深刻的社会问题,那么课程作为现代性的产物,也同样在中国现代教育的演进中呈现出双重性,既推进了中国现代教育体系构建,扩展了平民受教育的权利,普及了现代学科知识,促进了教育发展,推动了文明融合和进步,但也造成了文化的拔根,尤其是加剧了乡村学校的衰败命运,催化了乡村社会离土离乡的空心现象。

课程自身并不局限于教育学的意义,它深嵌于历史与社会,深嵌于中国现代性进程之中。从近代兴起和发展,到20世纪50年代隐没,再到21世纪初复兴,课程同样在社会变迁中抒写着自己沉浮不定的命运故事。而龙镇,因其地处东南沿海地区,较早卷入到自近代开启的中国现代性进程中,其新式学校的早期创办与现代教育的发展历程也正好成了中国现代教育及其课程演变的一个缩影,这就使得龙镇乡村学校课程本土化的当代实践在历史的脉络中更具有深入观察其社会政治、经济、文化关联的可能性,从而获得意义建构的合理性。因为,从现代课程借由现代性的扩张路径植入中

---

① 米尔斯.社会学的想象力[M].陈强,张永强,译.北京:生活·读书·新知三联书店,2016:5-6.

② 石英.质性社会学导论[M].北京:社会科学文献出版社,2018:17.

国起,在西方文明的撞击下,中国课程本土化从一开始也就是从 1904 年中国历史上第一个以教育法令公布并在全国实行的《奏定学堂章程》起,就以制度话语的方式,成为一个民族自觉的文化诉求;而后,随着现代性进程城市化、全球化的演进,中国传统乡村社会结构松动、民生凋敝和文化拔根进一步引发了对于乡村教育及课程的反思,乡村学校课程本土化由此进入时代议程,在 20 世纪二三十年代的中国就已经被比较广泛地讨论,并在当时各地兴起的乡村建设运动中得到实践。

总之,在课程跨越世纪的演变中,无论是其植入和兴起,还是隐退和回归,都有一条线索在历史场景的回望和追溯中,在文化关系的把握和分析中变得越来越清晰:在被动卷入还是主动拥抱世界现代性进程的路途上,在工业化、市场化、城市化及全球化浪潮中,中国的课程本土化尤其是乡村学校课程本土化的文化自觉诉求及显性或隐性的历史实践自始至终没有停止过,如图 7-2 所示。

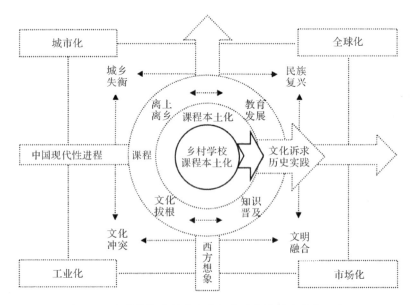

图 7-2 乡村学校课程本土化历史演变的理论建构示意

二、扎根于大地:乡村学校课程本土化的创造性实践

课程在其历史演变中所呈现出来的双重性在中国 20 世纪后期重启的现代性进程中又演绎出新的意义。它造成了文化的拔根,加剧了乡村学校的衰败命运和催化了乡村社会离乡离土的空心现象,却在 21 世纪初再次启蒙了中国教育重新丰富自身的含义,尤其启蒙了乡村学校借由课程突围自己的衰败困境,重构自己的未来愿景。当现代性凭借自身的力量建立起更广阔的全景时代,全球化与本土化则再一次凸显为这个

时代一对深刻的矛盾和一个紧迫的命题,而课程却实现了它们之间的相遇和融合。以龙镇为例的中国乡村学校凭借着课程的再次启蒙,在自己的大地上所自觉探索出来的课程本土化创造性实践,所实现的恰恰是一个扎根的过程。它们的前景不再因为课程曾经的拔根和悬浮而变得缥缈,而是因为扎根获得文化自信而走上命运重建的道路。

J 小学围墙上打开的通往田野的一道门,Q 小学在狭小校园里建起的"小小农庄",L 小学划船课程师生在龙镇端午龙舟赛开幕式上的出场,L 中学运动会上的舞龙表演,仿佛都是一种象征,呈现着乡村学校课程扎根乡土及文化的美好意蕴。当普遍性知识在乡村学校课程本土化实践中与地方性知识相遇并融合时,知识所产生的意义才是如此鲜活并具有启迪生命和鼓舞人心、扎根本土和放眼世界的力量;当国家课程、地方课程与学校课程在学校课程体系的本土化自觉建构中实现统整和融通时,课程才真正成为内生的力量。而且,在课程的召唤和本土化实践中,乡村学校正在走出孤岛的围困,学校、村庄、社会、教师、学生、村民和社会人士等,正以课程为纽带建立起共同体,改变着乡村日益涣散的落寞景象,甚至在重建自身和乡村命运的同时,还孕育着改造现代性的可能性。

乡村学校课程本土化实践及其意义的本质在于,通过知识谱系的再造、课程体系的统整以及共同体的建构,让学生、教师和学校重获历史、传统、本土以及身份的认同感,在文化的扎根中重拾文化信心,融合知识的价值差异,敞开现代性的广阔前景,重建与生活世界的联系,如图 7-3 所示。

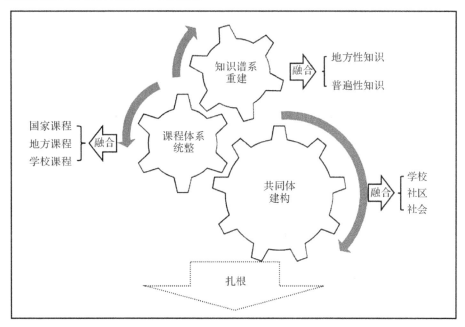

图 7-3　乡村学校课程本土化实践机制的理论建构示意

以龙镇为个案的中国乡村学校的生动实践，正预示着乡村学校课程本土化不会是一条虚无之路。

三、共同体正义：乡村学校课程本土化的合法性理据

乡村学校课程本土化的合法性不仅仅建立在历史演变的逻辑和真实开展的实践之上，还源于理论深刻的沉思和检视。人类社会发展到哪里，人类思想也总如影随形，如约而至，在批判的同时带来展望。人类社会的发展在经历着曲折的同时，也正在历史的回顾、现实的描述、理论的对话、意义的建构以及多方的互动中达成着共识：不同类型的社会联合都具有自身的价值，它们之间不应该被分等，基于村落和土地的乡村社会具有自己独特的文明价值体系，不应在现代性的城乡裂变中被边缘化，应渐渐突破历史和环境的分割，通过"重叠共识"，找到一个共有的最终目的和为人们广泛接受的实现这个目的的方法，经由合作走向相互补充和融合，实现人们的共同本性，加强共同体的联系纽带。

尽管现实中的乡村学校课程场域里隐形交织着复杂的力量，比如权力、资本、惯习以及由此产生的文化霸权等，它们宛如一张巨大的网，裹挟着课程场域的实践意义表达，然而在当代全球正义共识的观照下，以龙镇为例的乡村学校课程本土化实践在获得课程知识正义、课程共同体正义等合法性理据的同时正彰显着它深远的意义。课程建设的相关者如学校、教师、学生以及社会人士等，正在共同体价值的正义召唤中，在多极与共有的课程赋权吁求中，以课程本土化为纽带而联合起来，将已经获得的课程权力共同凝聚成乡村社会复兴的力量。在这个过程中，课程权力也正在突破传统管理范式，实现自身从管理向领导的转型，在基于健全和谐社区及文化的共同体价值观的召唤中，走向课程权力的善治，从而激发课程权力的创造力，重绘学校充满生机、希冀的课程理想和愿景，如图7-4所示。

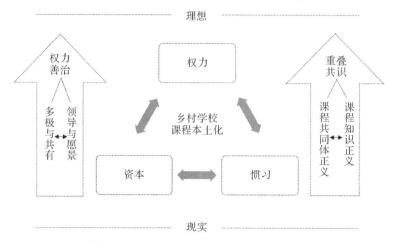

图 7-4　乡村学校课程本土化实践意义的理论建构

四、时代的交响：乡村学校课程本土化的前景展望

乡村学校课程本土化并不是孤独的教育学叙事，尽管它在以龙镇为例的乡土大地上所积极开展的事业并不显赫一时，甚至很不起眼，但它的创造性实践却不断展现着社会学的恢宏想象。它并不只是一个时期的即兴发挥，而是深深地联结着过去、现在和遥远的未来；它并不只是自娱自乐的活动设计，而是深深地联结着学校、社区和广阔的社会。它的意义，在中国课程源流的历史演变中，呈现得越来越清晰，从拔根到扎根，不断走向新的生长；在中国当代伟大复兴的使命追求中，又是显得如此熠熠生辉，从价值迷失到文化自信，再到共同体建设，不断生成着本土探索的智慧。它在扎根自己大地的同时，深嵌于中国现代性重建的当代叙事中。因为，无论是中国还是世界，都在跨越世纪的时代进程中不断对现代性进行着反思，现代性及其工业化、市场化、城市化和全球化带来文明进步的同时，也造成了人的物化、自然环境恶化、全球战争爆发、城市乡村分裂以及文化多样性消失等问题，所有这些反思，也恰恰孕育着现代性重建的时代机遇；而在拥抱现代性的同时从没放弃自己本土化思考和探索的中国，从作出推进农村改革发展若干重大问题的决定到乡村振兴战略的提出，从建设生态文明到坚定文化自信再到推动构建人类命运共同体，则正通过重建现代性而不断走向中国式现代化的新征程，如图 7-5 所示。

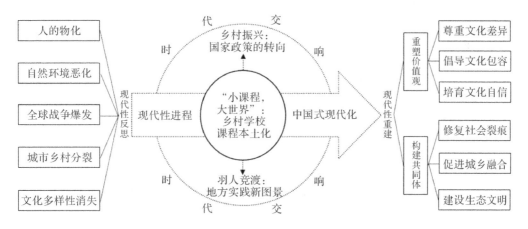

图 7-5　乡村学校课程本土化实践意义的前景展望

而"小课程，大世界"，小小龙镇乡村学校怀着课程的憧憬正在开展的课程本土化实践，也在时代的想象中，和国家、民族以及全球的命运一起，谱写着"让我们东西两大文化共同来擘画一个完整的世界社会"之壮丽的时代交响。

第二节 讨 论

在漫长的研究接近尾声时,研究中存在的不少局限性反而却越来越困扰着研究者。但是,它也启示着研究者,每一次研究的结束,之于研究,更之于研究者的学术生涯,都是一场在反思、讨论和追问中重新开启的崭新开始。

一、局限与反思

尽管在研究的开展过程中,研究者始终恪守学术的规范,从问题提出到文献综述,从田野作业到资料收集,从资料分析、意义诠释到理论建构,都不断检视和把握着其中的尺度;但是质性研究在创造意义诠释的丰富可能性时,也带来了它与生俱来的局限性。因为研究者作为质性研究的工具本身,尽管受过规范的学术训练,但其主观个体无法避免的不确定性常常会干扰研究中的方法运用和资料分析。无论是长时期的访谈、观察和实物收集,还是纷繁资料的分析,都会因为研究者自身如方法运用不够成熟等局限而丢失发现的可能性,因为研究者自身可能存在的偏见以及与研究合作者之间文化前设的不同而失去它的客观性。

还需要进一步检视的是,研究合作者所共同参与的访谈、观察以及提供的资料,是否会因为研究效应的存在,例如研究者的身份、研究者的社会关系以及录音录像工具的使用等,存在迎合或夸大的可能,以致效度失真。面对研究中存在的这些矛盾时,研究者是否有足够的能力超越矛盾的漩涡,从更广阔的社会关系和权力网络进行透视,从而获得更为整体、多角度以及深刻的理解。而且,收集的原始资料是否充分,尤其是研究者在研究过程中所做的笔记或备忘录的有限性,也无形之中影响着研究结论效度的检验。也因此,乡村学校课程本土化研究是否会成为一种理论虚构的图景?还有,之于整个研究过程中的伦理道德问题,是否真正做到了自愿、公正、中立和守护原则,都需要研究者不断地检视。

研究者依然记得最终结束田野作业离开龙镇时,是五月的一个黄昏。坐在车上,看到车窗外黄昏的大地是如此壮阔。在金色的霞光中,青山妩媚,村庄宁静,田野茂盛,河流闪耀着迷人的光芒。而当整个研究及其叙事也接近尾声时,却发现时光荏苒,已是十月的深秋了。尽管研究的结论在心中日益清晰和生成,但还有可能存在的一些局限,除了研究方法的局限外,也慢慢在研究中凸显出来,等待研究者去不断进行反思。

本研究基于乡村社会逐渐瓦解、乡村学校存在危机的现实观照,通过对乡村学校的文化核心——课程的考察,借助于社会学的视域观照,运用质性研究的方式,通过对深嵌于中国现代性进程的课程及其本土化演变的历史梳理,通过对当代乡村学校课程本土化实践的实地考察,发现了乡村学校课程本土化实践的历史源流及演变情况,诠释了其当代建构的丰富意义。但是以龙镇作为个案进行研究,龙镇作为历史上处于现代性进程前沿的一个东南沿海小镇,它的教育及课程独特的演变轨迹,是否会让它的代表性成为一个问题而引起争议?进一步来看,尽管本研究始终把乡村学校课程本土化置放在课程历史演变以及社会现实的时空中来考察,但是在乡村学校课程本土化理论的建构过程中,对于横亘在课程场域的权力、资本、惯习以及文化霸权的审视是否充分,对于乡村学校课程本土化实践所遭遇的现实阻力是否低估,所有这些研究中可能存在的局限,依然有待于未来课程发展的实践验证和社会学深入的理论检视和反思。

二、讨论与追问

龙镇乡村学校课程本土化实践之路会走多远,课程场域的变革和建设在多大程度上能真正改变乡村学校窘迫的现代性境遇,既实现自身的教育目的,又重建与乡村互动发展的共同体,尚有一些重要的理论问题需要在以后的研究中进行深入的讨论和追问,探索其未尽的可能性。

例如,在乡村学校课程本土化实践中,国家课程的地位是否会在改造的过程中受到挑战?尽管研究者观察到的乡村学校课程本土化所呈现的课程整合,是在国家课程标准框架下扎根本校本土的原国家课程、地方课程与学校课程之间的有机联系和融通,是学校课程体现自身特色的整体化构建,但是国家课程在本土化改造的过程中,其边界如何厘清,其权威如何得到保证,其实也会影响乡村学校课程本土化实践现实与未来的合法性建构。

例如,地方性知识借由乡村学校课程本土化实践进入学校课程的知识谱系时,尽管它在重建人与乡村社会的关系时体现出了它独特的价值意义,但它作为一种知识类型,与普遍性知识相比,它的地域性与缄默性可能会带来的局限性和模糊性,会让地方性知识在被开发和确认为正式的课程知识进入课程场域时产生困难,而且因此有可能产生的意义误读,是否会造成视野和精神的窄化从而加剧低地位阶层的再生产?

对乡村学校课程本土化的研究无法脱嵌于对中国现代性进程的宏观把握。乡村学校课程本土化原本作为对于现代性进程城市化、全球化的一种文化诉求和本能反应,在经历了跨越世纪的演变之后,是否在当代开始具备实践的主体性和合法性,依然与现代性本身的命运紧密地关联在一起,例如现代性当代重建的可能性将会深远地影响未来乡村学校课程本土化的实践开展。因此,今后对现代性的深入考察将是乡村学校课程本土化讨论的重要理论前提。

如果再放眼开去,置放于整个世界的现代性进程,把中国乡村学校的现代性困境及课程本土化实践与西方乡村学校的现代性困境及课程本土化实践进行深入的研究比较,也许,将更会洞见中国乡村学校课程本土化实践的意义,它的创造性在哪里。

所有这些今后需要进一步讨论和追问的问题,其中任何一个,都会像学术之路上的另一座山峰,在研究者翻越完这一座山峰之后,又卓立在研究者的视野中。这既会是一场新的征程和挑战,又无疑是一种如灯塔般的远景召唤。

参考文献

[1] 阿普尔,克丽斯蒂安-史密斯.教科书政治学[M].侯定凯,译.上海:华东师范大学出版社,2005.

[2] 阿普尔.全球危机、社会公平和教育[M].李慧敏,译.北京:中国政法大学出版社,2012.

[3] 阿普尔.意识形态与课程[M].黄忠敬,译.上海:华东师范大学出版社,2001.

[4] 埃利斯.课程理论及其实践范例[M].张文军,译.北京:教育科学出版社,2005.

[5] 爱默生.自然沉思录[M].博凡,译.上海:上海社会科学院出版社,1993.

[6] 安晓敏,邬志辉.农村小规模学校联盟发展模式探究[J].中国教育学刊,2017(9):50-54.

[7] 奥恩斯坦,汉金斯.课程:基础、原理和问题(第三版)[M].柯森,主译.南京:江苏教育出版社,2002.

[8] 奥尔.大地在心:教育、环境、人类前景[M].君健,叶阳,译.北京:商务印书馆,2013.

[9] 巴赫金.巴赫金全集(第2卷)[M].李辉凡,等译.石家庄:河北教育出版社,2009.

[10] 巴兰坦,海默克.教育社会学——系统的分析[M].熊耕,王春玲,王乃磊,译.北京:中国人民大学出版社,2011.

[11] 白亮,张竞文.农村学校布局变化三十年的制度原因分析——基于农村基础教育投入管理体制的观察[J].教育发展研究,2014(10):45-49.

[12] 柏良.改进乡村学校的步骤(未完)[J].教育与人生,1924(17):3-5.

[13] 鲍尔.政治与教育政策制定——政策社会学探索[M].王玉秋,孙益,译.上海:华东师范大学出版社,2011.

[14] 鲍曼.共同体[M].欧阳景根,译.南京:江苏人民出版社,2003.

[15] 鲍曼.怀旧的乌托邦[M].姚伟,等译.北京:中国人民大学出版社,2018.

[16] 贝尔.资本主义文化矛盾[M].严蓓雯,译.南京:江苏人民出版社,2012.

[17] 本雅明.发达资本主义时代的抒情诗人[M].张旭东,魏文生,译.北京:生活·读书·新知三联书店,2014.

[18] 毕延威.乡村学校的课程困局[N].中国教育报,2014-02-19.

[19] 别尔嘉耶夫.美是自由的呼吸[M].济南:山东友谊出版社,2005.

[20] 波兹曼.娱乐至死[M].章艳,译.北京:中信出版社,2015.

[21] 伯恩斯.领导论[M].常健,孙海云,等译.北京:中国人民大学出版社,2006.

[22] 博比特.课程[M].刘幸,译.北京:教育科学出版社,2017.

[23] 博伊姆.怀旧的未来[M].杨德友,译.南京:译林出版社,2010.

[24] 布尔迪厄,华康德.反思社会学导引[M].北京:商务印书馆,2015.

[25] 布尔迪厄,帕斯隆.再生产:一种教育系统理论的要点[M].邢克超,译.北京:商务印书馆,2002.

[26] 布尔迪厄.世界的苦难:布尔迪厄的社会调查[M].张祖建,译.北京:中国人民大学出版社,2017.

[27] 布尔迪厄.文化资本与社会炼金术:布尔迪厄访谈录[M].包亚明,译.上海:上海人民出版社,1997.

[28] 布里克曼.教育史学:传统、理论和方法[M].许建美,译.济南:山东教育出版社,2013.

[29] 布鲁纳.布鲁纳教育论著选[M].邵瑞珍,张渭城,等译.北京:人民教育出版社,1989.

[30] 蔡清田.课程统整与行动研究[M].台北:五南图书出版股份有限公司,2004.

[31] 陈伯璋.意识形态与教育[M].台北:师大书苑有限公司,1988.

[32] 陈守谦.乡村学校的教师问题(续)[J].教育月刊,1929(6):2-10.

[33] 陈守谦.乡村学校的教师问题[J].教育月刊,1929(4):7-8.

[34] 陈侠.近代中国小学课程演变史[M].福州:福建教育出版社,2007.

[35] 陈向明.旅居者和"外国人"——留美中国学生跨文化人际交往研究[M].北京:教育科学出版社,2004.

[36] 陈向明.质的研究方法与社会科学研究[M].北京:教育科学出版社,2000.

[37] 陈月如.试论农村新概念[J].经济研究,1986(2):76-78.

[38] 程福蒙.全球化与本土化之间——课程改革论述的转变与文化认同问题[J].教育学报,2006(3):27-31.

[39] 慈玲玲,曲铁华.城乡教育一体化视阈下梁漱溟乡村建设理论及本土启示[J].广

西社会科学,2014(2):196-201.

[40] 崔允漷,林荣凑.校本课程开发:课程故事[M].上海:华东师范大学出版社,2007.

[41] 崔允漷.校本课程开发:理论与实践[M].北京:教育科学出版社,2000.

[42] 崔载阳.敬致全国教育同人[J].教育研究(广州),1938(83):1-9.

[43] 戴锦华.隐形书写——90年代中国文化研究[M].北京:北京大学出版社,2018.

[44] 戴文斌,朱翔,胡茂永.高中地理课程校本化开发策略[J].基础教育课程,2019(12):59-63.

[45] 捣毁学堂[N].申报,1906-04-02.

[46] 登琨艳.空间的革命:一把从苏州河烧到黄浦江的烈火[M].上海:华东师范大学出版社,2006.

[47] 迪尔凯姆.社会学方法的准则[M].狄玉明,译.北京:商务印书馆,1995.

[48] 董显贵.怎样才配做一个乡村学校教师[J].青岛教育,1934(5):13-15.

[49] 杜威.杜威全集·中期著作(1899—1924)第二卷(1902—1903)[M].张留华,译.上海:华东师范大学出版社,2012.

[50] 杜威.学校与社会·明日之学校[M].赵祥麟,任钟印,吴志宏,译.北京:人民教育出版社,1994.

[51] 方明.缄默知识论[M].合肥:安徽教育出版社,2004.

[52] 费尔克拉夫.话语与社会变迁[M].殷晓蓉,译.北京:华夏出版社,2003.

[53] 费特曼.民族志:步步深入[M].龚建华,译.重庆:重庆大学出版社,2013.

[54] 费孝通.费孝通全集[M].呼和浩特:内蒙古人民出版社,2009.

[55] 费孝通.费孝通在2003:世纪学人遗稿[M].北京:中国社会科学出版社,2005.

[56] 费孝通.江村经济(修订本)[M].上海:上海人民出版社,2013.

[57] 费孝通.乡土中国(修订本)[M].上海:上海人民出版社,2013.

[58] 费孝通.中国士绅[M].赵旭东,秦志杰,译.生活·读书·新知三联书店,2009.

[59] 冯加渔.课程与教学本土化的辨识与澄明[J].中国教育学刊,2013(11):58-62.

[60] 福柯.规训与惩罚:监狱的诞生[M].刘北成,杨远婴,译.北京:生活·读书·新知三联书店,2007.

[61] 福特纳.国际传播:"地球都市"的历史、冲突与控制[M].刘利群,译.北京:华夏出版社,2000.

[62] 傅葆琛.乡村生活与乡村教育[M].无锡:江苏省立教育学院研究试验部,1930.

[63] 富兰.教育变革新意义(第3版)[M].赵中建,等译.北京:教育科学出版社,

2005.

[64] 格尔兹.文化的解释[M].纳日碧力戈,等译.上海:上海人民出版社,1999.

[65] 格里芬.后现代精神[M].王成兵,译.北京:中央编译出版社,1998.

[66] 葛新斌.乡村振兴战略:农村教育究竟能做些什么[J].华南师范大学学报(社会科学版),2018(2):82-87.

[67] 公丕祥.法理学[M].上海:复旦大学出版社,2002.

[68] 古德温.政治正义论:论政治公正性及其对现代道德观和价值观的影响(上)[M].郑博仁,等译.北京:中国社会科学出版社,2011.

[69] 顾建军.农村教育研究的特性、方法及其选择[J].教育评论,1999(5):25-27.

[70] 顾明远.改革开放以来我国教育科学的重建与发展[J].教育研究,2008(9):3.

[71] 管子[M].房玄龄,注.刘绩,补注.上海:上海古籍出版社,2015.

[72] 郭焕成.乡村地理学的性质和任务[J].经济地理,1988(2):125-129.

[73] 国家中长期教育改革和发展规划纲要工作小组办公室.国家中长期教育改革和发展规划纲要(2010-2020 年)[EB/OL].(2010-07-29)[2019-08-02].http://www.moe.gov.cn/srcsite/A01/s7048/201007/t20100729_171904.html.

[74] 海勒.安·兰德和她创造的世界[M].启蒙编译所,译.桂林:广西师范大学出版社,2016.

[75] 郝德永,赵颖.论教师的课程权力[J].全球教育展望,2004(12):58.

[76] 郝德永.课程与文化:一个后现代的检视[M].北京:教育科学出版社,2002.

[77] 何顺果.全球化的历史考察[M].南昌:江西人民出版社,2010.

[78] 何云峰.历史课程资源开发的本土化策略与实践探讨[J].教学与管理,2012(24):82-83.

[79] 赫尔德,等.全球大变革:全球化时代的政治、经济与文化[M].杨雪冬,等译.北京:社会科学文献出版社,2001.

[80] 亨廷顿.变革社会中的政治秩序[M].李盛平,杨玉生,等译.北京:华夏出版社,1988.

[81] 洪俊,齐阿娜尔.课程失衡:民族地区农村学校课程的多元文化解析[J].东北师大学报(哲学社会科学版),2008(1):34-39.

[82] 胡定荣.课程改革的文化研究[M].北京:教育科学出版社,2005.

[83] 胡东芳.论"课程共有"——对中国特色课程政策模式的探索[J].教育研究,2002(8):78-83.

[84] 胡塞尔.笛卡尔沉思与巴黎讲演[M].张宪,译.北京:人民出版社,2008.

[85] 胡伟元.我理想中的农村学校[J].金山县教育月刊,1928(9):1-8.

［86］胡伊森.大分野之后:现代主义、大众文化、后现代主义［M］.周韵,译.南京:南京大学出版社,2010.

［87］沪北灯舫议［N］.申报,1889-02-08.

［88］黄春梅,司晓宏.从校本课程到课程校本化——我国学校课程开发自主权探寻［J］.中国教育学刊,2013(3):28-30.

［89］黄国才.鄞县小学乡土教材(高级社会)［M］.鄞县县政府,1936.

［90］黄炎培.农业教育·弁言［J］.教育与职业,1921(25):1.

［91］黄政杰.教育本土化之新思维［C］//课程与教学学会,主编.课程教学的本土化与全球化.高雄:复文图书出版社,2006.

［92］霍克海默,阿道尔诺.启蒙辩证法——哲学断片［M］.渠敬东,曹卫东,译.上海:上海人民出版社,2006.

［93］姬升果.语文国家课程校本化实施研究［D］.北京:首都师范大学,2005.

［94］吉标.中国村落小学的百年兴衰［J］.华东师范大学学报(教育科学版),2012(4):81-88.

［95］吉登斯.为社会学辩护［M］.周洪云,等译.北京:社会科学文献出版社,2003.

［96］吉登斯.现代性的后果［M］.田禾,译.南京:译林出版社,2000.

［97］吉登斯.现代性与自我认同［M］.赵旭东,方文,译.北京:生活·读书·新知三联书店,1998.

［98］吉鲁.教育中的理论与抵制［M］.张斌,等译.北京:教育科学出版社,2016.

［99］纪德奎.乡村振兴战略与城乡义务教育一体化发展［J］.教育研究,2018(7):79-82.

［100］纪德奎.乡村学校文化发展研究［J］.天津师范大学学报(社会科学版),2014(3):71-75.

［101］加德纳.论领导力［M］.李养龙,译.北京:中信出版社,2007.

［102］江弱水.诗的八堂课［M］.北京:商务印书馆,2017.

［103］姜添辉.资本社会中的社会流动与学校体系:批判教育社会学的分析［M］.台北:高等教育文化事业有限公司,2013.

［104］蒋建华.课程权力的内容、类别与配置［J］.课程·教材·教法,2013(4):44-49.

［105］蒋建华.知识·权力·课程——政策视野中的课程研究［M］.北京:教育科学出版社,2010.

［106］蒋健.冯骥才:村落村落!立档调查!［N］.中国青年报,2015-06-12.

［107］蒋梦麟.过渡时代之思想与教育［M］.北京:知识产权出版社,2016.

[108] 蒋梦麟.西潮与新潮——蒋梦麟回忆录[M].北京：东方出版社，2006.

[109] 教育部教育方案编制委员会.改进全国教育方案[M].南京：教育部教育方案编制委员会，1930.

[110] 巨商兴学之可嘉[N].时事公报，1925-05-27.

[111] 卡洪.现代性的困境：哲学、文化和反文化[M].王志宏，译.北京：商务印书馆，2008.

[112] 凯利.技术元素[M].张行舟，余倩，等译.北京：电子工业出版社，2012.

[113] 康奈尔.教育、社会公正与知识[J].李复新，马小梅，译.华东师范大学学报（教育科学版），1997(2)：62-71.

[114] 科特.变革的力量——领导与管理的差异[M].方云军，张小强，译.北京：华夏出版社，1997.

[115] 课程教材研究所.20世纪中国中小学课程标准·教学大纲汇编：语文卷[M].北京：人民教育出版社，1999.

[116] 兰德.源泉[M].高晓晴，赵雅蔷，杨玉，译.重庆：重庆出版社，2013.

[117] 蓝顺德.教科书意识形态：历史回顾与实证分析[M].台北：华腾文化股份有限公司，2010.

[118] 雷通群.教育社会学[M].福州：福建教育出版社，2008.

[119] 李臣之.校本课程开发[M].北京：北京师范大学出版社，2015.

[120] 李道祥.乡村学校的课程（附表）[J].河南教育，1930(14)：33-57.

[121] 李定仁.西北民族地区校本课程开发研究[M].北京：民族出版社，2006.

[122] 李芳.乡村学校的衰落与乡村教育的发展——一个华北村学校的民族志研究[D].南京：南京师范大学，2012.

[123] 李广超.校本课程开发中知识选择的思考：缄默知识的视角[J].当代教育科学，2016(13)：25-28.

[124] 李洪修，张晓娟.社会学视阈下教师课程权力的合法性审视[J].社会科学战线，2018(12)：229-236.

[125] 李锐.农村教育的社会学研究[M].北京：中国社会科学出版社，2013.

[126] 李睿.四川藏区小学社会科课程资源本土化初探[C]//滕星.乡土知识与文化传承：中国乡土知识传承与校本课程开发研讨会论文集.北京：民族出版社，2013.

[127] 李森.新型城镇化进程中我国乡村教育可持续发展的现实困境与战略选择[J].西南大学学报（社会科学版），2015(4)：98-105.

[128] 李少元.发展中国家的农村教育经验[J].外国教育研究，1997(6)：45-50.

[129] 李素梅.中国乡土教材的百年嬗变及其文化功能考察[M].北京:民族出版社,2010.

[130] 李涛.中国乡村教育发展路向的理论难题[J].探索与争鸣,2016(5):100-103.

[131] 李同胜,等.乡村学校本土课程资源的开发与利用研究:以沂蒙山区为例[M].北京:教育科学出版社,2015.

[132] 李新.百年中国乡土教材研究[M].北京:知识产权出版社,2015.

[133] 李跃雪,邬志辉.城镇化背景下乡村教育发展策略:国际经验与启示[J].比较教育研究,2016(3):15-19.

[134] 李振峰.城镇化背景下乡村学校复兴的文化学思考[J].基础教育,2018(2):16-24.

[135] 李宗克.社会学本土化:历史与逻辑[M].上海:上海人民出版社,2015.

[136] 厉以贤.西方教育社会学文选[M].台北:五南图书出版有限公司,1992.

[137] 梁鸿.中国在梁庄[M].南京:江苏人民出版社,2010.

[138] 梁漱溟.教育与人生:梁漱溟教育文集[M].北京:当代中国出版社,2012.

[139] 梁漱溟.梁漱溟全集(第一卷)[M].济南:山东人民出版社,1991.

[140] 梁漱溟.乡村建设理论[M].上海:上海人民出版社,2011.

[141] 廖泰初.动变中的中国农村教育:山东省汶上县教育研究[M].北京:个人刊印,1936.

[142] 廖泰初.中国教育学研究的新途径——乡村社区的教育研究[J].教育学报(北平),1938(3):33-51.

[143] 廖泰初.中国教育研究的回顾与前瞻提要初稿[J].教育学报(北平),1940(5):23-47.

[144] 廖哲勋.课程学[M].武汉:华中师范大学出版社,1991.

[145] 列子[M].张湛,注.卢重玄,解.上海:上海古籍出版社,2014.

[146] 林耀华.金翼:中国家族制度的社会学研究[M].庄孔韶,林宗成,译.北京:商务印书馆,2015.

[147] 凌耀伦,熊甫.卢作孚文集(增订本)[M].北京:北京大学出版社,2012.

[148] 刘逴.我所想像的负起乡村建设责任的乡村学校[J].教育学报(北平),1939(4):57-60.

[149] 刘莉萍.农村基础教育课程改革本土化的影响因素分析——基于山西省L县的实证研究[J].教育理论与实践,2010(10):55-57.

[150] 刘青松,谢建伟.自主整合,让课程焕发生命力——山东省诸城市实验小学课程校本化实施之路[J].中国教师,2014(19):2.

[151] 刘善槐.科学化·民主化·道义化——论农村学校布局调整决策模型的三重向度[J].教育研究,2012(9):91-98.

[152] 刘世清.教育政策伦理[M].上海：上海教育出版社,2010.

[153] 刘铁芳.人、世界、教育：意义的失落与追寻[J].教育研究,1997(8):23-28.

[154] 刘铁芳.乡村的终结与乡村教育的文化缺失[J].书屋,2006(10):45-49.

[155] 刘星.乡村振兴战略背景下乡村学校实施地方课程的困境及出路[J].遵义师范学院学报,2018(4):126-129.

[156] 柳斌.重视和加强乡土教材建设——在全国乡土教材建设经验交流会上的讲话[J].课程·教材·教法,1990(8):1-2.

[157] 娄元元.文化学视野中课程内容的本土化[J].教育科学论坛,2009(7):12-14.

[158] 卢绍稷.乡村教育概论[M].上海：大东书局,1932.

[159] 鲁迅.鲁迅全集(第六卷)[M].北京：人民文学出版社,1981.

[160] 吕达.中国近代课程史论[M].北京：人民教育出版社,1994.

[161] 罗伯森.全球化：社会理论和全球文化[M].梁光严,译.上海：上海人民出版社,2000.

[162] 罗尔斯.正义论(修订版)[M].何怀宏,等译.北京：中国社会科学出版社,2009.

[163] 罗尔斯.政治自由主义(增订版)[M].万俊人,译.南京：译林出版社,2011.

[164] 罗尔斯.作为公平的正义——正义新论[M].姚大志,译.上海：上海三联书店,2002.

[165] 罗生全,靳玉乐.社会力量：课程变革的第三领域——一种基于课程权力的有效参与[J].中国教育学刊,2007(1):45-47.

[166] 罗素.人类的知识——其范围与限度[M].张金言,译.北京：商务印书馆,1983.

[167] 马克思,恩格斯.马克思恩格斯全集(第3卷)[M].北京：人民出版社,1960.

[168] 马克思.资本论(第三卷)[M].中共中央马克思恩格斯列宁斯大林著作编译局,译.北京：人民出版社,2004.

[169] 马林诺夫斯基.西太平洋上的航海者[M].弓秀英,译.北京：商务印书馆,2016.

[170] 马什.理解课程的关键概念(第3版)[M].徐佳,吴刚平,译.北京：教育科学出版社,2009.

[171] 米德.文化的承诺：一项有关代沟问题的研究[M].周晓虹,周怡,译.石家庄：河北人民出版社,1987.

[172] 米尔斯.社会学的想象力[M].陈强,张永强,译.北京：生活·读书·新知三联

书店,2016.

[173] 墨子[M].方勇,译注.北京:中华书局,2011.

[174] 宁波市教育委员会.宁波市教育志[M].杭州:浙江教育出版社,1996.

[175] 宁波市鄞州区人民政府地方志办公室.近代鄞县见闻录[M].北京:中国文史出版社,2016.

[176] 诺丁斯.批判性课程:学校应该教授哪些知识[M].李树培,译.北京:教育科学出版社,2015.

[177] 欧用生.课程改革:九年一贯课程的独白与对话[M].台北:师大书苑有限公司,2000.

[178] 欧元怀.改造乡村学校课程问题[J].教育季刊(上海),1927(1):1-21.

[179] 帕克,哈斯.课程规划——当代之取向[M].谢登斌,俞红珍,等译.杭州:浙江教育出版社,2004.

[180] 派纳,等.理解课程[M].张华,等译.北京:教育科学出版社,2003.

[181] 潘光旦.潘光旦文集[M].北京:光明日报出版社,1999.

[182] 潘知常.诗与思的对话——审美活动的本体论内涵及其现代阐释[M].上海:上海三联书店,1997.

[183] 裴娣娜.教育创新视野下的少数民族地区乡土教育的思考[J].中国教育学刊,2010(1):49.

[184] 佩西.人类的素质[M].薛荣久,译.北京:中国展望出版社,1988.

[185] 祁伯文.乡土教材研究[J].陕西教育月刊,1935(1):11.

[186] 千家驹.救济农村偏枯与都市膨胀问题[J].新中华,1933(8):11-20.

[187] 钱宗灏.上海有一种精神,就是始终追求现代性[N].解放日报,2016-01-15.

[188] 秦玉友,曾文婧.农村学校撤并的社会代价反思[J].教育发展研究,2014(10):39-44.

[189] 曲铁华,袁媛.近代中国乡村教育实验理论标本价值探析[J].教育科学,2010(6):6-10.

[190] 渠桂萍,王先明.乡村民众视野中的私塾与学堂——20世纪前期乡村教育现代化的历史阙失[J].华中师范大学学报(人文社会科学版),2008(3):79-83.

[191] 璩鑫圭.中国近代教育史资料汇编·鸦片战争时期教育[M].上海:上海教育出版社,2007.

[192] 容中逵.当前我国乡村学校布局调整问题研究[J].中国教育学刊,2009(8):16-18.

[193] 容中逵.当代中国乡村教育发展的根柢问题及其解决思路[J].教育研究与实

验,2010(6):36-39.

[194] 上海师范大学《教育学》编写组.教育学[M].北京:人民教育出版社,1979.

[195] 慎月梅.近代变革中的乡村学校与教师[D].上海:华东师范大学,2012.

[196] 盛朗西,乡村学校的标准化[J].上海县教育月刊,1928(15):73-74.

[197] 施良方.课程定义辨析[J].教育评论,1994(3):44-47.

[198] 石连海,田晓苗.我国乡村教师队伍建设政策的发展与创新[J].教育研究,2018(9):149-153.

[199] 石鸥,刘学利.跌宕的百年:现代教科书发展回顾与展望[J].湖南师范大学教育科学学报,2013(3):28-34.

[200] 石英.质性社会学导论[M].北京:社会科学文献出版社,2018.

[201] 石中英.本土知识与教育改革[J].教育研究,2001(8):16.

[202] 石中英.略论农村文明与农村教育[C]//黄平.乡土中国与文化自觉.北京:生活·读书·新知三联书店,2007.

[203] 史密斯.后现代性的预言家:齐格蒙特·鲍曼传[M].萧韶,译.南京:江苏人民出版社,2002.

[204] 史密斯.全球化与后现代教育学[M].郭洋生,译.北京:教育科学出版社,2000.

[205] 舒新城.中国近代教育史资料[M].北京:人民教育出版社,1981.

[206] 司洪昌.嵌入村庄的学校:仁村教育的历史人类学探究[M].北京:教育科学出版社,2009.

[207] 斯普林.论教育全球化[J].赵琳,译.清华大学教育研究,2010,31(6):1-18.

[208] 斯宾格勒.西方的没落(第二卷)[M].吴琼,译.上海:上海三联书店出版社,2006.

[209] 斯宾塞.斯宾塞教育论著选[M].胡毅,王承绪,译.北京:人民教育出版社,2005.

[210] 斯图尔特.解析全球化[M].王艳莉,译.吉林:吉林人民出版社,2011.

[211] 宋恩荣.晏阳初对中国教育现代化与本土化的思考[J].河北师范大学学报(教育科学版),1998(2):47-54,69.

[212] 宋林飞.国家课程校本化实施的系统理解与整合行动[J].上海教育科研,2009(4):63-67.

[213] 苏鸿志.乡村学校不发展之原因[J].小学教育月刊,1926(2):8-10.

[214] 苏君阳.公正与教育[M].北京:北京师范大学出版社,2008.

[215] 孙本文.孙本文文集(第八卷)[M].北京:社会科学文献出版社,2012.

[216] 孙培青.中国教育史[M].上海:华东师范大学出版社,1992.

[217] 孙善根.近代宁波帮与宁波教育事业[J].浙江工商职业技术学院学报,2015
    (3):1-7.

[218] 泰勒.课程与教学的基本原理[M].罗康,张阅,译.北京:中国轻工业出版
    社,2014.

[219] 陶孟和.社会与教育[M].福州:福建教育出版社,2008.

[220] 陶行知.我们对于新学制草案应持之态度[J].新教育,1922(2):127-130.

[221] 陶行知.中国教育改造[M].上海:亚东图书馆,1928.

[222] 滕星.乡土知识与文化传承——中国乡土知识传承与校本课程开发研讨会论文
    集[C].北京:民族出版社,2013.

[223] 天赘生.商界现形记[M].上海:上海古籍出版社,1991.

[224] 田正平,叶哲铭.微观视野下的中国近代乡村教育——相关人类学著作的若干
    启发[J].湖南师范大学教育科学学报,2008(6):6-11,18.

[225] 童世骏.关于"重叠共识"的"重叠共识"[J].中国社会科学,2008(6):55-65.

[226] 图雷纳.20世纪的社会转型[C]//中国社会科学杂志社.社会转型:多文化多民
    族社会.北京:社会科学文献出版社,2000.

[227] 汪家达.乡村学校的困难及其补救法[J].小学教育月刊,1927(9):27-30.

[228] 王策三."新课程理念""概念重建运动"与学习凯洛夫教育学[J].课程·教材·
    教法,2009(1):3-21.

[229] 王策三.教学论稿[M].北京:人民教育出版社,1985.

[230] 王鉴.我国少数民族教育课程本土化研究[J].广西民族研究,1999(3):85-90.

[231] 王丽燕,吴惠青.失落与回归:农村学校校本课程开发的现实困境及应然走向
    [J].教育科学研究,2012(2):55-59.

[232] 王明达.采取积极措施大力推动乡土教材的建设——在全国乡土教材工作会议
    上的讲话(摘要)[J].课程·教材·教法,1987(11):1-4.

[233] 王世颖,冯静远.农村经济及合作[M].上海:黎明书局,1934.

[234] 王纬,王妍莉.中学校本课程开发与实施[M].兰州:甘肃人民出版社,2016.

[235] 王阳明.王阳明集(上)[M].王晓昕,赵平略,点校.北京:中华书局,2016.

[236] 王怡柯.农村自卫研究[Z].开封:河南村治学院同学会,1932:31-32.

[237] 王勇.城乡文化一体化与乡村学校的文化选择[J].中国教育学刊,2012(3):
    46-48.

[238] 王占魁.阿普尔批判教育研究的理论来源[J].华东师范大学学报(教育科学
    版),2012(2):10-18.

[239] 薇依.扎根:人类责任宣言绪论[M].徐卫翔,译.北京:生活·读书·新知三联

书店,2003.

[240] 韦伯.经济与社会(上卷)[M].林远荣,译.北京:商务印书馆,1997.

[241] 韦伯.社会科学方法论[M].韩水法,莫茜,译.北京:商务印书馆,2005.

[242] 韦伯.新教伦理与资本主义精神[M].于晓,陈维纲,等译.西安:陕西师范大学出版社,2006.

[243] 韦斯特伯里,威尔科夫.科学、课程与通识教育:施瓦布选集[M].郭元祥,乔翠兰,主译.北京:中国轻工业出版社,2008.

[244] 魏源.海国图志[M].李巨澜,评注.郑州:中州古籍出版社,1999.

[245] 温铁军."三农"问题要有"本土化"思路[J].农村工作通讯,2009(17):45.

[246] 翁乃群.村落视野下的农村教育——以西南四村为例[M].北京:社会科学文献出版社,2009.

[247] 邬志辉.乡村教育现代化三问[J].教育发展研究,2015(1):53-56.

[248] 吴刚.教育社会学的前沿议题[M].上海:上海教育出版社,2011.

[249] 吴洪成.20世纪二三十年代中国的乡村教育实验[J].四川师范大学学报(社会科学版),2002(5):97-107.

[250] 吴康宁.课程社会学研究[M].南京:江苏教育出版社,2004.

[251] 吴佩瑛,等.民国乡村小学生的日记[M].北京:华文出版社,2012.

[252] 吴文藻.论社会学中国化[M].北京:商务印书馆,2010.

[253] 习近平.决胜全面建成小康社会夺取新时代中国特色社会主义伟大胜利——在中国共产党第十九次全国代表大会上的报告[M].北京:人民出版社,2017.

[254] 习近平在中央城镇化工作会议上发表重要讲话[EB/OL].(2013-12-14)[2019-08-07].http://www.xinhuanet.com/photo/2013-12/14/c_12585 9827.htm.

[255] 乡民捣毁学堂[N].申报,1907-03-18.

[256] 乡民建醮闹学[N].申报,1919-08-10.

[257] 向守万.农村学校课程改革存在的主要问题及对策研究[J].教育视界,2018(1):10-12.

[258] 小原国芳.小原国芳论著选[M].刘剑乔,等译.北京:人民教育出版社,1993.

[259] 肖尔盾.基于满族文化传承的体育课程校本化实施研究——以W满族中学为个案[D].长春:东北师范大学,2018.

[260] 肖庆顺.校本课程开发的知识选择研究[D].重庆:西南大学,2015.

[261] 谢俊美.西方开埠宁波的历史回顾和宁波帮的形成[J].华东师范大学学报(哲学社会科学版),2005(1):7-13.

[262] 谢林.乡民经济的本质与逻辑[C]//沃尔夫.乡民社会.张恭启,译.台北:巨流图

书公司,1983.

[263] 徐莹晖,徐志辉.陶行知论乡村教育[M].成都:四川教育出版社,2010.

[264] 徐玉珍.论国家课程的校本化实施[J].教育研究,2008(2):53-60.

[265] 徐玉珍.校本课程开发:概念解读[J].课程·教材·教法,2001(4):12-17.

[266] 徐玉珍.校本课程开发的理论与案例[M].北京:人民教育出版社,2003.

[267] 许玉洲,王景志.做乡村教师的困难[J].教育短波,1935(24):14-15.

[268] 学制会议议决案:学校系统改革案(附图表)[J].新教育,1922(4):146-150.

[269] 雅斯贝尔斯.什么是教育[M].邹进,译.北京:生活·读书·新知三联书店,1991.

[270] 严海蓉.虚空的农村和空虚的主体[J].读书,2005(7).

[271] 严元章.课程论[J].金陵大学文学院季刊,1931(1):107-120.

[272] 晏子春秋[M].陈涛,译注.北京:中华书局,2007.

[273] 杨东平.快速城镇化进程中农村教育的新问题[J].基础教育,2015(3):28-29.

[274] 杨聚鹏.西部农村贫困地区学校课程开发模式研究[J].教学与管理,2013
     (13):3-7.

[275] 杨懋春.一个中国村庄:山东台头[M].张雄,沈炜,秦美珠,译.南京:江苏人民
     出版社,2012.

[276] 杨明全.基础教育国际课程的认识误区与本土化抉择[J].中国教育学刊,2018
     (1):67-71.

[277] 杨启亮.守护家园:课程与教学变革的本土化[J].教育研究,2007(9):23-28.

[278] 叶澜.中国基础教育改革发展研究[M].北京:中国人民大学出版社,2009.

[279] 叶庆娜.农村学校布局调整中大规模学校成因的经济学分析——基于规模经济
     和范围经济的视角[J].教育与经济,2013(2):33-37.

[280] 鄞县教育局.二十年度鄞县教育实施计划[N].鄞县教育周刊(第十三期),1932-
     02-14.

[281] 鄞县教育局.鄞县中小学校史[M].出版社不详,1934.

[282] 鄞县教育志编纂办公室.鄞县教育志[M].北京:海洋出版社,1993.

[283] 应斐章.本会会务发展路线之理论的探讨[J].宁波旅沪同乡会会刊(复刊),
     1946(1):2-3.

[284] 余家菊.课程论[J].中华教育界,1925(9):1-16.

[285] 余家菊.乡村教育的危机[J].中华教育界,1920(1):83-86.

[286] 余进利.关于校本课程开发的新思考[J].教育发展研究,2004(1):34-37.

[287] 余进利.课程领导研究[M].上海:上海教育出版社,2009.

[288] 俞子夷.一个乡村小学教员的日记(上册)[M].上海:商务印书馆,1937.

[289] 俞子夷.一个乡村小学教员的日记(下册)[M].上海:商务印书馆,1938.

[290] 喻谟烈.乡村教育[M].北京:商务印书馆,1927.

[291] 鸳湖隐名氏.洋场竹枝词[N].申报,1872-07-12.

[292] 原颂周.理想中之乡村学校教员[J].教育与职业,1922(38):10-11.

[293] 袁利平.国外乡村学校发展模式研究[J].比较教育研究,2018(5):13-19.

[294] 曾辉,王海芳.中学校本课程开发与实施[M].北京:高等教育出版社,2014.

[295] 战时各级教育实施方案纲要(特载)[J].教育通讯(汉口),1938(4):8-10.

[296] 张传保,赵家荪,陈训正,等.Y县通志[M].出版社不详,1951.

[297] 张传燧,石雷.论课程与教学论的本土化[J].教育研究,2012(3):82-86,91.

[298] 张春兰,等.农村中小学课程改革本土化探析[J].江西教育科研,2006(3):
     65-67.

[299] 张嘉育.学校本位课程发展[M].台北:师大书苑有限公司,2000.

[300] 张其昀.宁波旅沪同乡会月刊·序[J].宁波旅沪同乡会月刊,1929(73):1-9.

[301] 张人杰.国外教育社会学:基本文选[M].上海:华东师范大学出版社,2009.

[302] 张绍军,张传燧.基础教育课程改革的国际化与本土化[J].教育科学研究,2014
     (3):17-23.

[303] 张小林.乡村概念辨析[J].地理学报,1998(4):365-371.

[304] 张新海.农村课程改革十年:问题、成因与对策[J].教育发展研究,2012(12):
     75-79.

[305] 张之洞.劝学篇[M].程方平,编校.北京:北京师范大学出版社,2014.

[306] 张宗麟,中国乡村教育的危机[J].中华教育界,1933(2):1-9.

[307] 张宗麟.乡村教育[M].上海:世界书局,1932.

[308] 赵丹,范先佐.促进教育机会均等:澳大利亚农村小规模学校发展策略及启示
     [J].现代教育管理,2014(03):115-119.

[309] 赵丹,范先佐.国外农村小规模学校研究综述[J].外国教育研究,2012(02):
     98-105.

[310] 赵虹元.基础教育教师课程权力研究[D].重庆:西南大学,2008.

[311] 赵鑫,黄继玲.乡村学校深度变革的特征与路径[J].现代教育论丛,2018(4):
     56-60.

[312] 赵质宸.乡村教育概论[M].北京:京城印书局,1933.

[313] 郑观应.盛世危言[M].辛俊玲,评注.北京:华夏出版社,2002.

[314] 郑杭生,王万俊.二十世纪中国的社会学本土化[M].北京:党建读物出版
     社,2000.

[315] 郑金洲. 教育文化学[M]. 北京：人民教育出版社，2000.

[316] 郑金洲. 教育现代化与教育本土化[J]. 华东师范大学学报（教育科学版），1997（3）：1-11.

[317] 郑新蓉. 用不同的视角看教育的国际化和本土化[J]. 教育理论与实践，2000（12）：8，21.

[318] 郑燕祥. 教育领导与改革：新范式[M]. 上海：上海教育出版社，2005.

[319] 知非. 我之模范乡村学校观[J]. 教育与人生周刊，1924（50）：662.

[320] 中华人民共和国教育部. 基础教育课程改革纲要（试行）[EB/OL]. (2001-06-08)[2019-08-04]. http://www.gov.cn/gongbao/content/2002/content_61386.htm.

[321] 中共中央关于推进农村改革发展若干重大问题的决定[EB/OL]. (2008-10-19)[2019-08-07]. http://www.gov.cn/jrzg/2008-10/19/content_1125094.htm.

[322] 中国蔡元培研究会. 蔡元培全集（第二卷）[M]. 杭州：浙江教育出版社，1997.

[323] 中国文化书院学术委员会. 梁漱溟全集（第一卷）[M]. 济南：山东人民出版社，1989.

[324] 中华民国大学院. 全国教育会议报告[M]. 上海：商务印书馆，1928.

[325] 中华人民共和国国民经济和社会发展第十一个五年规划纲要[EB/OL]. (2006-03-14)[2019-08-07]. http://www.gov.cn/gongbao/content/2006/content_268766.htm.

[326] 中华人民共和国教育部. 关于加强中学外语教育的意见[J]. 人民教育，1982（10）：48.

[327] 中华人民共和国教育部. 关于普通中学开设劳动技术教育课的试行意见[J]. 人民教育，1983（1）：27-28.

[328] 中央教育科学研究所，中华人民共和国教育大事记（1949—1982）[M]. 北京：教育科学出版社，1984.

[329] 钟启泉. 凯洛夫教育学批判——"兼评凯洛夫教育学情结"[J]. 全球教育展望，2008（7）：3-17.

[330] 钟启泉. 课程的逻辑[M]. 上海：华东师范大学出版社，2008.

[331] 钟启泉. 现代课程论[M]. 上海：上海教育出版社，2006.

[332] 周礼注疏[M]. 郑玄，注. 贾公彦，疏. 上海：上海古籍出版社，1990.

[333] 周兴国. 乡村教育的现代化困境与出路[J]. 教育研究与实验，2018（4）：1-6.

[334] 周兴平，陈姝，程含蓉. 乡村学校教师结构性缺编的困境与对策[J]. 教育评论，2018（5）：114-117.

［335］周易［M］.杨天才,张善文,译注.北京：中华书局,2011.

［336］朱熹.朱子全书(第14册)［M］.上海：上海古籍出版社；合肥：安徽教育出版社,
2002.

［337］朱志勇.教育研究者在质化研究中的"关系"——一种反思社会学的思考［J］.教
育理论与实践,2001(6):1-6.

［338］竺清旦.谈谈乡村学校主观的病根［J］.小学教育界,1921(1):102-104.

［339］祝巧,李森.从管理到治理：乡村学校校本课程管理转向［J］.教育与教学研究,
2016(3):33-38.

［340］邹振环.晚清西方地理学在中国：以1815—1911年西方地理学译著的传播与影
响为中心［M］.上海：上海古籍出版社,2000.

［341］佐藤学.课程与教师［M］.钟启泉,译.北京：教育科学出版社,2003.

［342］Alan J. DeYoung,Craig B. Howley. The Political Economy of Rural School
Consolidation ［J］. Peabody Journal of Education,1990(4):63-89.

［343］Alan J. DeYoung. The Status of American Rural Education Research：An
Integrated Review and Commentary［J］. Review of Educational Reseach,1987
(2):123-148.

［344］Andrea D. Beesley, Kim Atwill, Pamela Blair, Zoe A. Barley. Strategies for
Recruitment and Retention of Secondary Teachers in Central U. S. Rural
Schools［J］. The Rural Educator,2010(2):1-9.

［345］Anthony Giddens. Beyond Left and Right：The Future of Radical Politics［M］.
Cambridge：Polity Press,1994.

［346］Camilla A. Mahan. Home-Grown Teachers：Will Their Rural Roots Keep
Them in Virginia's Rural Schools? ［D］. Virginia：Virginia Commonwealth
University,2010.

［347］David A. Gruenewald. Accountability and Collaboration：Institutional Barriers
and Strategic Pathways for Place-based Education ［J］. Ethics, Place and
Environment,2005(3):261-283.

［348］Eileen M. Antone. Empowering aboriginal voice in aboriginal education［J］.
CanadianJournal of Native Education,2000(2):92-101.

［349］Gerald Grace：Welfare Labourism versus the New Right：The Struggle in New
Zealand's Education Policy ［J］. International Studies in Sociology of
Education,1991(1):25-42.

［350］Hernán Cuervo. Problematizing the Relationship between Rural Small Schools and Communities: Implications for Youth Lives [J]. Alberta Journal of Educational Research,2014(4):643-655.

[351] John A. Codd. The Construction and Deconstruction of Educational Policy Documents[J]. Journal of Education Policy,1988(3):235-247.

[352] John I. Goodlad and Associates (eds.). Curriculum Inquiry: the Study of Curriculum Practice[M]. New York:McGraw-Hill,1979.

[353] Linda M. Hargreaves. Respect and responsibility:Review of Research on Small Rural Schools in England[J]. International Journal of Educational Research, 2009(2):158-169.

[354] Martin S. Stabb. Indigenism and Racism in Mexican Thought:1857—1911[J]. Journal of Inter-American Studies,1959(4):405-423.

[355] Michael Corbett,Peter Brett,Cherie-Lynn Hawkins. What We're about out Here:The Resilience and Relevance of School Farms in Rural Tasmania[J]. Journal of Research in Rural Education,2017(4):1-12.

[356] Michael J. Corbett. Standardized Individuality:Cosmopolitanism and Educational Decision-Making in an Atlantic Canadian Rural Community[J]. Compare: A Journal of Comparative and International Education,2010(2):223-237.

[357] Michael Polanyi. The Study of Man[M]. London:Routledge & Kegan Paul, 1959.

[358] Michel Foucault. The Order of Discourse[C]// Robert Young ed. Untying the Text:A Post-Structuralist Reader. London and New York:Routledge,1981.

[359] Murni Sianturi,Chia-Ling Chiang,Andreas Au Hurit. Impact of a Place-Based EducationCurriculum on Indigenous Teacher and Students[J]. International Journal of Instruction,2018(1):311-328.

[360] Paul Theobald,Paul Nachtigal. Culture,Community and the Promise of Rural Education[J]. Phi Delta Kappan,1995(2):132-135.

[361] Ray Barnhardt,Angayuqaq Oscar Kawagley. Indigenous Knowledge Systems and Alaska Native Ways of Knowing [J]. Authropology and Education Quarterly,2005(1):8-23.

[362] Thomas A. Lyson. What Does a School Mean to a Community? Assessing the Social and Economic Benefits of Schools to Rural Villages in New York[J]. Journal of Rural Research in Education,2002(1):131-137.

[363] Wendell Berry. What are People for?:Essays[M]. Berkeley:Counterpoint,2010.

附　录

访谈提纲

非常感谢您能够参与课题"乡村学校课程本土化研究"的现场访谈,您对于课程的真实体验和独到见解会有助于我们对课程本土化与学校发展、乡村建设之间关系的更深理解。

我们会充分尊重您的隐私,若您有匿名需要,我们在研究中使用到相关具体访谈内容时会隐去您的真实姓名和工作单位。同时为表示我们对知识的尊重,如果研究成果将来有公开出版的机会,我们会以您对本研究的贡献在后记或致谢中列出您的姓名;如果研究成果还有稿酬等收入,我们会根据您的访谈内容最终被研究成果引用的比例而酌情支付报酬。谢谢。

访谈对象:学校管理者

1.请您自我介绍一下在这所学校的工作经历?(例如工作了几年,从事的具体工作如管理以及教学等)

2.在您的工作经历中,您大概是从什么时候关注到"课程"这个概念的? 您如何理解"课程"的意义?

3.请您介绍一下学校目前课程建设的情况。

4.您在课程管理中是如何落实或处理国家必修课程的?

5.学校的课程建设给学生带来怎样的影响?

6.您如何理解课程和教师自身专业成长之间的关系?

7.您如何理解课程建设和学校发展之间的关系?

8.您如何理解学校课程建设与乡村社会之间的关系?

9.您觉得理想的课程应该是什么样子的?

10.您觉得在自己学校的课程建设中哪些人起着非常重要的作用?

11.您有注意过"校本课程"与"课程校本化""课程本土化"这些概念的区别吗?

12.对于城区学校和乡村学校而言,您觉得两者之间的课程建设会有区别吗?

访谈对象:教师

1.请您自我介绍一下在这所学校的工作经历?(例如工作年数、从事的具体工作如管理以及教学等)

2.在您的工作经历中,您大概是从什么时候关注到"课程"这个概念的? 您如何理解"课程"的意义?

3.您对学校课程建设了解程度如何?

4.您在教学中是如何处理国家必修课程内容的?

5.您有参与开发开设学校的拓展选修课程吗?

6.您开设的课程给学生带来怎样的影响?

7.您如何理解课程和教师自身专业成长之间的关系?(生命体验)

8.您如何理解课程建设和学校发展之间的关系?

9.您如何理解学校课程建设与乡村社会之间的关系?

10.您认为教师是否要参与到乡村社会的文化事务中去?

11.您觉得理想的课程应该是什么样子的?

12.您觉得在自己学校的课程建设中哪些人起着非常重要的作用?

13.您有注意过"校本课程"与"课程校本化""课程本土化"这些概念的区别吗?

14.对于城区学校和乡村学校而言,您觉得两者之间的课程建设会有区别吗?

访谈对象:学生

1.学校除了国家必修课程外,还开设了哪些拓展课程?

2.你最喜欢哪门课程?

3.你通过课程学习想成为怎样一个人?

4.你了解家乡的历史或传说吗? 是从哪里知道的?

5.家乡最好玩的地方是哪里?

6.你能认出田地上的庄稼或蔬菜吗?

7.你最喜欢家乡的哪种美食?

8.老师会在课堂上教与我们家乡或田野有关的知识吗?

访谈对象：家长

1.您了解您的孩子就读的学校情况吗？

2.您了解您的孩子在学校里的学习情况吗？

3.据您了解，您孩子最喜欢哪一门课？喜欢怎样的老师？

4.您希望您的孩子通过学习将来过怎样的生活？

5.您希望您的孩子在学校除了考试科目外，还想学些什么方面的知识？

6.您认为学习哪类知识对孩子将来的生活最有用？

7.您从事什么工作？

8.您跟孩子的交流多吗？

9.孩子放学后或放假通常会在家里做什么？

10.您会陪孩子去了解家乡的历史古迹或风土人情吗？

访谈对象：村民

1.您了解您村庄里学校情况吗？

2.您以前在哪里上学的？

3.您以前上学最喜欢的课是什么？

4.您以前上学最喜欢的老师是谁？

5.您觉得现在的孩子在学校除了考试科目外，还想学些什么方面的知识？

6.您觉得学习哪类知识对孩子将来的生活最有用？

7.您了解村庄的历史和习俗吗？

8.您对乡村的生活怎么看？

访谈对象：地方文化人士

1.请您自我介绍一下自己的工作经历？

2.您对乡村教育关注吗？

3.您如何看乡村学校的课程建设？

4.您如何看乡村学校的课程建设和学生成长之间的关系？

6.您如何看乡村学校的课程建设和教师专业发展之间的关系？

7.您如何看乡村学校课程建设和学校发展之间的关系？

8.您觉得乡村学校及其教师在乡村社会中应扮演怎样的角色？

9.如何看乡村学校课程建设与乡村社会之间的关系？

10.您觉得现在乡村学校课程建设主要存在哪些问题？该如何改进？

11. 您认为应该如何评价乡村学校的课程建设?

12. 对于城区学校和乡村学校而言,您觉得两者之间的课程建设会有区别吗?

访谈对象:地方政府管理者

1. 请您自我介绍一下自己的工作经历?

2. 您对乡村学校课程建设怎么看?

3. 您所管辖的学校课程建设情况如何?

4. 学校的课程建设给学生带来怎样的影响?

5. 您如何理解课程和教师自身专业成长之间的关系?

6. 您如何理解课程建设和学校发展之间的关系?

7. 您如何理解学校课程建设与乡村社会之间的关系?

8. 您觉得现在乡村学校课程建设主要存在哪些问题? 该如何改进?

9. 您认为应该如何评价乡村学校的课程建设?

10. 对于城区学校和乡村学校而言,您觉得两者之间的课程建设会有区别吗?

后 记

本书是在我的博士学位论文的基础上修订而成的。

当自己人到中年才失魂落魄地去寻找精神家园的时候，感谢北师大，无比包容地接纳了我。我依然清晰地记得，2016年春季博士研究生笔试过关后的两场面试，理论组和实践组的教授们在犀利追问的同时给予我之于乡村教育研究与实践志向的鼓励和期许。其中就有我的导师苏君阳教授。

感谢我的导师，他以他的宽容、信任和厚爱耐心等待着一个学术荒芜已久的学生的慢慢成长。每一次面对面指导，每一周师门读书会，苏老师总是以他充满思辨的智慧启迪着我对于学术的深刻理解。其实，还有很多在绵长而又美好的师门时光里慢慢了解到的导师的学术成长史以及家庭故事中的细节，也同样感动着我并让我懂得学术的意义还在于哪里。

感谢毛亚庆教授、刘宝存教授、朱志勇教授、姚云教授、余凯教授、胡定荣教授、桑国元教授等悉心授课，他们精彩的课堂，不断让我突破原有的经验桎梏，走入更为广阔的学术天地。感谢郑国民教授，让我旁听和参加了一学期他开设和主持的语文课程史论和学术分享会。感谢张莉莉教授，让我参加了一系列她主持的有关乡村教育的学术会议和活动。感谢蔡永红教授、朱志勇教授和王啸教授在学位论文开题报告上给予我的悉心指导，感谢张东娇教授、楚江亭教授、蔡永红教授和朱志勇教授在学位论文预答辩上给予我的悉心指导和热情鼓励。

感谢我基础教育的导师褚树荣教授，没有他的一路启蒙和引领，就没有我之于基础教育执着的追求。

同时，感谢北京教育学院的吴欣歆教授、贵州师范大学的冷江山教授、浙江外国语学院张孔义教授和吴卫东教授、中国教育科学研究院的王敬杰博士，感谢宁波市教育局朱达书记，感谢鄞州区教育局王建平局长，感谢杜仕海校长，还有很多我的领导和同事，感谢他们对我学术和工作的理解、支持和帮助。

　　感谢杜建海、陈芳华、方亮辉、徐海蛟、郑炀和、俞珠飞、周志平、何立民、詹全明、陈兵、王洪波、王家平、钱宝君、陈伟杰、姚定达、罗文良、吴富棠、黄宣雁、邱雯璐、张互爱、秦停停、缪小飞、俞琼、陈宁、任强大、邢彬斐、戴佩君等领导、学者、校长、老师、乡亲给予本研究的支持和合作，他们对本研究有着重要贡献。感谢研究现场遇见的每一位学生，他们对本研究同样有着重要贡献。

　　感谢我业已年迈的父母。当他们人到中年的儿子前往师大求学时，他们还是把我当作当年的小孩子，担心我生活过于拮据，在我临出发前悄悄把卖菜积攒下的钱塞给我，让我忍不住转过身去泪流满面。一生清贫、多苦多难的父母以及经历着巨大变迁的村庄，是我心中永远的乡愁。感谢我的妻子，她的贤惠和善良，她的默默付出，总让我的内心充满感动，每一封在师大寄出的家书，是我心底最真诚的感谢和问候。感谢我正在杭州读大学的女儿，她有时给我寄来我喜欢吃的江南糕点，也同样让人在遥远的他乡充满感动。

　　感谢我读博时的同班同学，难忘一起切磋和彼此鼓励的时光，也永远会记得同学们一起陪我年迈的父母在师大木铎下合影的温暖场景。还要感谢很多旧日师长、同学和友人，他们在我求学时光里默默的关注和不时的问候，也是我学术追求的不竭动力。

　　所有这些，终将成为自己一生的感念。

　　难忘师大求学时光，那过去的每一个日子总会浮现在眼前。尤其是田野调查结束之后，将一天又一天的光阴安放在师大图书馆六楼库本房的孤寂里，才能在收集的纷繁资料中慢慢爬梳出一条线索，才能在一个个生疏的概念中建立联系，像是一个异乡者，在无边的荒野中依稀辨识出一条回乡的路。其实，所谓学术，抑或一切的思想活动，亦如18世纪德国诗人诺瓦利斯所言，就是怀着乡愁的冲动四处寻找家园。只是，那样孤寂的时刻，仿佛看不见的光阴会在一个人的灵魂里刻出一道道远行的车辙来。

　　学术研究及写作，还像一场满怀信心出发却又难以抵达彼岸的孤独泅渡，时而会陷在历史和现场、理论与经验相互牵引的思维漩涡里，苦苦挣扎，甚至近乎绝望。然而，生命的微妙恰恰如此，灵魂却因绝望而怀抱一种希冀，有时哪怕是一小步的前进或是一丁点的发现，竟像是无望的泅渡者看见海平线上的一座小岛，让人心底重生不断向前的信心；却因挣扎而获得一种宽度，有时这种宽度倒不是在于生成有多宽广的见识，而是在于灵魂渐渐容易获得一种感动。

　　譬如，当有时一无所获地从图书馆走出来，无比落寞间，突然仰头看见北京湛蓝的天空，飘满了一大朵一大朵的白云，在春天开始吐绿的树林的烘托下，竟是美得如此惊心动魄，云是我们流动的故乡。譬如，黄昏走过教八楼前的那条小道，夕阳渲染出来的霞光穿越树林，在路面上折射出一片淡淡的光，竟会让人想起童年时候地平线上无比澄明的村庄，炊烟袅袅，村庄终将迎来自己的时代。譬如，在路上，还会时而遇见给我们上过课的老师；在图书馆，遇见也正在写毕业论文的同学，竟会觉得一起在课堂里学习和讨论的美好时光并没有远去。

感谢这一场师大求学时光，又让自己在大学毕业 20 多年后再次深刻地理解了大学。每天黄昏去学五食堂用晚餐，拐弯走上那条一侧杨树参天、校园海报连绵的名叫"立身"的校园路，看到那么多学子来来往往的年轻身影，看到路尽头的绚丽霞光；每天晚上图书馆闭馆后回住处，路过师大广场上的木铎，景观灯在夜色里烘托出木铎无比深沉的意蕴；那时，总有一种难以言说的意义会深深地沉潜到一个人的灵魂里去。

感谢这一场师大求学时光，又让自己走向真实的田野，在访谈、观察和实物收集中，重又发现一个不同意义上的故乡；又让自己有一段长长的时光梳理历史文献，从一个地方到整个国家，自近代起在屈辱的境遇中开启的现代性进程，谱写了中国慷慨激昂的命运交响曲。所幸，中国一直坚持在探索自己的现代化道路。熟悉历史，才能理解当下。回眸往昔，当个体的命运与历史、社会、国家、民族建立起深刻的意义关联时，我们才有可能于沉思处感知到平凡生活背后的那种激情和力量。

那古老而又厚重的乡土大地正等待着我们。

张全民

2022 年 9 月